职业教育汽车类专业教学改革创新示范教材

智能网联汽车故障诊断技术

朱升高　编著

机 械 工 业 出 版 社

本书全面系统地介绍了智能网联汽车的故障诊断与维修技术。内容涵盖智能网联汽车的定义、技术特点、故障诊断与维修基础，并深入解析了硬件系统、智能驾驶决策、控制与执行、关键技术、ADAS 以及硬件系统的原理与维修。另外书中还介绍了现代故障诊断技术的应用和维修设备的使用。通过丰富的案例和实践操作指导，帮助读者掌握智能网联汽车维修的专业知识和技能，提升故障解决能力。

本书可作为高等职业院校智能网联汽车类专业、汽车故障诊断专业的相关课程教材，也可作为智能网联汽车技术人员、维修人员的参考用书。

图书在版编目（CIP）数据

智能网联汽车故障诊断技术/朱升高编著. -- 北京：机械工业出版社，2025. 5. --（职业教育汽车类专业教学改革创新示范教材）. -- ISBN 978 -7 -111 -78149 -3

Ⅰ. U463. 67

中国国家版本馆 CIP 数据核字第 20250CU531 号

机械工业出版社（北京市百万庄大街 22 号　邮政编码 100037）
策划编辑：王　婕　　责任编辑：王　婕
责任校对：孙明慧　杨　霞　景　飞　　封面设计：马精明
责任印制：张　博
北京机工印刷厂有限公司印刷
2025 年 6 月第 1 版第 1 次印刷
184mm×260mm · 19 印张 · 468 千字
标准书号：ISBN 978-7-111-78149-3
定价：59. 90 元

电话服务
客服电话：010-88361066
010-88379833
010-68326294

网络服务
机　工　官　网：www. cmpbook. com
机　工　官　博：weibo. com/cmp1952
金　　书　　网：www. golden-book. com
机工教育服务网：www. cmpedu. com

Preface

前 言

本书是由天津滨海汽车工程职业学院按照国家规划教材的编写规范编写，适合车辆工程、智能网联汽车技术应用等相关专业的学生及专业人士阅读参考，也可作为智能网联汽车技术教学与培训教材使用。随着科技的飞速发展，汽车行业正经历着前所未有的变革，智能网联汽车作为这一变革的标志性产物，正逐步从概念走向现实，成为未来出行的核心力量。智能网联汽车不仅集成了传统汽车的机械与电气技术，更深度融合了人工智能、大数据、云计算、物联网等前沿科技，实现了车辆与车辆、车辆与基础设施、车辆与云端之间的智能互联与协同。

《智能网联汽车故障诊断技术》正是在这一背景下应运而生的。本书旨在为广大汽车技术人员、维修人员、科研工作者及爱好者提供一本全面、系统、专业的智能网联汽车故障诊断与维修指南，着力培养大国工匠。本书通过深入浅出的方式，详细介绍了智能网联汽车的定义、特点、技术架构、关键系统以及故障诊断与维修的各个方面，力求使读者能够全面掌握智能网联汽车的最新技术动态和实用维修技能。

在内容编排上，本书共分为7章。第1章概述了智能网联汽车的基本概念、技术特征、故障分类及维修基础，为后续章节的学习奠定了理论基础；第2章~第6章分别深入探讨了智能网联汽车的硬件系统，智能驾驶决策、控制与执行、关键技术，ADAS以及常见硬件故障的维修方法，覆盖了从传感器与执行器到车载计算平台、从环境感知到决策控制、从车内网络到车外通信的全方位内容；第7章则聚焦于智能网联汽车软件系统的原理与维修，介绍了RTOS、Linux、QNX、ROS、AUTOSAR等主流软件平台的结构原理与故障排查技巧。

本书在编写过程中，注重理论与实践相结合，既有理论知识的系统阐述，又有实际案例的详细分析，使读者能够在学习过程中不断加深对智能网联汽车技术的理解和把握。同时，本书还紧跟行业发展趋势，融入了最新的技术成果和研究成果，确保内容的时效性和前沿性，并将思政元素内化于内容中，潜移默化地培养学生的综合素养。

我们希望本书能够为更多热爱汽车科技、关注智能网联汽车发展的读者提供有益的帮助和参考。本书在编写过程中，翻阅了大量的参考文献，并听取了很多汽车制造厂家、行业专家的意见与指导。由于编者水平有限，疏漏之处在所难免，恳请广大读者提出宝贵的修正意见和建议。

编 者

Contents

目 录

第1章 概　述

1.1 智能网联汽车的定义与特点

智能网联汽车是一种集成了大量信息与通信技术、自动驾驶技术、高精度定位及其他高端科技的汽车，这些科技使得汽车能够实现自主驾驶，并且能够与外部环境、其他车辆及基础设施等进行交互和通信如图 1-1 所示，在未来，随着科技的发展，智能网联汽车可能将成为我们日常生活中一个重要的环节，不仅仅是出行工具，同时也会成为我们工作、娱乐、学习的空间。

图 1-1　基于智能 L4 级的 Robotaxi 智能网联出租车

智能网联汽车的等级划分主要依据其自动化水平，例如 SAE 国际（SAE International，原为美国汽车工程师协会）定义了从 0 级到 5 级共 6 个等级，见表 1-1。

表 1-1　美国 SAE 国际智能网联汽车的等级划分

等级	自动化程度	说明
0 级	无自动化	驾驶员完全控制车辆，车辆没有任何自动化的驾驶功能。在这个等级的车辆中，驾驶员进行所有的操作，包括转向、加速和减速、监测环境并做出判断，以及在必要时执行紧急操作
1 级	驾驶辅助	车辆的某些驾驶功能如车速控制或转向控制可以自动化，但其他操作需要驾驶员控制。在这个等级的车辆中，一些特定的驾驶功能可以由系统接管
2 级	部分自动化	至少两项重要驾驶任务如转向和加速/减速可以同时自动化，但驾驶员必须时刻准备接管整个驾驶任务。在这个等级的车辆中，两个或更多的主要驾驶任务，如转向和加速/减速，可以同时被自动化系统接管
3 级	有条件自动化	车辆所有重要的驾驶功能都可以自动化，但在车辆认为必要时，驾驶员有条件接管车辆。在自动驾驶模式下，驾驶员可以做非驾驶任务。在这个等级的车辆中，车辆可以全权控制所有的驾驶任务，在某些特定条件下，驾驶员可能需要重新接管

（续）

等级	自动化程度	说明
4级	高度自动化	车辆所有的驾驶功能都可以在某些特定情况下自动化，即使驾驶员没有接管车辆，也不会出现危险。在这个等级的车辆中，所有的驾驶任务在特定环境下如高速公路，可以完成自动化，即使驾驶员没有介入也能保证安全
5级	全自动化	所有道路和环境下，车辆的所有驾驶功能都可以自动化，驾驶员在任何情况下都不需要参与驾驶。这个等级的车辆具备了所有道路和环境下，所有驾驶任务的自动化控制能力

这种等级划分有助于我们理解车辆的自动化程度，并为政策制定者、法规制定者和公众提供一个明确的标准参考。

中国在智能网联汽车等级的划分上采用了和国际类似的标准，这个标准主要是由中国国家标准委员会制定的《智能网联汽车道路测试指南》。中国划分的等级见表1-2。

表1-2　中国智能网联汽车等级的划分

等级	自动化程度	简称	说明
1级	驾驶辅助	DA	车辆的某些功能可以由系统自动完成，但总体驾驶控制权依然在驾驶员手中。这一级别的车辆可以实现如自适应巡航控制、停车辅助等功能
2级	部分自动化	PA	至少两个交互的驾驶任务可以由系统自动完成，如巡航控制和车道保持，但驾驶员需要随时准备接管车辆。在这个级别，车辆可以同时完成多个交互驾驶任务
3级	有条件自动驾驶	CA	车辆可以在特定情况下全权控制所有驾驶任务，但在系统无法处理的情况或环境下，驾驶员需要在一定时间内接管。例如，车辆正在高速公路上自动驾驶，当即将到达出口或者服务区时，系统会提前通知驾驶员接管控制权
4级	高度自动驾驶	HA	在特定情况和环境下，即使驾驶员没有介入，车辆也可以自行完成所有驾驶任务，并且能处理几乎所有的驾驶场景。这种级别的车辆可以在特定情况下完全自主驾驶，不需要驾驶员的介入
5级	完全自动驾驶	FA	在任何情况和环境中，包括极端天气和复杂路况，车辆都可以自行完成所有驾驶任务，不需要驾驶员的介入。这一级别的车辆无论在什么环境下都可以实现完全自动驾驶，不需要驾驶员的任何介入

智能网联汽车的四个主要技术构成：感知技术、决策与控制技术、网络与通信技术以及平台及服务技术。

（1）感知技术　感知技术包括感知车辆自身的状态以及周围环境信息的技术。这依赖于一系列的传感器和雷达设备。例如，摄像头可以捕捉到视觉信息，雷达可以检测到距离和速度，激光雷达（LiDAR）可以生成周围环境的三维地图，GPS和IMU可以提供位置和方向信息，而车载OBD系统则可以提供车辆自身的状态信息。并且，所有这些信息需要进行融合处理，以生成准确、全面的环境感知。

（2）决策与控制技术　决策与控制技术是基于感知技术获取的信息，汽车需要做出决策，比如选择路径、避开障碍物、调整速度等。而这一切，都需要依赖于先进的AI算法，包括机器学习、深度学习、强化学习等。除了驾驶决策，汽车还需要对各种执行器进行控制，以实现决策，这涉及控制理论、控制工程等领域的知识。

（3）网络与通信技术　网络与通信技术是智能网联汽车实现网联化的关键。智能网联汽车需要与外部世界进行广泛的交互，包括与具有通信功能的其他车辆（V2V）、基础设施（V2I）、行人（V2P）以及网络（V2N）的通信。这依赖于各种通信标准和协议，比如DSRC、C-V2X、5G等。并且，保障通信的安全、准确、稳定也是一个重要的挑战。

（4）平台及服务技术　平台及服务技术则是智能网联汽车提供服务的基础。一方面，需要有云平台提供大数据分析、AI算法训练、服务管理等功能。另一方面，也需要有用户友好的界面和应用，满足用户的各种需求，比如远程控制、娱乐、购物、社交等。

1.2　故障诊断与维修的重要性与故障类型

1.2.1　智能网联汽车故障诊断与维修的重要性

智能网联汽车故障诊断与维修在保障汽车运行安全、优化用户体验及促进技术革新方面发挥着关键作用。通过实时监测与分析车辆各系统的运行状态，能够迅速定位并解决潜在故障，有效预防因系统故障导致的安全事故。

1. 确保行车安全

智能网联汽车作为一个高度集成的系统，其内部的电子元件、传感器以及通信网络非常复杂且相互关联。这种高度集成性也意味着任何单一部件的故障，都可能对整体系统造成连锁反应，进而威胁到行车安全。因此，及时完成故障诊断不仅是对潜在问题的迅速响应，更是对车辆安全性能的全面保障。

如图1-2所示，通过先进的诊断技术，我们可以精准地定位到故障源，采取针对性的修复措施，确保车辆各系统之间的协调运作，维持车辆的稳定性和安全性。此外，智能网联汽车的故障诊断还具备预防性的意义。

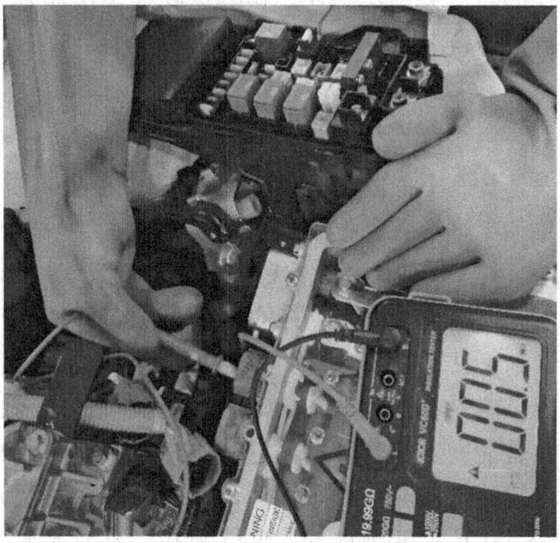

图1-2　电气系统检测

通过对车辆运行数据的持续监测和分析，我们可以提前发现一些潜在的故障趋势或异常，从而采取预防措施，避免故障的发生或进一步恶化。这种预见性的维护方式，不仅可以减少因故障导致的突发情况，还能延长车辆的使用寿命，提高整体运营效率。

2. 提高用户体验

智能网联汽车为用户提供了丰富的功能和便利的驾驶体验。通过高效的故障诊断和修复，不仅能够迅速解决车辆存在的问题，恢复车辆的正常运行状态，更重要的是，它能够减少故障给用户带来的不便和困扰。这种及时、有效的服务，无疑会增强用户对智能网联汽车的信任和依赖，从而进一步提升用户体验。

3. 降低维修成本

预见性维护的核心在于利用先进的数据监测技术和人工智能技术，对车辆运行过程中的各项数据进行实时、全面的监测和分析。通过这些数据，系统能够提前发现车辆潜在的故障隐患，并预测故障发生的时间和可能的影响范围。这样一来，维修人员就可以在故障真正发生之前，有针对性地进行干预和修复，从而避免了突发故障导致的高额维修费用和时间成本。通过精准的故障诊断，维修人员可以准确判断故障的原因和位置，避免了对车辆进行无谓的拆解和检查，从而进一步降低了维修成本。

随着人工智能、大数据、云计算等前沿技术的不断发展，智能网联汽车故障诊断技术也在不断迭代升级。如图 1-3 所示，这些新技术和新方法的引入，使得故障诊断的准确性和效率得到了显著提升。例如，通过深度学习算法对海量车辆运行数据进行分析和挖掘，可以更加准确地识别出车辆潜在的故障隐患；通过云计算平台实现远程故障诊断和实时数据传输，可以极大地缩短故障排查和修复的时间。

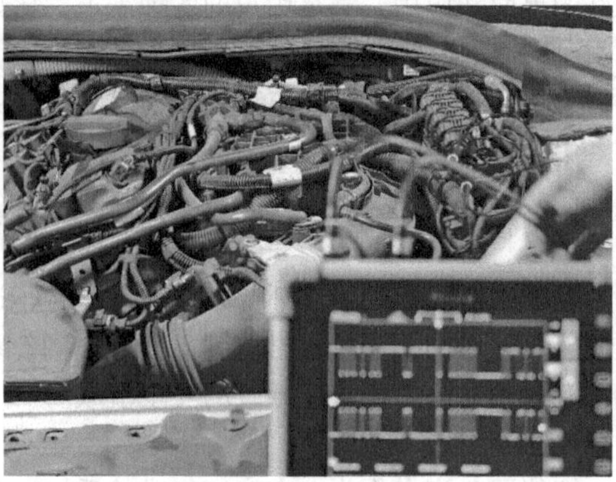

图 1-3　波形分析

同时，智能网联汽车故障诊断技术的应用也为相关领域的技术创新提供了重要的借鉴和参考。例如，在故障诊断过程中积累的数据和经验，可以为车辆设计、制造和维护等环节提供有力的支持；故障诊断技术中的算法和方法，也可以为其他领域的智能化、自动化发展提供有益的启示。

1.2.2　智能网联汽车故障分类

传统汽车故障与智能网联汽车故障在本质上是相似的，都源于车辆各部件的失效或异常，但处理方式和技术要求却大相径庭。如表 1-3 所示，传统汽车故障多集中于机械和电子部件，如发动机、变速器等，主要通过人工诊断和经验修复；而智能网联汽车则因其高度集成的电子控制系统和复杂的网络通信，故障可能涉及传感器、控制器乃至软件系统，需借助智能化诊断工具、远程技术甚至软件升级来解决。此外，智能网联汽车的故障排查和修复往往对技术人员的要求更高，既需具备传统汽车维修技能，又需掌握现代信息技术和网络安全知识。

智能网联汽车借助先进的传感器、控制器和算法，能够实现故障的自动检测和诊断。车辆系统能够实时监测车辆运行状态，并在发现异常时及时发出警报。通过车联网技术，智能网联汽车还能实现远程故障诊断和修复，大大提高了维修效率和便捷性。由于智能网联汽车的电子和控制系统更加复杂，故障现象可能更加隐蔽，需要借助更高级的技术手段来诊断。

表 1-3　传统汽车故障与智能网联汽车故障的异同

类别	比较	
	传统汽车故障	智能网联汽车故障
故障诊断方式	人工为主，工具辅助	智能化诊断，远程诊断
故障类型	集中在机械和电子系统	包括机械、电子、传感器、控制器、网络通信等多方面
维修方式	更换损坏部件、修复损坏结构	更换损坏部件、软件升级、数据恢复等

在智能网联汽车的复杂系统中，故障的发生可能涉及多个层面和维度。为了更有效地进行故障诊断与修复，我们可以从不同的角度对故障进行分类。

按故障性质分类可分为机械故障、电气故障、软件故障、通信故障等故障类型。

（1）机械故障　机械故障是指由于机械部件的磨损、断裂、变形等原因导致的故障。这类故障通常涉及物理接触和力的传递，如发动机内部零件的磨损、底盘悬架系统的松动或断裂等。机械故障往往伴随着明显的异响、振动或性能下降等现象。

（2）电气故障　电气故障是指由于电气元件损坏、线路接触不良或短路等原因导致的故障。这类故障可能涉及电路中的电流、电压、电阻等参数异常，如熔丝熔断，开关、继电器失效，传感器信号异常等。电气故障通常可以通过测量相关电气参数来进行诊断。

（3）软件故障　软件故障是指由于软件程序错误、配置不当或数据损坏等原因导致的故障。在智能网联汽车中，软件故障可能涉及车载计算机、控制单元或应用程序等。这类故障往往表现为系统功能异常、响应迟钝或完全失效等。软件故障的诊断和修复通常需要专业的软件工具和技术支持。

（4）通信故障　通信故障是指智能网联汽车与外界进行数据传输时出现的故障。这类故障可能涉及车联网通信模块、无线通信天线、数据传输协议等多个方面。通信故障可能导致车辆无法接收或发送数据，如无法定位、无法更新地图信息、无法与其他车辆或基础设施进行通信等。通信故障的诊断和修复需要关注网络状态、通信协议和数据安全等方面的问题。

按系统分类可分为动力系统故障、底盘系统故障、电气系统故障、智能系统故障等类型。

（1）动力系统故障　动力系统作为智能网联汽车的心脏，其故障直接影响车辆的行驶能力和性能。动力系统故障包括但不限于发动机故障（如点火系统失效、燃油喷射问题）、变速器故障（如换档不顺、打滑）、电池及电力驱动系统故障（如电池电量不足、电机过热）等。这些故障可能导致车辆无法起动、加速无力、动力中断或性能下降。表1-4所示为汽车动力系统部分较为典型的故障现象。

表1-4　汽车动力系统典型故障

序号	故障种类		具体说明
1	发动机故障	点火系统失效	这可能是由于点火线圈损坏、火花塞积炭或老化、点火控制模块故障等原因导致的。点火系统失效会使发动机无法正常点火，从而引发起动困难、怠速不稳或熄火等问题
		燃油喷射问题	包括燃油泵故障、喷油器堵塞或损坏、燃油滤清器堵塞等。这些问题会导致燃油供应不足或喷射不均，影响发动机的动力输出和燃烧效率，进而引发加速无力、油耗增加等现象
2	燃油系统故障	燃油压力异常	燃油压力过高或过低都会影响燃油的喷射效果，进而影响发动机的性能。这可能是由于燃油泵压力调节器故障、燃油压力传感器失效等原因导致的
		燃油滤清器堵塞	燃油滤清器的作用是过滤燃油中的杂质，防止杂质进入发动机。如果滤清器堵塞，会导致燃油供应不畅，影响发动机的动力输出
3	冷却系统故障	冷却液不足或泄漏	冷却液是发动机冷却系统的重要组成部分，如果冷却液不足或发生泄漏，会导致发动机过热，进而影响发动机的正常工作

（续）

序号	故障种类		具体说明
3	冷却系统故障	散热器堵塞或风扇故障	散热器和风扇是冷却系统的重要散热部件，如果它们出现故障（如堵塞、损坏等），会导致发动机散热不良，引发过热问题
4	电气系统故障	点火系统故障	点火系统是发动机起动和运转的关键部件，包括点火线圈、火花塞等。如果点火系统出现故障（如点火线圈损坏、火花塞积炭等），会导致发动机无法正常点火，进而影响其性能
		线路老化或短路	电气系统中的线路老化或短路会导致电流无法正常传输，进而影响各个电气部件的正常工作。例如，如果发动机控制模块（ECM）的供电线路出现故障，会导致ECM无法正常工作，进而影响发动机的性能
5	传感器故障	氧传感器故障	氧传感器用于监测发动机排气中的氧气含量，以调整燃油喷射量。如果氧传感器出现故障，会导致发动机混合气过浓或过稀，进而影响发动机的性能和经济性
		其他传感器故障	如进气压力传感器、曲轴位置传感器、凸轮轴位置传感器等，这些传感器都参与发动机的控制过程，如果它们出现故障，会导致发动机控制系统无法正常工作，进而影响发动机的性能
6	控制系统故障	控制单元故障	控制单元是动力系统的“大脑”，负责接收传感器信号并控制各个执行器的工作。如果控制单元出现故障（如软件错误、硬件损坏等），会导致整个动力系统无法正常工作
		传感器故障	除了之前提到的氧传感器、进气压力传感器等外，动力系统中还可能包括其他多种传感器（如油温传感器、油压传感器等）。这些传感器如果出现故障，会导致控制单元无法准确获取发动机或变速器的工作状态信息，进而影响控制精度和动力性能
7	驱动电机故障	电机过热	电机在工作过程中会产生热量，如果散热系统不良或电机内部存在故障（如轴承损坏、绕组短路等），就会导致电机过热。电机过热不仅会降低电机的效率和寿命，还可能引发更严重的故障甚至火灾
		电机控制器故障	电机控制器负责控制电机的起动、停止、转速和转矩等。如果电机控制器出现故障（如控制芯片损坏、驱动电路故障等），会导致电机无法正常工作，进而影响车辆的动力性能
8	增压系统故障	增压器漏气	增压器漏气会导致进气压力不足，进而影响发动机的动力输出。漏气的原因可能是增压器密封件损坏、进气管路连接不严等
		增压器轴承损坏	增压器轴承损坏会导致增压器运转不畅或产生异响，严重时可能导致增压器失效
9	变速器故障	换档不顺	可能是由于变速器油液不足或变质、离合器片磨损、齿轮啮合不良等原因造成的。换档不顺会使驾驶体验变差，同时可能增加变速器的磨损和故障风险
		打滑	在自动变速器中，打滑通常与离合器或制动带的工作状态有关。当这些部件磨损或调整不当时，变速器在传递动力时会出现打滑现象，导致动力损失和加速性能下降
10	电池及电力驱动系统故障	电池电量不足	对于电动汽车或混合动力汽车来说，电池电量不足是最常见的故障之一。这可能是由于电池老化、充电不足或充电系统故障导致的。电池电量不足会直接影响车辆的续驶里程和动力性能
		电机过热	电机在工作过程中会产生热量，如果散热系统不良或电机内部存在故障（如轴承损坏、绕组短路等），就会导致电机过热。电机过热不仅会降低电机的效率和寿命，还可能引发更严重的故障甚至火灾

智能网联汽车的动力系统故障类型多样且复杂，这些动力系统故障可能导致车辆无法起动、加速无力、动力中断或性能下降，严重影响车辆的行驶安全和使用体验。在出现故障时，应及时排查故障原因，并采取相应的解决方案以确保车辆的正常行驶。此外，随着智能网联汽车技术的不断发展，其动力系统也将不断升级和优化，目标是提高性能、降低故障率和提高安全性。

（2）底盘系统故障　底盘系统支撑着整个车辆，并负责行驶中的稳定性、操控性和舒适性。底盘系统故障包括悬架系统故障（如减振器失效、悬架弹簧断裂）、制动系统故障（如制动失灵、ABS 系统故障）、转向系统故障（如方向盘沉重、转向不灵敏）等。这些故障可能严重影响车辆的安全性和驾驶体验。

表 1-5 所示为汽车底盘系统较为典型的故障现象。

表 1-5　汽车底盘系统典型故障

序号	故障种类		具体说明
1	悬架系统故障	减振器失效	减振器是悬架系统中用于吸收和缓解车辆行驶时产生的振动和冲击的部件。如果减振器失效，车辆在行驶过程中会感觉颠簸不稳，尤其是在不平坦的路面上，这种感觉会更加明显。减振器失效还可能导致悬架系统的其他部件（如悬架弹簧、悬架臂等）受到额外的冲击和磨损
		悬架弹簧断裂	悬架弹簧是悬架系统中的重要元件，它负责支撑车身重量并保持车身的平衡。如果悬架弹簧断裂，车辆将失去稳定的支撑，可能导致车身倾斜、高度下降或车身抖动等问题。这不仅会影响驾驶体验，还可能对车辆的安全性能造成严重影响
2	制动系统故障	制动失灵	制动失灵是制动系统中最严重的故障之一。它可能是由于制动液泄漏、制动主缸或轮缸失效、制动片磨损过度或制动盘变形等原因导致。制动失灵会使车辆在行驶过程中无法及时减速或停车，严重威胁到驾驶员和乘客的生命安全
		ABS 系统故障	ABS（防抱死制动系统）是现代汽车中广泛采用的主动安全装置。它能够防止车辆在紧急制动时车轮抱死，从而保持车辆的转向能力和稳定性。如果 ABS 系统出现故障，车辆在紧急制动时可能会出现车轮抱死的情况，导致车辆失控或侧滑
3	转向系统故障	方向盘沉重	方向盘沉重可能是由于转向助力系统故障或转向机构磨损导致的。这种故障会使驾驶员在转动方向盘时感到费力，增加驾驶负担并降低驾驶体验
		转向不灵敏	转向不灵敏可能是由于转向机构松动、转向节损坏或轮胎气压不足等原因导致的。这种故障会使车辆在转弯时响应迟缓或偏离预定轨迹，影响驾驶的安全性和稳定性
4	传动系统故障	传动轴或万向节故障	传动轴和万向节是连接发动机和车轮的重要部件，如果它们出现故障（如断裂、磨损严重、润滑不足等），会直接影响动力的传递，导致车辆行驶不稳或无法行驶
		差速器故障	差速器的作用是在车辆转弯时允许左右车轮以不同的速度旋转。如果差速器出现故障（如齿轮损坏、油封漏油等），会影响车轮的正常转动，导致车辆行驶困难

（续）

序号	故障种类		具体说明
5	离合器故障	离合器打滑	离合器片磨损严重或压盘弹簧失效时，离合器可能会出现打滑现象，导致车辆起步困难、加速无力
		离合器异响	包括分离轴承损坏、离合器压盘或飞轮平面不平整等，可能导致离合器在接合或分离时产生异响
6	变速器故障	变速器漏油	变速器密封件老化或损坏可能导致变速器油泄漏，影响变速器的正常工作
		换档困难	变速器内部齿轮或同步器损坏可能导致换档困难或换档冲击
		变速器异响	如齿轮磨损、轴承损坏等，都可能导致变速器在运转时产生异响
7	底盘异响	传动轴异响	传动轴不平衡、万向节磨损或中间轴承损坏等，都可能导致传动轴在运转时产生异响
		底盘连接件松动	如底盘螺栓、悬架臂球头等连接件松动，也可能导致底盘在行驶过程中产生异响
8	其他常见问题	底盘腐蚀	底盘长时间暴露在外，容易受到雨水、雪水、泥沙等物质的侵蚀，导致底盘部件生锈、腐蚀。这不仅会影响底盘的美观，还可能对底盘的强度和耐久性造成影响
		底盘拖底	在通过不平整路面或障碍物时，如果车辆底盘较低，容易发生拖底现象，即底盘与地面或障碍物发生碰撞。这可能导致底盘部件损坏，甚至影响车辆的行驶安全

底盘系统的这些故障都可能对车辆的安全性和驾驶体验造成严重影响。因此，驾驶员应定期对底盘系统进行维护和检查，及时发现并排除潜在故障。同时，在行驶过程中应注意观察车辆状态，如发现异常应及时进行维修。

为了预防底盘系统出现上述问题，可以采取以下措施。

1）定期保养：按照车辆使用手册的要求，定期对底盘系统进行保养和维护，包括更换润滑油、检查并紧固底盘连接件等。

2）注意路况：在行驶过程中，尽量避免通过不平整路面或障碍物较高的地方，以减少底盘受损的风险。

3）底盘防护：为车辆安装全底盘护板或发动机护板等防护装置，可以有效减少底盘受到的外界侵蚀和损坏。

（3）电气系统故障　电气系统是智能网联汽车中不可或缺的组成部分，它涵盖了车辆内外的各种电气设备及其控制系统。电气系统故障可能涉及照明系统故障（如车灯不亮、远近光灯无法切换）、空调系统故障（如制冷效果不佳、空调不工作）、车窗及门锁控制系统故障（如车窗无法升降、门锁失灵）等。虽然这些故障不一定直接影响车辆行驶安全，但会降低乘客的舒适度和便利性。

电气系统在智能网联汽车中不仅是车辆功能实现的基础，还直接影响到乘客的舒适度和便利性。电气系统的复杂性日益增加，涵盖了从动力系统电气化控制、基本的照明、空调控制到高级的车窗、门锁乃至自动驾驶辅助系统的各个方面。

表1-6所示为汽车动力与底盘电气控制系统较为典型的故障现象。

表1-6　汽车动力与底盘电气控制系统典型故障

序号	故障种类	故障现象	可能原因	处理方法
1	发动机控制系统故障	发动机故障灯点亮，发动机动力不足，燃油消耗过大等	ECU（电子控制单元）故障、传感器损坏（如氧传感器、空气流量传感器等）、点火系统故障（如火花塞、点火线圈等）、燃油喷射系统故障等	使用专业诊断工具读取故障码，根据故障码进行针对性检查；检查并更换损坏的传感器或点火系统部件；对燃油喷射系统进行清洗和维护
2	变速器控制系统故障	变速器工作不正常，换档冲击、打滑或无法换档，严重时导致车辆无法行驶	变速器控制模块（TCM）故障、传感器（如车速传感器、档位传感器等）损坏、液压控制系统故障（如油压不足、油泵故障等）	使用专业诊断工具进行故障排查；检查并更换损坏的传感器或TCM；对液压控制系统进行检查和维修，包括更换液压油、修复泄漏等
3	制动系统相关电气故障	制动故障灯点亮，制动失灵或制动力下降	制动控制单元（BCU）故障、制动传感器（如轮速传感器）损坏、制动执行器（如电机、泵等）故障、线路接触不良或短路等	使用专业诊断工具进行故障排查；检查并更换损坏的传感器、BCU或制动执行器；对线路进行检查和修复，确保电气连接可靠
4	转向系统相关电气故障	方向盘不灵敏，转向异常或转向力度过大，转向辅助失效等	转向控制单元（SCU）故障、转向传感器（如转向扭矩传感器）损坏、电机故障、线路接触不良或短路等	使用专业诊断工具进行故障排查；检查并更换损坏的传感器、SCU或电机；对线路进行检查和修复，确保电气连接可靠
5	电源系统故障	车辆无法起动，蓄电池电量低，发电机不工作等	蓄电池老化、发电机故障、充电系统（如充电机、充电线路等）故障、蓄电池接线柱松动或腐蚀等	检查蓄电池状态，必要时更换蓄电池；检查发电机和充电系统的工作状态，修复或更换故障部件；检查并紧固蓄电池接线柱，清理腐蚀物
6	车载网络系统故障	多个电气设备同时出现故障，如音响、导航、车载电话等无法正常工作	车载网络总线故障、网关或网络控制单元（NCM）故障、网络节点设备故障等	使用专业诊断工具进行网络诊断，查找并修复故障节点；检查并更换损坏的网关或NCM；对总线进行检查和修复，确保网络通信畅通

表1-7所示为汽车车身电气系统较为典型的故障现象。

表1-7　汽车车身电气系统典型故障

序号	故障种类		具体说明
1	照明系统故障	车灯不亮	可能由灯泡损坏、熔丝熔断或电路断路引起。应检查灯泡是否完好，更换损坏的灯泡；检查熔丝盒，确认熔丝是否熔断；使用万用表检查电路是否导通
		远光灯无法切换	可能是切换开关故障或相关控制电路问题。应检查切换开关是否灵活有效，必要时更换；同时检查控制电路，查找并修复断路或短路点

（续）

序号	故障种类		具体说明
2	空调系统故障	制冷效果不佳	可能由制冷剂不足、压缩机故障或冷凝器堵塞等原因造成。需检查制冷剂压力，必要时添加或更换制冷剂；检查压缩机工作状态，确认其是否正常运转；清理冷凝器表面，确保其散热效果良好
		空调不工作	首先检查空调开关及控制面板是否正常工作；然后检查空调系统的电源和电路连接是否良好；最后，若上述均正常，则可能是空调系统内部组件如膨胀阀、蒸发器等出现故障，需专业维修
3	车窗及门锁控制系统故障	车窗无法升降	可能由电机故障、开关损坏或电路问题引起。应检查车窗电机是否运转正常，开关是否有效；检查电路连接，特别是车门铰链处的线路是否磨损或断裂；若问题依旧，需考虑更换电机或开关
		门锁失灵	可能由门锁电机故障、开关损坏或遥控钥匙信号接收问题导致。检查门锁电机是否响应；检查车门开关及遥控钥匙是否工作正常；若问题复杂，需借助专业诊断工具进行故障排查

针对智能网联汽车的电气系统维护，建议车主定期进行保养和检查，及时发现并处理潜在问题。同时，随着技术的不断进步，电气系统的故障诊断和维修也变得更加依赖专业的设备和技术支持。因此，在遇到复杂的电气系统故障时，建议车主及时联系专业的汽车维修服务中心进行处理。

（4）智能系统故障　智能系统是智能网联汽车区别于传统汽车的重要标志，它集成了自动驾驶、车联网、人机交互等多种先进技术。智能系统故障可能包括自动驾驶系统故障（如传感器失效、算法错误导致的误判）、车联网系统故障（如无法连接网络、数据传输中断）、人机交互系统故障（如触摸屏失灵、语音识别不准确）等。这些故障可能影响到智能网联汽车的智能化水平和用户体验。

表1-8所示为汽车车身智能系统较为典型的故障现象。

表1-8　汽车车身智能系统典型故障

序号	故障种类		具体说明
1	自动驾驶系统故障	传感器失效	传感器是自动驾驶系统的“眼睛”，负责收集周围环境的信息。如果传感器受到污染、损坏或校准不准确，就可能导致系统无法准确感知周围环境，从而引发误判或事故
		硬件老化与磨损	随着车辆使用时间的增加，自动驾驶系统中的硬件组件（如电机、齿轮等）可能会因老化或磨损而导致性能下降，进而影响系统的整体稳定性和准确性
		电源管理问题	自动驾驶系统对电能的需求较高，如果电源管理系统出现故障，如电池电量不足、电压不稳等，可能会导致系统性能下降甚至完全失效；除了自动驾驶系统外，电源管理系统也是智能网联汽车中的重要组成部分。它负责监测和控制车辆的电能使用。如果电源管理系统出现故障，将影响车辆的电能供应和分配，进而影响车辆的整体性能和安全性

（续）

序号	故障种类		具体说明
1	自动驾驶系统故障	算法错误	自动驾驶系统的算法需要处理大量的实时数据，并进行复杂的决策。如果算法存在缺陷或错误，就可能导致系统做出不恰当的决策，如误判障碍物、错误变道等
		软件漏洞	自动驾驶系统的软件可能存在漏洞，这些漏洞可能被黑客利用，导致系统被非法控制或数据泄露
		环境适应性差	在某些极端天气条件下（如暴雨、大雾、极端高温或低温），自动驾驶系统的传感器和算法可能无法正常工作，从而影响系统的性能
2	车联网系统故障	无法连接网络	这可能是由于车辆所在区域的网络信号不佳、车载通信模块故障或 SIM 卡问题导致的。无法连接网络将影响车辆获取实时路况、导航信息和远程服务等功能
		数据传输中断	在车联网系统中，数据的实时传输至关重要。如果数据传输中断，将影响车辆与其他车辆或基础设施的协同控制，降低整体交通效率
		协议不兼容	车联网系统中涉及多种通信协议，如果车辆与基础设施或云端之间的协议不兼容，将导致数据传输失败或无法正常通信
		服务器故障	车联网系统依赖于云端服务器进行数据处理和存储。如果服务器出现故障或负载过高，将导致数据传输延迟或无法处理，影响车联网系统的正常运行
		GPS 定位失准	车联网系统中的许多功能依赖于 GPS 定位。如果 GPS 信号受到干扰或定位算法不准确，将导致车辆位置信息错误，影响导航和协同控制功能
		信息安全问题	车联网系统面临着信息安全威胁，如破坏、数据篡改和泄露等。这些问题可能导致车辆被非法控制或用户隐私泄露
3	人机交互系统故障	触摸屏失灵	触摸屏是用户与车辆交互的主要界面之一。如果触摸屏失灵，将影响用户操作车辆、查看信息和娱乐等功能
		音频系统故障	除了触摸屏和语音识别外，音频系统也是人机交互的重要组成部分。如果音频系统出现故障（如扬声器损坏、音量调节失灵等），将影响用户的听觉体验
		语音识别不准确	语音识别技术允许用户通过语音指令控制车辆。如果语音识别不准确，将导致用户无法正确控制车辆或产生误解
		手势识别不灵敏	一些高级的智能网联汽车可能配备手势识别功能。如果手势识别传感器或算法存在问题，将导致该功能无法正常工作或识别率低下
		软件更新问题	人机交互系统的软件需要定期更新以修复漏洞、增加新功能或优化性能。如果软件更新过程中出现错误或冲突，可能导致系统崩溃或无法正常工作
		界面设计不合理	人机交互系统的界面设计应直观易用。如果界面设计不合理，将增加用户的学习成本和使用难度，降低用户体验

（续）

序号	故障种类	具体说明
4	导航系统故障	导航系统是智能网联汽车的重要组成部分，它依赖于地图数据和定位信息为用户提供导航服务。如果导航系统出现故障（如地图数据过时、定位信息不准确等），将导致用户无法获得准确的导航指引
5	传感器融合问题	自动驾驶系统通常需要融合来自多个传感器的数据以获得更准确的环境感知。如果传感器融合算法存在问题或传感器之间存在数据冲突，将导致系统无法准确感知环境并做出正确决策

综上所述，智能网联汽车中的智能系统故障是一个复杂且多维的问题，涉及多个系统和组件的交互与协作。为了保障智能网联汽车的安全性、稳定性和用户体验，需要持续加强技术研发、优化系统设计和建立完善的故障预警与处理机制。

1.3　智能网联汽车故障特点

智能网联汽车故障的特点在于其高度集成化和智能化的复杂性。由于集成了大量电子控制单元、传感器及复杂网络通信系统，故障源多样且难以预测，可能隐藏在任一电子或软件部件中。同时，故障表现往往较为隐蔽，不易被直接察觉，增加了诊断的难度。

（1）故障源复杂多样　智能网联汽车的故障源展现出复杂且多样化的特点，这主要源于其高度集成的系统设计。车辆内嵌入了大量的电子控制单元（ECU）、精密传感器、智能控制器，以及错综复杂的网络通信系统，共同构成了一个庞大的智能网络。这一特性意味着，任何一个电子或软件部件的异常都可能成为故障的源头，包括但不限于发动机控制系统、变速器控制系统、转向控制系统、制动系统以及悬架系统等关键部分。

例如，某款智能网联汽车在行驶过程中突然出现动力下降的情况，经过诊断发现是由于发动机控制系统中的一个传感器数据异常，导致 ECU 做出了错误的功率调节决策。其次，另一款车辆在高速行驶时突然失去转向助力，原因在于转向控制系统中的软件 bug，使得系统无法正常识别驾驶员的转向意图。再者，还有车辆在紧急制动时响应迟缓，这背后可能是制动系统与 ABS（防抱死制动系统）之间的通信故障，导致制动指令未能及时传达至各车轮。这些案例充分说明了智能网联汽车故障源的广泛性和不可预测性，因此要求维修人员具备深厚的专业知识和丰富的实践经验，以便快速准确地定位并解决故障。

（2）故障表现更加隐蔽　智能网联汽车相较于传统汽车在故障表现上展现出了更为隐蔽的特性。由于车辆内部大量依赖电子信号处理和软件控制，许多潜在的问题不再以传统的机械故障形式显现，如刺耳的异响或明显的车身抖动。相反，这些故障常常以更为间接且不易察觉的方式影响车辆的整体性能。

具体而言，智能网联汽车的隐蔽故障可能体现在多个方面。例如，某车主可能会发现车辆在加速时不够顺畅，而仪表盘并未显示任何明显的异常信息。深入检查后发现，这是由于发动机控制系统中某个传感器数据传输存在微小偏差，导致 ECU 在调整发动机输出时做出了不够精准的判断。另一个案例是车辆油耗的意外增加，这可能是由于车载系统中某个算法的优化不当，使得发动机运行在非最佳效率区间。

此外，智能网联汽车的远程控制功能也可能成为隐蔽故障的“重灾区”。车主可能会发现，在某些情况下无法通过手机 App 远程控制车辆的解锁、起动等功能，但车辆本身并未报告任何故障。这背后可能是远程通信模块与车载系统之间的数据同步问题，或是云服务端的软件 bug 所导致。这些案例充分说明了智能网联汽车故障表现的隐蔽性，对故障诊断提出了更高要求。维修人员不仅需要具备扎实的专业知识，还需要借助先进的诊断工具和技术手段，深入剖析车辆内部的电子信号和软件逻辑，以实现对隐蔽故障的快速准确定位。

（3）故障诊断依赖智能化工具　智能网联汽车的复杂性与故障表现的隐蔽性，使得传统基于经验判断的“望、闻、问、切”式故障诊断方法，显得力不从心。为了有效应对这一挑战，现代智能网联汽车的故障诊断高度依赖于智能化工具和技术。

此外，大数据分析平台在智能网联汽车故障诊断中发挥着越来越重要的作用。通过收集并分析大量车辆的运行数据，大数据分析平台能够识别出隐藏在数据背后的故障模式，预测潜在故障的发生，并提前制定维修策略。例如，某智能网联汽车厂商利用大数据分析平台发现，部分车辆在行驶一定里程后，制动系统的响应时间会逐渐延长。通过进一步分析车辆使用习惯、道路条件及制动系统内部结构等因素，厂商成功找到了导致这一问题的根本原因，并采取了相应的改进措施。

（4）故障修复需结合软件升级　在智能网联汽车的故障修复领域内，软件升级已成为不可或缺的关键环节。鉴于许多车辆故障根源于软件缺陷或系统安全漏洞，及时的软件升级成为解决这些问题的有效途径。

比如，某智能网联汽车品牌在推出其自动驾驶车型后，通过用户反馈和数据分析发现，在某些复杂交通场景下，车辆的自动驾驶功能存在决策延迟或判断不准确的问题。为了提升用户体验，该品牌迅速组织技术团队进行了软件升级。升级后的系统优化了算法逻辑，提高了对环境感知的准确性和决策速度，显著改善了自动驾驶功能的表现。

近年来，随着智能网联汽车的普及，其网络安全问题也日益受到关注。例如，某车型被发现存在可被黑客利用的安全漏洞，一旦遭到攻击，可能会导致车辆失控等严重后果。面对这一紧急情况，汽车制造商立即启动了应急响应机制，发布了紧急软件升级包。该升级包对车辆的网络通信协议进行了加固，封堵了已知的安全漏洞，有效保障了车辆的网络安全。这一案例强调了软件升级在智能网联汽车安全漏洞修复中的关键作用。

除了故障修复和安全漏洞修补外，软件升级还常被用于提升智能网联汽车的性能和增加新功能。例如，某车型在上市初期，其车载娱乐系统存在响应速度较慢的问题。为了改善用户体验，制造商发布了性能优化软件升级包。升级后，系统的启动速度和应用程序的切换速度均得到了显著提升。此外，该升级包还引入了语音助手的新功能，使得用户可以更加便捷地通过语音指令控制车辆和娱乐系统。这一案例展示了软件升级在智能网联汽车性能优化和功能扩展方面的广泛应用。

（5）网络安全问题日益凸显　随着智能网联汽车技术的飞速发展，其网络安全问题正日益成为不容忽视的重大挑战。这些汽车通过复杂的网络架构与外界进行数据交换和控制指令传输，为乘客提供了前所未有的便捷与智能体验，但同时也敞开了通往潜在风险的大门。一旦车辆的网络防线被攻破，不仅可能导致车辆功能的失控，还可能引发数据泄露，严重威胁到乘客乃至公共安全。

案例：2023 年，某知名智能网联汽车品牌遭遇了一起严重的网络安全事件。黑客利用车辆网络系统中的安全漏洞，成功远程控制了多辆在途车辆，包括加速、制动、转向等关键功能。这一事件不仅让车辆陷入极度危险之中，也引发了公众对智能网联汽车安全性的广泛担忧。事后调查显示，该事件源于车辆网络防护措施的不足，未能有效抵御外部攻击。

另一起引人注目的案例发生在一家智能网联汽车服务提供商身上。该公司在处理用户数据时出现了安全漏洞，导致大量车主的个人信息被非法获取并泄露。这些信息包括车主姓名、车辆型号、行驶轨迹等敏感内容，为不法分子提供了可乘之机。此次事件不仅侵犯了用户的隐私权，还可能引发更广泛的社会安全问题，如定向诈骗、恐怖威胁等。

还有一个案例引发了大量的关注，某次智能网联汽车软件更新过程中，由于更新包未经严格的安全审查，被植入了恶意代码。当车主按照提示进行软件升级后，这些恶意代码迅速在车辆网络中扩散，导致车辆部分功能异常，甚至影响到车辆的基本驾驶安全。

这些事件表明，智能网联汽车的网络安全问题已日益凸显，成为制约行业发展的关键因素之一。从远程控制车辆、个人数据泄露到软件更新引发的安全漏洞，这些案例无不警示我们必须高度重视并有效应对网络安全挑战。技术人员需时刻保持警惕，加强车辆网络安全防护措施的研发与应用，为智能网联汽车的健康发展保驾护航。

1.4 智能网联汽车维修基础

1.4.1 智能网联汽车维修安全规范

1. 维修安全规范

智能网联汽车维修安全规范，作为行业指导准则，旨在确保在维修过程中车辆系统稳定、数据安全与用户隐私得到严格保护。它不仅提升了维修作业的专业性和效率，还促进了智能网联汽车产业健康发展。通过明确安全操作流程与责任，此规范有效预防了因维修不当引发的安全事故，保障了车主权益，为智能网联汽车的普及与应用奠定了坚实基础。

智能网联汽车维修操作规范主要包括以下几个方面。

1）在开始维修之前，需要将所有必要的工具和部件准备齐全，并断开车辆电源，确保安全。

2）按照汽车制造商提供的维修手册进行操作，严禁随意改动或越过步骤。

3）在操作过程中要佩戴防护设备，如防护眼镜、绝缘手套、绝缘工作鞋等，确保维修人员的身体安全。

4）在需要读取或修改车辆数据时，应确保数据的安全和私密性，防止数据泄露。

5）维修完成后需要对车辆进行全面的性能和安全检测，确保车辆可以正常运行。

6）每一次维修的过程和结果都需要进行记录，以便日后查证。

7）对于替换的部件和维修的质量需要进行严格管理，保证维修效果。

8）在维修过程中产生的废弃物需要按照环境保护规定进行处理。

9）与客户进行充分的沟通，明确维修的需求和预期的结果，维修后向客户清晰地解释维修的内容和费用。

10）由于智能网联汽车技术不断更新，维修人员需要定期接受新的技术培训，以便维持其专业水平。

11）使用专业的诊断设备，进行详细的故障分析和定位，提高修复效率。

12）预防性维修：定期对车辆的各个部位进行检查和维护，预防可能发生的问题，延长车辆的使用寿命。

13）随着汽车电子化、智能化趋势的加强，汽车的软件更新变得非常重要。在维修时需要检查车辆的软件版本，及时进行必要的更新。

14）制定详细的紧急应对流程，对突发性故障进行快速响应和处理。

15）清楚了解汽车的保修政策，按照规定进行维修，以避免影响车主的权益。

16）对更换的零部件进行合理的库存管理，确保供应充足。

2. 低压线束检查与维护

低压线束作为汽车电气系统中至关重要的组成部分，负责连接各种电气设备和控制单元，其状态直接影响车辆的电气系统性能及行车安全。因此，定期检查低压线束的状态，及时发现并处理潜在故障，是确保车辆正常运行的重要环节。

（1）外观检查

1）仔细检查线束的整体状况，特别注意是否有磨损、腐蚀、变色、粘连、松脱等现象。这些迹象可能预示着线束即将或已经出现故障。

2）检查线束插接件是否牢固，有无松动、氧化、油污等问题。插接件的接触不良往往会导致电气信号传输不畅或失效。

（2）断路故障检查

1）当怀疑电路线束存在断路故障时，首先尝试接通相关线路开关，观察熔丝是否熔断以及用电设备是否能正常工作。

2）若熔丝未熔断但用电设备不工作，则可能存在断路。此时，应进一步通过外观检查查找线索的外露部分，检查是否有线头脱落、插接件松动或导线折断等明显故障。

3）若无法直接通过外观检查发现断路点，可使用直流试灯或万用表等检测工具进行测试。测试时，应依次测量疑似断路段的电压或电阻值，以确定断路位置。

（3）短路故障检查　短路故障通常表现为接通线路开关后熔丝迅速熔断，且用电设备无法工作。严重时，还可能伴随线束烧蚀、烧毁等现象。

1）初步检查时，应关注线束的外露部分，检查是否有绝缘层破损、线头脱落并直接与车身或其他金属部件接触的情况。

2）若无法从外观直接确定短路点，同样可使用直流试灯或万用表等工具进行检测。测试时，应特别注意安全，避免在检测过程中造成二次短路或触电事故。

（4）线束接触不良　电路线束接触不良可能引发用电设备工作不稳定，大电流时甚至导致发热、烧蚀。此故障常见于插接件、连接器处，由焊接不良、氧化锈蚀、多次拆装松动等因素引起。检查时可依电路图，轻摇相关低压线路及插接件，若设备工况随摇动变化，则表明该处接触不良。对插接件，可拆卸后目视检查。若外观无异常，可使用万用表测量接触电阻，以精准定位接触不良点，确保电气系统稳定运行。

（5）维护与保养

1）定期清洁：定期使用干净的布或专用清洁剂擦拭线束及插接件表面，去除油污、灰尘等杂质，保持其良好的导电性和接触性能。

2）紧固插接件：定期检查并紧固线束插接件，确保其连接牢固可靠。对于松动或损坏的插接件应及时更换或修复。

3）避免机械损伤：在车辆维修或保养过程中，应注意避免对低压线束造成机械损伤，如划伤、挤压等。同时，确保线束布线合理，避免与运动部件或尖锐边缘接触。

4）更换老化线束：对于已经出现明显老化、磨损或腐蚀的线束，应及时进行更换，以避免因线束故障引发更大的电气系统问题。

3. 高压线束检查

电动汽车上的电池包母线电压高达300～900V，在涉及高压电气系统维修时，首先操作人员必须持有低压电工证，在作业过程中，需穿戴高压防护手套，并采取全面的绝缘保护措施，确保身上无任何金属物品，以预防潜在的触电风险。在着手进行高压电部件的维修或拆装之前，执行彻底的断电操作，这包括确认整车已完全下电，即断开12V电源，并确保车辆静置至少5min，以使系统内的残余电荷消散。在接通高压电之前，必须执行高压电部件壳体的接地检查，确保所有部件装配正确，连接可靠，以防止意外电流泄漏。

1）检查高压部件外壳是否有明显碰撞痕迹。

2）检查高压部件之间连接的导线。确保无破损、无碰擦，高低压接线端子连接牢靠，无松动。

3）检查高压部件表面和周围的状态，保证散热通风通畅，必要时去除杂物，清洁外表面。

4）断开高压线束插接件，检查端子无锈蚀、无腐蚀，确保紧固力矩达到标准。

5）检查高压系统冷却管路是否出现液体泄漏及渗出，检查管路密封连接处，有无渗漏现象。及时维修车辆冷却系统。

6）检查高压部件绝缘电阻，使用绝缘电阻表测量应大于参考值（≥20MΩ或≥500Ω/V）。

7）检查高压线束对地电压，使用万用表电压档测量应小于3V。

8）检查高压线束对地电阻，使用万用表电阻档测量，电阻数值应是无穷大。

9）检查高压线束之间的导通性，使用万用表电阻档测量，电阻数值应小于1Ω。

10）对于测量值不正确的高压线束，进行更换。

1.4.2 电路图识读

在汽车电气系统中，电路的组成主要有电源、导线、开关、保护装置、控制器件和传感器等部件，它们共同确保了汽车的电气设备能够高效、安全地运行。

（1）电源　电源是汽车电气系统的核心，它为整个系统提供必要的电能。通常，汽车的电源包括蓄电池和发电机。蓄电池在发动机未起动时为车辆提供电力，而发电机则在发动机运行时为车辆供电，并同时为蓄电池充电。对于电动汽车，由于没有发动机，发电机已经被DC-DC变换器代替。以某车汽车为例，电动汽车的供电系统有两套，如图1-4、图1-5所示，

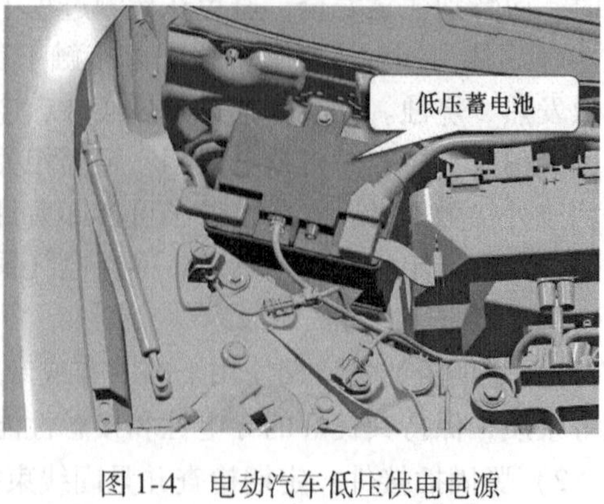

图1-4　电动汽车低压供电电源

一套是低压供电系统，一套是高压供电系统。

（2）导线 如图1-6所示，导线是电路中传输电流的媒介，它们将电源、用电器、控制器件等各个部分连接起来，形成一个闭合的电路。导线的材料、规格和布局都需要根据电流的大小、电压等级和安全要求来设计。

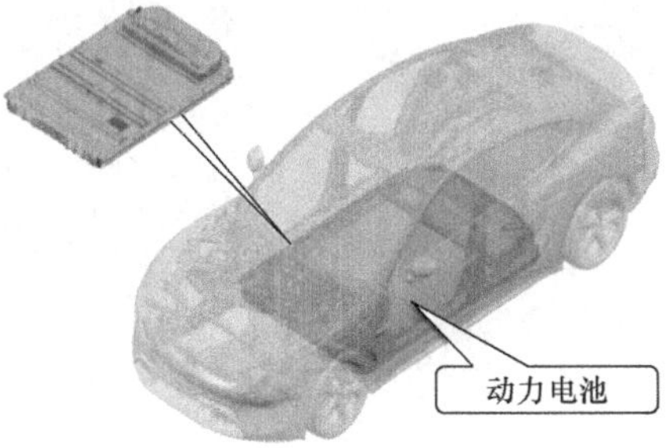

图1-5 电动汽车高压供电电源

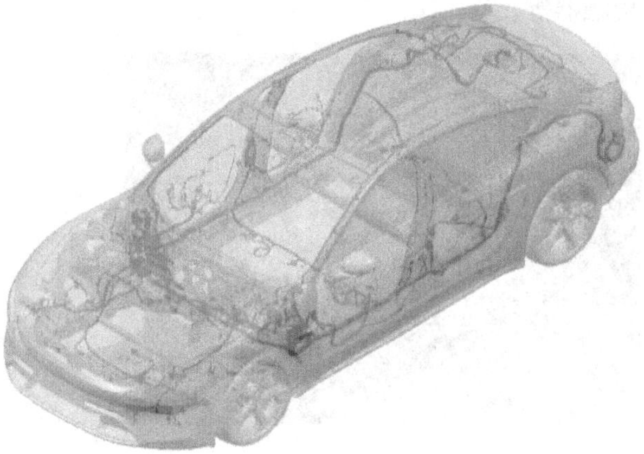

图1-6 导线（某车线缆分布）

（3）开关 如图1-7所示，开关是控制电路通断的关键组件。它们可以是手动开关，也可以是自动控制的电子开关。开关的作用是允许接通或切断电流，从而控制用电器的工作状态。

图1-7 开关

（4）用电器 用电器是消耗电能并将其转换为其他形式能量的设备，如灯、电动机、加热器等。如图1-8所示，它们是汽车电气系统中的执行部件，直接参与到车辆的运行和功能实现中。

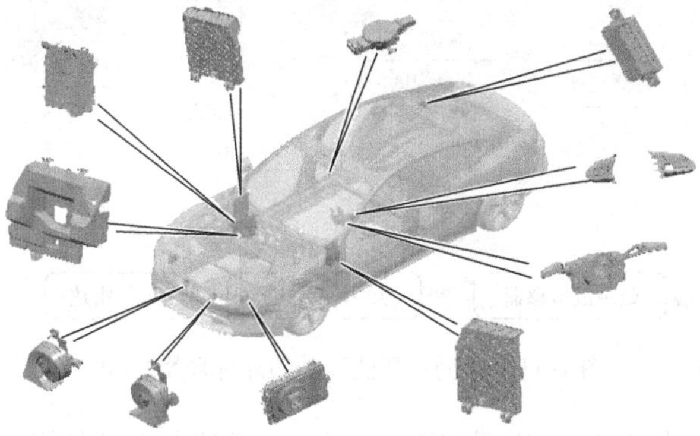

图1-8 用电器（以某车为例）

（5）电路保护装置 如图1-9所示，电路保护装置，如熔断器和断路器，是为了防止电路过载或短路而设计的。当电流超过安全值时，这些装置会自动切断电源，以保护电路和设备不受损害，并防止可能发生的火灾。

（6）控制器件　如图 1-10 所示，控制器件是实现电路自动化和智能化的关键，它们接收来自传感器或驾驶员的信号，并根据这些信号控制电路的通断或调节电路参数。常见的控制器件包括电子控制单元（ECU）、车辆控制单元（VCU）、微控制单元（MCU）、继电器和接触器等。

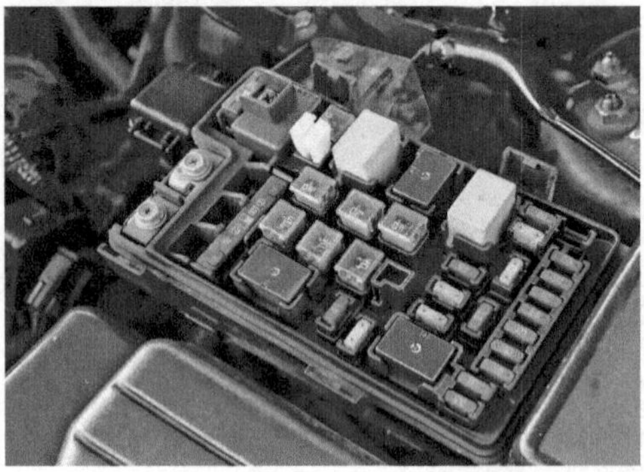

图 1-9　案例：前舱熔丝盒

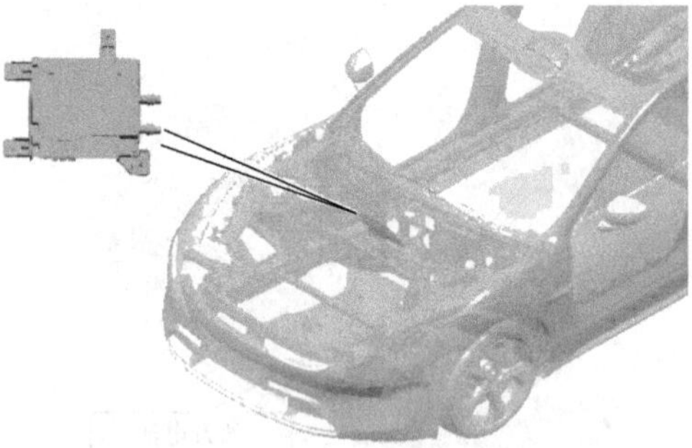

图 1-10　案例：某车智能驾驶域控制器

（7）传感器　传感器是监测和反馈电路或设备状态的重要组件。如图 1-11 所示，它们可以检测电压、电流、温度、声音、视觉、角度、距离等多种参数，并将这些信息转换为电信号，传递给控制系统，以便进行相应的处理和响应。

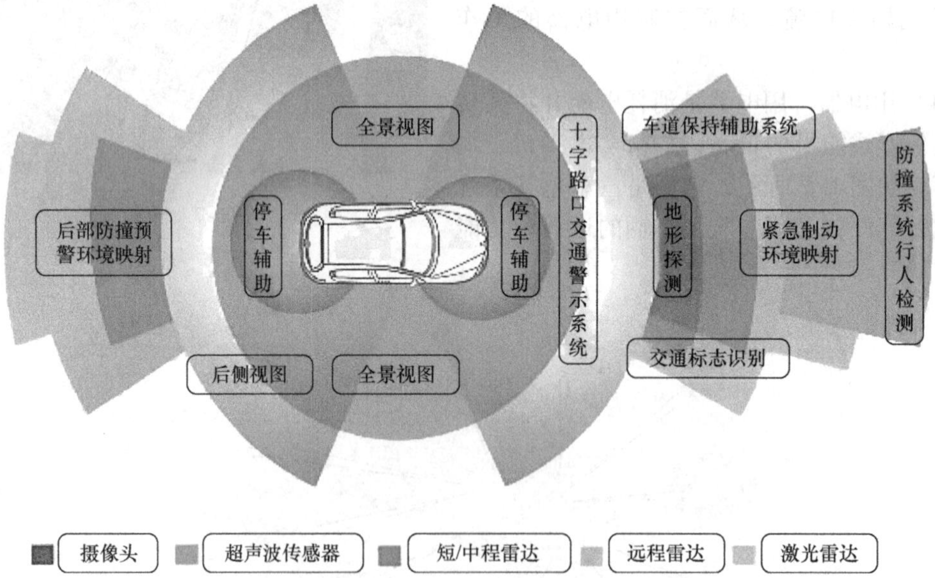

图 1-11　案例：智能驾驶的外部环境感知

这些组件在汽车电气系统中相互协作，确保了车辆的电气设备能够按照预定的功能正常工作，同时也保障了车辆的安全性和可靠性。

汽车电路在汽车系统中负责传输和分配电力，以确保汽车的各种电气设备能够正常工作。

（1）电源电路 电源电路是汽车电气系统的基础，它包括蓄电池、发电机和调节器等关键部件。蓄电池在发动机起动前为车辆提供电力，而发电机在发动机运行时为车辆供电，并为蓄电池充电。调节器则负责维持发电机输出电压的稳定，防止电压过高或过低，确保整个汽车电路的稳定运行。

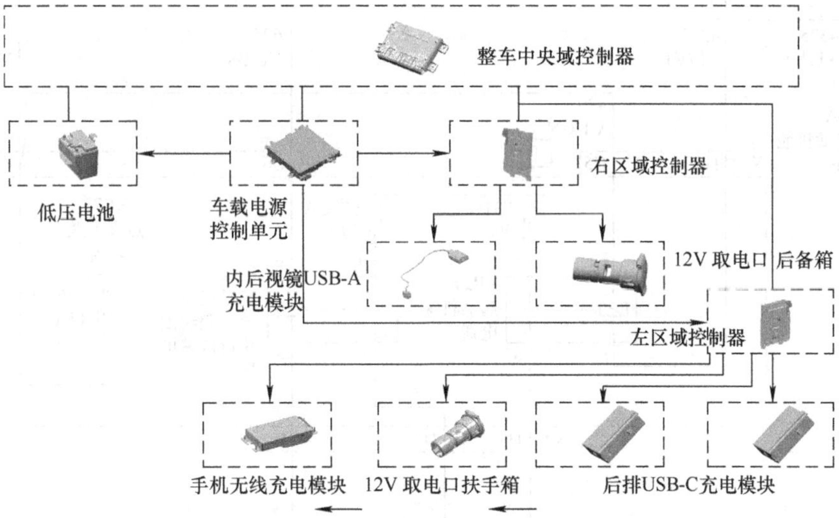

图 1-12 某车型低压电源及电源控制系统

对于电动汽车，由于没有发动机系统，因此低压供电系统的作用有以下两个：一个是唤醒 BMS，使动力电池输出电能让 DC-DC 变换装置工作，通过电能转换后，输出低压电源给用电器供电；另一个是直接给车辆的低压用电器供电。以某车型为例，其低压供电系统的控制原理见图 1-12。

（2）起动电路 起动电路包括起动机和继电器等部件，如图 1-13 所示。当驾驶员转动钥匙或按下起动按钮时，起动电路会向起动机提供电流，起动机随后带动发动机旋转，使发动机达到起动所需的转速，从而起动汽车。

（3）点火电路 点火电路包括火花塞、点火线圈等部件。如图 1-14 所示，点火电路的作用是在发动机的每个工作循环中，为火花塞提供高电压，使火花塞产生电火花，点燃进入气缸的可燃混合气，从而推动活塞运动，产生动力。

（4）照明与灯光信号装置电路 如图 1-15 所示，照明与灯光信号装置电路包括前照灯、尾灯、转向灯、制动灯等，它们不仅为驾驶员提供夜间或恶劣天气条件下的照明，还通过灯光信号向其他道路使用者传递车辆的行驶意图，如转向、制动等，以确保行车安全。

（5）仪表信息系统电路 如图 1-16 所示，仪表信息系统电路包括速度表、转速表、油量表、冷却液温度表、报警指示灯等，它们显示车辆的运行状态和各种信息，帮助驾驶员了解车辆的工作状况，如速度、发动机转速、油量、冷却液温度等，以及可能出现的故障或异常情况。电动汽车的仪表信息系统电路是负责显示车辆的各项运行状态和关键信息，确保驾驶员能够实时掌握车辆的工作状况。该电路集成了多种传感器、控制器和显示单元，通过复杂的信号处理和传输机制，实时显示车辆的速度、动力电池状态、电机转速、剩余续驶里程、动力系统温度（如电机温度、动力电池温度）、充电状态及报警信息等关键参数。

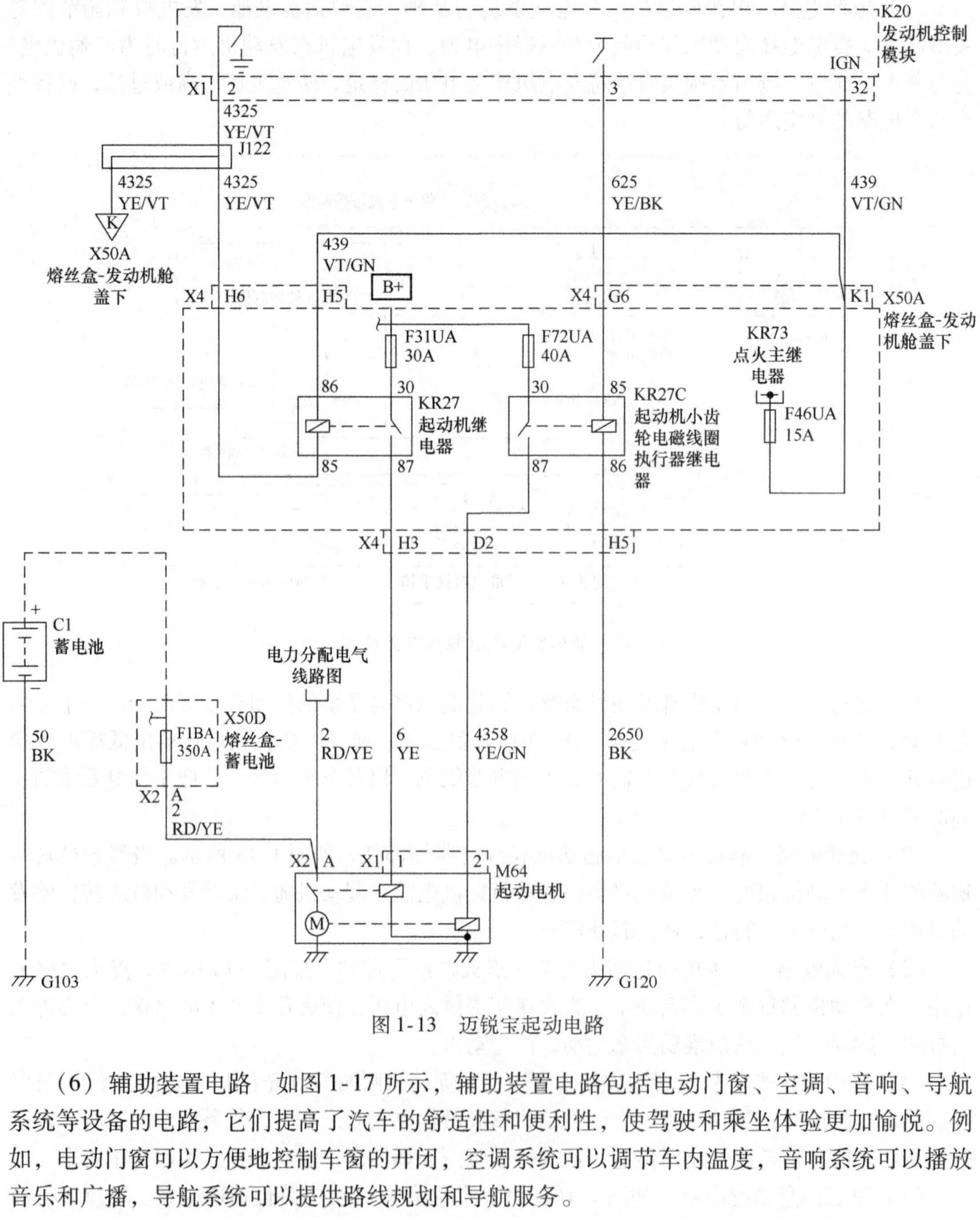

图 1-13　迈锐宝起动电路

（6）辅助装置电路　如图 1-17 所示，辅助装置电路包括电动门窗、空调、音响、导航系统等设备的电路，它们提高了汽车的舒适性和便利性，使驾驶和乘坐体验更加愉悦。例如，电动门窗可以方便地控制车窗的开闭，空调系统可以调节车内温度，音响系统可以播放音乐和广播，导航系统可以提供路线规划和导航服务。

（7）电子控制系统电路　如图 1-18 所示，电子控制系统电路涉及发动机、自动变速器、防抱死制动系统（ABS）、电子稳定程序（ESP）等。这些系统通过传感器收集车辆的各种信息，如发动机转速、车速、加速度、制动力等，然后由电子控制单元（ECU）进行处理和分析，最后通过执行器对发动机、变速器、制动系统等进行精确控制，以提高汽车的性能、安全性和燃油经济性。

在汽车电气系统的设计中，采用了单线制结构，巧妙地将车身的金属壳体作为整个电路

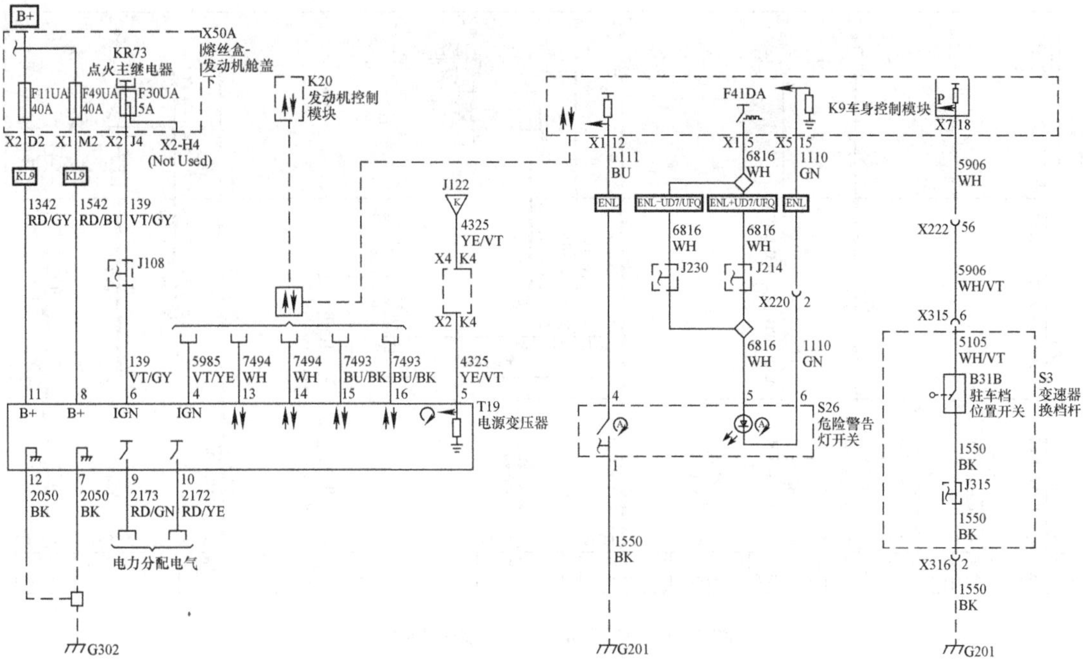

图 1-14 点火系统

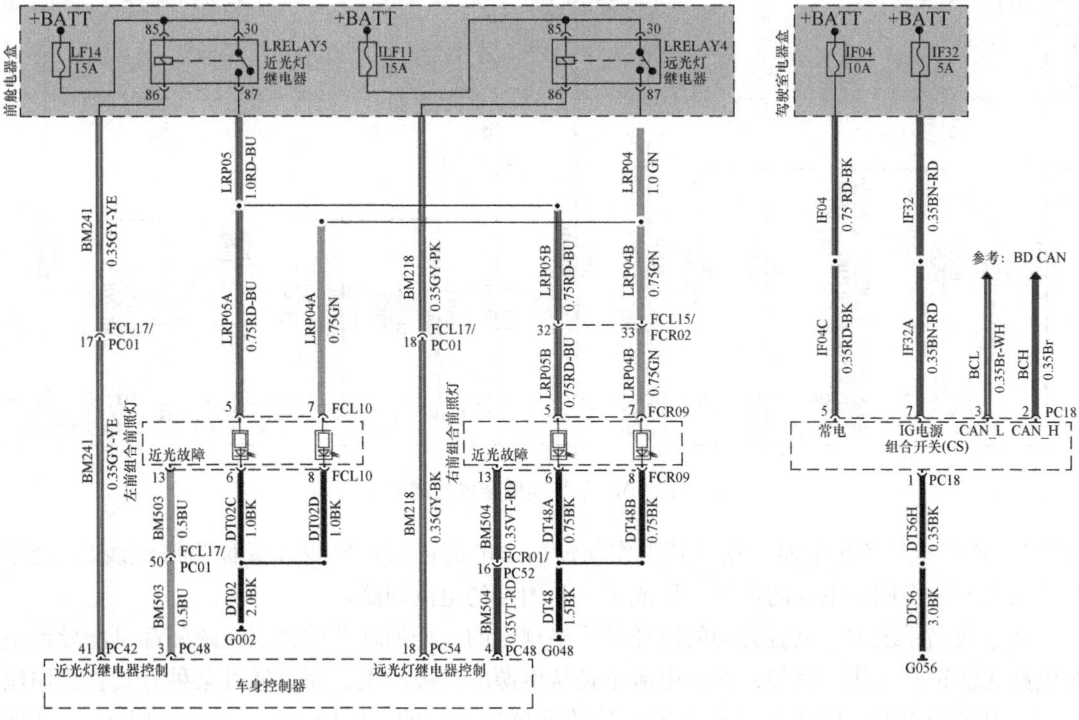

图 1-15 某车 M5 灯光控制电路

的公共搭铁，从而构建了一个完整的电气工作回路。具体而言，电流从电源的正极出发，通过精心布置的导线，流经熔断器（用于保护电路免受过载或短路损害）、开关（控制电路的

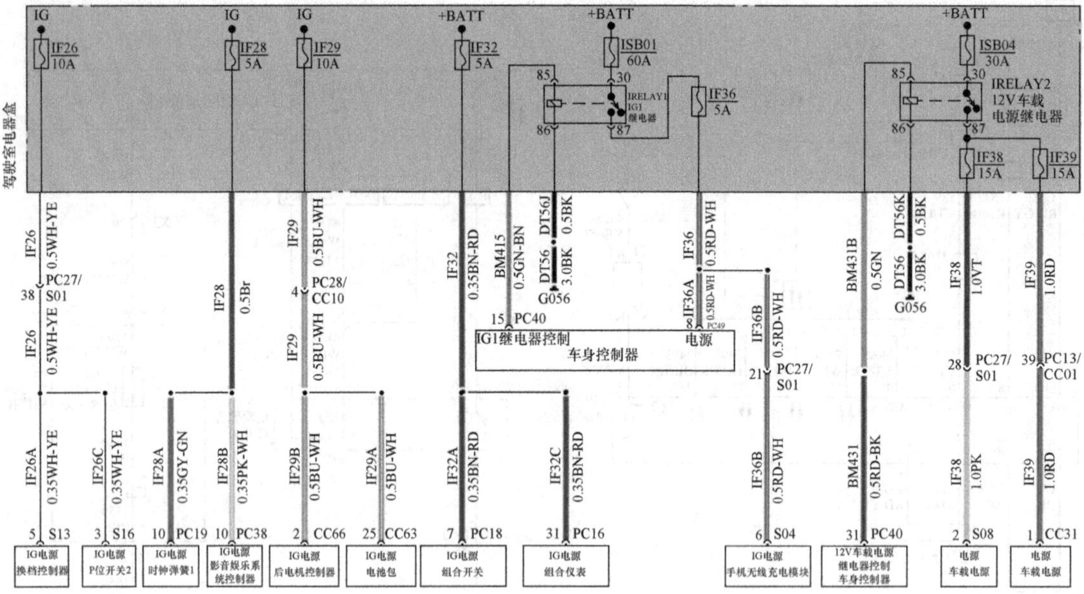

图 1-16　某车 M5 车身电器控制电路

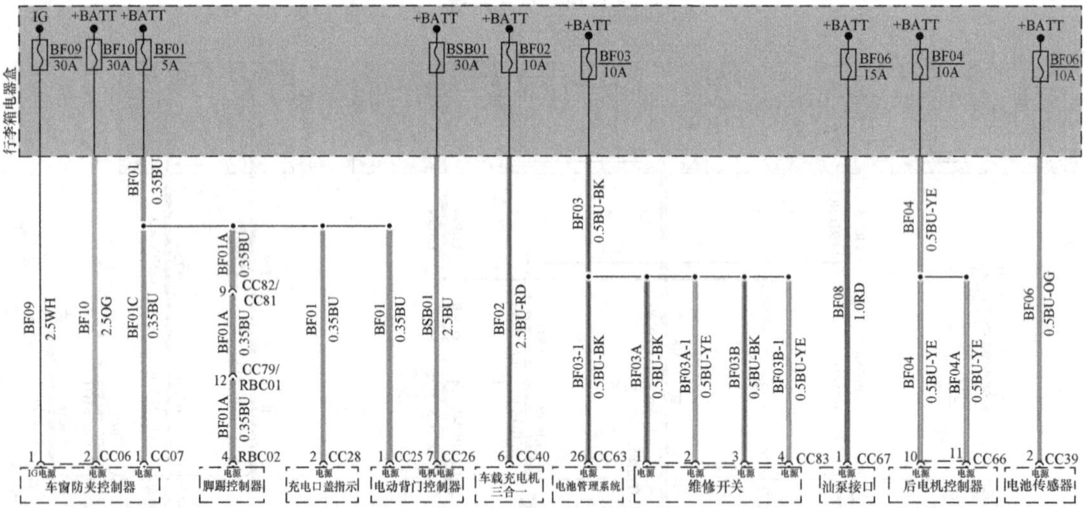

图 1-17　M5 车身辅助装置控制电路

通断），最终抵达各用电器。完成其工作使命后，电流再通过导线（或称为搭铁线），经车身搭铁点回归至同一电源的负极，形成了一个闭合的电流回路。

在单线制系统中，电流流动的路径是严格规定的，任何环节的错误或疏漏都可能导致整个电路无法正常工作。例如，如果电流不是从电源的正极出发，而是通过某种方式直接回流到同一电源的正极，这样的“从正到正”的循环是无效的。原因在于，电源的电位差（即电压）仅存在于其正负极之间，而同一电极上的各点电位是相等的，不存在电位差，因此无法驱动电流流动。

值得注意的是，在汽车电气系统中，发电机和蓄电池都是重要的电源。然而，在构建电

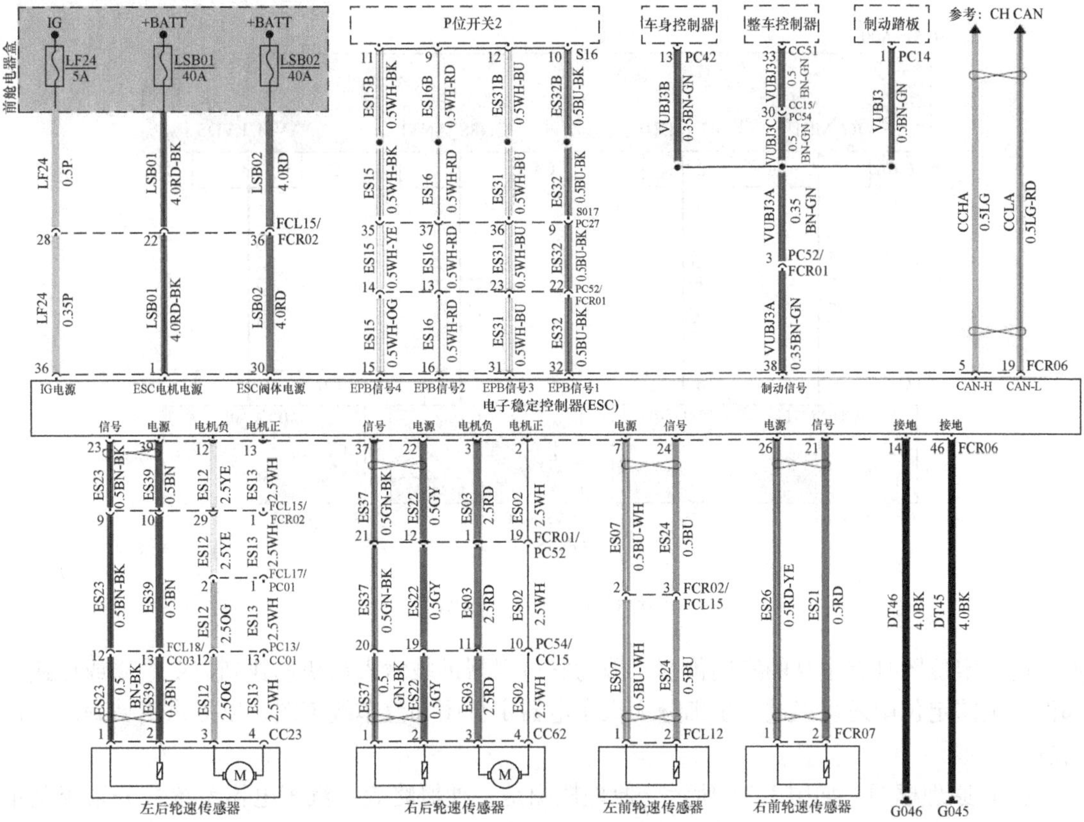

图1-18 电子稳定系统控制电路

路回路时，必须清晰区分二者，不能混淆。具体来说，电流不能从一个电源的正极出发，经过一系列用电设备后，错误地回到另一个电源的负极。这样的路径并不构成一个有效的电流通路，因为两个电源的正负极之间并没有直接的电位差来驱动电流。因此，在设计汽车电路时，必须严格遵守从一个电源的正极出发，通过用电器，再回到同一电源负极的原则。

汽车电路图是技术人员了解和维修汽车电气系统的重要工具，它清晰地展示了汽车电气设备各系统和装置的工作原理，及相互之间的内在连接关系，读懂汽车电路图对于汽车维修技术人员来说，不仅能够提高故障诊断的准确性和效率，减少维修过程中的试错次数，还能确保维修工作的质量和安全性。通过电路图，技术人员可以迅速定位故障点，采取正确的维修措施，保障汽车电气系统的正常运行。

汽车电路图是汽车维修和设计中非常重要的参考文档，它们以不同的方式展示了汽车电气系统的结构和工作原理。汽车电路图的种类主要包括以下几种。

（1）电气线路图　如图1-19所示，电气线路图是展示汽车电气系统电路工作原理的图样。这种图通常包括全车电路图和各系统电路原理图。全车电路图提供了整个汽车电气系统的概览，包括所有的电路和连接，而各系统电路原理图则专注于特定系统，如发动机管理系统、照明系统或音响系统，详细展示了这些系统内部的电路布局和工作原理。

（2）电路定位图　如图1-20所示，电路定位图用于指示汽车上各电器及导线的具体位置。这种图通常采用立体图或实物照片的形式，直观地展示了电气元件在汽车上的安装位

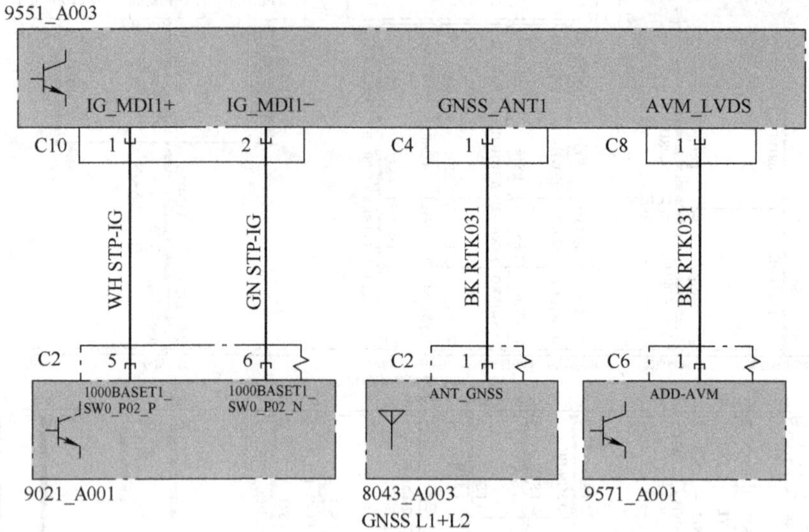

图 1-19　电气线路图

置。电路定位图具有很高的实用价值，因为它可以帮助技术人员快速找到需要维修或更换的部件。电路定位图还可以进一步细分为汽车电器定位图和汽车线束图，以提供更精确的定位信息。

（3）原理框图　如图 1-21 所示，原理框图是一种概略表示汽车电器系统或分系统基本组成及其相互关系的图表。这种图通常不展示具体的电路细节，而是用简化的图形和文字来描述系统的主要组成部分和它们之间的连接方式。原理框图有助于技术人员从整体上把握电路结构，理解系统的工作流程。

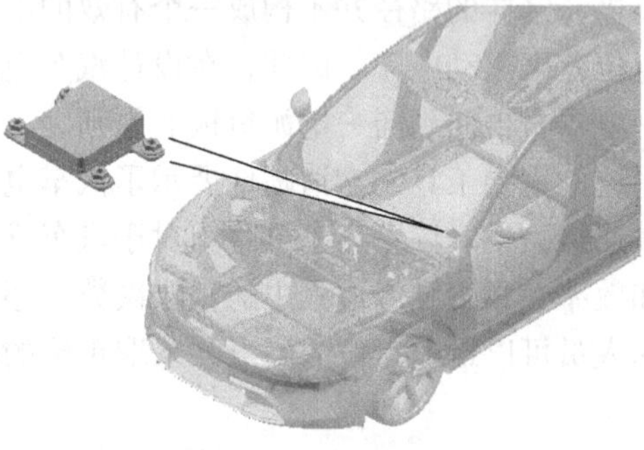

图 1-20　电路定位图

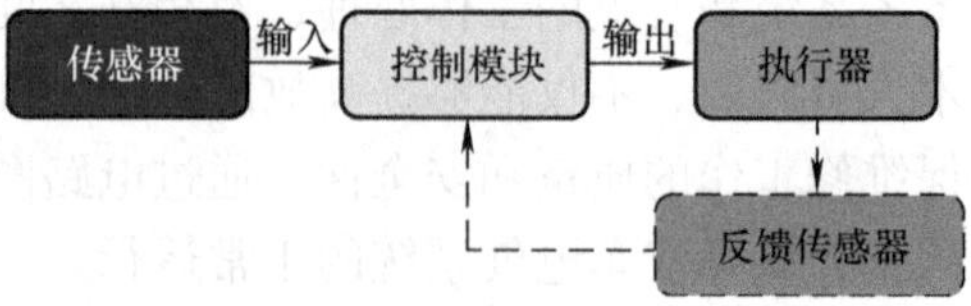

图 1-21　原理框图

（4）线束图　也称为安装图，如图 1-22 所示，是根据电气设备在汽车上的实际安装部位绘制的局部电路图。这种图主要用于指导安装、检修和配线工作。线束图详细展示了电线的走向、连接点以及与其他电气部件的关系，对于进行电气系统的维修和改装非常有用。

（5）电路原理图　如图 1-23 所示，电路原理图是一种详细展示电气系统各部件之间连接关系和电路工作原理的图表。这种图通常包括了电气元件的符号、连接线路以及必要的说明文字。电路原理图的目的是帮助技术人员理解电路的工作机制，从而更有效地进行故障诊

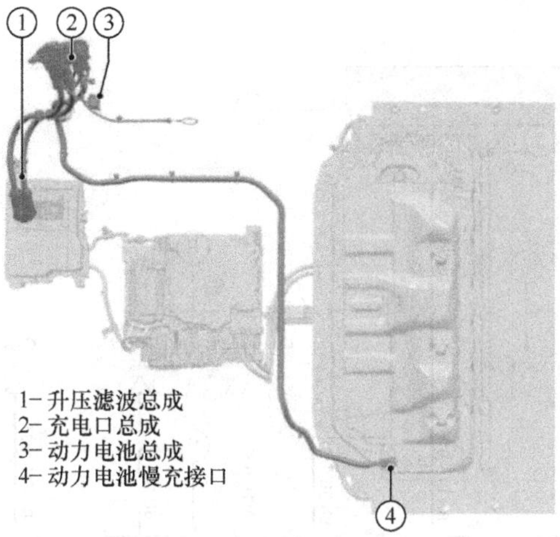

图 1-22　线束图

断和维修。

每种类型的汽车电路图都有其特定的用途和优势，技术人员通常会根据需要选择合适的电路图来进行工作。例如，进行故障诊断时可能会使用电路原理图，而在进行电气系统的安装或改装时，则可能会参考线束图。

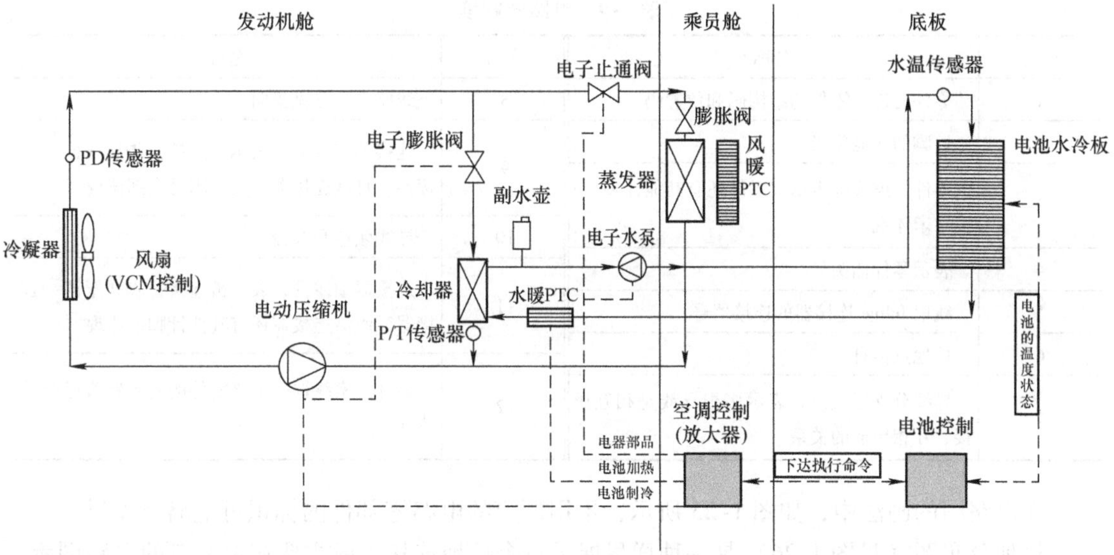

图 1-23　电路原理图

解读汽车电路图需要遵循一定的步骤和方法：

（1）熟悉电路图的绘制规则和符号含义

1）应了解电器设备在电路图中的布置规则，如图 1-24 所示，电路图通常会按照一定的逻辑顺序排列，如从电源开始，经过开关、继电器等，最后到达用电设备。电路图解读见表 1-9。

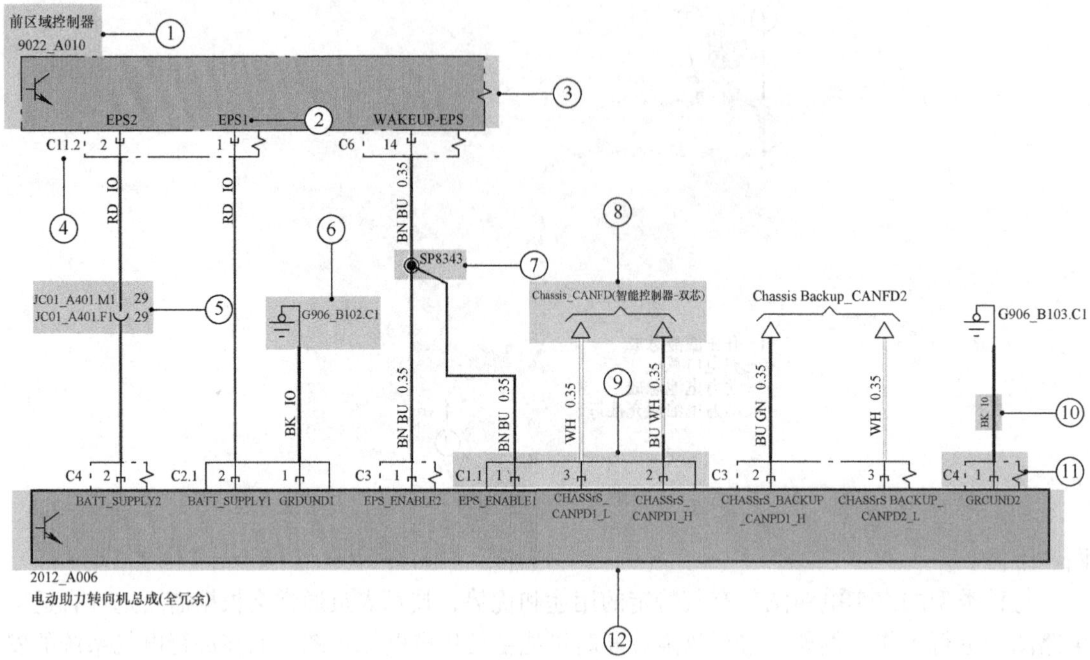

图 1-24　某车动力转向系统控制

表 1-9　电路图解读

序号	名称	序号	名称
1	零件名称、零件的结构码和位置码	8	线路系统参见指向
2	针脚的功能定义	9	连接器实现框，表示被连接针脚属于同一连接器，且该连接器上的针脚已全部体现
3	零件，虚线框表示该零件还有其他针脚/插接件未体现	10	导线颜色和线径
4	表示零件插头号	11	连接器虚线框，表示被连接针脚属于同一连接器，而该连接器还有其他针脚未体现
5	线束 Inline 连接器的连接器号		
6	接地点信息	12	零件，实线框表示该零件的所有针脚已全部体现
7	导线分支压线点，表示多根导线是相互压接、互相导通的关系		

在电路图的画法中，如图 1-25 所示，不用厂家的电路零部件的标识可能略有差异。

接地分布图（见图 1-26）是一种详尽展示每个接地连接点或主要接地节点的电路图示，它在处理涉及多个组件因接地不良或接地节点故障而受影响的复杂问题时，显得尤为关键。此图旨在全面反映从接地点到各个部件之间的所有细节，包括导线、节点以及接头，确保信息的完整性和准确性。

为了保持各个子系统电路图的清晰与易读性，接地连接的细节被精心规划，以避免混淆。当某个节点需要承载大量导线连接时，为提升图示的清晰度，该节点会被合理分割成多个部分进行展示。同时，通过引入细线来标识这些被分割的节点之间依然保持的连接关系，确保电路图在细节丰富的同时，依然保持逻辑上的连贯与一致。

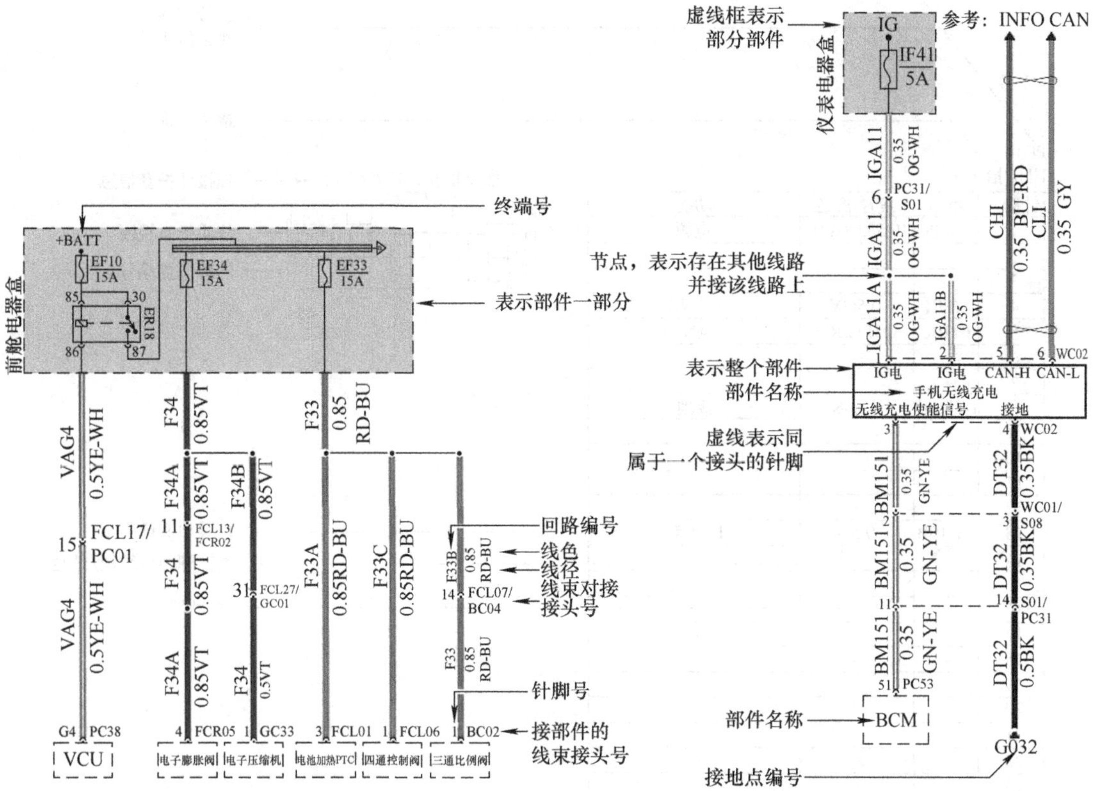

图1-25　某车的电路图画法

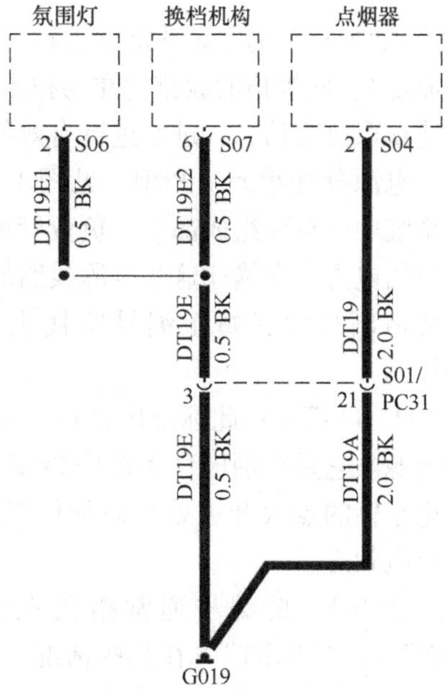

图1-26　接地分布图

线束接头端子视图及其针脚说明（见图1-27）集成了线束接头的关键信息，以便于维修和技术人员高效地进行故障诊断与修复。该文档主要包含以下几个核心部分。

① 线束接头编号：每个线束接头都分配有唯一的编号，用以在复杂的车辆电气系统中快速识别与定位。此编号是文档中的首要信息，确保信息的准确性和可追溯性。

② 接头正面视图：此部分以高度精确的方式，直接复现了实车上接头的实际外观。视图通过详细的绘图，展示了接头的形状、尺寸以及所有插孔或针脚的布局。这样的设计使得技术人员能够直观地对比实物，迅速找到对应的接头位置。

③ 针脚信息说明表格：作为文档的核心内容，该表格详细列出了接头中每一个针脚的具体信息。这包括但不限于针脚的编号（与接头正面视图上的编号相对应）、针脚的功能描述（如信号输入输出、电源或接

PC10
HUD抬头

针脚号	线路	线径/颜色	功能
1	CF25	0.5RD/WH	电源
2	–	–	–
3	–	–	–
4	CLIK	0.5GY	CAN-L
5	CHIK	0.5LG/RD	CAN-H
6	–	–	–
7	–	–	–
8	DT12M6	0.5BK	接地
9	–	–	–
10	–	–	–
11	–	–	–
12	–	–	–
13	IGA08B	0.5G	IG电源
14	–	–	–
15	–	–	–
16			
17	–	–	–
18	–	–	–
19	–	–	–
20	–	–	–
21	–	–	–
22	–	–	–
23	–	–	–
24	–	–	–

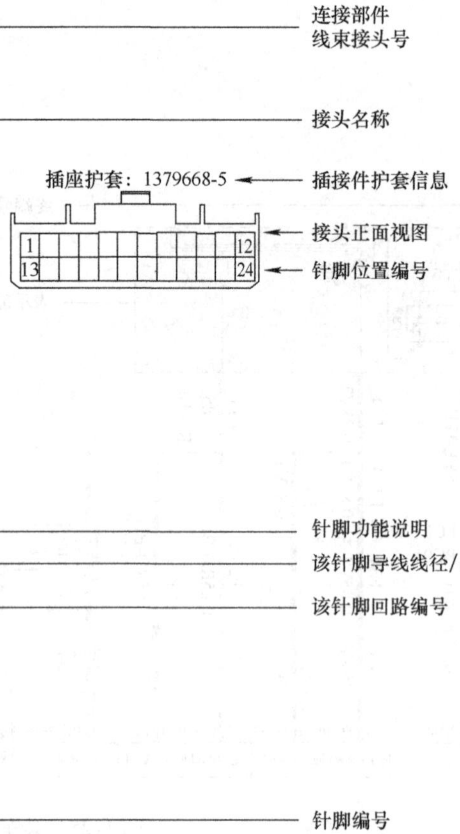

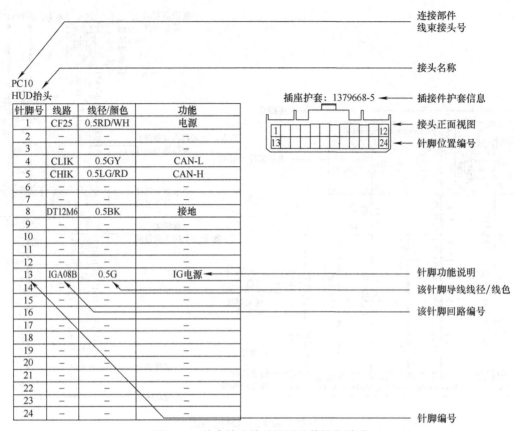

图 1-27　线束接头端子视图及其针脚说明

地等）、连接到的系统或部件名称，以及可能涉及的电气参数（如电压、电流等，视具体情况而定）。此表格的编排旨在为技术人员提供一个快速查阅的指南，帮助他们根据针脚编号快速获取所需信息，进而进行有效的回路测量和故障诊断。

电源分配单元（PDU，见图 1-28）是车辆电气系统中的重要组成部分，负责管理和分配来自蓄电池的电力。在描述这些电源线路的编号时，我们需要清晰地定义每个编号所代表的供电状态及条件。

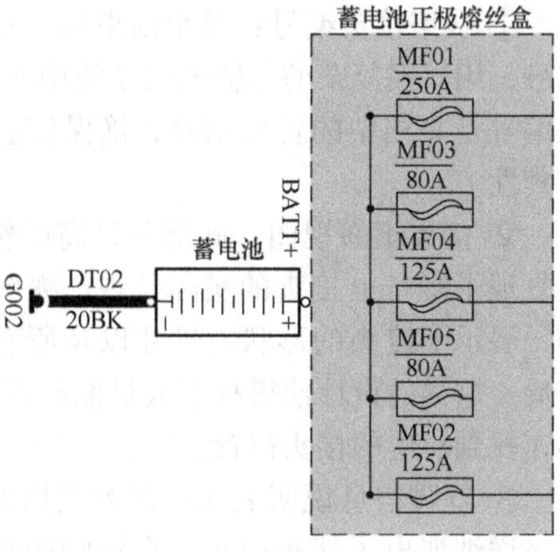

图 1-28　电源分配单元

① BATT +：此标记代表直接来自蓄电池的原始电源。它是车辆电气系统中最基础的电源供给，无论车辆的点火开关处于何种位置，BATT + 都保持有电状态。

② IG1：此编号通常指代在点火开关处于“ON”或“START”（在某些情况下缩写为“ST”）位置时，由车辆电源管理系统提供的一种受控电源。IG1 电源主要用于那些需要在发动机运行时才通电的设备或系统，如发动机控制系统、点火系统等。

③ IG2：在实际应用中，IG2 的具体定义可能因车辆制造商而异，因为并非所有车辆都遵循标准的 IG1、IG2 划分，IG2 代表另一种在点火开关处于“ON”或特定条件下（可能包括“START”）提供的电源，但其具体用途和优先级与 IG1 有所不同。在某些设计中，IG2 用于那些即便在发动机未运行时也需要供电的系统或设备，但其供电条件可能更为严格或受限。然而，请注意，并非所有车辆都会明确区分 IG1 和 IG2。

④ ACC：此标记代表“Accessory”（附件）电源，当点火开关处于“ON”或“ACC”位置时，ACC 电源被激活。它主要用于为车辆上的辅助设备提供电力，如音响系统、导航系统、车内照明等。这些设备在发动机不运行时也能通过 ACC 电源正常工作（前提是点火开关位于“ACC”或“ON”位置）。

熔丝详细信息详尽地列出了每个熔丝所承担的特定电路保护功能，如图 1-29 所示，这些电路从熔丝出发，沿途经过导线、节点、接头等元件，最终连接到被保护的车辆部件上。此信息详尽地描绘了从熔丝至首个部件之间所有关键连接点的细节，包括导线的路径、节点的位置以及接头的类型。

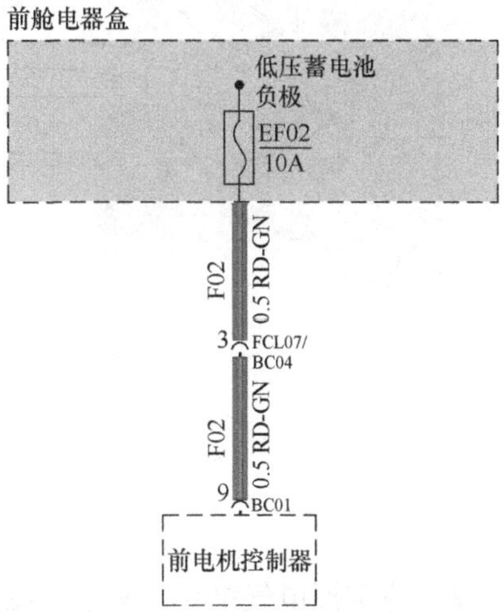

图 1-29 熔丝连接电路案例

熔丝或继电器的编号系统通常遵循一定的命名规则，其中前缀的一组字母具有特定的含义，用以表示该熔丝或继电器在车辆上的位置及其功能或类别的缩写信息。而编号的后缀，则是一组数字（通常为两位数），这些数字直接对应于车辆上该熔丝或继电器的唯一数字编号，见表 1-10。

表 1-10 熔丝或继电器的编号

熔丝、继电器位置	编号	图例
前舱小熔丝	LSB—	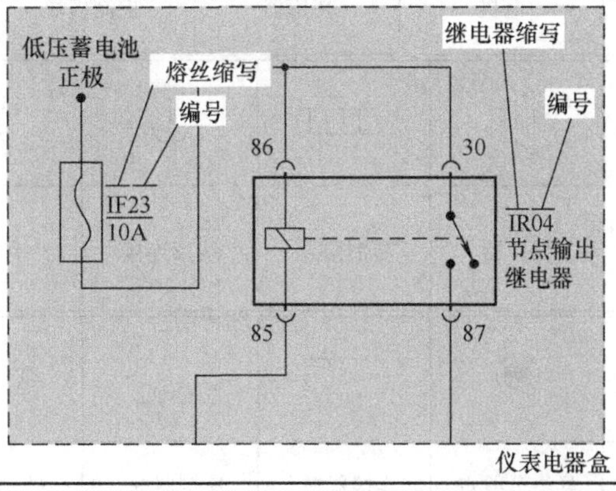
前舱大熔丝	LRELAY—	
前舱继电器	ISB—	
驾驶室小熔丝	IRELAY—	
驾驶室大熔丝	BF—	
驾驶室继电器	BSB—	
行李舱小熔丝	BRELAY—	
行李舱大熔丝	NAF—	
行李舱继电器	LSB—	

线束接头位置图（见图 1-30）则结合了线束及其接头的布局示意图，以及一份详尽的信息说明表格。该表格不仅列出了每个接头的编号与名称，还精确标注了这些接头在图示中的位置坐标，确保维修人员能够迅速准确地定位到实车上的对应部件及其接头。线束及其接头的布置图严格依据车辆实际布局绘制，直观展示了所有线束的走向及接头的具体位置，极大地便利了维修技师在车辆上进行部件及接头的查找与操作。

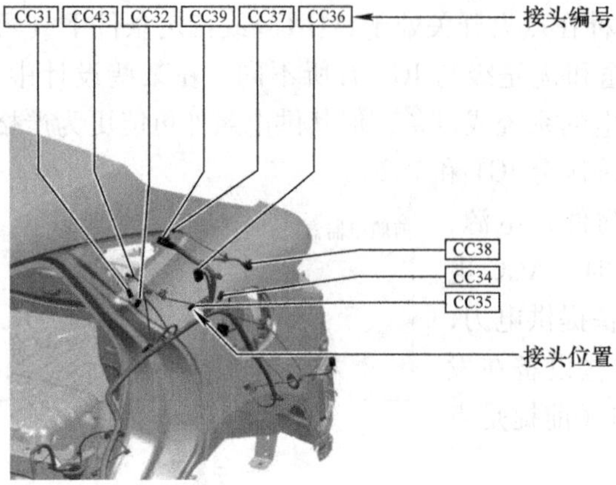

编号	名称
CC31	后排左安全带预紧器
CC32	左后轮速传感器
CC34	充电口盖状态
CC35	充电口盖指示灯
CC36	快充充电插座
CC37	左后行李舱灯
CC38	侧围后组合灯(左)
CC39	接后背门线束1
CC43	3号PS天线

图 1-30　线束接头位置图

2）应掌握电气符号、文字标注、代码及缩略语的含义，如表1-11所示，电路图中会使用各种符号来表示不同的电气元件，如电阻、电容、二极管、晶体管等。同时，电路图上的文字标注和代码有助于识别特定的元件和连接。

表 1-11　电气符号

图示	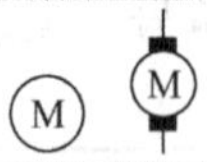			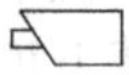			
名称	电机	传感器	控制模块	摄像头	天线	开关	
图示		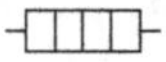		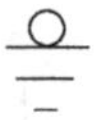			
名称	扬声器	加热器	线束连接	接地点	零件，针脚已全部体现	零件，针脚未全部体现	导线分线点，都体现
图示		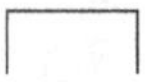		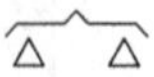	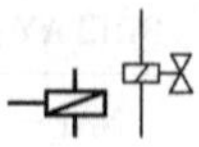	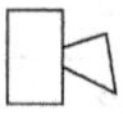	
名称	导线分线点未全体现	连接器框，针脚全	连接器框，针脚不全	线路系统参见指向	电磁阀	喇叭	仪表
图示	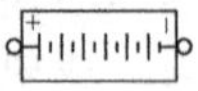	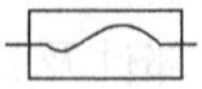	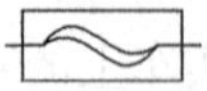	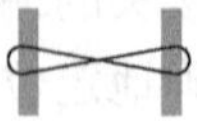	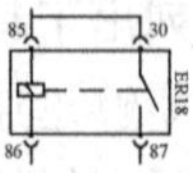	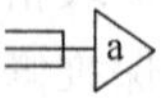	
名称	蓄电池	熔丝	熔断器	双绞线/CAN 线	常开继电器	线路转入下一页	插接器

（续）

图示	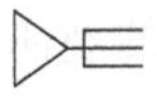		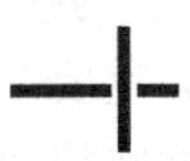	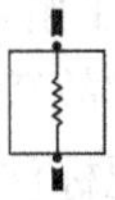	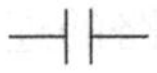	
名称	线路达到点	分布连接点	不连接交叉	电阻丝	电容	可变电容
图示			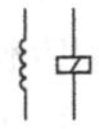		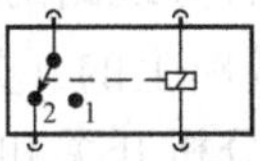	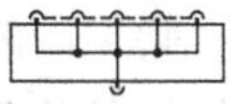
名称	屏蔽线	灯泡	线圈	单杠双触点开关	常闭继电器	短路连接器

应使用国家标准所规定的图形符号来表示电路图中的元器件，对于没有国家标准对应图形符号的元器件，可根据标准规则派生新符号，并增加文字注释以便理解。如图 1-31 所示，在图形符号旁标注项目代号，必要时还需标注元器件的主要技术参数。

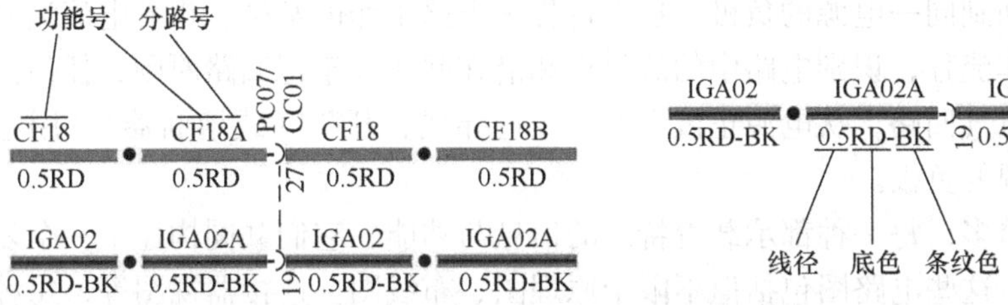

图 1-31　案例：线束标注方法

电路安排要求清晰、一目了然，遵循从左到右、从上到下的原则，尽可能用直线、无交叉点、不改变方向的标记方式。多条平行线重叠时，可编组表示。电路的各部分用点画线或边框线限制，表明仪器、部件功能或结构上的属性。在电路图下沿标注区段识别符号，有助于快速找到电路部件。利用字母和数字对设备、部件或电路图中的线路符号进行标注，标注位于线路符号的左边或下边；导线可用连续线或中断线表示，中断线在中断处需标明去向。

在电路图中，如图 1-32 所示，导线的颜色表示采用了一个标准的底色与条纹色组合，这种组合直接对应了导线在车辆上的实际颜色，便于识别和区分。这些颜色信息被清晰地放置在导线的旁边，如在图示的右侧可以明确看到导线的颜色标记。

此外，为了提供更详尽的导线信息，线径的规格也会被明确标注在线色之前，线径的单位通常采用“mm”（毫米），这一标注有助于技术人员在选材、安装及维护过程中，根据实际需求选择合适的导线规格，确保电路的稳定性和安全性。

（2）识读电路图的要点

1）仔细阅读图注，了解电路图的名称和技术规范，明确图形符号的含义，建立元器件和图形符号间的一一

线色缩写	线路颜色	颜色示例
B(BK)	黑色	
Br(BN)	棕色	
Bl(BU)	蓝色	
G(GN)	绿色	
Gy(GY)	灰色	
Lg(LG)	浅绿色	
O(OG)	橙色	
P(PK)	粉色	
R(RD)	红色	
V(VT)	紫色	
W(WH)	白色	
Y(YE)	黄色	

图 1-32　导线的颜色

对应关系。对照图注和图形符号，熟悉元器件的名称、位置、数量和接线情况。

2）识读电器设备的接线柱，了解电器设备上的接线柱与哪些电路设备的哪个接线柱相连，这对于理解电路的连接方式和故障诊断至关重要。熟悉线束色标、代号的规律，导线颜色在电路图上有相应的字母或标记标注，熟悉这些规律有助于快速定位导线。

3）了解分线路走向，分线路是指从主电源分支出来的电路，它们通常负责为特定的电气设备供电。了解分线路的走向有助于识别电路中的故障点。

4）了解分线路上的开关、保险装置、继电器结构和作用，这些元件在电路中起到控制和保护的作用。分析开关和继电器状态，特别要注意开关和继电器的状态变化对电路的影响，这是理解电路工作原理的关键。了解它们在电路中的位置和功能，掌握电气装置在电路图中的位置，特别是机电合一的电气装置，如继电器、多层多档组合开关等。在大概掌握全图基本原理的基础上，将各个电气系统（局部电路）框画出来，以便分析各系统的主要功能及特性。

5）顺着电流流向看图，电路是从电源正极开始，电流经过导线、开关（或熔断器）至用电设备后搭铁，再回到同一电源的负极。这个过程是电路工作的基础。顺着电流流向看图有助于理解电路的工作流程，识别电路中的故障点和潜在问题。牢记回路原则，任何汽车电路都应是一个完整的电气回路，从电源正极出发，经过导线、开关（或熔断器）、用电设备后搭铁，回到同一电源的负极。

汽车电路图种类繁多，每一种都承载着特定的信息与功能，它们共同构建了一个复杂而精细的汽车电路体系。这些电路图包括但不限于原理图、布线图、连接器视图等，每种图纸都以独特的方式展示了汽车电气系统的不同方面。原理图侧重于展示电路的逻辑关系与工作原理，帮助技术人员理解系统如何运作；布线图则详细描绘了导线的走向与连接点，为实际布线与故障排除提供指导；连接器视图则专注于展示连接器结构与引脚定义，便于快速定位与更换故障部件。这些电路图相互补充，共同确保了汽车电气系统的正常运行与维护。

在进行汽车电路及部件检查时，电路图与维修手册是不可或缺的工具。维修手册中的诊断部分尤其重要，它提供了详细的故障诊断流程与指导原则。技术人员应始终将电路图与维修手册相结合，确保检查过程既全面又准确。对于涉及模块控制的电路，应充分利用诊断仪进行测试，通过科学的数据分析与逻辑判断来确定故障原因。在检查过程中，应遵循可能性从最大到最小、从最易检查到最难检查的原则，以提高故障诊断的效率与准确性。

在进行汽车电气系统维修时，必须严格遵守操作规范与注意事项。更换熔丝、继电器、负载零件等关键部件时，必须确保所选零件与被更换零件具有相同的容量、负载及型号，以免因不匹配导致零件损坏、系统失效甚至引发火灾等严重后果。此外，底盘电气系统通常采用12V负极接地制式，这一特点在维修过程中应予以充分考虑。在选择维修所用电线时，应根据负载容量与所需电线长度来确定合适的线径，并确保所选电线颜色与原电线一致，以便于识别与管理。同时，在安装线束时，必须使用绝缘胶布或波纹管等保护措施，以提高线路的安全性与可靠性。

维修工作完成后，必须进行全面的功能验证与确认，以确保所有故障均已排除且系统恢复正常运行。这包括对所有相关功能的逐一测试与检查，以及对潜在问题的深入排查。通过这一环节，可以及时发现并纠正任何遗留问题或新出现的问题，从而确保维修质量与车辆安全。

1.4.3 维修设备使用介绍

1.4.3.1 故障诊断仪

故障诊断仪（OBD，On-Board Diagnostics，图1-33）在智能网联汽车中的应用非常广泛。它是一个电子设备，可以接入汽车的计算机系统，用于读取和诊断各种系统的运行情况，特别是对于发动机、传感器、控制器等关键部件。针对智能网联汽车，除了传统的读取和清除故障码、查看实时数据和冻结数据、进行系统或部件的活动测试等功能外，还需要对车辆的网络通信、自动驾驶功能、电池管理系统等进行监控和诊断。

图1-33 故障诊断仪

例如，在网络通信方面，故障诊断仪可以对车载信息娱乐系统（IVI）、车载通信网路（CAN、LIN、MOST、FlexRay等）进行监控和分析，判断其是否正常工作；在自动驾驶方面，可以检测到雷达、激光雷达、摄像头等传感器的状态，以及相关的控制算法是否正常；在电池管理方面，可以获取到电池的健康状态、能量输出状况等关键信息。

故障诊断仪是通过读取和解析车载电子设备和系统的数据，提供了一个有效的方式来检测、监控和维护智能网联汽车的正常运行。在智能网联汽车故障诊断中，它能够帮助我们在早期发现并处理车辆可能存在的问题。故障诊断仪的使用方法大体上可以分为以下几步。

步骤1 首先，确保汽车关闭后，将诊断仪插入汽车的OBD接口，通常这个接口在驾驶员座位的下方。然后起动汽车，此时你应该能在诊断仪上看到一些基本的信息，如汽车的识别码等。

步骤2 将故障诊断仪连接到网联电动汽车的诊断接口，然后根据需求选择相应的功能。例如，如果汽车显示出某种故障指示灯，需要选择“读取故障码”功能。

步骤3 选择“读取故障码”后，故障诊断仪会与车辆的控制系统通信，获取并显示出故障码。例如，可能显示出“P1E00”这样的故障码，这在许多电动车中意味着电力推进系统故障。然后，解析这个故障码。对此，通常需要查阅汽车制造商或者诊断仪制造商提供的故障码手册，或者在网络上搜索。在这个例子中，“P1E00”通常是指电池管理系统、电机控制系统或者充电系统中的某项设备发生了问题。

步骤4 清除故障码。在查找到故障原因并进行相应的修复之后，如更换了点火线圈，需要使用故障诊断仪来清除故障码。首先，需要将诊断仪再次连接到汽车的OBD接口，然后选择“清除故障码”功能。故障诊断仪会发送一个信号到汽车的ECU，清除存储的故障码。如果清除成功，应该会看到屏幕上显示“命令已送出”或者“故障码已清除”的信息。然后，你可以重起发动机，检查警告灯是否已经熄灭。如果警告灯依然亮起，那可能表示故障还没有被彻底解决，你需要进一步进行检查和修复。

步骤5 实时数据监测。部分高级的故障诊断仪还可以读取和显示实时数据，如发动机转速、车速、燃油压力等，这对于分析汽车性能和故障原因非常有帮助。

步骤 6 特殊功能。部分故障诊断仪还配备有诸如 ABS 系统检测、SRS 系统检测、电池检测等特殊功能，可以针对这些系统进行深度诊断。

特别需要注意的是，智能网联电动汽车更加依赖软件和电子控制系统，因此，故障诊断仪在这些汽车中的使用可能更加复杂。还可能需要访问汽车制造商提供的专门的数据库，获取一些特定的信息来帮助故障诊断。

1.4.3.2 示波器

示波器是一个非常重要的测量工具，如图 1-34 所示，它可以用来测量和分析包含在电信号中的详细信息。

在智能网联汽车中，示波器用于检测各种传感器、执行器以及控制器发出或接收的电信号。示波器可以显示出电路中电信号的大小和形状的变化，帮助我们更好地理解电路中电信号的状况。例如，当汽车的传感器或通信线路发生故障时，示波器可以观察到信号的变化。对于智能网联汽车来说，示波器主要是用于检测、分析各种传感器、执行器以及控制器发出或接收的电信号，包括电压、电流、频率等信号参数。

再比如，我们可以通过示波器来查看车载摄像头的数字信号输出，判断其是否正常；也可以通过示波器来查看电池管理系统（BMS）的通信信号，分析其是否符合规定的协议；还可以通过示波器来查看自动驾驶控制单元（ADCU）的控制信号，了解其对外部设备的控制情况。

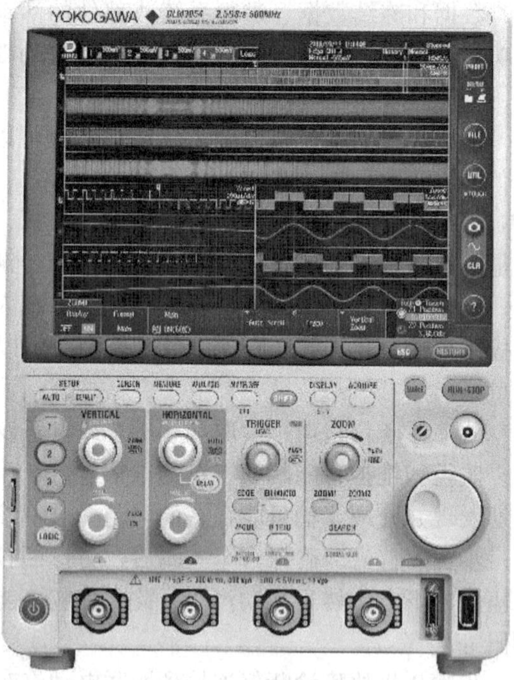

图 1-34 示波器

典型示波器的使用方法如下。

① 首先，打开示波器，并设置好所需要的参数，如电压范围、时间基准等。

② 然后，将探头接至所需要测试的节点，比如汽车电控系统的输入输出端。

③ 观察示波器上的波形，进行故障分析。

在智能网联电动汽车中，示波器的使用方法与传统汽车大致相同，主要用于诊断和分析汽车中电子和电气系统的问题。

如图 1-35 所示，电动汽车特有的分析对象可能包括电池管理系统（BMS）、电机控制器以及充电设备等。以下是一个电池管理系统（BMS）电压信号测试的例子：

步骤 1 连接示波器。首先，我们关闭汽车并断开电源，然后将示波器黑色的探头连到 BMS 地线（通常是插头中的黑色或绿色线）上，红色的探头连接到信号输出线。

步骤 2 设置示波器的参数。通常，BMS 的信号频率在几十至几百赫兹之间，因此我们可以将时间基准设置为 1ms/格。同时，BMS 的输出电压通常在 0 ~ 5V 之间，因此我们可以将电压比例设置为 0.5V/格。

步骤 3 捕获并观察波形。接下来起动汽车，并让电动机以怠速运行。这时示波器会开始捕获 BMS 的电压信号并显示在屏幕上。在正常情况下，BMS 的波形应该是平稳的、有规律的波动。

步骤 4 分析波形并进行故障诊断。如果我们发现波形的幅度非常不稳定（比如时高时低），那么可能是由于 BMS 的供电电压不稳定，这可能是电源系统的问题，也可能是 BMS 自身出现了故障。如果我们发现波形的频率有异常（比如突然变得非常快或非常慢），那么可能是因为 BMS 监控电池电压的能力出现了问题。

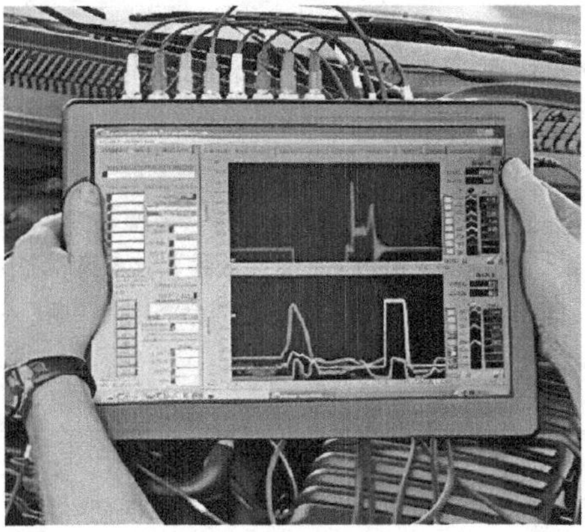

图 1-35 示波器的使用

以上是示波器在智能网联汽车故障诊断中的一般使用方法，具体的操作可能会因为不同的汽车和故障类型有所不同。对于复杂的问题，可能还需要结合其他工具和方法来进行诊断。

1.4.3.3 维修工具

1. 专用拆卸工具

专用拆卸工具是维修智能网联汽车时不可或缺的部分。这些工具设计精良，有针对性地适用于特定的部件和装置，使得维修人员可以更加方便、准确、高效地进行拆卸和装配工作。

典型工具如下。

（1）传感器拆卸工具 智能网联汽车上的各种传感器，如速度传感器、温度传感器、压力传感器等，在检修过程中可能需要移除。这就需要使用专门的传感器拆卸工具，以避免对其产生损伤。

（2）端子拆卸工具 用于拆卸电线连接的插头，无论是汽车的内部电路，还是外部设备的连接，都需要用到。这种工具可以有效地防止在拆解过程中对接口造成破坏。

接头断开/连接方法见表 1-12。

表 1-12 接头断开/连接方法

序号	操作步骤与说明	图示说明
1	有些接头带有卡舌，使车辆在行驶时将接头牢固地结合在一起。有些卡舌可通过朝外侧拉拽而予以释放 1。还有一些卡舌则可通过向内按压来予以释放 2	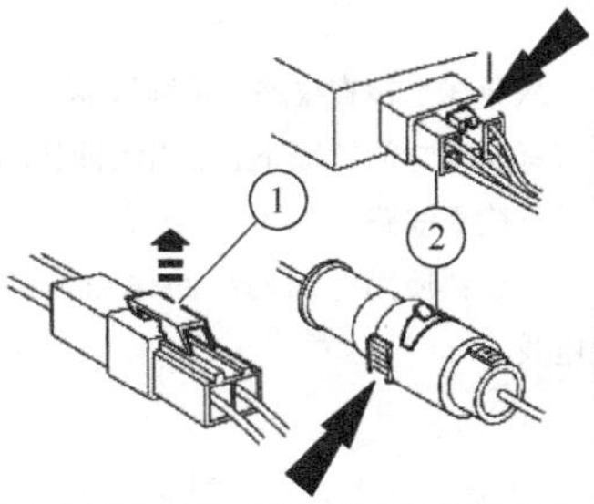

（续）

序号	操作步骤与说明	图示说明
2	请确定所操作接头上的卡舌类型。牢牢抓住接头两侧（插头和插孔）。释放卡舌，小心地将接头两端拉开。切勿通过拉拽电线的方式分开接头。这样会将电线弄断	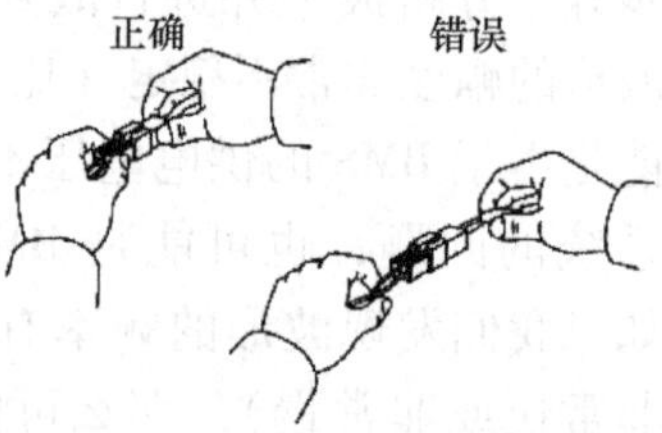
3	连接接头时，请牢牢抓住接头两侧（插头和插孔）。确保接头管脚与管脚孔相配，确保接头两侧互相对齐。小心地将接头两侧紧紧推在一起，直至听到清晰的咔哒声	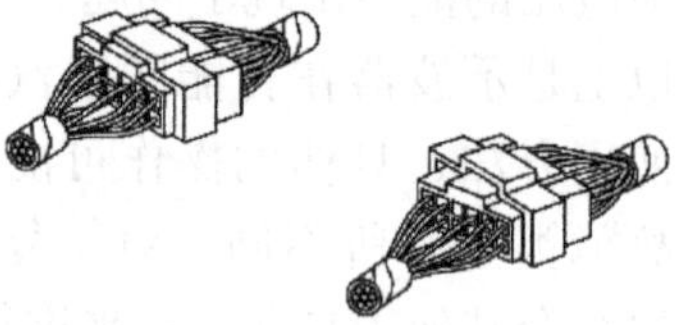

线路测量方法见表1-13。

表1-13 线路测量方法

序号	操作步骤与说明	图示说明
1	从接头正面检查线路断开接头，用数字万用表引线上的测试探针接触接头正面的针脚或管脚，来检查线路。从接头正面开口端来测试线路，务必使用较细的测试探针 注意：切勿使用比管脚孔粗的测试探针插入接头开口端来测试线路。这将导致接头管脚断裂或开口、管脚孔扩大	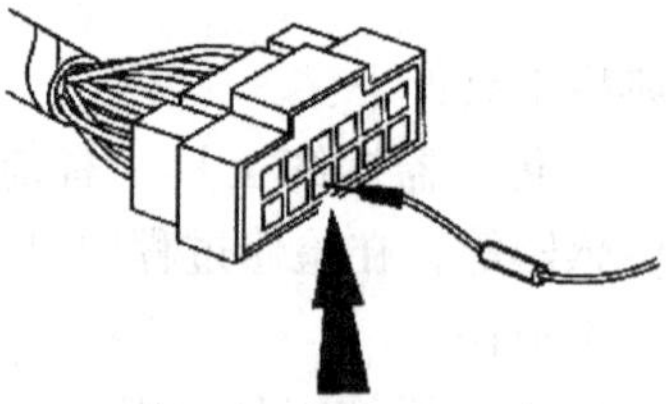
2	从接头背面检查线路。在不断开接头的情况下，脱开接头背面密封，用数字万用表引线上的测试探针接触接头背面的针脚或管脚底部，来检查线路	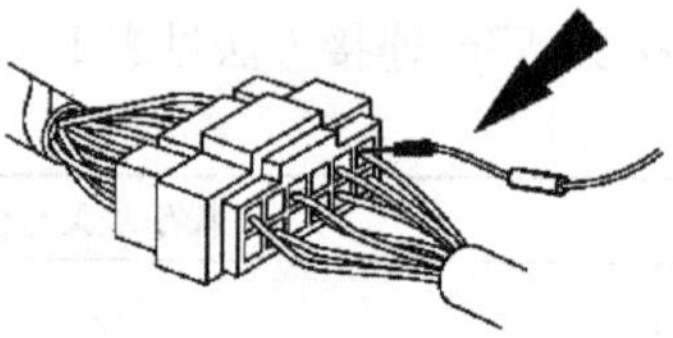
3	从导线上检查线路。不断开接头，同时测试探针无法穿过接头背面密封的情况下，使用细钢针式测试探针夹插入电线中，进行检查线路 注意：使用专用的线路检测测试探针夹工具，否者易损坏电线	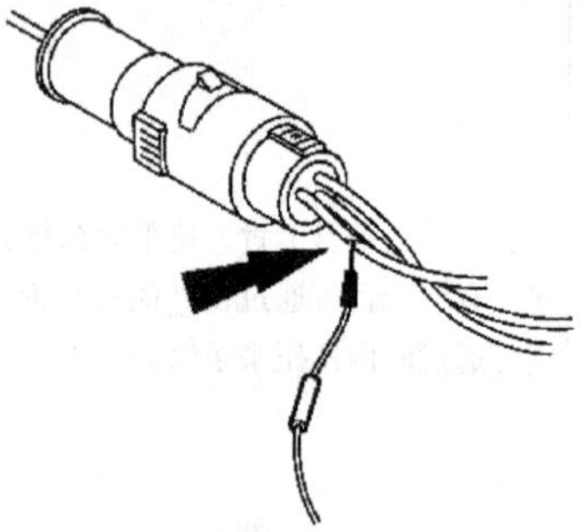

在汽车线路的检查中，如果发现有直径小的导线线路故障，在接线时可采用表1-14中的连接方法。如果是直径较大的导线，接线的方法见表1-15。

表 1-14 直径较小的导线接线方法

序号	操作步骤与说明	图示说明
1	1）断开电源负极电缆时，需佩戴绝缘手套，用绝缘扳手轻轻拧松并缓慢断开，确保车辆电器关闭以防电击 2）剥去绝缘材料前，量取所需长度，用剥线钳稳定剥线，避免伤线，剥后检查导线无损并清理表面	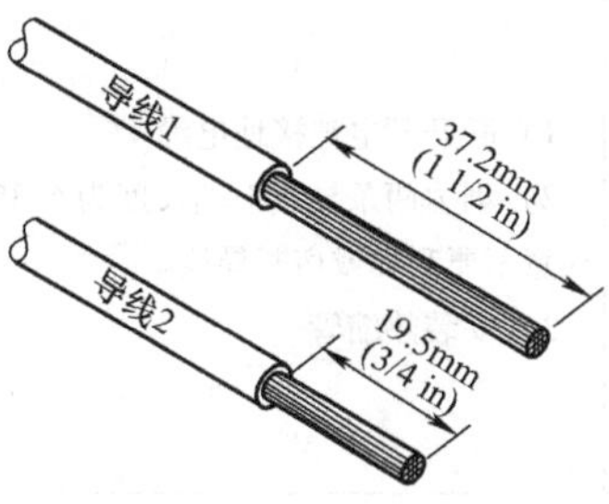
2	1）安装热缩管，选合适尺寸，套在导线上暂不收缩 2）用剥线钳去绝缘层，确保导线部分等长且干净，紧密扭合 3）用锡焊，可选焊锡膏助焊，控制温度避免过热，焊后加热热缩管密封 注意事项：通风良好，使用绝缘装备，安全用电，定期检查连接稳固性和密封性	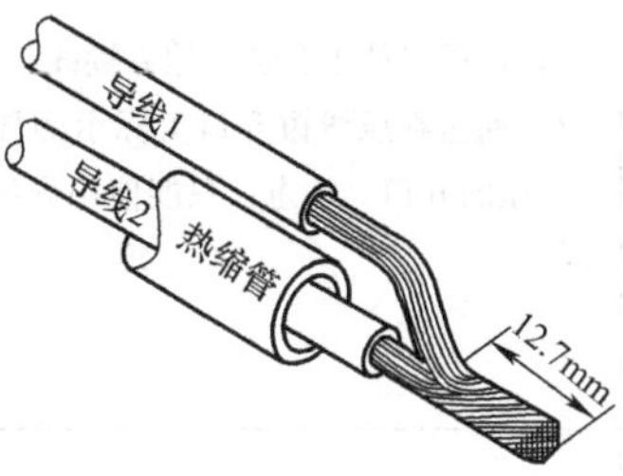
3	弯曲导线1使两条导线成为一直线 注意事项：等到焊点冷却后再弯曲导线	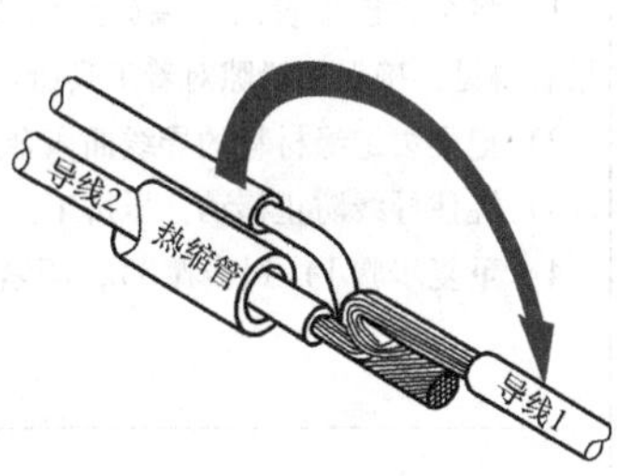
4	均匀的将热缩管放在需要维修的导线上 注意事项：将热缩管叠盖到两条导线上	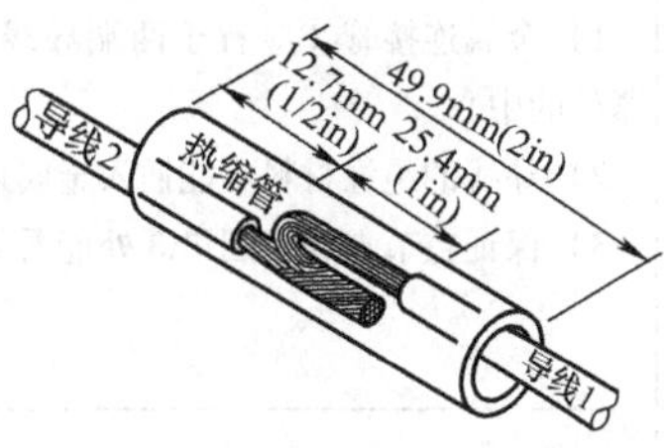
5	1）用热风枪加热维修区域直到黏合剂从热缩管两端流出 2）重新连接蓄电池接地电缆	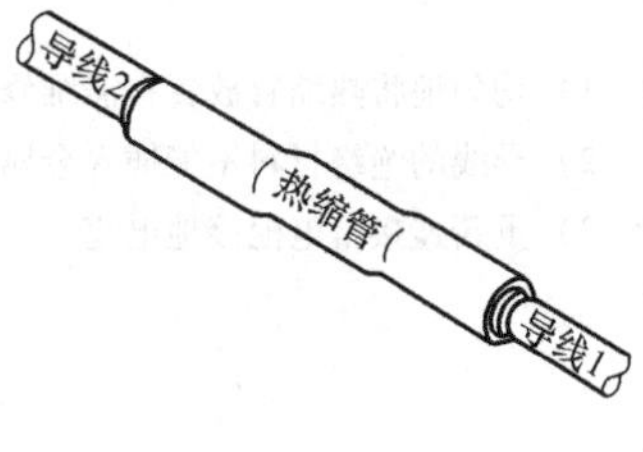

表 1-15　直径较大的导线接线方法

序号	操作步骤与说明	图示说明
1	1）断开蓄电池接地电缆 2）剥去两条导线一端长度为 6. 35mm（1/4in）的绝缘材料，注意不要刮坏或切断导线 3）安装热缩管	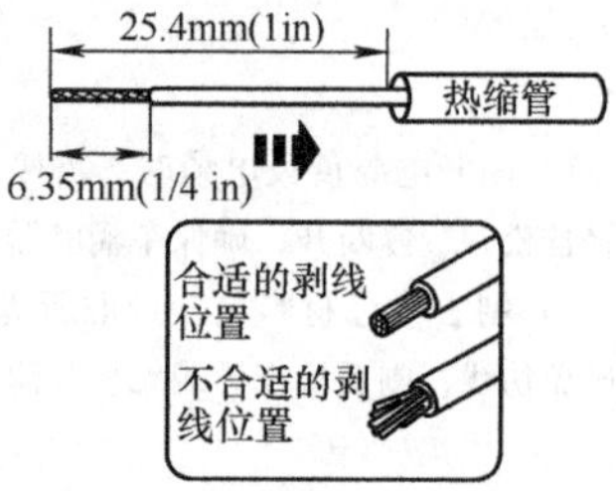
2	1）选择导线上合适的地方接线 2）通过在压线钳开口上标示的导线线径来选择合适导线连接挤压的开口。注意：只能使用导线连接的压线钳工具来连接导线	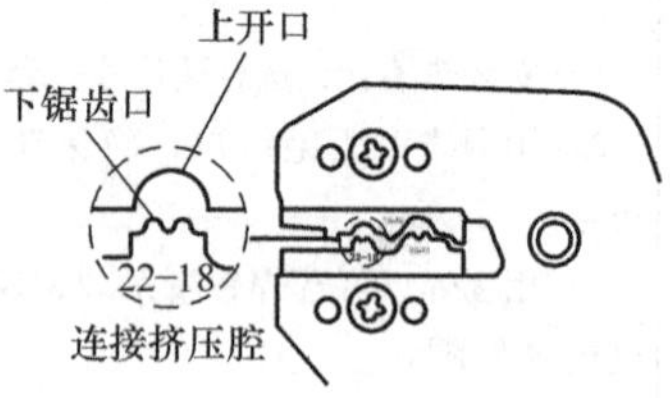
3	1）将金属连接管的一端放至压线钳上合适开口的中心。如果看得见，确保把缝隙对着工具压口 2）把剥去绝缘材料的导线插入金属连接管腔内 3）握住导线防止移动。压挤工具的手柄，直至棘轮释放 4）重复步骤 1）到步骤 3），压紧节点的另一端	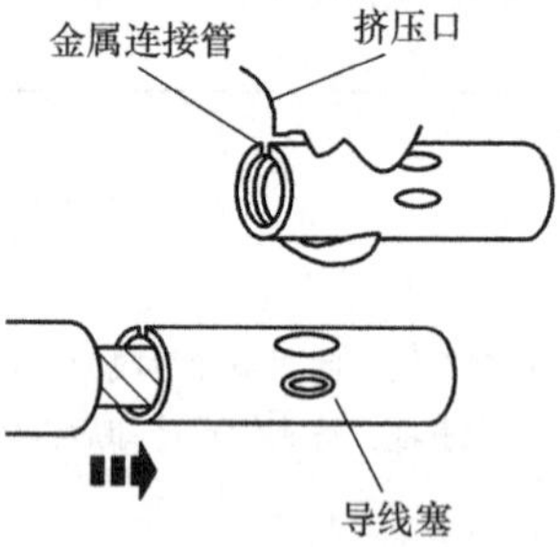
4	检查连接腔是否压紧到位： 1）金属连接管②应置于两端导线①各自与金属连接管的压紧处的中心 2）导线的绝缘材料不能插入金属连接管腔内 3）保证在节点的检测口③处能看见导线	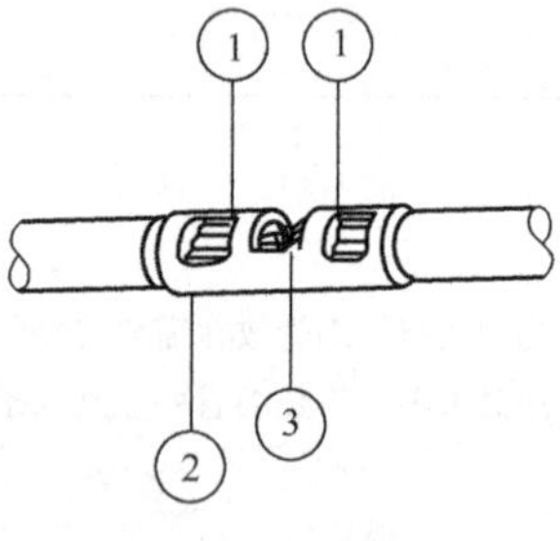
5	1）均匀地将热缩管放置在需维修的导线上 2）导线的绝缘材料不能插入金属连接管腔内 3）重新连接蓄电池接地电缆	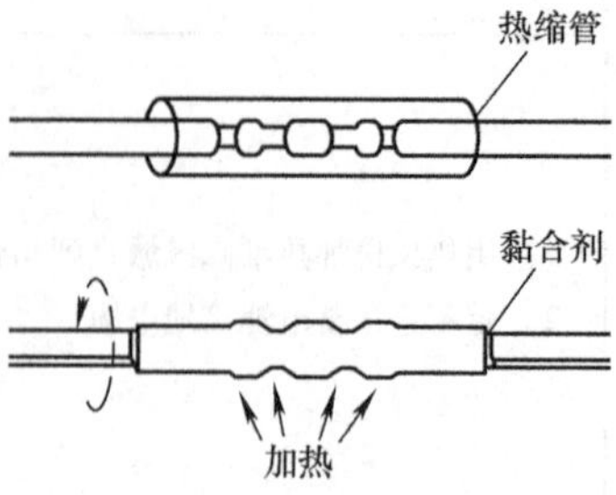

接头针脚、管脚拆卸/安装方法见表 1-16。

表 1-16 接头针脚、管脚拆卸/安装方法

序号	操作步骤与说明	图示说明
1	外壳卡舌类型接头拆卸： 1）将拆卸工具的细长钢针插入接头外壳开口端，撬动卡舌，使得卡舌上移 2）从接头的导线侧将导线和针脚/管脚拉出	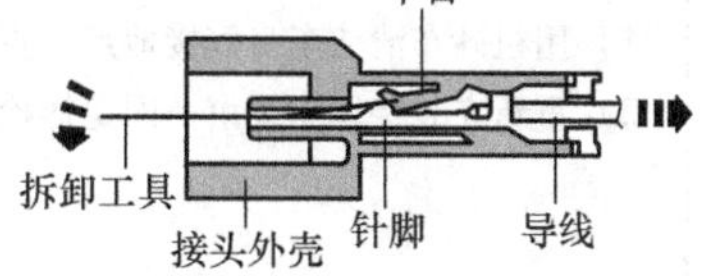 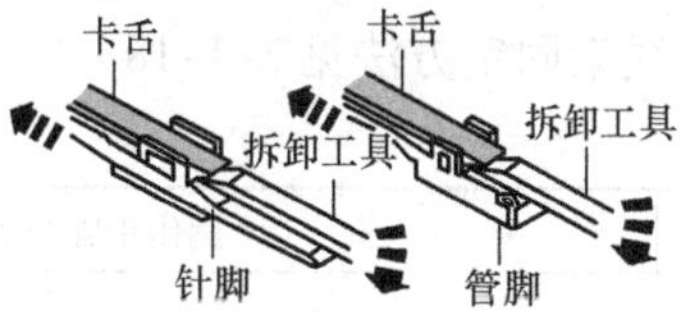 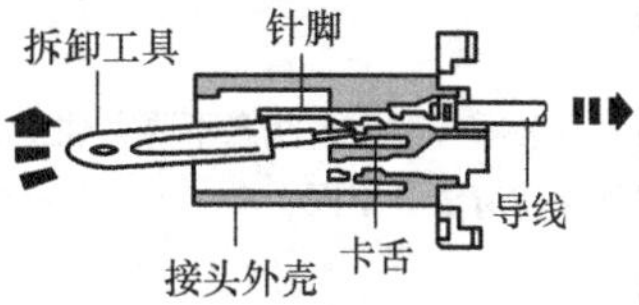
2	针脚/管脚卡舌类型接头拆卸： 1）将拆卸工具的细长钢针插入接头外壳开口端，按压卡舌，使得卡舌回缩 2）从接头的导线侧将导线和针脚/管脚拉出	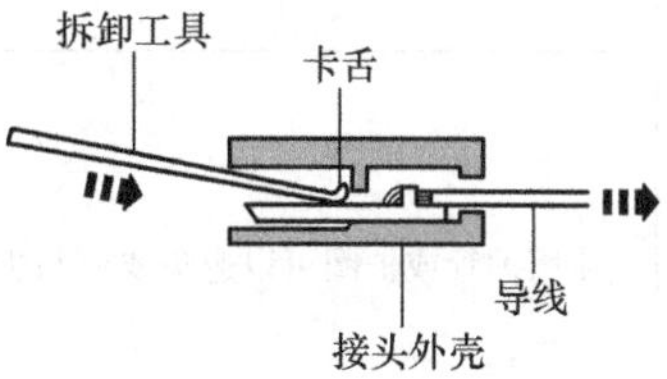
3	接头管脚安装（外壳卡舌类型）： 1）检查卡舌是否完好 2）从接头导线侧插入针脚/管脚，将针脚/管脚推入并卡紧 3）轻拉电线，确认接头针脚/管脚已牢固安装到位	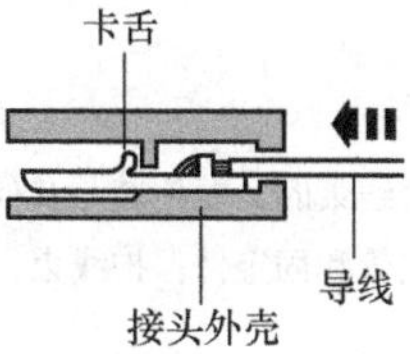

接地处理见表 1-17。

表 1-17 接地处理

序号	操作步骤与说明	图示说明
1	1）拆卸接地点螺栓 2）用粗砂布清洁线束侧接地环的两个接触表面，（包括与车身侧及与螺栓侧）直到氧化物完全清洁干净	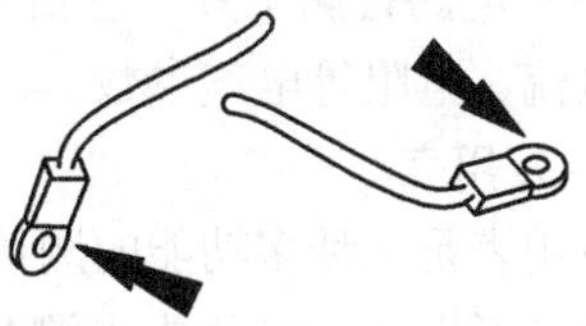

（续）

序号	操作步骤与说明	图示说明
2	1）用粗砂布清洁车身侧接地点，直到表面完全清洁干净 2）重新安装接地点线束及固定螺栓，并按规定力矩拧紧	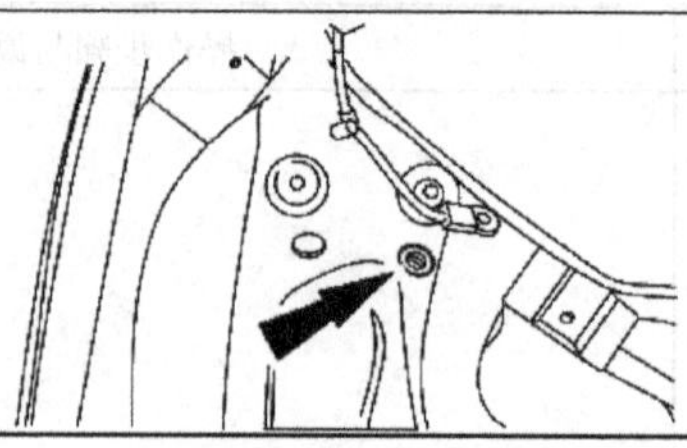

线束固定方法见表1-18。

表1-18　线束固定方法

序号	操作步骤与说明	图示说明
1	安装零件时，请注意不要夹住或挤压线束。所有电气接头必须保持清洁、牢固	
2	使用护管或护圈可以避免线束与尖锐的边缘或表面接触	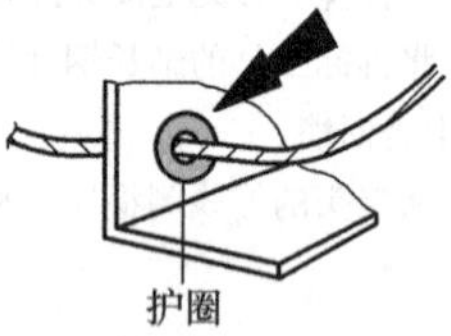
3	放置线束时，要使其与其他零件间有足够的间隙，同时用塑料波纹管和固定件保护线束，以免直接接触	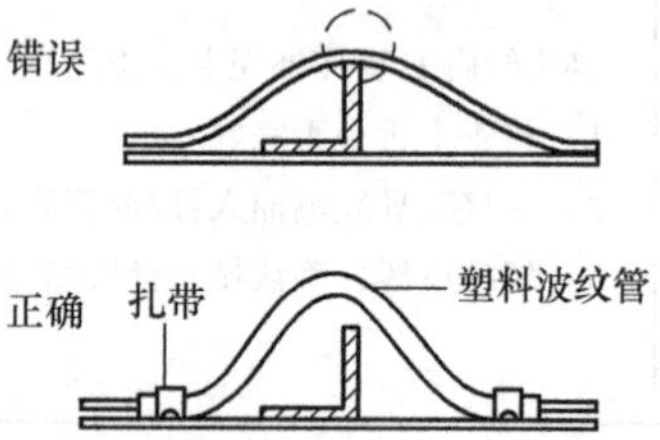

此外，一些专门用于拆卸电池模块、连接器、线束、阀门等的工具，也是必不可少的。每一款工具在设计时都考虑了操作的便利性和使用的安全性，为维修工作带来了极大的便利。

（3）电路检测工具　包括万用表、电压测试笔、电流表等，用于测量和检测电路的电压、电流、电阻等电气参数。

2. 万用表

万用表是一种多功能的测量工具。它是由一个主要的测量装置和若干个接触点组成，这些接触点可以插入电路中去测量各种参数。如图1-36所示，万用表能够测量电压、电流、电阻等多种参数。

（1）电压测量　如图 1-37 所示，使用万用表的电压档位进行测量，万用表的黑色导线接地，红色导线连接到待测电压点。如果测量得到的电压明显低于正常范围，则可能是供电电路存在问题，比如电源适配器故障或供电线路短路。如果电压明显高于正常范围，可能是电路负载过大，如电阻增大或电路开路。

图 1-36　数字万用表

例如：当检查导线接头的某一个端子时，可以不拆解导线接头，使用线路检测工具中的正极连接线探针从导线接头的背面插入进行测试。

1）用试灯或数字万用表（电压档）检查电压时，先把检测工具的负极与蓄电池负极相连接。

2）然后把试灯或数字万用表的另一端导线连接到要检测的位置上。

3）如果检测工具是数字万用表（电压档），显示值比规定值小于 1V 以上，说明电路有故障。如果检测工具是试灯，试灯不能正常点亮说明电路有故障。

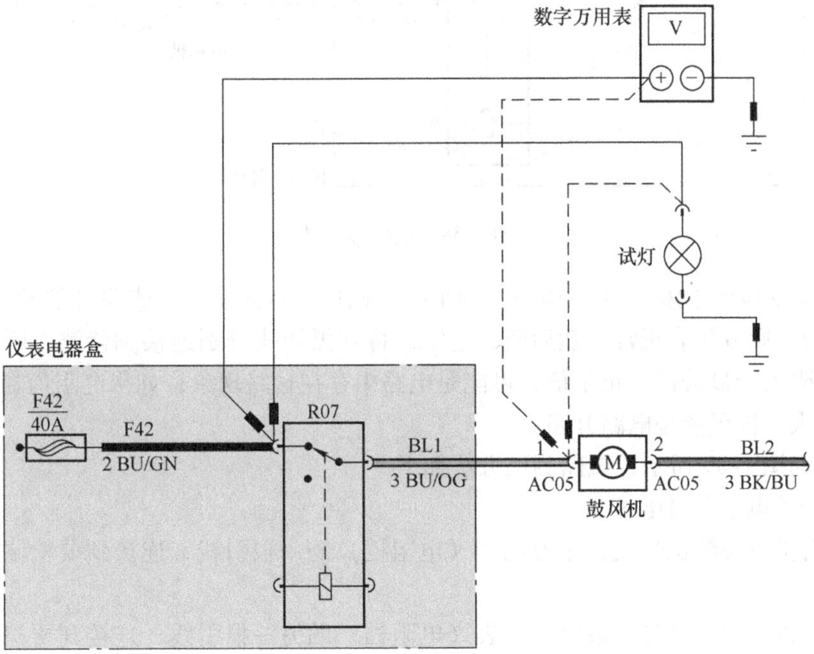

图 1-37　电压测量

例如：电压降测试。如图 1-38 所示，该测试是沿着导线、接头或开关检查电压降。使用万用表检测汽车线路的电压降，可以通过在电路两端分别连接万用表的正负极，打开电路并读取万用表显示的电压差值来完成。这个差值即为该段电路的电压降，有助于诊断线路中的电阻过大、接触不良或短路等问题。

1）数字万用表（电压档）正极引线连接到接近蓄电池的导线的一端（电源侧）。

2）数字万用表（电压档）负极引线连接到导线的另一端（负载或开关侧）。

3）打开电源，使电路工作，存在电流流过电路。

4）数字万用表（电压档）将显示两个点之间的电压差。

5）如果电压差超过0.1V（5V电路应小于50mV），表明电路上有故障，检查是否存在松动、氧化或腐蚀的线路或连接。

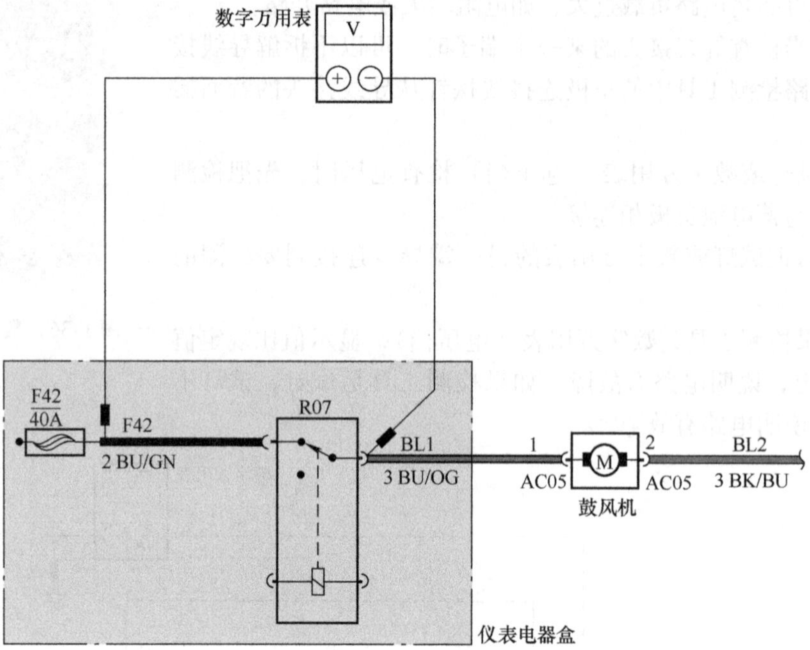

图1-38　电压降测试

（2）电阻测量　同样使用万用表，调至电阻档位进行测量。首先将红黑两个导线相连，如果显示0Ω，则万用表正常。然后断开电源，将红黑导线分别连接到待测电阻的两端。测量得到的电阻值若显著低于正常值，可能是电路中存在短路现象；如果电阻值显著高于正常值或者无限大，则可能是电路开路。

例如：如图1-39所示，短路测试方法如下。

1）断开蓄电池负极电缆。

2）用自带电源测试灯或数字万用表（电阻档）的一根引线，连接到要检测部件的一侧端子上。

3）用自带电源测试灯或数字万用表（电阻档）的另一根引线，连接到要检测部件另一侧端子上。

4）断开熔丝所有相关的电气负载。

注意：如果不断开该熔丝所有的电气负载，在检查低电阻负载电路（如灯光电路）时，万用表会一直显示低电阻值，这样会引起误判。

5）从熔丝最近处依次排查线路。

6）自带电源测试灯亮或数字万用表（电阻档）显示值低于5Ω，说明这部分与接地短路。

例如：如图1-40所示，断路测试方法如下。

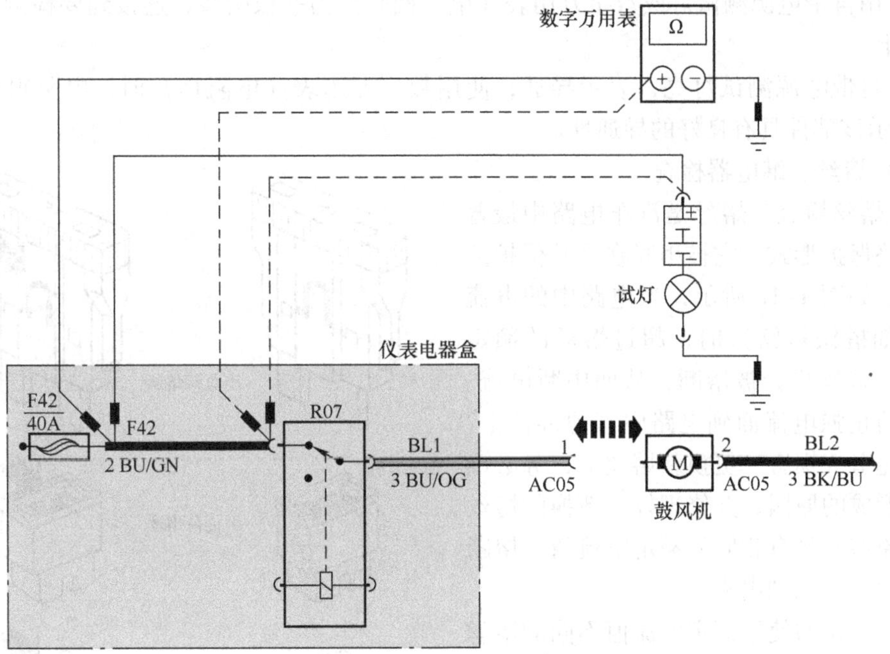

图 1-39　短路测试

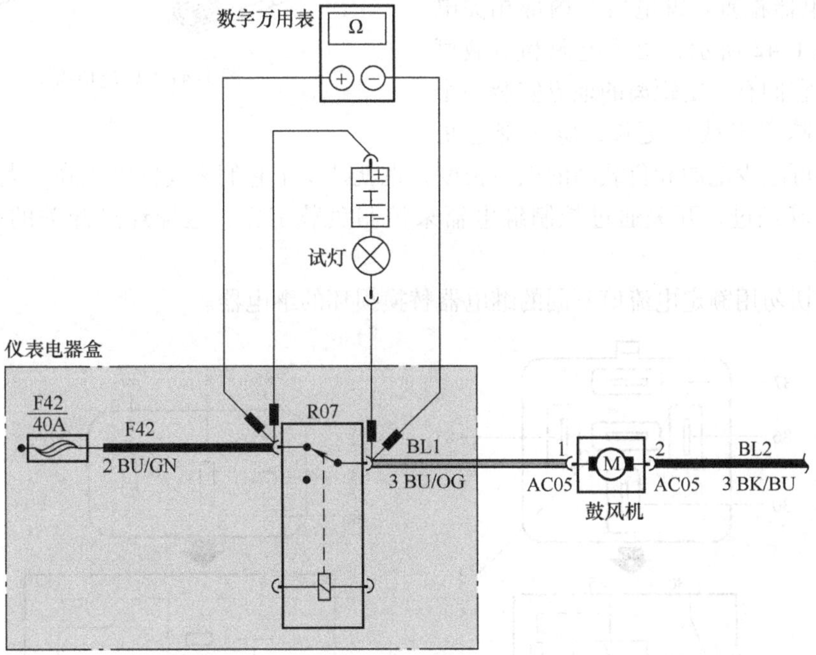

图 1-40　断路测试

1）断开蓄电池负极电缆。

2）用自带电源测试灯或数字万用表（电阻档）的一根引线，连接到要检测部件的一侧端子上。

3）用自带电源测试灯或数字万用表（电阻档）的另一根引线，连接到要检测部件另一侧端子上。

4）自带电源测试灯亮，表示导通；使用数字万用表（电阻档）时，电阻很小或接近0Ω，表示该部件具有良好的导通性。

（3）熔丝、继电器检查

1）熔丝检查。熔丝是汽车电路中最普遍的电路保护形式。它被串联在受其保护的电路中。如图1-41所示，当电路中的电流过载（如搭铁短路）时，超过熔丝的额定电流值，熔丝将会被熔断，从而中断电流。这样可防止强电流涌到电路中其他部件上，从而避免造成损害。更换新熔丝前，务必确定过载形成的原因，并修理好。新换的熔丝必须与原熔丝具有相同的额定电流值。熔断的熔丝很容易识别出来。

注意：切勿使用额定电流值不同的熔丝替换熔断了的熔丝。这样将会导致电气火灾或造成其他严重的电路损害。

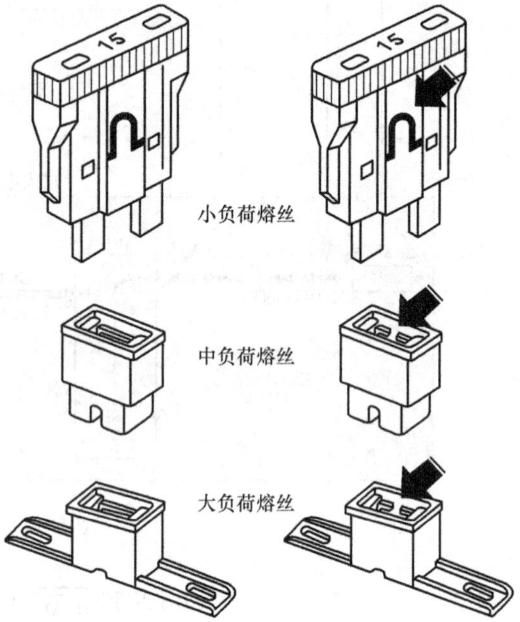

图1-41　熔丝检查

2）继电器检查。继电器与内部相关电路控制如图1-42所示，由于电源和负载可能需要在与它们有一定距离的地方安装一个开关，这意味着电线会更长，电压降会更高，继电器可减少电源和负载间的电线长度，也就减少了它们之间的电压降。大多数开关无法承受大电流经过，开关通过控制继电器来控制负载工作，这样经过开关的电流强度比较小。

注意：切勿用额定电流值不同的继电器替换损坏的继电器。

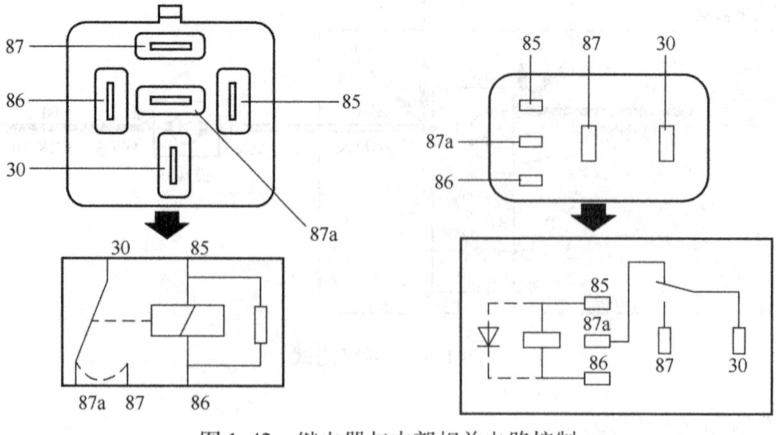

图1-42　继电器与内部相关电路控制

（4）电流测量　使用万用表检测智能网联汽车电路电流时，首先确保车辆电源关闭，选择合适量程的直流电流档，断开待测电路并串联接入万用表，确保红表笔接正极，黑表笔接负极。随后，接通车辆电源，观察万用表显示的电流值，记录并与预期值对比，以判断电路是否正常。在操作过程中，注意避免短路，保持表笔与电路良好接触，并遵守安全规范，确保人身和设备安全。整个检测过程需谨慎细致，以确保测量结果的准确性。

使用万用表检测汽车电路时，对于小电流（如小于1A）检测，应选用毫安或微安档位，量程需略大于预估电流值以确保测量精度；对于大电流（如超过10A）检测，则需选择10A或更高量程档位，确保万用表能承受待测电流，避免损坏。在实际操作中，应根据电路特性和预估电流值合理选择量程，以保证测量准确性和安全性。

一般来说，万用表的电流测量范围可以从微安级别（μA）到安培级别（A）不等。对于常见的万用表，其电流测量范围可能包括以下几个档位。

① 微安（μA）档位：适用于测量非常小的电流，如电子元件中的漏电流等。

② 毫安（mA）档位：适用于测量较小的电流，如电路中的工作电流等。

③ 安培（A）档位：适用于测量较大的电流，如汽车电路、家用电器中的电流等。

使用万用表测量电路中的电流时，应注意仪器的最大量程，一些基本型号的万用表可能只能测量到几安培的电流，而一些高端型号或特殊用途的万用表则可能具有更高的电流测量能力，甚至可以达到几十安培或更高。如果超出万用表的最大量程，建议使用专用电流钳进行测量。

3. 电压测试笔

电压测试笔也是一种非常实用的工具。如图1-43所示，它可以利用电阻和电压之间的关系来测量电压值。同时，如果电路在通电状态下，电压测试笔还可以直接用来探测电线或电路中哪些地方带有电，这对于保证维修人员的安全以及快速定位故障点都是非常重要的。

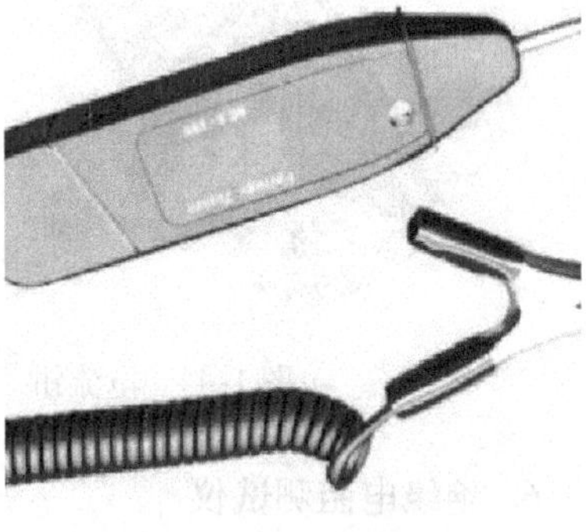

图1-43 电压测试笔

使用前确保汽车处于电源关闭的状态。然后，找到汽车前部碰撞系统的电源和地线。一般情况下，这些信息可以在汽车的维修手册或者在线资源中找到。把电压测试笔的一端连接到地线上，另一端分别接触到电源线和地线，此时应该没有电压读数，因为汽车是断电状态。

接下来，打开汽车电源，但不要起动发动机。然后再次用电压测试笔分别接触电源线和地线，此时应该可以测得相应的电压值。如果在电源线上测得的电压值并不符合手册或者在线资源给出的标准电压值，那么可能就意味着电源系统存在问题。

如果电源线上的电压正常，那么故障点就可能在本次测量点之前的系统其他部分。此时，就需要依次检查各个部分的电压，以寻找可能的故障点。针对检查到的异常部位，可以采取更换配件或者继续深入诊断的方式，根据实际情况进行处理。

4. 电流钳

电流钳也称电流表，如图1-44所示，主要用于测量电流的大小。在某些情况下，我们需要知道设备在工作时电路中的电流是否正常。例如，如果电流过大，可能会导致设备过热，进而烧毁元件。因此，电流钳能帮我们及时发现这些问题。使用电流钳对智能网联汽车进行故障诊断，主要是为了检查部分电气设备的工作电流是否正常。以下是一般的操作方法和使用流程：

使用前应做好个人防护，确保自身安全。打开汽车发动机舱盖，找出需要检测的电路或设备，如冷却风扇、燃油泵等。让汽车处于断电状态。使用电流钳之前，需要设置好电流范围。如果不确定具体的电流范围，可以先设定较大的范围，防止电流过大而损坏电流表。

5. 接地电阻测试仪

如图1-45所示，接地电阻测试仪主要用于检测汽车设备的接地电阻是否正常。如果接地电阻太大，可能会导致设备漏电，甚至引起火灾。

使用方法：

① 首先，将接地电阻测试仪的接线一端接在汽车设备的接地处，另一端接在接地电极。

② 打开测试仪，读取显示的接地电阻值。如果接地电阻超过规定范围，说明接地不良，需要进一步检查和处理。

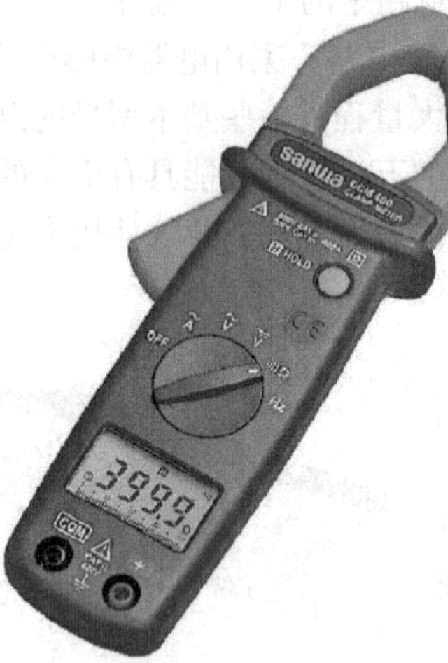

图1-44　电流钳

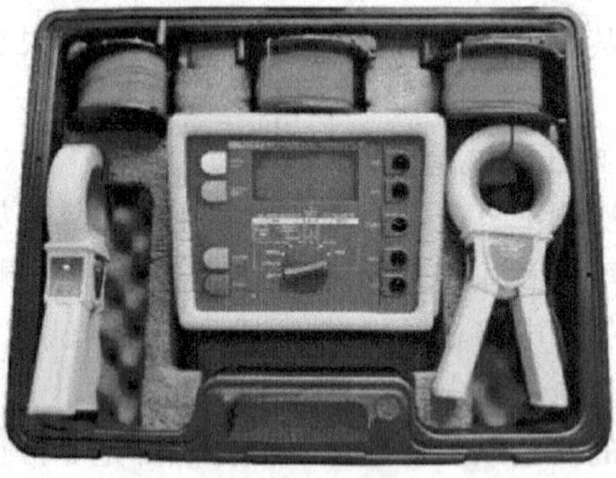

图1-45　接地电阻测试仪

6. 绝缘电阻测试仪

绝缘电阻测试仪主要用来检测电线的绝缘层是否完好，以预防绝缘失效带来的危害。

使用方法：

① 首先，将测试仪的一端接在电线的某一端，另一端接地线。

② 打开测试仪，读取显示的绝缘电阻值。如果绝缘电阻值小于规定值，说明电线的绝缘层可能有破损，需要进行更换或者修理。

7. 调试设备

为了便于查找车辆的虚接故障，可以使用仿真器、调试器等工具，这些工具和设备对于智能网联汽车的维修至关重要，只有使用正确的工具和设备，才能确保维修工作的精确性和有效性。

（1）仿真器　模拟汽车各系统的工作状态，以便在非实车环境下进行故障诊断和系统调试。

（2）调试器　汽车参数的调节主要使用诊断仪，将诊断仪连接到车辆的OBD接口，通过连接转换器与汽车电子控制单元（ECU）直接通信，读取和修改其内部数据，进行系统参数的微调和优化。

智能网联汽车调试设备主要包括以下几种。

1）诊断仪：它可以读取车载控制系统储存的故障码，通过故障码可以判断出汽车的故障来源，方便维修人员进行快速定位并修复。

使用方法：

① 将诊断仪接口连接到汽车的 OBD 端口。

② 打开诊断仪，选择对应的型号和系统进行诊断。

③ 读取故障码，根据故障码的提示进行故障查找和修复。

2）仿真器：模拟汽车各系统的工作状态，以便在非实车环境下进行故障诊断和系统调试。

使用方法：

① 选择需要模拟的汽车系统，如发动机管理系统、制动系统等。

② 设置仿真器的参数，比如工作温度、转速、负荷等。

③ 开始进行模拟测试，观察各系统的工作情况，发现并修复问题。

3）调试器：与汽车电子控制单元（ECU）直接通信，读取和修改其内部数据，进行系统参数的微调和优化。

使用方法：

① 将调试器与 ECU 连接，通常需要通过专门的接口或者线缆进行连接。

② 打开调试器，根据需要选择对应的功能，比如读取数据、修改参数等。

③ 进行调试，遵循专业人员的建议和指导，注意不要随意修改 ECU 内部的参数，以免影响汽车的正常工作。

以上就是这些专业工具的主要用途和使用方法。在使用时，请务必遵守操作指南，以确保安全。总的来说，这些电动汽车电气系统的检测工具，无论是简单的如万用表，还是复杂的如示波器，都是为了确保电动汽车安全、稳定地运行，并且让维修人员能够更容易地进行日常的检查和维护工作。

思　考　题

本章的学习目标你已经达成了吗？请通过思考以下问题的答案进行结果检验。

序号	思考题	自检结果
1	请简述中国智能网联汽车划分的等级内容有哪些？	
2	请简述智能网联汽车的主要技术构成有哪些？	
3	请简述智能网联汽车的技术特征。	
4	请说出传统汽车故障与智能网联汽车故障的差异有哪些？	
5	请简述智能网联汽车按照故障性质分类，故障类型有哪些？	
6	请简述智能网联汽车故障特点有哪些？	
7	请简述进行智能网联汽车电气维修，需要遵守哪些安全规范？	
8	针对智能网联汽车电气维修，传统故障诊断手段有哪些？	
9	针对智能网联汽车电气维修，新型故障诊断手段有哪些？	
10	请说说什么是 OTA 升级，OTA 在故障诊断与维修中的作用有哪些？	

第2章 智能网联汽车硬件系统维修

2.1 智能网联汽车硬件结构

智能网联汽车是未来交通工具发展的重要方向，它整合了先进的信息通信技术、控制技术和自动驾驶技术。智能网联汽车技术原理如图 2-1 所示，其硬件结构不仅关系到车辆的性能，还直接影响车辆的安全性、可靠性和用户体验。本章将深入探讨智能网联汽车的硬件组成、关键模块及它们的功能。智能网联汽车的硬件结构是一个高度集成的系统，包含了车载计算平台、智能传感器、通信模块、控制执行单元、电气架构等部件，涵盖了计算、感知、通信和控制等多个方面。

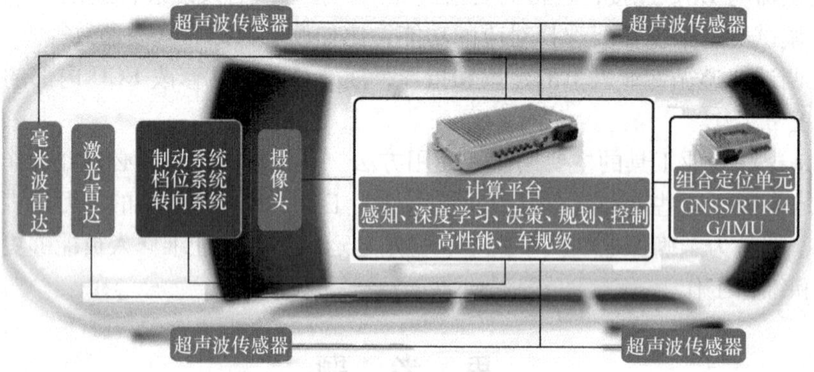

图 2-1 智能网联汽车技术原理

2.1.1 车载计算平台技术原理与维修

1. 车载计算平台系统组成与工作原理

如图 2-2 所示，车载计算平台集成了多种高性能的硬件和软件，共同构成了汽车的“大脑”，使汽车能够具备更高级别的智能化和网联化能力。

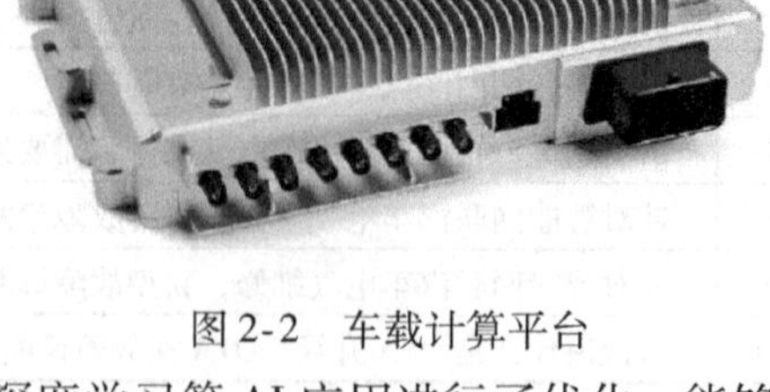

图 2-2 车载计算平台

在硬件方面，车载计算平台通常搭载有高性能的 CPU（中央处理器）、GPU（图形处理器）和 AI 加速器等。这些硬件设备共同协作，为车载计算平台提供了强大的数据处理和计算能力。CPU 负责处理车辆的各种指令和任务，GPU 则主要负责图形渲染和大规模并行计算，而 AI 加速器则针对深度学习等 AI 应用进行了优化，能够更

高效地执行复杂的 AI 算法。

在软件方面，车载计算平台运行着操作系统和各种应用软件。操作系统是车载计算平台的基础软件，它负责管理硬件资源、提供软件运行环境，并协调各应用软件之间的运行。应用软件则根据车辆的具体需求进行开发，包括自动驾驶算法、车辆状态监控、驾驶员辅助系统、车载娱乐系统等多种功能。

车载计算平台控制原理如图 2-3 所示，车载计算平台通过集成这些高性能的硬件和软件，实现了对车辆传感数据的实时处理和分析。传感器是智能网联汽车的重要组成部分，它们能够感知车辆周围的环境和状态，并将感知到的数据传递给车载计算平台。车载计算平台对这些数据进行处理和分析后，可以运行自动驾驶算法，实现车辆的自动驾驶功能；也可以监控车辆状态，及时发现并处理潜在的安全隐患；还可以根据驾驶员的需求和喜好，提供个性化的服务和体验。

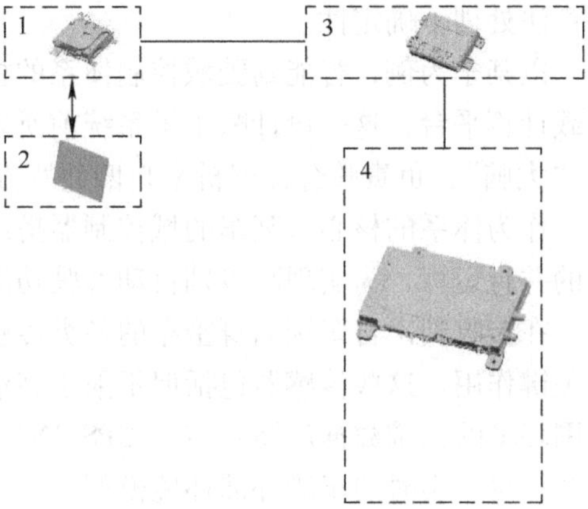

图 2-3　车载计算平台控制原理

1—智能座舱域控制器　2—中控显示屏　3—整车中央域控制器　4—智能驾驶域控制器电子控制模块

此外，车载计算平台还具备强大的网联化能力。它可以与车联网系统、智能交通系统等外部网络进行连接，实现车辆与车辆、车辆与基础设施之间的信息共享和协同工作。这种网联化能力不仅可以提高车辆的行驶安全性和出行效率，还可以为车主提供更加便捷和智能的出行体验。

车载计算平台是智能网联汽车不可或缺的核心组成部分，其具体的关键组件功能与作用见表 2-1。

表 2-1　车载计算平台关键组件的功能与作用

序号	关键组件	相关功能与作用说明
1	处理器	简称 CPU，执行所有指令和任务，需具备高性能和低能耗的特点
2	内存与存储设备	RAM 用于临时数据存储，ROM 存储固定软件；SSD 等存储设备用于长期保存数据
3	图形处理器	简称 GPU，加速图形计算，确保导航和娱乐系统的流畅性
4	网络通信模块	包括 CAN 总线、FlexRay 等，实现车内组件间通信；无线通信模块（如 4G/5G、WiFi）支持车外通信
5	传感器接口	连接雷达、摄像头等传感器，收集并处理环境数据
6	电源管理单元	简称 PMU，为平台提供稳定电源
7	I/O 接口	如 USB、蓝牙，方便外部设备连接
8	音频处理单元	优化车载娱乐系统的音频体验
9	导航模块	结合 GPS 提供定位和导航服务
10	安全监控系统	包括 ADAS 功能，提升驾驶安全性
11	人机界面	简称 HMI，提供直观的操作界面
12	远程信息处理单元	简称 TCU，支持远程监控、故障诊断和 OTA 更新
13	散热系统	确保平台在高效运行时不过热

工作原理：车载计算平台通过传感器收集车辆内外数据，经 CPU、GPU 等硬件处理后，结合高精度地图和 GPS 信息，执行自动驾驶、路径规划等功能。同时，通过车载网络和无线通信，实现与其他车辆、基础设施和云端的实时数据交换。智能传感器（如雷达、LiDAR、摄像头、超声波传感器和 IMU）在车载计算平台上通过各自专长，共同构建环境感知，传感器数据融合技术整合多源数据，提高精度与可靠性，并利用卡尔曼滤波、粒子滤波等算法处理不确定性。

以某车为例，智能驾驶域控制体系的核心支柱是高性能双核心自动驾驶域控制器，也即车载计算平台，这一设计赋予了系统前所未有的运算能力与扩展性。该控制器如同智能汽车的“大脑”，负责整合并解析来自四面八方的复杂信息。

作为体系的核心，某车的域控制器搭载了双芯片架构，确保了强大的数据处理能力和高效的并行运算，为实现高级别自动驾驶功能提供了坚实的硬件基础。

在接收到来自车辆周身密布的各类传感器的信号后，高算力自动驾驶域控制器开始发挥其关键作用。这些传感器包括但不限于高清摄像头（用于捕捉视频信号）、雷达模块（提供周围环境的三维数据反馈）以及 GPS/INS（全球定位系统/惯性导航系统）等，共同构建了一个详尽、实时的车辆外部环境模型。

结合这些多源数据，以及车辆自身的定位信息，自动驾驶域控制器能够执行一系列复杂的驾驶决策与操作，包括但不限于以下功能。自动驾驶域控制器主要执行功能见表 2-2。

表 2-2 自动驾驶域控制器主要执行功能

执行功能		详细说明
基础驾驶辅助功能	前向碰撞预警	通过分析前方道路情况，提前预警潜在碰撞风险
	自动紧急制动	在检测到即将发生碰撞时，自动采取紧急制动措施，避免或减轻事故后果
	紧急转向辅助	在必要时辅助驾驶员进行紧急避让操作
	泊车辅助/自动泊车/遥控泊车	帮助驾驶员轻松完成停车任务，甚至在无人在车时也能通过遥控实现泊车
高级智能驾驶功能	高速按导航辅助驾驶（NOP）	在高速公路等结构化道路上，根据导航信息自动调整车速、保持车道，并适时进行变道、超车等操作，实现高度自动化的长途驾驶体验
	城市按导航辅助驾驶	在城市复杂道路环境中，结合高精度地图与实时传感器数据，实现更为复杂多变的驾驶决策，如应对交通信号灯、行人横穿等场景
	点到点上下班通勤辅助	结合用户日常通勤路线，提供从家到公司的全程自动驾驶辅助，极大地提升出行便捷性与安全性

通过这些功能的综合应用，智能驾驶域控制系统不仅提升了驾驶的安全性与舒适度，更为未来智慧城市与自动驾驶汽车的深度融合奠定了坚实的基础。

2. 车载计算平台常见故障与处理方法

车载计算平台的稳定性和可靠性对于智能网联汽车的正常运行至关重要，当车载计算平台出现故障后，可能会导致以下问题。

（1）自动驾驶功能失效　车载计算平台的故障可能导致自动驾驶系统无法正常工作，这会影响到车辆的自动巡航、车道保持、自动泊车等关键功能。在自动驾驶模式下，车辆需要依赖精确的计算和数据处理来确保行车安全，一旦计算平台出现问题，车辆可能无法正确响应交通状况，增加事故风险。

（2）传感器数据处理异常　车载计算平台负责将雷达、摄像头等传感器收集的数据转化为有用的信息。如果出现故障，这些数据处理可能会变得不准确或完全失效，导致车辆无法正确感知周围环境，影响驾驶辅助系统的决策，甚至可能引发安全事故。

（3）导航系统故障　车载计算平台的故障可能影响导航系统的运行，导致无法提供准确的路线规划或实时交通信息。这不仅会降低驾驶体验，还可能导致驾驶员在行驶过程中迷路或做出错误的驾驶决策。

（4）通信功能受损　车载计算平台的故障可能影响车辆与外部网络、其他车辆或基础设施的通信。这可能导致车辆无法接收重要的交通信息，或无法与其他车辆进行协同驾驶，影响车辆的互联互通能力。

（5）安全系统故障　车载计算平台的故障可能影响碰撞预警、紧急制动等安全系统的正常工作。这些系统依赖于快速准确的数据处理来预测潜在危险并采取预防措施，故障可能导致这些系统无法及时响应，增加事故风险。

（6）用户界面异常　车载计算平台的故障可能导致车辆的信息娱乐系统出现异常，如显示屏、触摸屏等用户界面无法正常工作。这不仅影响驾驶员获取信息和控制车辆，还可能分散驾驶员的注意力，影响行车安全。

（7）车辆控制问题　车载计算平台的故障可能影响车辆的动力系统、转向系统等控制，导致车辆控制不稳定或响应迟缓。这可能导致车辆在行驶过程中出现意外，如突然加速或转向不灵敏，增加事故风险。

（8）数据记录和分析问题　车载计算平台的故障可能导致车辆的行驶数据无法被正确记录和分析。而这些对于车辆的维护和故障诊断至关重要，数据的丢失或不准确可能导致车辆问题被忽视，增加车辆故障率。

（9）软件更新和维护困难　车载计算平台的故障可能影响车辆软件的更新和维护，导致软件更新失败或维护工作无法进行。这可能使车辆无法及时获得最新的功能和安全修复，影响车辆的性能和安全性。

（10）紧急服务响应延迟　车载计算平台的故障可能导致紧急服务响应延迟或失效，如紧急呼叫、远程诊断等。这可能在紧急情况下影响驾驶员获得及时的帮助，增加风险。

（11）能源管理问题　车载计算平台的故障可能影响电池管理系统（BMS）的正常工作，导致电池充电、放电效率降低，甚至影响电池寿命。这对于电动汽车来说尤为重要，因为电池性能直接影响车辆的续驶能力和可靠性。

（12）车内环境控制异常　车载计算平台的故障可能导致车内的空调、照明等环境系统无法根据乘客需求或环境变化自动调节。这不仅影响乘客的舒适度，还可能增加车辆的能耗。

（13）车辆身份认证失败　车载计算平台的故障可能导致车辆无法识别车主身份，影响无钥匙进入和起动系统的正常工作。这可能导致车主无法正常使用车辆，或增加车辆被盗的风险。

（14）车辆远程监控和控制失效　车载计算平台的故障可能导致车主无法通过手机应用或其他远程设备监控和控制车辆。这可能限制车主对车辆的远程管理能力，影响车辆的使用体验。

（15）车辆诊断和预测维护困难　车载计算平台的故障可能导致车辆状态数据无法被正

确收集，影响故障诊断和预测维护。这可能导致车辆存在的问题被忽视，增加车辆故障率和维护成本。

(16) 车辆个性化设置丢失　车载计算平台的故障可能导致用户的个性化设置，如座椅位置、音响偏好等丢失。这可能影响用户的驾驶体验，使车辆无法满足用户的个性化需求。

(17) 车辆安全认证问题　车载计算平台的故障可能影响车辆的安全认证过程，如车辆防盗系统。这可能导致车辆安全认证失败，增加车辆被盗的风险。

(18) 车辆OTA升级失败　车载计算平台的故障可能导致车辆无法通过无线网络进行远程软件升级。这可能使车辆无法及时获得最新的功能和安全修复，影响车辆的性能和安全性。

(19) 车辆数据隐私泄露风险　车载计算平台的故障可能导致数据保护措施失效，增加数据泄露风险。这对于处理大量个人和车辆数据的智能网联汽车来说尤为重要，因为数据泄露可能侵犯用户隐私，甚至引发法律问题。

以上是车载计算平台的常见问题，这些问题不仅会影响驾驶体验，还可能对行车安全造成严重影响。因此，车辆制造商和供应商需要不断优化车载计算平台的设计和维护策略，以确保车辆在各种情况下都能安全、可靠地运行。

2.1.2　通信系统原理与维修

1. 通信模块结构原理

智能网联汽车的通信模块是实现车辆之间、车辆与基础设施之间以及车辆与云端之间数据交换和协同操作的关键部分。智能网联汽车的通信模块通过车载单元、路侧单元、通信网络和云平台的协同工作，实现了车辆之间、车辆与基础设施之间以及车辆与云端之间的数据交换和协同操作。通信技术原理如图2-4所示。

(1) 信息感知　车载单元通过各类传感器（如雷达、摄像头、激光雷达等）实时感知车辆周围环境，获取道路状况、交通信号、障碍物等信息。

(2) 数据传输　车载单元将感知到的数据通过通信网络传输给路侧单元或其他车辆的车载单元。同时，也能接收来自这些单元的数据，形成全方位的信息交互。通信过程依赖于高效可靠的通信网络，如LTE-V、DSRC等，确保信息及时、准确传输。

(3) 智能决策　收集到的数据被送往云平台进行处理和分析。云平台通过先进的算法和人工智能技术生成实时的交通状况、预测未来的交通流量等，为车辆提供智能化的决策建议。车载单元根据云平台提供的决策建议，调整车辆行驶状态，如改变速度、路线等，以提高行车安全性和出行效率。

2. T-BOX系统原理

T-BOX（Telematics Box，图2-5），即远程信息处理控制单元，作为车辆与外界通信的桥梁角色，它的工作原理高度集成了现代通信技术、定位技术和传感器技术，以实现车辆与后台系统、移动应用之间的无缝连接与数据交换。

工作原理：T-BOX通过4G/5G、WiFi等先进的无线通信技术，将车辆产生的各种数据（如行驶状态、故障信息、位置坐标等）实时传输至云端服务器。云端服务器则负责对这些数据进行存储、处理和分析，为车主、车辆制造商、服务提供商等提供有价值的信息支持。同时，T-BOX还能接收来自云端或手机App的控制指令，实现远程控制车辆、更新软件、发送通知等功能。

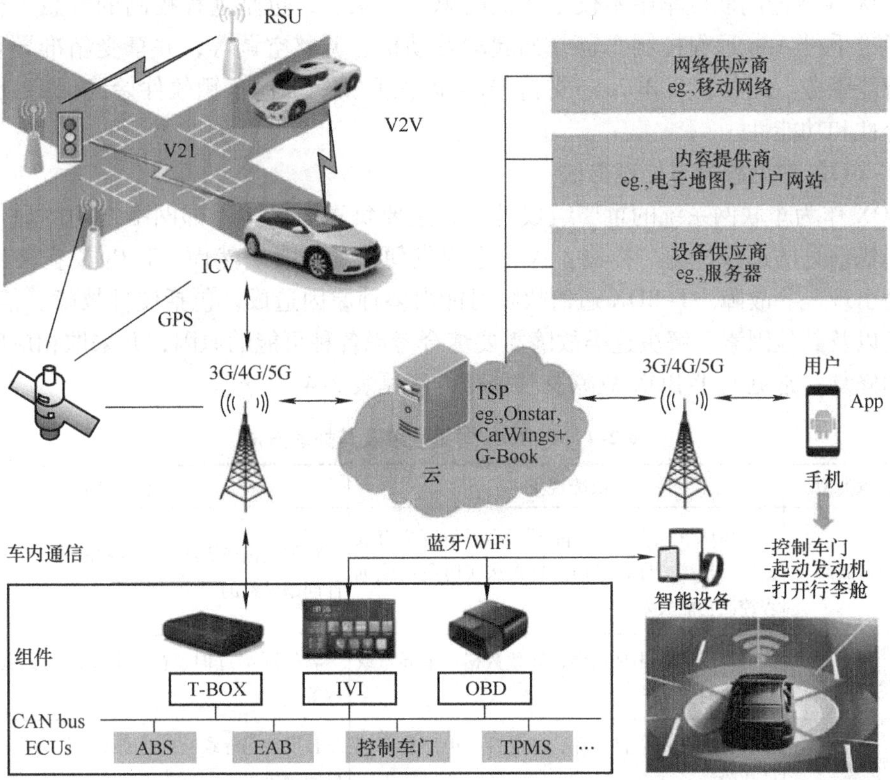

图 2-4　智能网联汽车的通信技术原理

T-BOX 通过先进的通信技术、定位技术和传感器技术，实现了车辆与外界的广泛连接和深度交互，为车主带来了更加便捷、安全、舒适的驾驶体验。同时，T-BOX 也为车辆制造商和服务提供商提供了更多的商业机会和服务模式创新的可能性。

图 2-5　T-BOX

T-BOX 工作流程见表 2-3。

表 2-3　T-BOX 工作流程

序号	工作流程	详细说明
1	数据采集	与车内传感器和控制器连接，实时收集车辆数据
2	处理与存储	内置处理器和存储器处理数据，加密存储重要信息，支持历史记录查询
3	通信模块	通过 4G/5G、WiFi 等模块与互联网连接，确保数据快速稳定传输
4	应用软件	内置软件支持数据编解码、加密解密、故障诊断等功能，并可升级以适应新功能
5	供电系统	稳定供电，具备电源管理和备用电池，确保系统连续运行
6	接口扩展	支持 USB、蓝牙等接口，方便连接外部设备和传感器，提升扩展性

T-BOX在智能网联汽车中不仅是数据的忠实记录者，也是远程控制的智慧中枢。它让车主能通过手机App远程控制车辆，如起动发动机、调整空调等，并享受精准导航、紧急呼叫等智能服务。此外，T-BOX还支持OTA远程升级，确保车辆软件始终保持最新状态，提升安全性和功能性。

3. T-BOX常见故障与处理方法

T-BOX作为车联网系统的重要组成部分，主要负责车辆与外部网络之间的通信。它能够实现车辆信息的远程传输与控制，为车主提供便捷的服务。然而，T-BOX在使用过程中也可能会出现一些故障。T-BOX通信故障可能由多种原因造成，包括硬件故障、信号干扰、软件问题以及其他因素。解决这类故障需要综合考虑各种可能的原因，并采取相应的措施进行排查和修复，常见的T-BOX故障及其处理方法见表2-4。

表2-4 T-BOX常见故障及其处理方法

序号	故障类型	故障现象	故障原因
1	通信故障	T-BOX无法与手机App或后台系统建立有效的通信连接，导致车辆信息无法实时更新或远程控制功能失效	可能是由于天线或接收器故障、信号干扰或软件问题导致的
2	软件故障	T-BOX软件出现错误，导致数据传输异常或功能失效	软件版本过旧、存在bug或与其他系统不兼容等
3	硬件故障	T-BOX内部硬件损坏，如芯片、电路板等部件故障	长期使用导致的自然磨损、外力损坏或产品质量问题等
4	电池电量不足	T-BOX电池电量耗尽，导致无法正常工作	电池老化、充电不足或长期未使用等
5	系统冲突	T-BOX与其他车载系统发生冲突，导致部分功能无法正常使用	系统间的不兼容或配置错误等

（1）通信故障检查　T-BOX无法与手机App或后台系统建立有效的通信连接，导致车辆信息无法实时更新或远程控制功能失效，这种通信故障可能由以下原因造成（表2-5）。

表2-5 T-BOX无法与手机App或后台系统通信故障

序号	故障类型	故障原因	故障处理
1	天线或接收器故障	天线损坏或收发器性能下降会直接影响T-BOX的信号接收和发送能力，导致通信中断。这可能是由于长期使用磨损、外部物理损坏或内部元件老化等原因造成的	检查天线和收发器的连接状态，确保无松动或损坏。如果发现问题，应及时修复或更换损坏的部件
2	其他硬件问题	除了天线和收发器，T-BOX的其他硬件组件如芯片组、电路板、电源模块等也可能出现故障，影响通信性能	对T-BOX进行全面检查，找出并修复或更换故障硬件
3	信号干扰	来自其他电子设备或无线信号的干扰可能影响T-BOX的通信性能。例如，电磁辐射、其他无线设备的信号干扰等都可能导致T-BOX通信不畅	尽量避免将T-BOX放置在电磁辐射较强的环境中，减少与其他无线设备的相互干扰。同时，可以尝试改变驾驶环境或调整T-BOX的安装位置以获得更好的信号接收条件

（续）

序号	故障类型	故障原因	故障处理
4	软件问题	T-BOX内部的软件出现问题，如通信协议错误或软件bug，也可能导致通信失败	尝试重启T-BOX以恢复软件正常运行，或更新软件版本以修复已知的bug和漏洞
5	软件配置问题	有时软件配置不当也会导致通信故障	检查T-BOX的软件配置是否正确，并根据需要进行调整
6	网络问题	网络不稳定或中断也可能导致通信故障	确保手机和T-BOX都连接到互联网，并且网络连接稳定
7	车辆状态	某些远程控制功能可能在车辆熄火或电池电量低时无法使用	确保车辆处于可控制状态
8	权限设置	手机App的权限不够	检查手机App的权限设置，确保已授予远程控制相关的权限

（2）软件故障检查　当T-BOX软件出现故障时，主要会表现出数据传输异常或功能失效的情况。T-BOX软件故障是车联网系统中常见的问题之一，通过及时更新软件、检查网络连接和联系售后服务等措施，可以有效解决软件故障问题，保障车辆的正常使用和行车安全，这种故障可能由以下原因造成（表2-6）。

表2-6　T-BOX软件常见故障

序号	故障类型	故障原因
1	数据传输错误	软件问题可能导致T-BOX在传输数据时出错，影响数据的准确性和完整性
2	功能失效	如远程控制失效、车辆状态信息无法上传等。这些功能的失效会直接影响用户对车辆的使用体验和安全
3	系统崩溃	在极端情况下，软件问题可能导致T-BOX系统崩溃，此时需要重启或进行软件升级才能恢复
4	软件版本过旧	使用旧版本的软件可能存在已知的bug和漏洞，这些问题在新版本中可能已被修复
5	软件bug	即使是最新版本的软件，也可能存在未被发现的bug或缺陷，这些bug可能导致软件运行异常
6	与其他系统不兼容	T-BOX需要与车辆的其他系统进行通信和数据交换，如果软件与这些系统不兼容，就可能出现通信故障或功能失效

针对T-BOX软件故障，可以采取以下解决方法：

1）重启T-BOX。有时候，简单的重启可以恢复软件的正常运行。可以尝试关闭T-BOX的电源，等待一段时间后再重新开启。

2）更新软件。确保T-BOX的软件是最新版本，如果软件版本过旧，建议到车辆品牌的官方售后服务网点进行软件更新。更新软件可以修复已知的bug和漏洞，提高软件的稳定性和兼容性。

3）检查网络连接。T-BOX的正常工作依赖于稳定的网络连接，如果网络连接不稳定或中断，也可能导致软件运行异常。因此，需要检查车辆的网络设置，确保网络连接稳定。

（3）硬件故障检查　作为车联网系统中的智能车载终端，其内部硬件的损坏会直接影响车辆与外部网络的通信以及车辆相关功能的正常使用，常见故障见表 2-7。

表 2-7　T-BOX 硬件常见故障

<table>
<tr><th>序号</th><th>故障类型</th><th>故障现象</th><th>故障原因</th></tr>
<tr><td>1</td><td>完全无响应</td><td>T-BOX 设备无法开机或开机后无任何反应</td><td rowspan="4">1）长期使用导致的自然磨损：设备内部元件随时间的推移而老化，性能逐渐下降
2）外力损坏：如车辆碰撞、颠簸等外部因素导致的硬件损伤
3）产品质量问题：如元器件质量不合格、生产工艺问题等
4）环境因素：如高温、潮湿等恶劣环境加速硬件老化或损坏</td></tr>
<tr><td>2</td><td>通信中断</td><td>T-BOX 无法与车辆其他部件或外部网络进行有效通信</td></tr>
<tr><td>3</td><td>功能失效</td><td>如远程控制、车辆状态监测等功能无法正常工作</td></tr>
<tr><td>4</td><td>故障码提示</td><td>车辆诊断系统可能显示与 T-BOX 相关的故障码</td></tr>
</table>

在进行故障检测时，通常需要使用专业的测试设备和工具，如示波器、万用表、逻辑分析仪等，以测量和分析 T-BOX 内部硬件的各项参数。以下是一些关键的检测参数和思路：

检查 T-BOX 的供电电压是否正常，通常使用万用表测量各关键点的电压值，确保在设备规格书规定的范围内。测量电路板上的关键电阻值，以判断是否存在短路或断路现象。在设备运行时，测量各功能模块的工作电流，以评估其是否正常工作。检查 T-BOX 内部及关键元件的温度，防止因过热导致硬件损坏。使用示波器观察通信接口（如 CAN 总线、串口等）的信号波形，以判断通信是否正常。此外，还可以利用车辆的诊断系统读取与 T-BOX 相关的故障码，这些故障码通常能指示故障的大致位置。

如芯片、电路板上的元件等，确保使用与原设备兼容的优质元件。对于电路板上的断路或短路问题，可以使用焊接工具进行修复。在某些情况下，硬件故障可能由软件问题引起，此时可以尝试恢复 T-BOX 的出厂设置或更新软件版本。如果故障难以修复或修复成本过高，可以考虑更换整个 T-BOX 模块。

注意：在进行维修前，务必确保车辆电源已关闭，并遵循相关的安全操作规程。在更换或维修 T-BOX 前，应备份车辆的相关数据，以防数据丢失。

（4）电池电量不足故障检查　针对 T-BOX 电池电量不足的问题，我们可以从以下几个方面进行解决和预防：

1）首先检查充电接口是否正常，使用原装或推荐的充电器对 T-BOX 进行充电。即便不经常使用 T-BOX，也建议定期为其充电，避免电池长期处于亏电状态。每月至少进行一次完全充放电循环，有助于保持电池活性。

2）确保充电时设备处于关闭状态，以减少电量消耗，加快充电速度。如果电池频繁出现电量不足的情况，可能是电池老化。可以考虑更换新电池。检查电池连接处是否松动或存在污垢，及时清理和紧固。

3）避免在电量过低时才进行充电，保持电池电量在合理范围内（如 20%～80%）。注意在充电时应使用原装或经过认证的充电器和电池，避免使用劣质配件对电池造成损害。定期检查电池健康状况，使用电池管理软件查看电池寿命和剩余容量。将 T-BOX 存放在干燥、通风、温度适宜的环境中，避免高温、潮湿或极端温度影响电池性能。

4）确保 T-BOX 的系统和应用程序都是最新版本，有时候软件更新可以优化电量管理。关闭不必要的后台应用程序和自动更新功能，减少电量消耗。合理使用 WiFi、蓝牙等无线连接功能，避免长时间开启导致电量浪费。

（5）系统冲突故障检查　针对 T-BOX 与其他车载系统发生冲突导致部分功能无法正常使用的问题，我们可以从以下 6 个方面进行解决和预防。

1）尝试重起车辆，有时候简单的重起可以解决系统之间的冲突问题。车主在使用过程中应避免随意更改车载系统和 T-BOX 系统的配置设置，以免引入不必要的冲突。

2）在安装新的车载设备或软件时，应了解其与现有系统的兼容性，避免引入不兼容的设备或软件。

3）确保车载系统和 T-BOX 系统都是最新版本。系统更新通常包含了对系统冲突的修复和优化。定期检查并更新车载系统和 T-BOX 系统，以确保系统之间的兼容性和稳定性。

4）如果重起和更新都无法解决问题，可以考虑将车载系统或 T-BOX 系统恢复到出厂设置。这将清除所有可能的配置错误和冲突设置。

5）检查车载系统和 T-BOX 系统的配置设置，确保没有相互冲突的设置项。

6）定期对车辆进行维护，包括检查车载系统和 T-BOX 系统的运行状态，及时发现并解决问题。

故障案例：车主反映，T-BOX 与 ECU 之间的通信出现异常。

该故障导致部分车辆信息（如行驶数据、车辆状态等）无法同步至手机 App。这直接影响到车主对车辆的远程监控和管理功能。因此，需要重点检查通信系统（图 2-6）是否存在问题，CAN 总线是车辆内部各电子控制单元之间通信的主要方式。使用 CAN 总线分析仪可以实时监测 T-BOX 与 ECU 之间的通信数据，包括数据包的发送、接收、错误帧等。CAN 总线电压：正常情况下，CAN 总线的 CAN-H（高电平）和 CAN-L（低电平）之间的电压差应在一定范围内波动，以维持通信的稳定。通常，CAN-H 的电压在隐性状态下接近电源电压的一半（如 5V 电源则约为 2.5V），在显性状态下被拉低；CAN-L 则相反。确保 T-BOX 和 ECU 的供电电压正常，避免因电压不稳导致的通信故障。在特定情况下，可能需要测量 CAN 总线或相关电路的电流和电阻，以排查短路、断路等物理连接问题。

在检查时，应监测 T-BOX 和 ECU 之间发送和接收的数据包，检查是否存在丢包、错包、延迟等问题。分析数据包的内容，确认是否有关键数据未被正确传输或处理。

可能原因见表 2-8。

针对以上问题，可通过以下步骤进行检查。

1）检查通信线路，确认 T-BOX 与 ECU 之间的通信线路连接牢固无松动。使用万用表等工具检查线路是否存在断路、短路等问题。如发现 T-BOX 或 ECU 存在硬件故障，应及时更换新的部件。

2）确保 T-BOX 和 ECU 的软件版本为最新，避免因软件问题导致的通信故障。如发现软件 bug 或版本不兼容问题，应及时联系厂家或维修站进行软件升级或修复。

3）检查车辆内部和外部的电磁干扰源，并尽可能减少其对 CAN 总线的影响。确保 T-BOX和 ECU 的供电电压稳定，无异常波动。可以使用电压表对蓄电池电压以及 T-BOX 和 ECU 的供电线路进行检测，确保电压在正常工作范围内。

4）检查供电线路是否存在破损、老化、接触不良等问题。特别注意蓄电池的正负极接

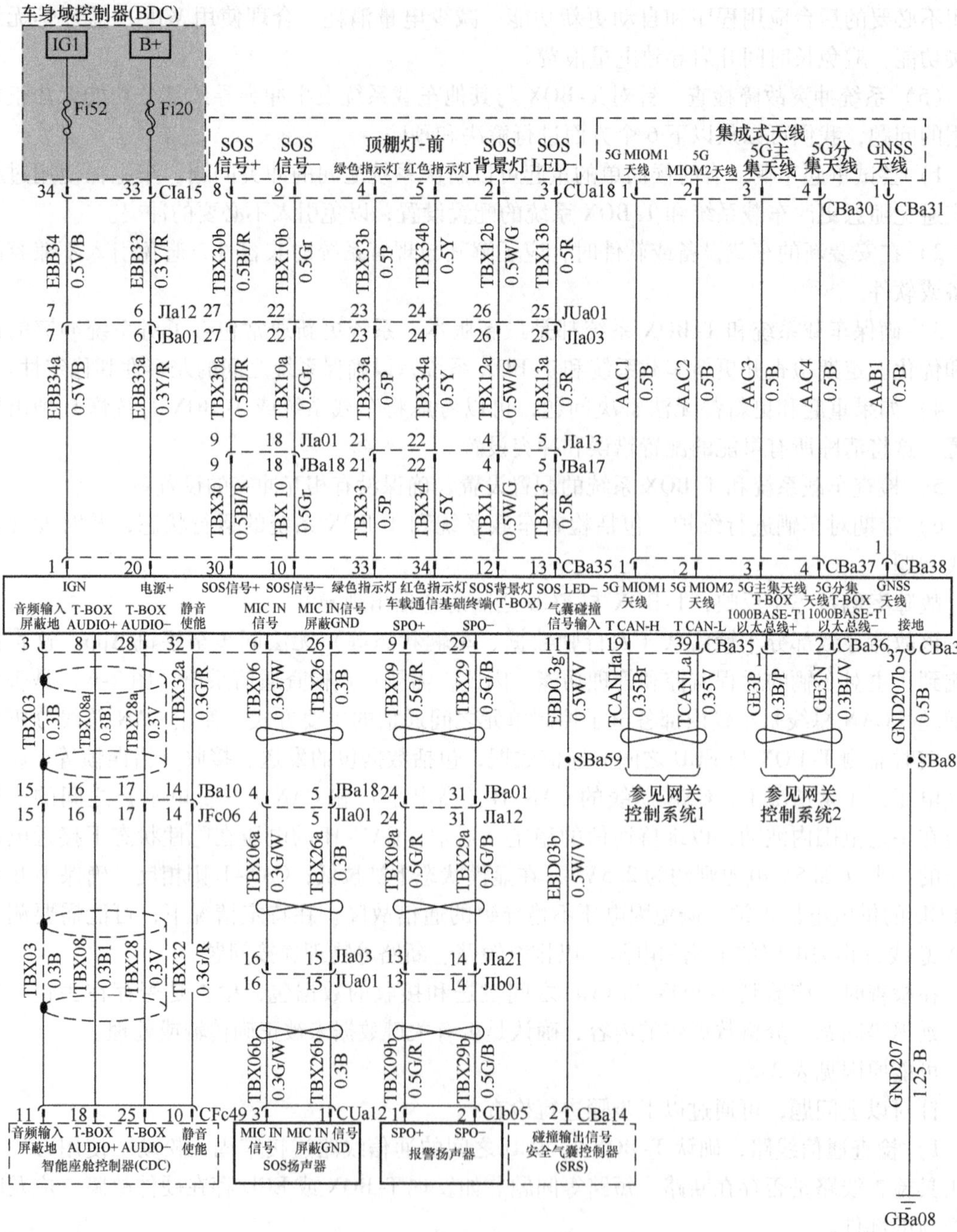

图 2-6　某车型车载通信系统控制电路

线是否牢固，以及电源线路到 T-BOX 和 ECU 的连接是否可靠。如果车辆配备了电源管理单元（如智能电源分配单元等），还需要检查该单元的工作状态是否正常，是否有可能影响 T-BOX 和 ECU 的供电。检查与 T-BOX 和 ECU 相关的熔丝和继电器是否完好，无熔断或损坏现象。

表 2-8　基于 T-BOX 的 CAN 通信常见故障

序号	故障类型	详细说明
1	通信线路故障	包括线路松动、断路、短路等物理连接问题
2	硬件故障	T-BOX 或 ECU 本身存在硬件缺陷或损坏
3	软件问题	通信协议不兼容、软件版本过旧或存在 bug 等
4	电磁干扰	车辆内部或外部的电磁干扰可能影响 CAN 总线的通信质量
5	电源问题	供电电压不稳或电源线路故障可能导致 T-BOX 和 ECU 无法正常工作

在检查时，应注意以下问题：

1）在进行上述检查和维修时，建议使用专业的诊断工具进行故障码读取和数据分析，以更准确地定位问题所在。

2）在检查和维修过程中，要注意防静电和防电磁干扰的措施，避免对 T-BOX 和 ECU 等电子部件造成进一步的损害。

3）在进行软件升级或更换硬件前，建议备份车辆的相关数据，以防数据丢失或无法恢复。

针对 T-BOX 与 ECU 通信异常的问题，需要从多个方面进行故障检测和排查，并根据具体情况采取相应的措施。在维修过程中，务必注意操作规范和安全事项，确保问题得到有效解决。

2.1.3　控制执行单元结构原理与维修

1. 控制执行单元结构与原理

智能网联汽车的控制执行单元主要负责执行来自智能决策层的指令，以实现车辆的精确控制。智能网联汽车的控制执行单元主要由多个执行机构和电子控制单元（ECU）组成。执行机构包括动力系统、电制动系统、电转向系统以及底盘控制系统等关键部件，它们分别负责车辆的加速、制动、转向和稳定性控制等功能。ECU 作为控制中心，负责接收来自车载计算平台的指令，并解析后发送给各个执行机构，以实现对车辆行为的精确控制。

它的工作原理如图 2-7 所示，当智能网联汽车处于自动驾驶或辅助驾驶模式时，车载计算平台会根据环境感知层收集的信息和智能决策层的分析结果，生成相应的控制指令。这些指令通过车内网络传输给 ECU。ECU 在接收到指令后，会迅速解析并生成相应的控制信号。这些信号通过电气线路或总线系统传输给各个执行机构。执行机构在接收到控制信号后，会根据信号的指令执行相应的动作。

智能网联汽车的控制执行单元具有以下 4 个技术特点。

1）控制执行单元将多个执行机构和 ECU 集成在一起，实现了对车辆行为的统一控制和管理。

2）通过先进的传感器和算法，控制执行单元能够实现对车辆行为的精确控制，提高驾驶的舒适性和安全性。

3）控制执行单元采用高速通信技术和高性能处理器，能够实现对控制指令的快速响应和执行。

4）为了提高系统的可靠性和安全性，控制执行单元通常采用冗余设计，即在关键部件

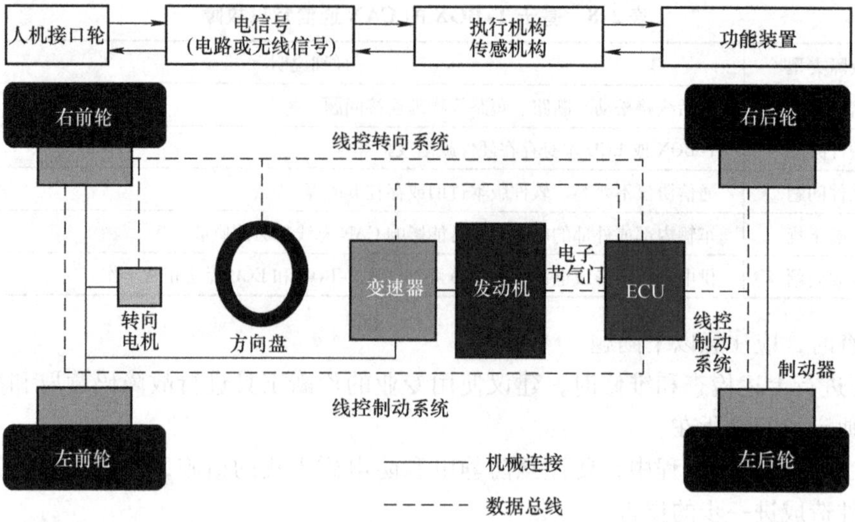

图 2-7 智能网联汽车的控制执行单元工作原理

上设置备份系统，以确保在某一系统或组件发生故障时，备份系统能够立即接管并继续工作。

2. 控制执行单元常见故障与处理方法

智能网联汽车的控制执行单元负责接收传感器收集的数据，并根据这些数据做出决策，控制车辆的行驶。如果控制执行单元出现故障，可能会引发以下问题（表 2-9）。

表 2-9 智能网联汽车控制执行单元常见故障

序号	故障类型	详细说明
1	行驶不稳定	控制单元故障可能导致车辆无法正确响应驾驶员的指令，如加速、减速或转向，从而影响行驶稳定性
2	自动辅助驾驶功能失效	智能网联汽车的自适应巡航控制、车道保持辅助等自动辅助驾驶功能可能无法正常工作
3	安全系统故障	控制单元故障可能会影响到车辆的安全系统，如防碰撞系统、紧急制动系统等，增加事故风险
4	信息显示异常	车辆的仪表盘或中控显示屏可能会出现错误信息或无法显示关键信息，如速度、油耗等
5	通信中断	控制执行单元故障可能导致车辆与外部网络的通信中断，影响车辆接收交通信息、导航更新等功能
6	传感器数据无法处理	传感器收集的数据无法被正确处理，导致车辆无法根据环境变化做出适当反应
7	车辆启动困难	在某些情况下，控制单元故障可能导致车辆无法启动或启动后立即熄火
8	系统响应延迟	即使车辆能够启动，控制单元的故障也可能导致系统响应延迟，影响驾驶体验
9	软件更新失败	控制单元故障可能影响车辆软件的更新，导致无法接收最新的功能改进或安全补丁

2.2 传感器与感知系统原理与维修

如图 2-8 所示，智能网联汽车的智能传感器包括毫米波雷达、激光雷达（LiDAR）、摄像头、超声波传感器和惯性测量单元（IMU）等。摄像头用于图像识别和环境感知，雷达与激光雷达则能提供精准的距离和速度信息，超声波传感器主要用于近距离障碍物检测，IMU用于车辆姿态与运动状态的监测。这些传感器的主要技术特征是高精度、高可靠性和实时性。

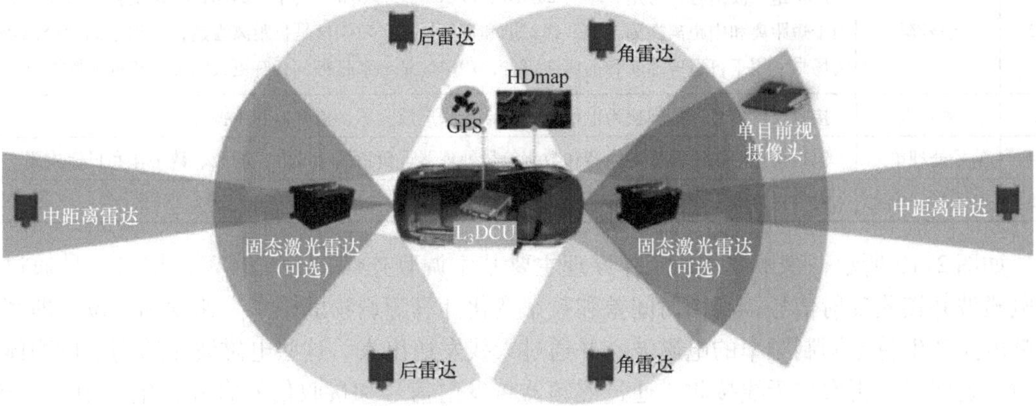

图2-8　智能网联汽车智能传感器分布图

2.2.1　毫米波雷达

1. 毫米波雷达结构与原理

以某车型为例，其前置毫米波雷达安装位置如图2-9所示，毫米波雷达通过发射和接收电磁波来检测周围环境，主要应用于自动驾驶和高级驾驶辅助系统（ADAS），如盲点监测、车道保持、自适应巡航和碰撞预警等。

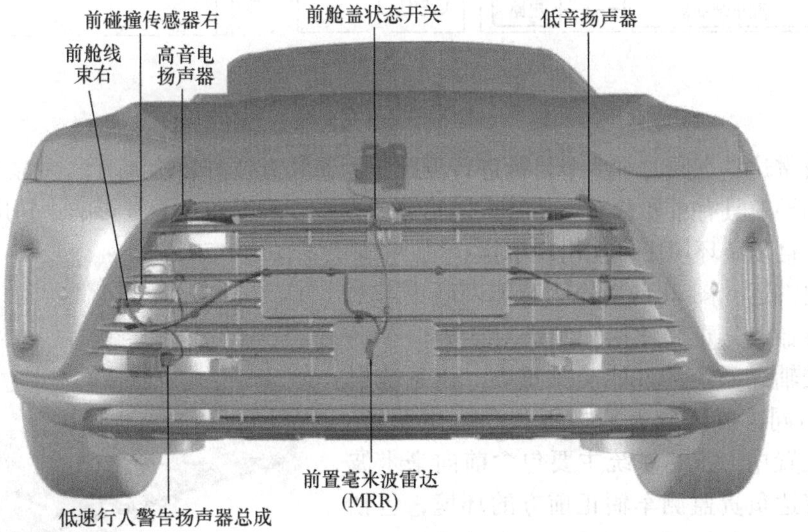

图2-9　某车型的前置毫米波雷达安装位置

毫米波雷达结构组成见表2-10。

表 2-10 毫米波雷达结构组成

序号	关键组件	详细说明
1	天线	发射和接收毫米波信号，提高角度分辨率和检测距离
2	信号源	产生毫米波信号，常用频率有 24GHz、77GHz 或 79GHz。其中，24GHz 技术成熟、成本低，适用于短距离和中距离探测，如并线辅助和盲区探测；77GHz 是长距离雷达，适用于高速公路等开阔场景，用于自适应巡航和前碰撞警告；79GHz 是未来趋势，具有更大的带宽和抗干扰能力
3	接收机	接收反射信号，并转换为电信号，包括低噪声放大器、混频器和本振源
4	信号处理单元	包括模拟前端、模数转换器和数字信号处理器，负责信号放大、滤波、数字化和目标检测
5	电源管理单元	提供稳定的工作电源供给

如图 2-10 所示，毫米波雷达工作原理主要基于调频连续波（FMCW）技术，是通过发射电磁波并接收反射信号，利用时间差和频率变化计算障碍物的距离、速度和方位。即利用高频电路产生特定调制频率的电磁波，并通过天线发送出去。这些电磁波在遇到目标物体后会被反射回来，再次被天线接收。通过混频器将发射信号和接收信号合并，生成中频（IF）信号，并分析这两个信号的频率差。结合电磁波传播公式和多普勒效应公式，可以计算出目标的距离和速度。

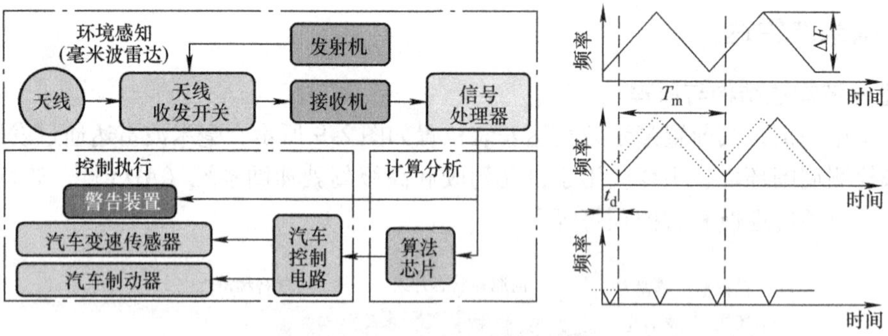

图 2-10 毫米波雷达工作原理

毫米波雷达具有同时对多个目标进行测距、测速和方位测量的能力，这对于复杂道路场景下的车辆导航具有重要意义。其特点包括穿透性强、不受恶劣天气影响、精度高，但数据处理复杂，且复杂环境中可能出现干扰。

毫米波雷达（图 2-11）作为智能网联汽车中的关键传感器，其正确使用和维护对于确保车辆安全和驾驶辅助系统的性能至关重要。该系统根据配置的不同，可区分为常规版和高配版两种。在常规版配置中，雷达系统主要包含前向毫米波雷达，该雷达负责监测车辆正前方的环境，包括行人、车辆以及其他潜在障碍物，为驾驶辅助系统提供重要数据支持。

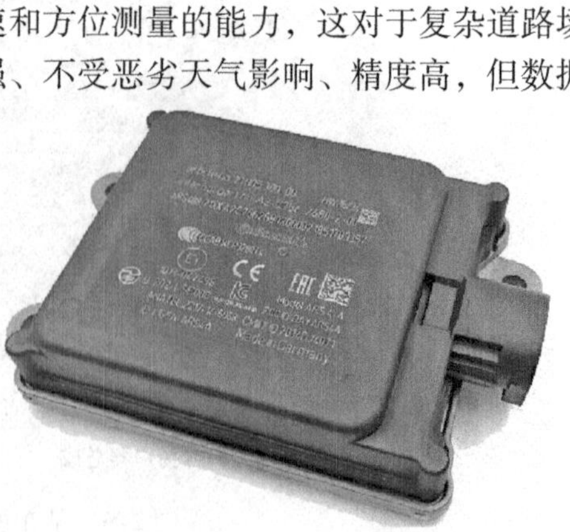

图 2-11 毫米波雷达

而高配版雷达系统则在此基础上进行了扩展，不仅保留了前向毫米波雷达，还额外增加了左后和右后两个毫米波雷达。这些后向雷达能够分别监测车辆左右两侧后方的区域，进一步提升了对车辆周围环境的全方位感知能力，使得智能驾驶系统能够更准确地做出决策。

雷达系统的主要部件包括前毫米波雷达、左后毫米波雷达、右后毫米波雷达。这些雷达通过 ADAS、CAN、FD 等通信协议与智能驾驶控制单元进行信息交换，但主要的感测信号则通过私有 CAN 总线直接与智能驾驶控制模块进行高速、直接的交互，以满足智能驾驶系统对数据传输速度和实时性的严格要求。这样的设计确保了雷达系统能够迅速、准确地将感知到的环境信息传递给智能驾驶控制模块，为车辆的安全行驶提供有力保障。

毫米波雷达应用范围见表 2-11。

表 2-11 毫米波雷达应用范围

序号	应用范围	详细说明
1	自适应巡航控制	保持与前车的安全距离，自动调整速度
2	前碰撞警告	提供碰撞预警，甚至自动制动
3	盲区监测	检测车辆侧后方的盲区，帮助安全换道或倒车

总的来说，毫米波雷达在自动驾驶领域发挥着重要作用，不同类型的雷达根据其特点和应用场景被广泛应用。随着技术的不断发展，4D 毫米波雷达的出现进一步提升了其性能和应用范围。

2. 毫米波雷达常见问题与处理方法

毫米波雷达能够提供精确的距离、速度和方位信息，这些信息对于车辆的自动辅助驾驶系统和安全系统至关重要。如果毫米波雷达出现故障，车辆的多个关键功能可能会受到影响，常见故障见表 2-12。

表 2-12 毫米波雷达常见故障

序号	故障类型	详细说明
1	自适应巡航控制失效	自适应巡航控制系统（ACC）依赖毫米波雷达来监测前方车辆的速度，无法正常工作，将导致车辆无法自动减速或保持设定的跟车距离，增加了追尾的风险
2	碰撞预警系统异常	碰撞预警系统（FCW）使用毫米波雷达来检测前方障碍物，并在潜在碰撞发生前向驾驶员发出警告。雷达故障可能导致系统无法准确预测碰撞风险，从而无法及时提醒驾驶员采取避险措施
3	自动紧急制动失效	自动紧急制动系统（AEB）在检测到即将发生碰撞时会自动启动，以减少碰撞速度或避免碰撞。如果毫米波雷达故障，AEB 可能无法正常启动，增加了发生事故的可能性
4	车道保持辅助功能受限	车道保持辅助系统（LKAS）主要通过摄像头来检测车道线，但毫米波雷达提供的辅助信息可以提高系统在复杂交通环境下的准确性。雷达故障可能影响车道保持辅助系统的性能，导致车辆无法稳定地保持在车道内
5	盲点监测系统故障	盲点监测系统（BSM）利用毫米波雷达来检测车辆盲区内的其他车辆，并向驾驶员发出警告。如果雷达故障，系统将无法检测到盲区内的车辆，增加了变道时发生碰撞的风险
6	交通拥堵辅助系统失效	在交通拥堵时，一些车辆使用毫米波雷达来辅助驾驶，如自动跟随前车行驶。雷达故障可能导致这一功能无法使用，驾驶员需要手动控制车辆，增加了驾驶负担
7	车辆周围环境感知能力下降	毫米波雷达能够提供车辆周围环境的详细信息，包括其他车辆的位置、速度和行驶方向。雷达故障会降低车辆对周围环境的感知能力，影响驾驶辅助系统的性能

（续）

序号	故障类型	详细说明
8	驾驶辅助系统性能受限	毫米波雷达为驾驶辅助系统提供关键数据，如车辆周围的障碍物信息。雷达故障可能导致这些系统的性能受限或完全失效，影响车辆的安全性和驾驶体验
9	车辆通信能力受限	在某些车辆系统中，毫米波雷达的数据可能用于车辆间的通信，如车联网（V2X）技术。雷达故障可能影响车辆的通信能力，限制了车辆与其他车辆或基础设施的交互

因此，智能网联汽车的毫米波雷达对于车辆的安全和驾驶辅助功能至关重要。车主应定期检查和维护毫米波雷达，以确保其正常工作，避免因雷达故障导致的潜在安全风险和维修成本。同时，车辆制造商也应不断优化雷达的设计和性能，提高其可靠性和耐用性，以减少故障发生的可能性。

以下是一些使用毫米波雷达时应注意的事项。

1）毫米波雷达需要定期进行功能检查和维护，以确保其准确性和可靠性。检查内容包括雷达天线的清洁度、雷达安装稳定性以及电子元件的工作状态。

2）毫米波雷达的天线非常敏感，容易受到物理损伤。应避免在雷达安装位置附近进行剧烈的撞击或刮擦，以免影响雷达的性能。

3）毫米波雷达的天线需要保持清洁，以确保信号的传输和接收。车主应定期清洁雷达表面，避免灰尘、泥土、冰雪等物质覆盖，影响雷达的探测效果。

4）毫米波雷达的安装位置对其性能有重要影响。应确保雷达安装在车辆的适当位置，避免被车辆的其他部件遮挡，同时要考虑到雷达的探测角度和范围。对于维修时拆装毫米波雷达，恢复完成后应重新进行标定。

5）毫米波雷达可能会受到其他电子设备的电磁干扰。车主应避免将产生强电磁场的设备放置在雷达附近，如手机、无线充电器等。

6）随着技术的发展，车辆制造商可能会发布毫米波雷达的软件更新，以提高其性能和兼容性。车主应及时更新雷达的软件，以确保其最佳工作状态。

7）毫米波雷达虽然具有一定的防水性能，但长时间的水浸可能会影响其性能。车主应避免在恶劣天气条件下将车辆停放在容易积水的地方。

8）毫米波雷达的性能可能会受到极端温度的影响。在极冷或极热的环境中使用车辆时，应特别注意雷达的工作状态，必要时采取适当的保护措施。

9）在使用毫米波雷达时，车主应遵守当地的法律法规，不得使用雷达进行非法活动，如探测其他车辆的隐私信息。

3. 毫米波雷达的标定

毫米波雷达的标定是确保其测量精度和性能的重要步骤，分为静态标定和动态标定，标定原理如图 2-12 所示。

（1）静态标定

标定方法通常包括以下几个步骤。

1）确保标定场地空旷，无反射物体，环境温度控制在（25±2）℃，湿度保持在 45%～65%，以减少环境因素对雷达性能的影响。

2）毫米波雷达应与高精度转台和目标模拟器连接，确保所有硬件设备校准至最佳状

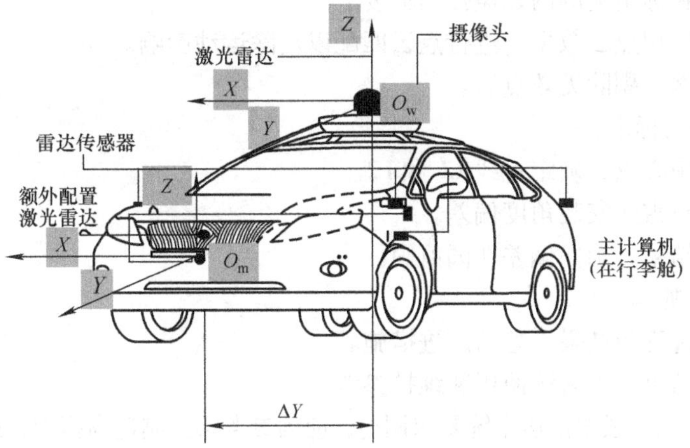

图2-12　毫米波雷达的标定原理

态，连接线缆应使用屏蔽线以减少电磁干扰。

3）进行软件配置，配置标定软件时，需输入雷达的工作频率（如77GHz）、波束宽度（通常小于3°）、采样率（至少为1kHz）等关键参数。

4）进行动态锁定，在静态标定中，需精确确定天线相位中心位置，通常使用高精度激光测量仪，确保天线方向校准准确至1°。

5）先进行静态标定，动态标定时，需模拟不同速度的物体，校准雷达对动态目标的响应时间，通常在 -50 ~ -10dBm 的信号强度范围内进行。

6）进行动态标定，使用已知距离（如10m、20m、50m）和速度（如5km/h、20km/h、50km/h）的移动目标进行标定，以校准雷达的距离和速度测量精度。

7）进行角度标定，对雷达的方位角和俯仰角进行精确标定，通常使用角度编码器，确保角度测量精度达到1°。

8）进行数据采集与分析，在标定过程中，采集雷达回波信号，使用专业软件分析信号的幅度、相位和频率，以确定雷达的性能参数。

9）根据标定结果，调整雷达的增益（如0~30dB）、滤波器参数（如带宽设置）和信号处理算法，以优化雷达性能。

10）在参数调整后，应进行重新标定验证，重复标定过程至少三次，以确保雷达测量精度的稳定性和可靠性。

11）使用高精度的激光测距仪和角度测量设备，验证雷达标定结果的准确性，确保误差在可接受范围内。

12）生成详细的标定报告，记录所有标定参数、过程和结果，包括环境条件、硬件配置、软件设置、标定数据和分析结果，以供维修技术参考和进一步分析。

（2）动态标定

1）标定前准备。

① 选择合适的直线道路和金属标靶，确保标靶与雷达位置精确对应。

② 确认车辆与雷达状态良好，车辆能稳定控制车速。

2）数据采集。

① 控制车速在标定范围内，监控车辆姿态。

② 雷达采集标靶点云数据，进行点云匹配以消除运动影响。

③ 预处理数据，剔除无效点云。

3）数据处理与标定。

① 计算标靶中心点，确定直线 L1 和 L2。

② 计算并校正雷达安装角度偏差。

③ 评估标定结果，确保偏差在阈值内。

4）总结与反馈。

① 记录标定过程与结果，总结改进措施。

② 反馈标定结果，供后续使用和维护参考。

注意：具体步骤需根据雷达系统要求调整，应当参考雷达制造商指南，或汽车维修手册。

2.2.2 摄像头

1. 车载摄像头结构与原理

车载摄像头主要通过捕捉图像信息来提升行车安全和驾驶舒适性。它的工作原理涉及镜头聚焦光线到图像传感器，将光信号转换为电信号，并经过图像处理器处理，最终生成可供使用的图像数据。

以某车为例，如图 2-13 所示，为能捕捉到更多的外部环境信息，在车辆的四周设计有 6 个位置的视觉传感器，以满足不同功能的视觉图像采集与应用。该车视觉系统控制原理如图 2-14 所示，视觉系统是通过一系列精密的摄像头与智能驾驶域控制器电子控制模块（域控制器）协同工作，为驾驶员提供全方位、清晰的车辆周围环境图像。

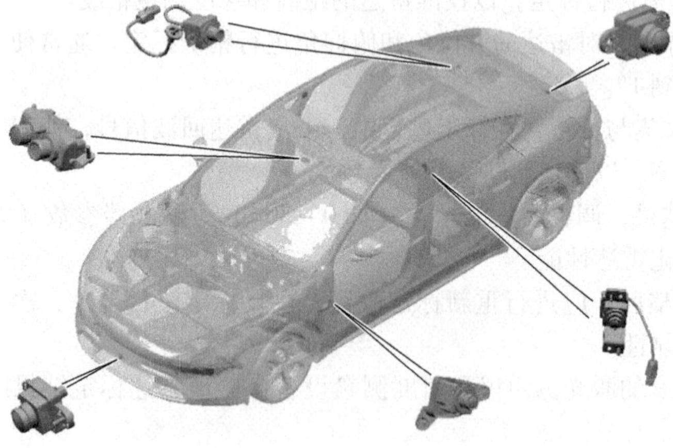

图 2-13 某车视觉传感器的位置分布

1）智能驾驶域控制器作为系统的核心处理器，负责接收并处理来自多个摄像头的视频信号，生成车辆周围环境的实时图像，并将这些图像传输至车载显示屏以供驾驶员查看。

2）前/后环视摄像头分别安装在车辆的前部和后部，用于捕捉车辆前后方的广角画面，是实现 360°全景影像的关键部件。

3）左/右外后视镜总成集成了摄像头功能，可替代传统后视镜，为驾驶员提供车侧及后方的清晰视野。

4）前/后视摄像头总成分别专注于车辆前方和后方的直接视野，常用于行车记录和辅助驾驶功能。

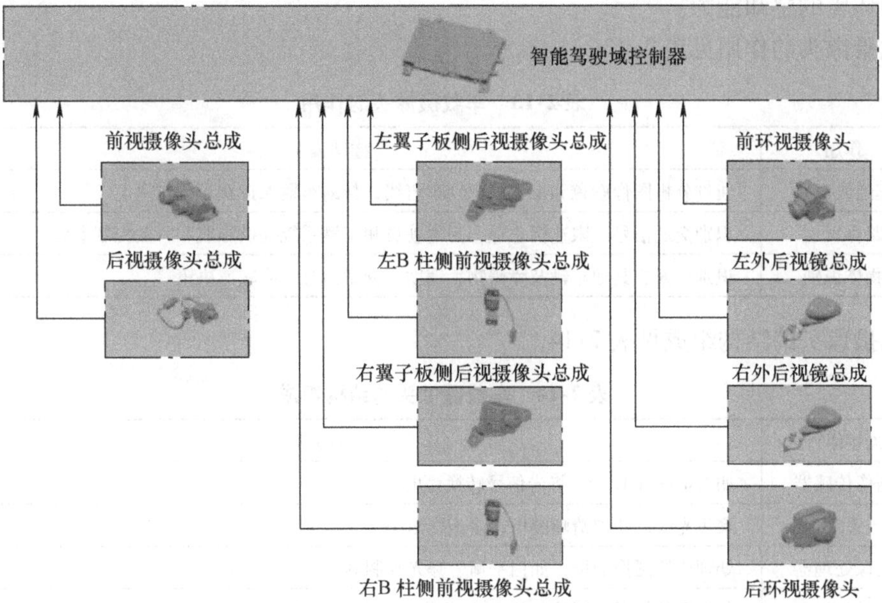

图2-14　某车视觉系统控制原理框图

该车环视摄像头控制电路见图2-15。

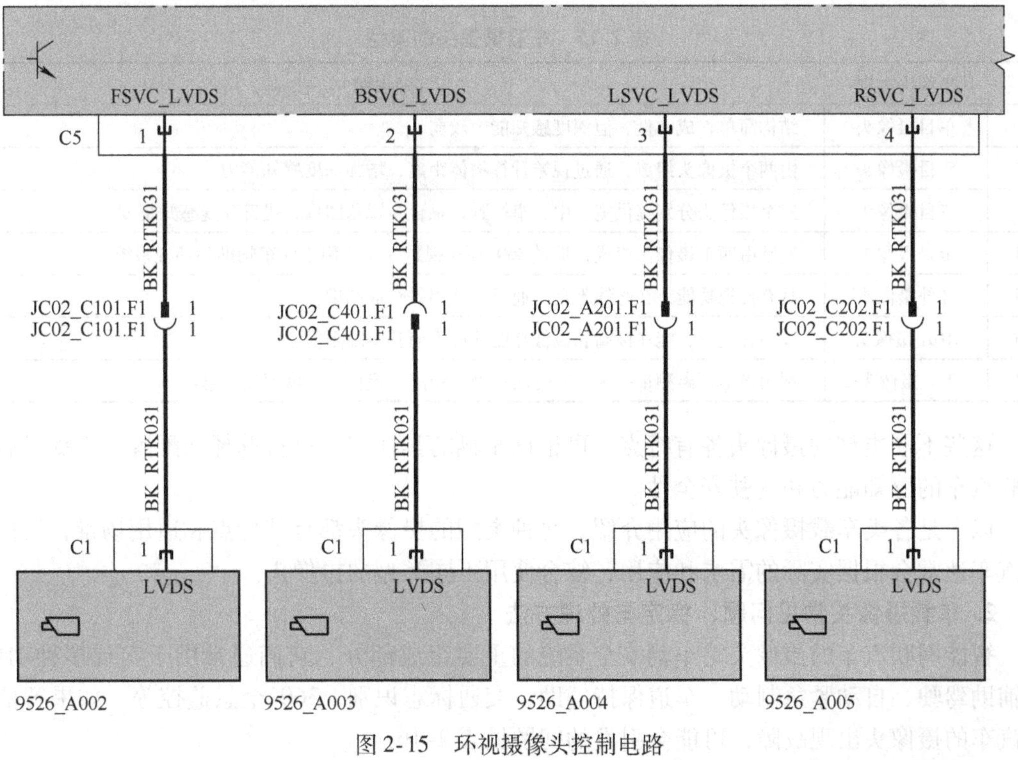

图2-15　环视摄像头控制电路

5）左/右翼子板侧后视摄像头安装于车辆两侧翼子板位置，补充车侧盲区视野，增强安全性。

6）左/右B柱侧前视摄像头位于B柱附近，提供车辆侧前方的视角，进一步提升驾驶员对周围环境的感知能力。

车载摄像头的作用见表2-13。

表2-13　车载摄像头的作用

序号	作用	详细说明
1	车道线识别	通过分析图像颜色和形状，识别车道线，帮助车辆保持在正确车道上
2	路标识别	识别交通信号、限速标志等，为驾驶员和车辆系统提供导航和行驶控制参考
3	物体识别	识别行人、其他车辆及障碍物，辅助车辆做出避障或减速决策

车载摄像头的结构组成见表2-14。

表2-14　车载摄像头的结构组成

序号	关键组件	详细说明
1	图像传感器	如CMOS或CCD，将光信号转换为电信号
2	镜头	聚焦光线，获取清晰图像，多为广角镜头
3	图像处理器	处理原始图像数据，如白平衡、曝光控制等
4	接口	与车辆其他系统通信，如CAN总线、以太网接口
5	外壳和固定装置	保护内部元件，确保稳定安装

车载摄像头的类型见表2-15。

表2-15　车载摄像头的类型

序号	摄像头类别	详细说明
1	单目摄像头	结构简单，成本低，但深度感知能力较弱
2	双目摄像头	由两个摄像头组成，通过视差计算物体距离，增强深度感知能力
3	三目摄像头	三个摄像头分别提供宽、中、窄视野，融合多视角图像，提升环境感知精度
4	全景摄像头	通常由四个摄像头组成，提供360°环视视野，主要用于停车辅助和环视系统
5	红外摄像头	具有夜视功能，在光线不足时通过红外辐射获取图像
6	HDR摄像头	高动态范围，能在极高和极低亮度环境下捕获清晰图像
7	ToF摄像头	利用光学距离测量技术，实时测量物体距离，提供高精度深度信息

这些不同类型的摄像头各有特点，可根据车辆的具体需求进行选择和配置，以提升智能网联汽车的感知能力和驾驶安全性。

以上是各类车载摄像头的应用介绍，每种类型的摄像头都有其特点和适用场景，智能网联汽车通常会根据实际的需求和应用，综合使用不同类型的摄像头。

2. 车载摄像头常见问题、标定与处理方法

智能网联汽车的摄像头是车辆安全系统的重要组成部分，它们通常用于实现多种功能，如辅助驾驶、自动紧急制动、车道保持辅助、交通标志识别、360°全景监控等。如果智能网联汽车的摄像头出现故障，可能会引发的问题见表2-16。

表 2-16　摄像头常见故障

序号	故障类型	详细说明
1	辅助驾驶功能受限	摄像头是实现车道保持辅助和自适应巡航控制等功能的关键组件。当摄像头出现故障时，这些依赖于视觉识别的辅助驾驶功能将无法正常工作，导致驾驶员需要更加集中注意力来控制车辆，增加了驾驶难度和疲劳度
2	自动紧急制动失效	现代智能汽车的自动紧急制动系统依赖于摄像头来检测前方的障碍物。一旦摄像头发生故障，系统将无法及时识别潜在的危险，从而无法自动采取紧急制动措施，这极大地增加了发生碰撞事故的风险
3	交通标志识别失效	智能网联汽车的摄像头还负责识别交通标志，如限速、禁止通行等。摄像头故障会导致车辆无法准确识别这些标志，进而可能违反交通规则，造成安全隐患，甚至可能面临罚款
4	360°全景监控失效	对于配备了全景摄像头的汽车，摄像头故障意味着驾驶员在倒车或转弯时将无法获得车辆周围的全景视图，这会严重影响驾驶员对周围环境的判断，增加碰撞或刮擦的风险
5	盲点监测系统失效	盲点监测系统通过摄像头监测车辆两侧的盲点区域，当摄像头出现故障时，系统将无法检测到邻近车辆，导致驾驶员无法及时得知盲点区域的危险，增加了交通事故的发生概率
6	行人和自行车检测失效	一些高级辅助驾驶系统利用摄像头来检测行人和自行车，摄像头故障会导致系统无法及时向驾驶员发出警告，从而增加了与行人或自行车发生碰撞的风险
7	车辆通信系统受限	在车辆通信系统中，摄像头有时也扮演着重要的角色，用于车辆之间的视觉通信。摄像头故障可能影响车辆与其他车辆或基础设施的通信能力，从而影响车辆的导航和安全
8	驾驶体验下降	摄像头的故障不仅影响车辆的安全性能，也可能降低驾驶体验。驾驶员可能无法获得足够的视觉信息来感知周围环境，这会使得驾驶变得更加紧张和不舒适
9	安全风险增加	由于摄像头在智能网联汽车中扮演着多重角色，其故障可能导致多个安全功能的失效，从而大大增加了车辆在行驶过程中的安全风险，增加了发生事故的可能性

摄像头是智能网联汽车中较为精密的部件，一旦发生故障，可能需要专业的维修或更换，以确保车辆的安全性能。同时，应定期对车辆的摄像头进行检查和维护，以预防故障的发生。

智能网联汽车的摄像头标定是一个技术性很强的过程，它涉及多个步骤，以确保摄像头能够准确地捕捉和解释车辆周围的环境。以下是一些基本的标定方法。

（1）标定板准备　在智能网联汽车的摄像头标定中，使用具有精确几何图案的标定板至关重要。如图2-16所示，通常采用棋盘格或圆点图案，如 10×10 格，每格边长 15mm 或 20mm，以提供丰富的特征点用于内参和外参的计算。

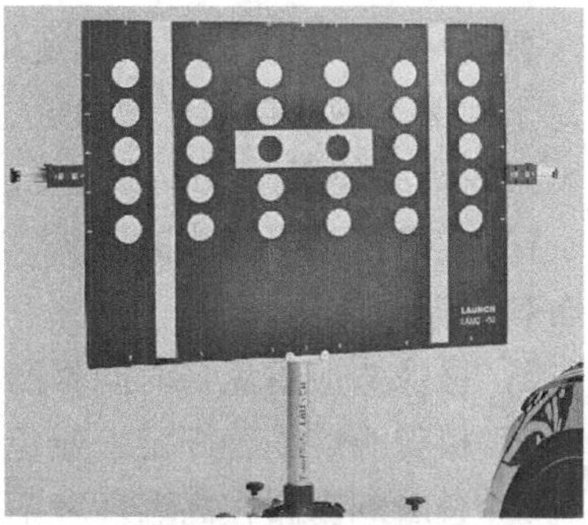

图 2-16　标定板

（2）内参标定　内参标定是确定摄像头焦距、主点坐标和畸变系数的过程。通过拍摄标定板在不同位置和角度的照片，利用计算机视觉算法计算。例如，对于一个 1600 万像素的摄像头，焦距可能在 4mm 左右（800 万像素摄像头的焦距约为 3.7mm），主点坐标接近图像中心，畸变系数则用于描述镜头畸变的程度。畸变系数可能包括径向畸变 $k1$、$k2$ 和切向畸变 $p1$、$p2$。

(3) 畸变校正　摄像头镜头的畸变会影响图像的准确性。在标定过程中，通过测量图像边缘的畸变程度，通常使用径向畸变系数和切向畸变系数来描述，例如，对于标准镜头，径向畸变系数可能在 -2 ~ 2 之间，而切向畸变系数通常较小。外参标定则涉及确定摄像头在车辆坐标系中的位置和方向，通常需要至少两组不同位置的标定板数据，以计算出摄像头的旋转矩阵和平移向量。摄像头校正时需要应用校正算法，如 OpenCV 中的 cv2. undistort 函数，可以显著提高图像质量。

(4) 外参标定　外参标定用于确定摄像头在车辆坐标系中的位置和方向。对于多摄像头系统，需要计算摄像头间的相对位置和方向，通常通过标定板在不同位置的图像来确定。

(5) 立体视觉标定　对于立体摄像头系统，标定包括计算基线距离和相对方向。基线距离通常为摄像头间距的 50%，例如，两个摄像头间距为 20cm，则基线为 10cm。立体视觉标定对于双目或多目摄像头系统至关重要，它需要计算摄像头间的基线距离，一般为摄像头间距的一半，以及摄像头的相对角度，通常两个摄像头的安装角度相差几度，以提供立体视觉所需的视差信息。

(6) 使用标定软件　自动化标定过程可以通过标定软件来实现，如使用标定软件 OpenCV 或 MATLAB 都可以完成自动化标定过程，通过内置的标定函数，可以快速准确地完成标定任务。标定验证通常通过比较图像中已知尺寸物体的实际尺寸和测量尺寸来进行，确保标定精度在可接受范围内。

(7) 标定验证　标定完成后，通过拍摄已知尺寸的物体并测量其在图像中的大小来验证准确性。例如，测量图像中 1m 长的物体，确保测量误差在可接受范围内。

(8) 环境适应性　智能网联汽车的摄像头在实际使用中需要适应不同的光照和天气条件，因此标定过程中可能需要在多种环境条件下进行测试，以确保摄像头在各种条件下都能稳定工作。动态标定考虑到车辆在运动中的实际情况，可能需要在模拟或实际驾驶条件下进行标定，以确保标定参数的准确性。

(9) 动态标定　在车辆运动中进行标定可以模拟实际驾驶条件。这要求标定过程能够适应动态变化，确保摄像头在运动状态下也能准确标定。

(10) 持续校准　由于环境和使用条件的变化，摄像头的标定参数可能会随时间变化（会因为温度变化、机械振动等因素导致标定参数发生变化）。因此应定期重新标定，如每半年或每年进行一次，可以确保摄像头性能的稳定性和准确性。

智能网联汽车的摄像头标定是一个复杂的过程，需要专业知识和精确的工具。正确的标定对于确保车辆的自动驾驶系统、环境感知系统和其他高级辅助驾驶功能的性能至关重要。

摄像头的使用注意事项主要包括以下 10 点。

1）定期清洁摄像头的镜头，以保证图像的清晰度。可以使用专用的镜头清洁纸或柔软的布料轻轻擦拭。

2）摄像头应避免长时间暴露在潮湿或多雨的环境中，以免影响其性能和寿命。

3）摄像头应妥善固定，避免因振动或跌落而损坏。

4）长时间暴露在高温环境下可能会影响摄像头的性能，应尽量避免高温或采取适当的隔热措施。

5）摄像头的安装位置和角度对图像质量有直接影响，应根据使用需求和制造商的建议进行安装。

6）摄像头在强光直射下可能会出现过曝光或眩光现象，影响图像质量。在可能的情况下，应采取措施减少强光的影响。

7）定期检查并更新摄像头的驱动程序和相关软件，以确保其性能和兼容性。

8）在使用摄像头时，应注意保护个人和他人的隐私，避免在不适当的情况下进行拍摄。

9）确保摄像头的电源供应稳定，避免因电源问题导致的设备无法正常工作甚至损坏。

10）在使用摄像头时，应遵守当地的法律法规，避免在禁止使用摄像头的区域进行拍摄。

以上这些注意事项有助于确保摄像头的正常使用和延长其使用寿命。

2.2.3 激光雷达

1. 车载激光雷达结构与原理

车载激光雷达，作为自动驾驶系统的关键“眼睛”，其结构精密且内部复杂。如图2-17所示，以奥迪 A8 为例，激光雷达集激光发射、扫描、接收与数据处理于一体，通过高速旋转的镜面或固态阵列，向四周发射激光脉冲，并捕捉这些脉冲遇障碍物反射回来的时间差与角度信息。利用这些信息，激光雷达能精确绘制出车辆周围的三维环境图，为自动驾驶系统提供详尽的路况分析，确保车辆行驶的安全与精准。

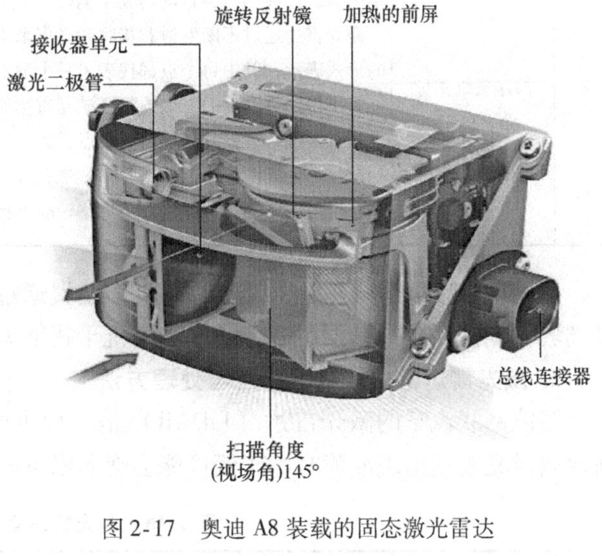

图2-17 奥迪 A8 装载的固态激光雷达

以某车为例，激光雷达的电气结构主要包括硬件组成、数据通信、数据处理与融合，以及最终的控制决策过程。在该车中，安装在车顶前部长距离固态激光雷达通过特定的电气接口与车辆的智能驾驶域控制器电子控制模块相连。由于激光雷达数据传输量巨大，所以采用网线传输数据。长距激光雷达总成网线最高传输速率可达到1000M。这种连接方式确保了数据的高速、可靠传输，为后续的数据处理与融合提供了基础。

早期的该车型搭载了3颗激光雷达，除了车顶上1颗远距离激光雷达，两侧翼子板处均设置有一台补盲激光雷达。基于成本控制，后来把2颗视觉摄像头和毫米波雷达用于侧方感知，摄像头分别位于翼子板和B柱位置，翼子板处摄像头负责观测车辆后方视角，B柱摄像头用于拍摄车辆前半部分区域。翼子板处摄像头负责工作视角，主要功能用于观测车辆与其他车辆之间的距离。B柱摄像头是为了补全360°视角范围。

车载激光雷达的工作原理主要基于激光的飞行时间（Time of Flight，ToF）或相位差等测距方法。以ToF方法为例，其工作原理与流程见表2-17。

表 2-17 车载激光雷达的工作原理与流程

序号	工作流程	详细说明
1	发射激光束	激光雷达通过激光器发射出短激光束，这些激光束在空间中传播。为了准确测量激光束的飞行时间，激光雷达通常会记录激光束发射和接收时的时间戳。这两个时间戳之间的差值即为激光束的飞行时间
2	接收反射光束	当激光束遇到物体时，部分激光会被物体表面反射回来。激光雷达的接收系统捕获这些反射回来的激光束。为了提高测量精度，激光雷达通常采用高精度的时间间隔测量技术（如时间数字转换器 TDC）来测量时间差。这些技术可以在纳秒甚至皮秒级别上精确测量时间间隔
3	计算距离	通过测量激光束从发射到接收的时间差（即飞行时间），结合光速等物理参数，可以计算出激光雷达到目标物体的距离。具体计算公式为： 距离 = 光速 × 时间差/2 相位差测距原理中，激光雷达会向目标物体发射经过相位调制的激光束。当激光束遇到目标物体并反射回来时，其相位会发生变化。通过测量反射光与发射光之间的相位差，可以计算出激光雷达到目标物体的距离 相位差测距原理具有较强的抗干扰能力，因为它依赖于相位的变化而不是光强度的变化。因此，即使在光线较弱或存在强背景光干扰的情况下，相位差测距原理仍然能够保持较高的测距精度
4	构建三维图像	通过不断发射和接收激光束，并计算每个点的距离信息，激光雷达可以构建出周围环境的三维图像。这些图像为自动驾驶车辆提供了丰富的环境感知信息 激光雷达通过不断发射和接收激光束来构建周围环境的三维图像。这些图像通常以点云数据的形式表示，其中每个点都代表了一个测量到的距离值、空间角度和可能的强度信息 为了得到更准确的三维图像，激光雷达通常需要与其他传感器（如摄像头、毫米波雷达等）进行数据融合。同时，还需要对点云数据进行滤波处理以去除噪声和冗余信息 最终的三维图像为自动驾驶车辆提供了丰富的环境感知信息。这些信息被用于识别道路标志、行人、车辆等障碍物以及道路轮廓等特征信息，并据此为自动驾驶车辆提供决策支持

以上就是车载激光雷达的工作原理，该装置通过其复杂的结构和精密的测距原理，为自动驾驶车辆提供了高精度、高分辨率和高抗干扰能力的环境感知能力。

2. 激光雷达常见故障、标定与处理方法

智能网联汽车的激光雷达（LiDAR）是一种重要的传感器，用于车辆的环境感知和导航。当激光雷达出现故障时，车辆可能会遇到以下问题（表 2-18）。

表 2-18 激光雷达常见故障

序号	故障类型	详细说明
1	环境感知能力下降	激光雷达通过发射激光束并接收反射回来的信号，来测量周围物体的距离和速度。故障可能导致车辆无法准确感知周围环境，增加碰撞风险
2	自动驾驶功能受限	许多自动驾驶功能依赖于激光雷达提供的数据。故障可能导致自动驾驶系统无法正常工作，如自适应巡航控制（ACC）、车道保持辅助（LKA）和自动泊车等
3	导航和定位问题	激光雷达还可以辅助车辆进行精确的定位和导航。故障可能导致车辆在复杂环境（如隧道或城市峡谷）中导航困难

（续）

序号	故障类型	详细说明
4	行人和障碍物检测失效	激光雷达对于检测行人和其他障碍物至关重要。故障可能导致车辆无法及时识别并做出反应，增加行人和车辆的安全风险
5	数据融合问题	智能网联汽车通常使用多种传感器进行数据融合，以提高感知的准确性。激光雷达故障可能影响数据融合的效果，降低整体的感知性能
6	系统警告和故障指示	车辆的诊断系统可能会检测到激光雷达的故障，并在仪表盘上显示警告信息，提示驾驶员注意
7	维修和成本问题	激光雷达的故障可能需要专业的维修服务，这可能会导致额外的维修成本和时间
8	法律和保险问题	在某些地区，自动驾驶车辆的事故责任可能与传感器的故障有关。激光雷达故障可能影响事故责任的判定和保险理赔

为了确保行车安全，当激光雷达出现故障时，应尽快进行检查和维修。同时，车辆制造商和软件提供商也应不断优化激光雷达的可靠性和故障自诊断能力，以减少故障发生的可能性。

智能网联汽车的激光雷达标定方法是为了确保激光雷达（LiDAR）能够准确测量周围环境的距离和形状。激光雷达标定是一个复杂的过程，需要综合考虑多种因素，如激光雷达的类型、安装位置、环境条件等。正确的标定可以显著提高智能网联汽车的感知能力和安全性。

以下是激光雷达安装与标定的 11 个步骤。

1）选择合适的安装位置。激光雷达的安装位置对其性能至关重要。理想位置应保证传感器有 360°的全方位视野，同时避免直接阳光照射和雨水侵蚀。一般推荐安装角度为水平向下倾斜 5°～10°，以减少对行人和车辆的干扰，同时确保覆盖车辆前方至少 100m 的范围。

2）确保安装稳固。激光雷达的安装支架必须具备足够的刚性和稳定性。安装时，应使用抗震材料，如铝合金或碳纤维，并确保所有紧固件都已紧固，以抵御行驶过程中的震动。

3）进行初步对准。初步对准是确保激光雷达发射和接收方向正确的关键步骤。通常需要根据车辆的几何中心和激光雷达的规格来调整其水平和垂直角度，确保其覆盖范围与车辆的行驶方向一致。

4）使用标定工具。标定工具如标定板，应具有高对比度的图案，以便激光雷达能够清晰识别。标定板的尺寸和形状应根据激光雷达的视场角和分辨率来选择，以实现最佳的标定效果。

5）进行软件标定。软件标定涉及调整激光雷达的内部参数，如旋转中心、视场角（FOV）通常在 9°～120°之间，分辨率则根据应用需求而定，可能在 5°～1°之间变化。

6）数据采集与分析。数据采集是标定过程中不可或缺的一环。需要采集激光雷达在不同角度和距离上的点云数据，并与标定板的实际位置进行对比分析，以评估标定的准确性。

7）调整和优化。根据数据采集和分析的结果，对激光雷达的角度、位置和软件参数进行微调。例如，旋转中心的偏移量可能需要调整，以确保点云数据的精确对齐。

8）重复标定过程。重复标定是为了确保激光雷达的性能达到最优。每次调整后，都应重新进行数据采集和分析，直至标定误差在可接受范围内。

9）进行实际环境测试。在标定完成后，激光雷达需要在实际道路环境中进行测试，以验证其在不同速度、光照和天气条件下的性能。在标定完成后，进行验证测试是必要的，以确保标定结果的准确性和可靠性。验证测试通常包括对比标定前后的数据差异，以及在不同条件下的性能测试，如在不同速度、不同天气条件下的测试，有助于评估标定系统的整体性能。

10）记录和存档。标定过程和结果应详细记录，包括安装角度、软件参数和测试数据等，以便于未来参考或重新标定。

11）定期检查和维护。激光雷达的定期检查和维护是确保其长期稳定工作的关键。应检查安装支架的稳固性，清洁光学部件，并定期校验软件参数。

激光雷达使用过程中需要注意以下 11 个方面。

1）激光雷达对环境条件较为敏感，需要确保其在各种天气和光照条件下都能正常工作。例如，避免在强光直射或极端温度下长时间使用。

2）激光雷达的光学部件容易受到灰尘、污垢等影响，定期清洁和检查是必要的。同时，检查激光雷达的硬件和软件是否为最新版本，以确保性能和兼容性。

3）激光雷达的信号可能会受到其他传感器或电子设备的干扰。应确保激光雷达安装位置远离可能产生干扰的设备。

4）激光雷达发射的激光可能对人眼造成伤害，使用时应遵守相关安全规定，避免直接对准人眼。

5）激光雷达采集的数据可能包含个人信息，需要妥善处理和存储这些数据，遵守数据保护法规。

6）在安装激光雷达后，应检查其是否牢固，避免因振动或冲击导致位移，影响测量精度。

7）激光雷达在使用一段时间后可能需要重新校准，以保持测量精度。应根据制造商的建议和实际使用情况确定校准周期。

8）如果激光雷达出现性能下降或故障，应及时进行诊断和维修。使用诊断工具检查激光雷达的状态，并根据需要进行调整或更换部件。

9）智能网联汽车的系统集成了多种传感器和系统，需要确保激光雷达的软件与其他系统兼容，以实现数据的准确融合和处理。

10）操作人员应接受专业培训，了解激光雷达的工作原理、操作流程和维护方法，以确保正确使用和维护设备。

11）在某些关键应用中，应考虑激光雷达的备份方案，以防主传感器出现故障时能够迅速切换，保证系统的连续运行。

2.2.4 超声波传感器

超声波传感器是一种依赖于超声波来测量物体距离的装置，它们通过发射超声波并接收反射回来的信号，以测量障碍物的距离。超声波传感器的工作原理相当于“声呐”系统，通过发射超声波并捕获反射回来的超声波信号，然后根据超声波的传播速率（在标准大气条件下，约为 343m/s）和返回时间来计算物体与传感器的距离。智能网联汽车中的超声波传感器在自动泊车、避障、障碍物检测等功能中起着关键作用。这些传感器利用超声波的回波定位原理来测量与周围物体的距离。

工作原理：传感器发出高频超声波（声能），当这些声波遇到障碍物时，会反射回传感器，如图 2-18 所示。通过计算发射超声波并接收回音的时间差，可以计算出距离。这是因为声波在媒介中的传播速度是已知的（例如，在空气中约为 343m/s，计算公式为：$S=343t/2$），所以只需要知道传输时间就可以计算出距离。若目标物体在运动，反射回的超声波频率会发生变化，这种变化根据多普勒效应可以用来测量目标物体的速度。

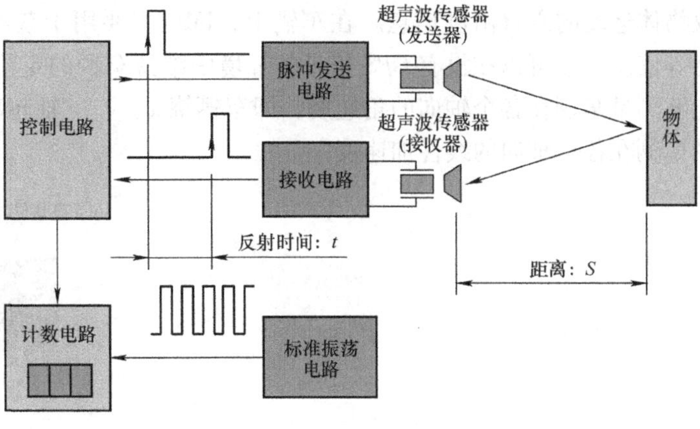

图 2-18　超声波传感器工作原理

以下是一些常见的超声波传感器故障。

1）无法检测到物体，故障现象为传感器无法正确检测到周围的物体。可能原因是传感器被遮挡、污染或损坏；电源和信号线连接不良；传感器内部故障。例如，一辆奔驰车在自动泊车时频繁报警无法识别车位线，检查发现超声波传感器表面被泥土覆盖，清洁后恢复正常。

2）距离测量不准，故障现象为传感器测量的距离与实际距离有较大偏差。可能原因是环境因素（如温度、湿度、气压）影响超声波传播速度；传感器校准不准确；传感器老化。例如，一辆宝马 X3 在行驶中，其泊车辅助系统突然显示距离过近而实际距离很远，经检查发现是传感器校准参数有误，重新校准后恢复正常。

3）信号干扰，故障现象是传感器受到外部信号干扰，导致测量结果不稳定或不准确。可能原因为其他电子设备、电磁场或噪声源的影响。例如，一辆奥迪 A6 在靠近某些电子设备（如无线电发射塔）时，其超声波传感器会出现误报情况，将车辆移至无干扰区域后恢复正常。

4）电源问题，传感器因电源供应不稳定或不足而无法正常工作。可能原因是车辆电源系统故障；传感器电源线路损坏；电池电量不足。例如，一辆奔驰车在长时间停放后，其超声波传感器无法正常工作，检查发现车辆蓄电池电量过低，充电后恢复正常。

5）线路故障，导致传感器与车辆系统之间的线路连接不良或损坏。可能原因是线路老化、断裂、接触不良；线束被挤压或磨损。例如，一辆宝马 X5 在事故后，其超声波传感器无法正常工作，检查发现线束在事故中被挤压变形，修复线束后恢复正常。

总之，智能网联汽车中的超声波传感器可能会遇到多种故障，这些故障往往与传感器本身、电源、线路以及外部环境等因素有关。通过细致的排查和专业的维修，大多数故障都可以得到有效解决。

2.2.5　惯性测量单元

惯性测量单元（Inertial Measurement Unit，IMU，图 2-19）是一种集成了三轴陀螺仪和三轴加速度计的设备，通过测量物体在空间中的运动状态，即线性加速度和角速度，从而获取物体运动的六自由度信息。在车辆上，IMU 主要用于获取和补偿车辆的速度、位移、角度等信息，这可以在没有 GPS 信号的环境中维持车辆的定位。如图 2-20 所示，三轴陀螺仪能够测量车辆在各个轴向的角速度，即车辆绕 x、y、z 轴转动的速度。而三轴加速度计则测量车辆在各个轴向的线性加速度。

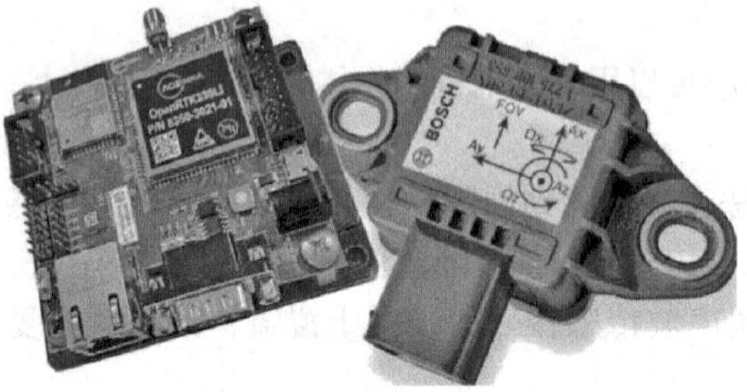

图 2-19　惯性测量单元

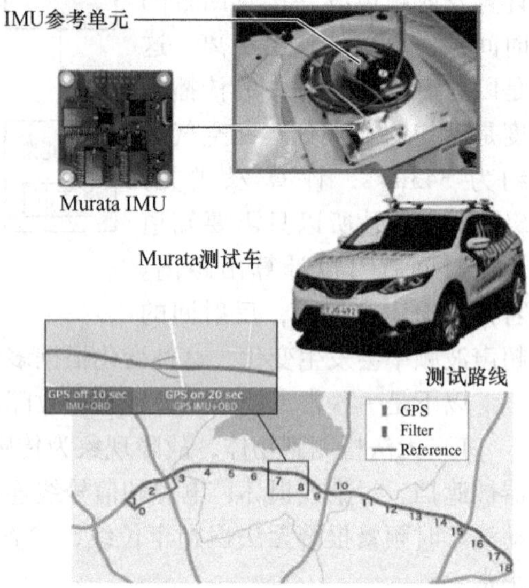

图 2-20　惯性测量单元的实车应用

通过对这些陀螺仪和加速度计数据的处理，可以推导出车辆的方位、速度和位置等信息。但需要注意的是，由于 IMU 内部的噪声和零偏等因素，使用它单独进行长时间的定位会产生累积误差。因此，在实际应用中，通常会和 GPS、车轮编码器等其他传感器进行数据融合，以提高定位精度和稳定性。智能定位系统主要由绝对定位与相对定位两大核心部分构成，它们共同协作，依托多种传感器信号及实时定位数据，精确规划导航路径与行驶轨迹。在智能驾驶领域，这一系统尤为关键，它依赖于卫星定位信号、轮速传感器数据、惯性测量单元（IMU）的精准反馈，以及高精度地图的详尽信息来实现其功能。

最终，智能定位系统通过融合上述所有参数，运用先进的算法与模型，实时分析并判断车辆当前的状态，包括位置、速度、加速度、运动轨迹以及路面坡度等关键信息。这些信息将直接指导自动驾驶系统的行为决策与运动控制，确保车辆能够安全、高效地行驶在复杂多变的道路环境中。

以某车为例，智能驾驶定位系统主要依赖于多种传感器和算法的综合运用。通过其搭载的感知硬件组合，包括 1 颗激光雷达、3 颗毫米波雷达、11 个高清摄像头和 12 个超声波传感器，实时采集周围环境的数据。这些感知硬件能够捕捉并处理不同距离和角度的障碍物、行人、交通标志等信息。系统内置了高德地图，支持语音输入、手势操作等多种方式，方便驾驶员在行驶过程中快速设定目的地。同时，它还能根据实时路况为驾驶员提供最优路线，避开拥堵路段。此外，该车具备 ADAS 驾驶辅助系统，包括前车碰撞预警、车道偏离预警、行人识别等功能，能够在关键时刻提醒驾驶员，降低事故发生的风险。该车智能驾驶定位系统工作原理见图2-21。

该车智能驾驶系统工作原理：利用激光雷达、毫米波雷达、高清摄像头和超声波传感器等传感器实时捕捉环境信息，经过强大的计算平台处理与融合后，构建出周围环境的精确模型。系统能够根据高精地图和实时路况，规划并优化行车路径，同时在复杂场景中迅速作出避障、跟车等决策。这些决策通过精细的执行机构控制车辆行驶，确保安全与舒适。此外，该车还注重人车交互，通过语音助手等方式提供便捷的操作和即时的车辆状态反馈，让驾驶员随时掌握车辆动态，享受智能驾驶带来的便利与乐趣。

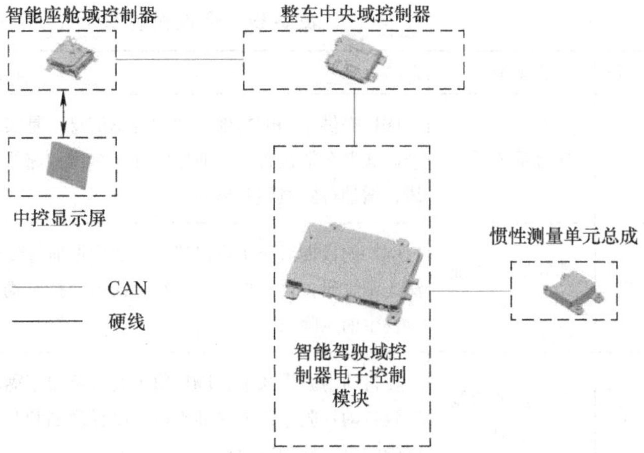

图2-21　某车智能驾驶定位系统工作原理

智能网联汽车的惯性测量单元（IMU）控制电路如图2-22所示，当IMU出现故障时，将对车辆的多个方面产生负面影响，常见故障见表2-19。

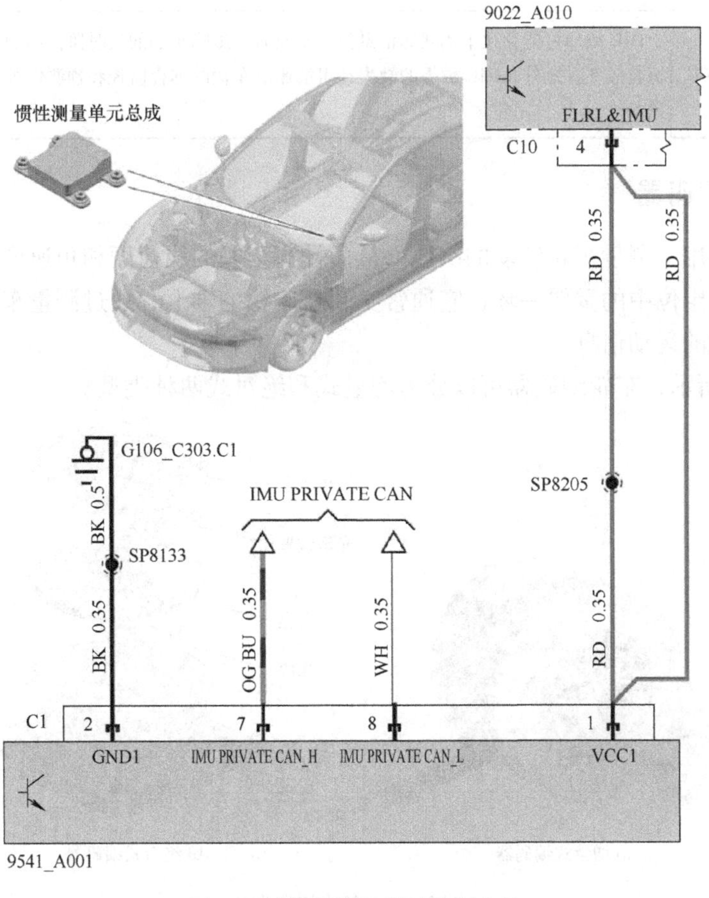

图2-22　惯性测量单元控制电路

表 2-19 惯性测量单元（IMU）常见故障

序号	故障类型	详细说明
1	导航系统误差	IMU 提供车辆的精确位置和姿态信息，是实现精确导航的基础。故障可能导致导航系统无法准确获取车辆位置，从而影响导航精度和路线规划，使驾驶者可能错过重要路口或进入错误路线，增加行驶时间和风险
2	驾驶辅助系统失效	IMU 的数据对于车道保持、自适应巡航等驾驶辅助系统至关重要。故障可能导致这些系统无法正常工作，无法准确识别车道线或保持车辆在车道中的位置，降低驾驶安全性，增加交通事故发生的风险
3	自动驾驶功能受限	在自动驾驶模式下，IMU 用于实时监测车辆动态，为自动驾驶系统提供关键数据。故障可能导致自动驾驶系统无法准确执行路径规划和避障，增加自动驾驶过程中的事故风险，影响自动驾驶的可靠性和安全性
4	车辆稳定性下降	IMU 监测车辆的倾斜和加速度，对于车辆稳定性控制系统至关重要。故障可能导致车辆在转弯或紧急制动时稳定性下降，影响车辆操控性能，增加驾驶过程中的不稳定性
5	能源管理问题	IMU 的数据有助于优化车辆的能源使用，提高能源效率。故障可能导致能源管理系统无法准确评估车辆的能源消耗，影响能源效率，增加能源浪费
6	数据收集与分析障碍	IMU 的数据对于车辆的远程监控和性能分析非常重要。故障可能导致数据收集不完整，影响车辆性能的分析和管理，降低车辆运营的效率和效果
7	实时监控障碍	IMU 故障可能导致车辆状态信息更新不及时，影响车辆的实时监控和响应能力，降低车辆的运营效率。此外，IMU 数据的缺失还可能影响车辆的远程监控和预测性维护，增加车辆故障的风险

2.2.6 车轮编码器

车轮编码器用于测量车轮转动的次数，从而计算车辆的线速度和角速度。车轮编码器也是多传感器融合定位中的重要一环，它通常安装在车轮的轴上，通过测量车轮转动的次数和方向来获取车辆的运动信息。

如图 2-23 所示，车轮编码器可以分为增量式和绝对式两种类型。

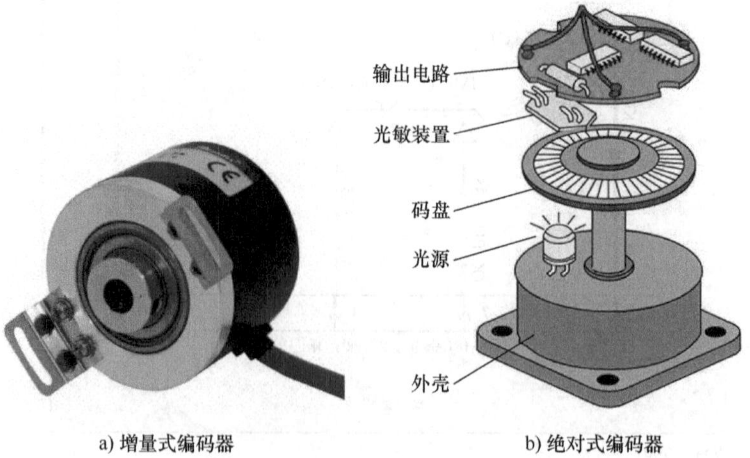

a) 增量式编码器　　b) 绝对式编码器

图 2-23 车轮编码器

增量式编码器：它能检测车轮相对于上一位置的移动情况，但无法得知车轮的绝对位置。当系统上电或复位时，必须将编码器设定为初始位置。

绝对式编码器：它能提供车轮的绝对位置信息，即使在系统断电后再次上电时，它依然能记住上次的位置状态。

无论哪种类型的编码器，其工作原理都是依靠光电效应。当光源（如 LED）射出的光线被编码器内的光盘（编码盘）遮挡或者透过时，光电编码器会产生相应的电信号，然后通过计数器计数，从而得知车轮的转动次数及其转动方向。

通过车轮编码器获取到的数据包括车轮的线速度和角速度，这些信息可以用于推导车辆的行驶距离和方向变化。因此，车轮编码器的数据对于修正 GPS、IMU 等传感器的误差，进一步提升系统的定位精度和稳定性具有重要作用。

以上介绍了智能网联汽车常用的车载智能传感器，这些不同类型的传感器将各自的测量结果集成在一起，在车辆工作过程中，各个传感器收集的数据会被进行融合处理。这里通常会用到卡尔曼滤波器或粒子滤波器等融合算法。这些算法主要是用来估计系统的状态，处理带有噪声的测量数据，并尽可能地减少因噪声引入的测量误差。通过这样的方式，每个传感器的优点被最大限度地利用，缺点则被其他传感器的数据补偿，从而极大地提高了定位的精准度和稳定性。

智能网联汽车的车轮编码器是一种重要的传感器，用于测量车轮的转速和位置。当车轮编码器出现故障时，可能会引发的问题见表 2-20。

表 2-20 车轮编码器常见故障

序号	故障类型	详细说明
1	速度测量不准确	车轮编码器提供了车轮的实时转速信息，如果出现故障，可能导致车辆的速度测量不准确，影响车辆的行驶速度显示和控制
2	ABS 系统失效	防抱死制动系统（ABS）依赖车轮编码器的数据来判断车轮的转速，以实现有效的制动控制。编码器故障可能导致 ABS 系统无法正常工作，降低紧急制动时的安全性
3	牵引力控制问题	牵引力控制系统使用车轮编码器的数据来监测和调节车轮的牵引力，以防止车轮打滑。编码器故障可能导致牵引力控制系统无法正常工作，影响车辆在湿滑或不平路面上的稳定性
4	电子稳定程序（ESP）受影响	电子稳定程序依赖车轮编码器的数据来监测车辆的动态稳定性，并进行必要的调整。编码器故障可能导致 ESP 系统无法准确判断车辆状态，影响车辆的稳定性和操控性
5	导航系统误差	车轮编码器的数据有助于车辆导航系统计算车辆的行驶距离和位置。编码器故障可能导致导航系统无法准确计算车辆位置，影响导航的准确性
6	自适应巡航控制（ACC）系统受限	自适应巡航控制（ACC）系统使用车轮编码器的数据来调整车速，以保持与前车的安全距离。编码器故障可能导致 ACC 系统无法正常工作
7	车辆诊断困难	车轮编码器的数据对于车辆的故障诊断非常重要。编码器故障可能导致车辆诊断系统无法准确识别和定位问题，延误维修
8	能源管理问题	车轮编码器的数据有助于能源管理系统优化车辆的能源使用。编码器故障可能导致能源管理系统无法准确评估车辆的能源消耗，影响能源效率
9	车辆性能下降	车轮编码器的数据对于车辆性能的监控和优化至关重要。编码器故障可能导致车辆性能下降，影响车辆的加速、制动和操控性
10	安全风险增加	由于车轮编码器的故障可能导致多个安全相关的系统失效或性能下降，这将增加驾驶过程中的安全风险

车轮编码器的故障对智能网联汽车的影响是全面的，不仅影响车辆的安全性和稳定性，还可能影响车辆的能源效率、故障诊断、性能监控等多个方面。定期检查和维护车轮编码器对于确保智能网联汽车的可靠性和安全性至关重要。

思　考　题

本章的学习目标你已经达成了吗？请通过思考以下问题的答案进行结果检验。

序号	思考题	自检结果
1	请简述车载计算平台系统组成与工作原理。	
2	请简述车载计算平台常见故障有哪些？应如何处理？	
3	请简述智能网联汽车的通信模块主要组成部分有哪些？工作原理是什么？	
4	请简述智能网联汽车的控制执行单元工作原理。	
5	请简述毫米波雷达结构与原理。	
6	请简述毫米波雷达的标定方法。	
7	请简述车载摄像头结构与原理。	
8	请简述车载摄像头常见问题、标定与处理方法。	
9	请简述摄像头的使用注意事项有哪些？	
10	请简述车载激光雷达结构与原理。	
11	请简述激光雷达常见故障、标定与处理方法。	
12	请简述超声波传感器工作原理是什么？常见故障有哪些？	
13	请简述惯性测量单元工作原理是什么？常见故障有哪些？	
14	请简述车轮编码器工作原理是什么？常见故障有哪些？	

第3章 智能驾驶决策、控制与执行

3.1 智能驾驶环境信息感知与融合

如图3-1所示，环境感知是智能驾驶系统的基础，它涉及对周围环境的理解和解析。这包括行人、其他车辆、交通标志、道路边界、障碍物等的检测与识别。通过机器学习和计算机视觉技术，系统能够对这些对象进行分类和定位，从而为后续的决策制定提供数据支持。

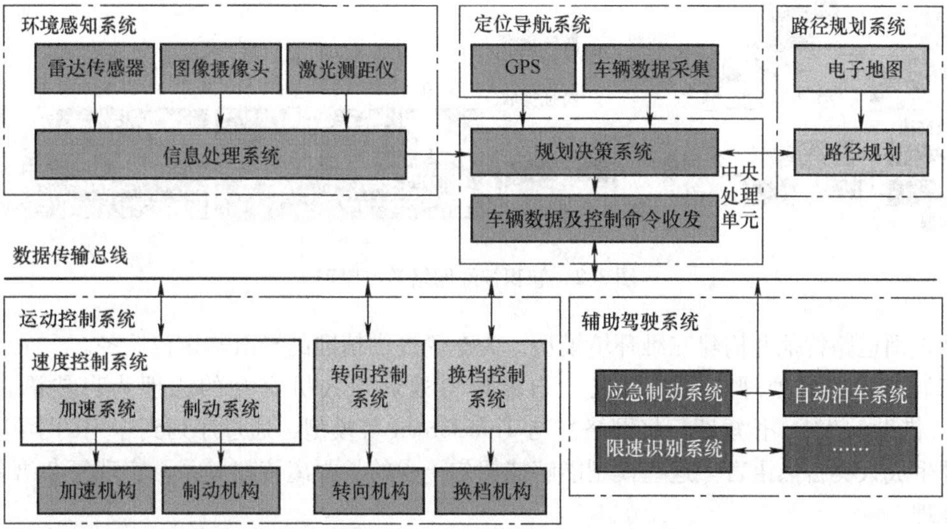

图3-1　无人驾驶工作原理

3.1.1 智能驾驶环境信息感知基础

1. 深度学习

深度学习其核心在于通过构建多层神经网络，自动从海量数据中提取高层次的抽象特征，从而实现对复杂环境的精准理解与智能决策。

（1）图像识别与感知增强　图像识别与感知增强原理：如图3-2所示，卷积神经网络（CNN）通过卷积层、池化层、全连接层等结构，逐层抽象图像中的特征，如边缘、纹理、形状等，最终实现对目标对象的分类与定位。其权值共享与局部连接的特性，使得CNN在处理图像数据时具有高效性与准确性。

在智能网联汽车中，CNN被广泛应用于道路、车辆、行人及交通标志的检测与识别，提高了自动驾驶系统的环境感知能力。此外，通过深度学习训练的高精度地图生成技术，能

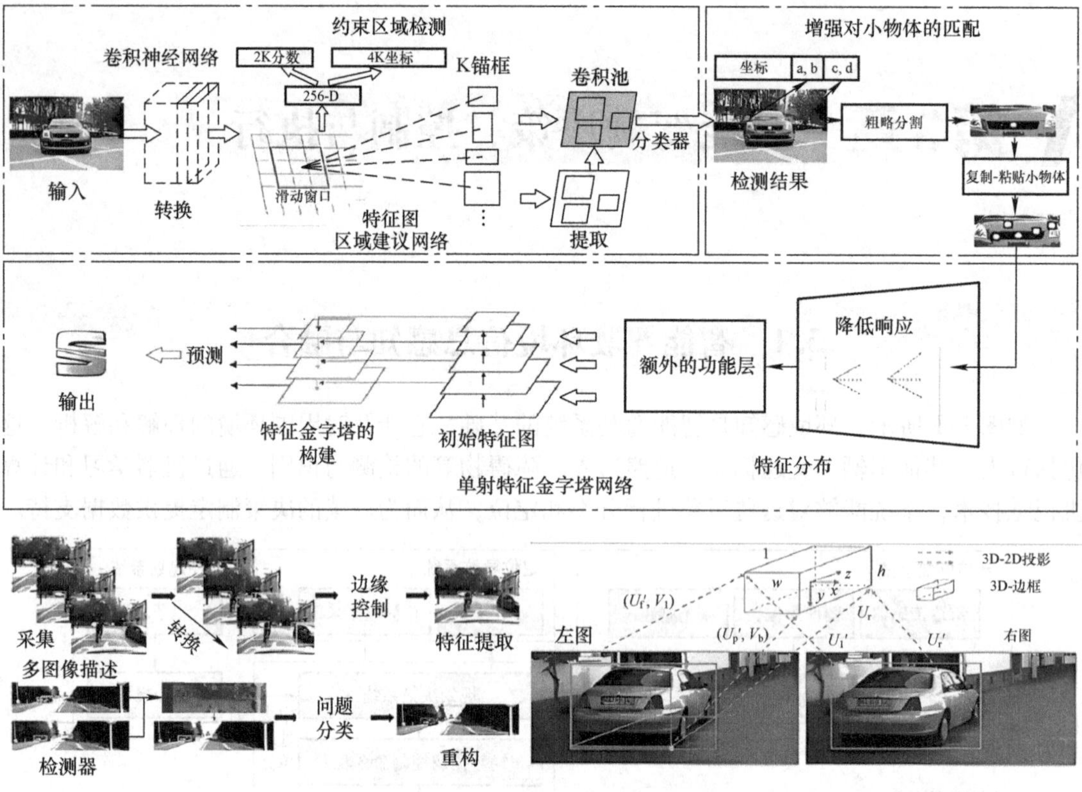

图 3-2　卷积神经网络学习原理

够自动识别道路特征并构建三维环境模型，为车辆提供精准的导航与定位服务。

（2）自然语言处理与人机交互　自然语言处理与人机交互的原理为自然语言处理（NLP）借助 LSTM（长短期记忆网络）与 Transformer 等模型，通过序列到序列的学习方式，理解并生成人类自然语言。这些模型能够捕捉句子中的长距离依赖关系，实现复杂语义的理解与推理。

在智能网联汽车中，NLP 技术使得车辆能够听懂并响应人类语音指令，提供便捷的语音控制功能。同时，结合情感分析技术，车辆还能根据乘客的情绪调整车内环境，提供个性化的服务体验。

（3）深度强化学习与策略优化　深度强化学习与策略优化的原理为，深度强化学习（DRL）结合了深度学习的特征提取能力与强化学习的决策优化能力。通过模拟环境中的试错学习，DRL 模型能够不断优化其行为策略，以最大化累积奖励为目标。

在自动驾驶领域，DRL 被用于训练车辆在不同交通场景下的行驶策略，如路径规划、避障、超车等。通过不断接收环境反馈并调整策略，DRL 模型能够灵活应对复杂多变的道路情况，提高行驶的安全性与效率。然而，其数据效率与泛化能力仍是当前面临的挑战。

（4）多传感器数据融合与综合感知　多传感器数据融合与综合感知的原理为多传感器数据融合技术利用深度学习算法，对来自不同传感器的原始数据进行预处理、特征提取与融合，形成对环境的全面、精确描述。这一过程通常涉及特征层面的融合（如特征拼接、加权求和）与决策层面的融合（如贝叶斯融合、D-S 证据理论）。

在智能网联汽车中，多传感器数据融合技术显著提升了系统的环境感知能力，实现了对障碍物、道路、行人等多元信息的综合判断。同时，通过冗余与容错机制，增强了系统的鲁棒性与安全性，确保在传感器故障或恶劣环境下仍能稳定运行。

2. 目标跟踪与识别

目标识别的基本任务是从环境感知获取的大量信息中识别出具有特定意义的目标，如其他车辆、行人、道路标志和交通信号等。如图3-3所示，目标跟踪与识别是在连续的视频序列中，自动检测并跟踪感兴趣目标，并识别其类别或属性的过程。在自动驾驶中，车辆需要持续监测并跟踪周围的车辆、行人等目标，预测他们的行为，并根据预测结果进行决策与控制。目标跟踪与识别在智能网联汽车中的技术主要包括三大步骤：目标检测、目标跟踪以及目标识别。

图3-3 目标跟踪与识别在智能网联汽车中的应用

步骤1。首先，目标检测是从视频序列中识别出感兴趣的目标。这一步通常基于深度学习的方法，如卷积神经网络（CNN）等。车载摄像头或其他传感器获得的原始图像数据会被输入这些模型中，通过预先训练好的网络，可以在复杂环境中准确地检测出目标对象，比如行人、车辆、交通标志等。

步骤2。在目标被成功检测出之后，系统需要持续跟踪这些目标的运动状态。常用的方法有基于滤波的方法如卡尔曼滤波和粒子滤波，也有基于学习的算法如追踪-学习-检测（TLD）等。通过这些方法，无论目标对象是静止还是移动，系统都能持续地得到其相对于汽车的位置信息。

步骤3。除了知道目标对象的位置，更重要的是了解这些对象的属性，如是行人还是车辆，是大型车还是小型车等。这个识别过程一般也是借助深度学习完成的。将图像输入预训练好的神经网络中，最后输出目标对象的具体类别。这样，汽车就可以根据这些信息决定下一步的行动，比如选择制动或者改变行驶路线等。

总的来说，在智能网联汽车中，目标跟踪与识别技术通过摄像头或其他传感器获取图像信息，然后利用深度学习及其他算法进行处理，从而实现对周围环境的感知，并给出相应的决策。

3. 语义理解

在智能网联汽车中，语义理解需要深度学习和强化学习等技术来帮助自动驾驶系统理解周边环境中的复杂语义信息，以执行更准确、更安全的决策。在实际的应用中，自动驾驶系统需要理解场景中的语义信息。例如，如图3-4所示，理解交通信号的含义，判断哪些车道可以行驶，哪些人可能会穿越马路等。这通常涉及深度学习和强化学习等技术。

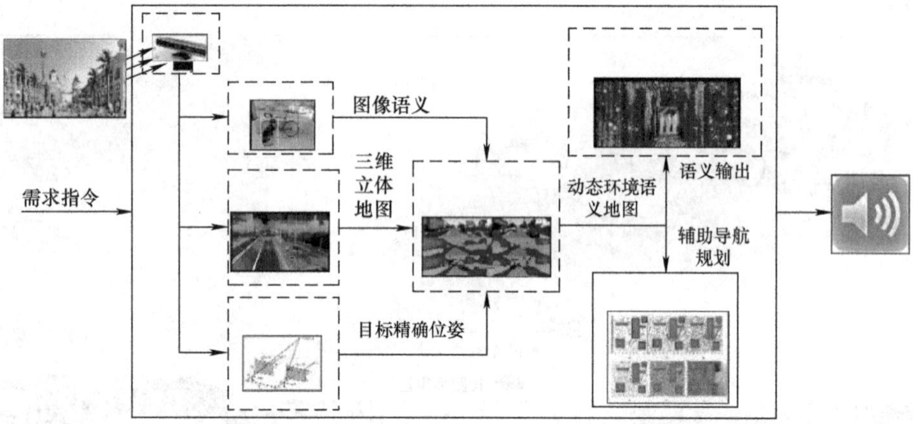

图3-4 语义理解原理

具体来说，首先，智能网联汽车的传感器（如摄像机、雷达和激光雷达）会收集到各种数据，这些数据可能包括道路上的车辆、行人、交通信号等各种信息。

然后，这些原始数据需要通过深度学习算法进行预处理，转变为可以让计算机理解的形式。例如，图像分类、对象检测等深度学习模型可以用于理解图像中的内容，如判断前方是否有交通灯，交通灯的颜色是什么；或者识别出路边的行人、车道线等。

接下来，通过强化学习，智能网联汽车可以在不断的试验和错误中学习如何做出更优的决策。例如，它可以学习到在何种情况下应当减速，何时应该变道等。强化学习的目标是最大化某种奖励信号，如驾驶安全性和效率。

经过这些步骤之后，智能网联汽车就能理解并适应各种复杂的交通环境，实现安全、高效的自动驾驶。

4. 语义分割

语义分割是视觉计算中的一个任务，如图3-5所示，它通过对每个像素进行分类，理解图像中各个区域的含义。在自动驾驶中，语义分割可用于区分道路、建筑物、行人、车辆等场景元素，以提供更丰富的环境理解。

语义分割在智能网联汽车中的应用主要体现在环境感知和驾驶决策两个方面。

（1）环境感知 智能网联汽车通过搭载的摄像头或者激光雷达等传感器设备，获取周边环境的图像或者点云数据。接着，利用语义分割算法，对这些数据进行处理，得到每个像

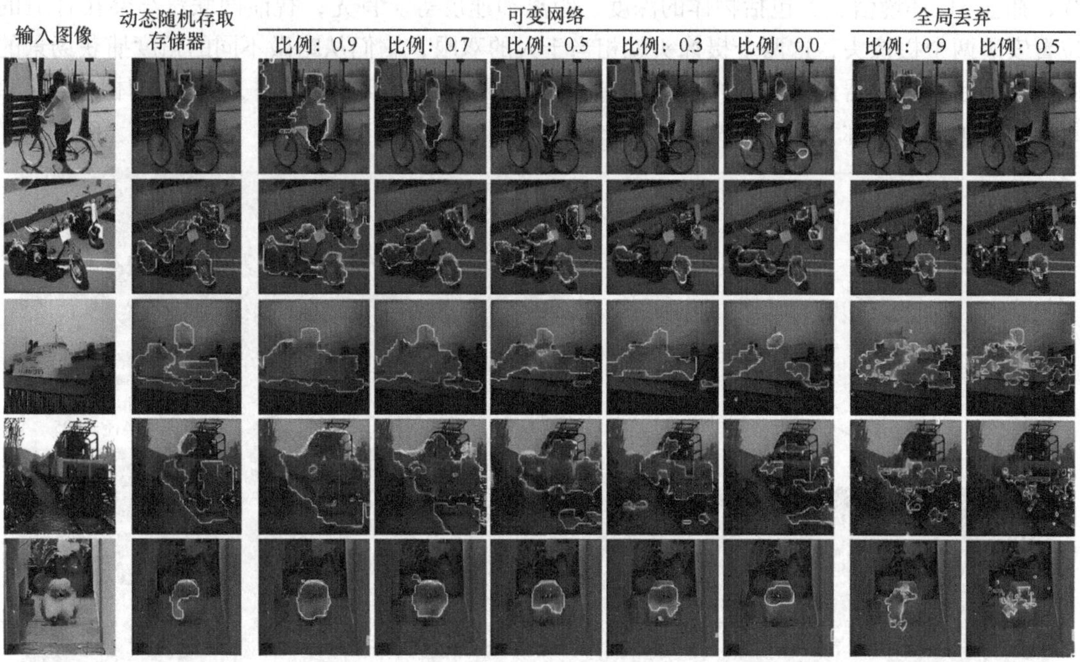

图 3-5　语义分割原理

素或者点云所对应的分类标签，即判断出这些像素或者点云分别属于道路、建筑物、行人、车辆等哪一类物体。这样，我们就可以有一个清晰的场景理解，知道周围环境中有哪些物体、它们分别在什么地方。

（2）驾驶决策　在获取了精确的环境感知信息后，智能网联汽车就可以根据这些信息，做出相应的驾驶决策。例如，如果发现前方道路上有行人，汽车会选择减速或者停车；如果发现旁边的车道上没有其他车辆，汽车可以选择变道。这些决策都是基于对环境的理解，而语义分割技术就是实现这种理解的关键。

在实现过程中，常见的语义分割模型包括全卷积网络（FCN）、SegNet、U-Net 以及各种基于深度学习的模型。这些模型被训练用来理解从汽车传感器收集的数据，并对这些数据的每个像素或点云进行分类。然后，根据这些分类结果，生成一个标签图，其中每种颜色代表一种类型的物体，如蓝色代表天空、绿色代表树木、黄色代表汽车等。通过这种方式，智能网联汽车可以清楚地理解周围环境中每个物体的位置和属性。

5. 立体视觉

立体视觉是一种模拟人眼双眼立体视觉的计算机视觉技术，通过两个或更多的相机从不同角度获取物体图像，然后对这些图像进行处理，以获取物体的三维空间位置和姿态信息。这种技术广泛应用于机器人导航、手势识别、三维重建等领域。

在智能网联汽车中，立体视觉可以帮助汽车更好地感知周围环境，如道路、车辆、行人、信号灯等物体的深度、距离和速度等信息。例如，通过在车辆两侧安装摄像头，可以获取到道路两侧的图像，进而计算出物体的深度和位置信息。通过这种方式，智能网联汽车可以避免碰撞，寻找合适的行驶路线，实现自动驾驶。

如图 3-6 所示，立体视觉技术在智能网联汽车中的应用主要是通过模拟人的双眼视觉系统，捕获3D环境信息，包括物体的深度、距离和速度等。首先，智能网联汽车会在合适的位置安装两个摄像头，这两个摄像头就相当于人的双眼，它们从略微不同的角度捕获场景的图像。然后，算法器比对这两个图像的差异，根据这种差异（视差）来计算物体的深度和距离。这种方法被称为立体匹配。

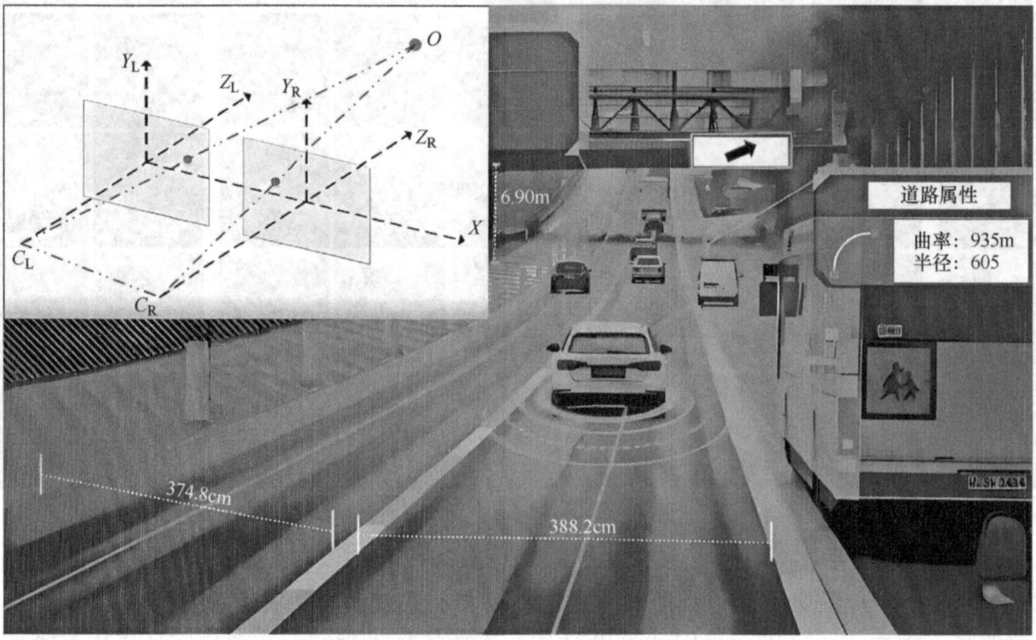

图3-6 立体视觉技术在智能网联汽车中的应用

在实际应用中，立体视觉技术可以提供丰富的环境感知信息，帮助汽车识别周围的物体，并判断这些物体的具体位置和距离。例如，通过识别道路上的其他车辆，可以了解这些车辆的行驶方向和速度，从而决定自己的行驶路线和速度；通过识别行人或者骑自行车的人，可以预防可能发生的碰撞事故；通过识别信号灯，可以了解交通规则，决定何时停车或者行驶。

立体视觉还可以和其他传感器一起工作，提供更完整的环境感知信息。例如，毫米波雷达或者激光雷达可以提供精确的距离和速度信息，而摄像头则可以提供丰富的颜色和形状信息。通过融合这些信息，智能网联汽车可以更好地理解周围的环境，并做出正确的驾驶决策。

6. 场景流

场景流（Scene Flow）描述了三维世界中每一个像素点的三维运动，与光流（Optical Flow）不同的是，光流描述的是二维图像平面上的像素点的移动，而场景流描述的则是三维世界中每个像素点的运动。如图3-7所示，场景流的估计主要通过连续两帧的立体图像对进行计算。首先，分别对两帧图像进行立体匹配，得到每个像素点的深度信息；然后，根据连续两帧图像之间像素点的对应关系，即可估算出每个像素点的运动方向和距离。这就是场景流的基本计算方法。

场景流的主要应用场景包括以下几项。

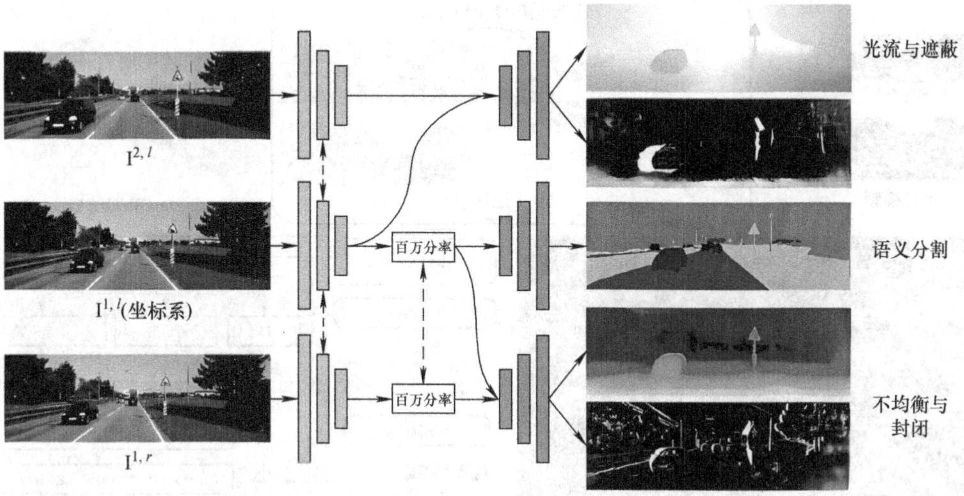

图3-7 场景流的估计

（1）运动物体的检测、跟踪和分割 通过场景流，可以知道哪些像素点（或者说哪些物体）在运动，以及运动的方向和速度。这对于运动物体的检测和跟踪非常有用。同时，场景流还可以用于运动物体的分割，也就是将运动的物体从背景中分离出来。

（2）运动场景的重建和解析 场景流提供了每个像素点的运动信息，有助于我们理解和重建整个运动场景。

（3）运动预测 通过分析连续几帧的场景流，可以预测下一帧的场景流，从而预测物体的未来运动。

场景流在智能网联汽车、无人机导航、虚拟现实、增强现实等领域都有广泛的应用。例如，在智能网联汽车中，场景流可以用于行人检测、车辆跟踪、障碍物避让等任务，从而提高自动驾驶的安全性和效率。

7. 视觉里程计

视觉里程计（Visual Odometry，VO）是一种通过图像序列估计相机在三维空间中运动轨迹的技术。它利用车载摄像头或移动机器人上的相机捕捉的图像变化，逐步估计车辆或机器人的姿态。VO 主要关注局部时间上的运动估计，通过特征点提取与匹配、运动估计等方法，计算相机在连续帧之间的位姿变化，进而构建相机的运动轨迹。即通过连续两帧或多帧图像间的像素点关联，可以推算出相机（也就是车辆）的运动状态，如位置、速度和方向等。

全景视觉里程计（PVO，图3-8）使用统一的视图将这两个任务紧密耦合起来，对场景进行全面建模。VPS 可以利用全景分割信息调整 VO 的权重，并且 VO 可以将视频全景分割的跟踪和融合从 2D 转换为 3D。PVO 由 3 个模块组成：图像全景分割模块、全景增强 VO 模块和 VO 增强 VPS 模块。具体来说，全景分割模块接收单个图像并输出图像全景分割结果，然后将其输入全景增强 VO 模块作为初始化。

这样，通过连续的图像处理和优化，视觉里程计就能实时地获取并更新车辆的位置、速度和方向等信息，为车辆导航提供重要数据。此外，由于视觉里程计无须额外的硬件设备，成本较低，因此在智能网联汽车领域具有广泛的应用前景。

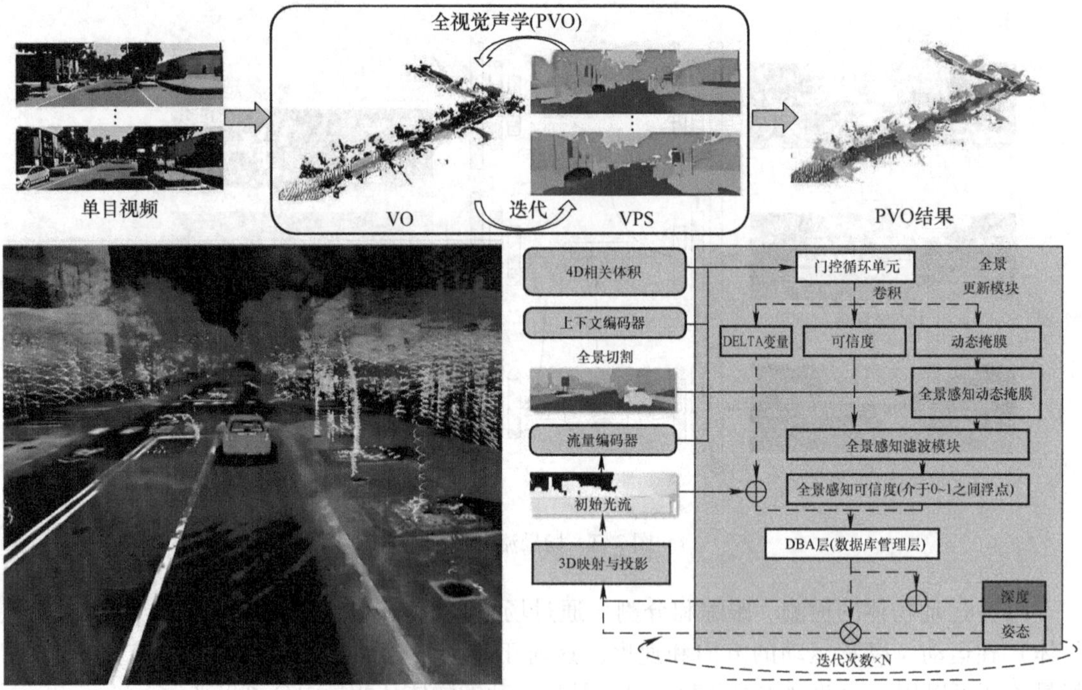

图 3-8　全景视觉里程计流程

3.1.2　驾驶环境信息感知与融合

在无人驾驶汽车技术中，环境感知是通过多种传感器（如摄像头、激光雷达、毫米波雷达、超声波传感器等）收集车辆周围的信息。这些传感器各自擅长不同的领域，如摄像头擅长识别颜色和物体，激光雷达能精确构建三维空间模型，而毫米波雷达则擅长穿透恶劣天气测量距离。

（1）传感器与数据融合

1）摄像头：采集图像数据，用于识别交通标志、信号灯、行人等，结合图像处理和深度学习技术，实现高精度识别。

2）激光雷达：通过激光束构建高分辨率的三维点云数据，精确感知物体形状和位置，是环境建模和障碍物检测的关键。

3）毫米波雷达：适用于各种天气条件，测量物体的相对速度、距离和角度，尤其擅长远距离探测。

4）超声波传感器：主要用于近距离检测，如停车辅助系统。

为了形成全面的环境感知，多传感器融合技术被广泛应用。这一技术通过算法将来自不同传感器的数据进行整合，提升数据的可靠性和精确度，从而帮助车辆做出更加智能的决策。

（2）数据集与算法评估　KITTI 数据集是自动驾驶领域的重要资源，它包含了从城市、农村和公路等场景中采集的真实图像和点云数据。如图 3-9 所示，该数据集被广泛用于评估交通场景下的算法性能，如车辆检测、跟踪和语义分割等。KITTI 数据集为研究人员提供了一个丰富且真实的测试平台，以评估和优化各种算法在复杂交通环境中的表现。

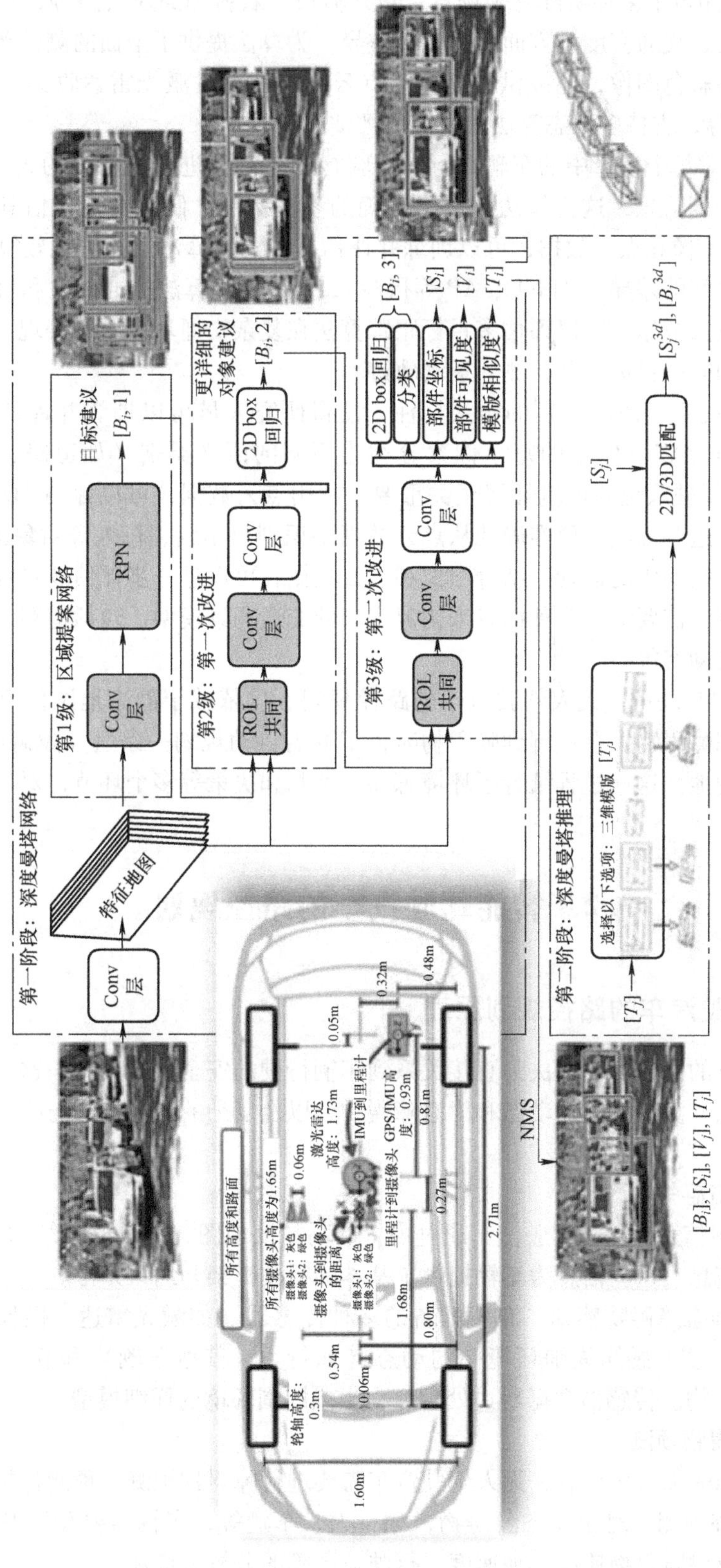

图 3-9 KITTI 数据集应用原理

KITTI 数据集涵盖了多种实际驾驶场景，包括城市、农村和高速公路等，这些场景在光照条件、道路布局、交通密度等方面存在显著差异，为算法提供了全面的测试环境。数据集不仅包含高质量的彩色图像，还提供了相应的点云数据（通过激光雷达收集）以及车辆轨迹、3D 物体标注等，支持多模态算法的研究与评估。

KITTI 数据集对每个场景中的车辆、行人、骑行者等对象进行了精细的 3D 标注，包括位置、朝向、尺寸等信息，这为算法提供了准确的参考标准，便于量化评估其性能。利用 KITTI 数据集中的图像和点云数据，可以训练并评估车辆检测算法。通过比较算法检测到的车辆与真实标注之间的差异（如 IoU、AP 等指标），可以评估算法的准确性和鲁棒性。结合连续帧的图像或点云数据，可以评估多目标跟踪算法在复杂交通环境中的表现。算法需要准确关联不同帧中的同一目标，并预测其运动轨迹。

KITTI 数据集提供了像素级别的语义标注，使得研究人员可以训练并评估语义分割算法。算法需要准确地将图像中的每个像素分类为不同的语义类别（如道路、车辆、行人等），这对于自动驾驶系统的环境理解至关重要。利用点云数据，可以评估 3D 物体检测与跟踪算法的性能。这些算法需要准确地从点云数据中识别出车辆、行人等对象的 3D 位置和姿态，并跟踪其在空间中的运动。结合图像和点云数据，可以进一步评估场景理解与重建算法的性能。这些算法需要综合多种信息来构建完整的交通场景模型，包括道路结构、障碍物位置、交通参与者动态等。

（3）路径规划与决策　无人驾驶汽车的路径规划不仅依赖于静态地图信息，还需要实时感知动态和静态障碍物。在检测到障碍物时，车辆需自动规划一条避开障碍的安全路径，确保顺利到达目的地。这一过程结合了环境感知、预测和决策等多个环节，对驾驶安全至关重要。

3.2　智能驾驶汽车的路径规划

3.2.1　智能驾驶汽车的路径规划原理

无人驾驶汽车的路径规划与决策直接关系到车辆行驶的安全性和效率。这一过程高度依赖于静态地图信息、实时感知的动态和静态障碍物，以及复杂的环境预测与决策制定，实现的流程如下。

1. 流程 1 环境感知

（1）静态地图信息　无人驾驶汽车通过内置的高精度地图，获取道路结构、交通规则、交通标志等静态信息。这些信息为车辆提供了基本的行驶框架和约束条件。

（2）动态与静态障碍物感知　车辆配备的多种传感器（如激光雷达、摄像头、毫米波雷达等，图 3-10）实时感知周围环境中的动态（如行人、其他车辆）和静态（如路边树木、建筑物）障碍物。传感器数据经过处理后，生成周围环境的详细模型。

2. 流程 2 障碍物预测

基于实时感知的障碍物信息，无人驾驶汽车需要进行障碍物预测。预测包括两个方面：

（1）运动轨迹预测　对于动态障碍物，如行人、车辆等，车辆需要预测其未来的运动轨迹。这通常涉及对障碍物速度、加速度、行驶意图等的分析和推断。

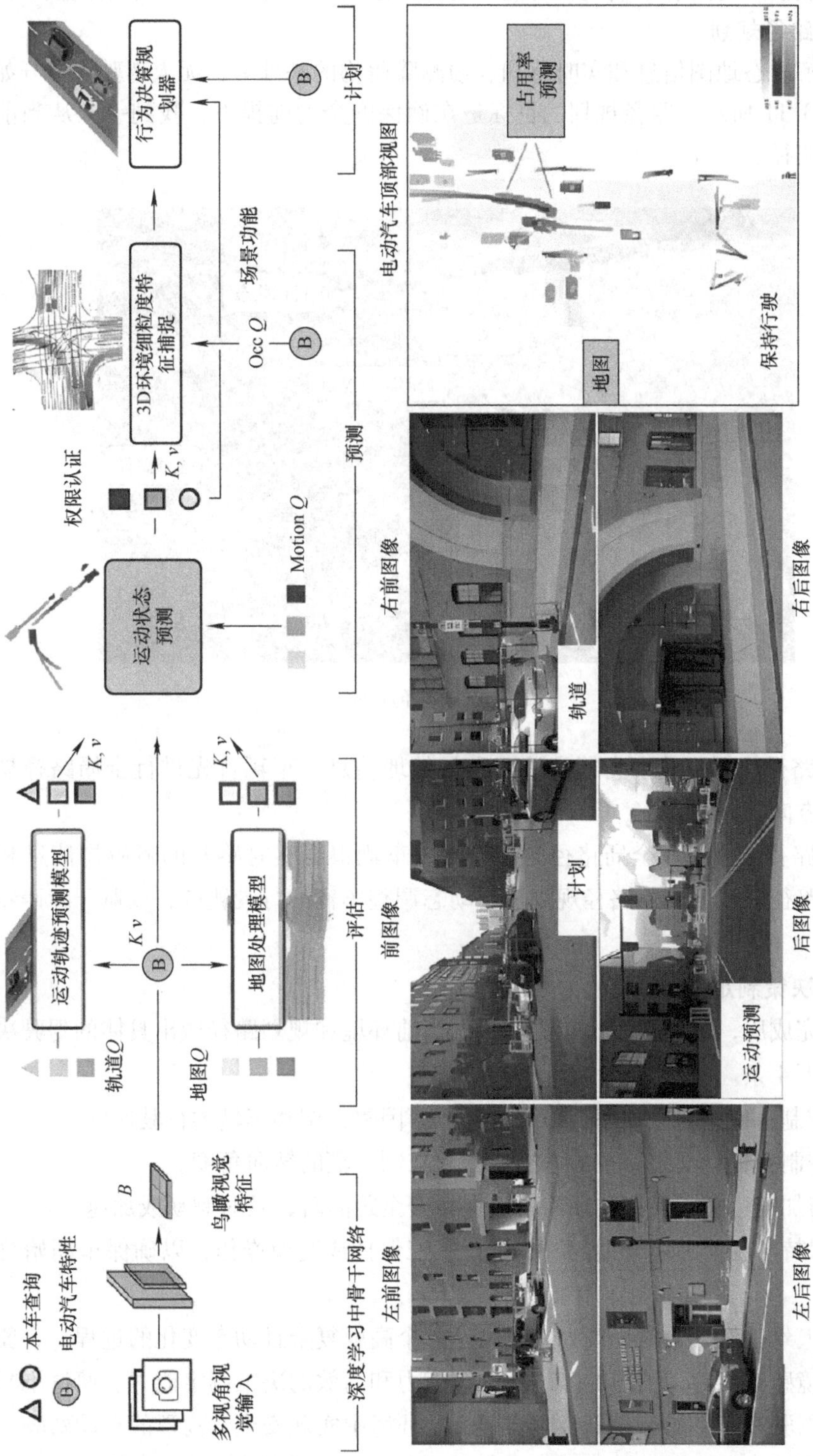

图 3-10 规划环境信息感知

（2）行为预测　除了物理轨迹的预测外，还需要对障碍物的可能行为进行预测，如行人是否可能突然横穿马路、车辆是否可能变道等。这些预测对于路径规划至关重要。

3. 流程3路径规划

在充分理解静态地图信息和实时感知、预测障碍物的基础上，无人驾驶汽车开始进行路径规划，如图3-11所示，路径规划的目标是在确保安全的前提下，找到一条从当前位置到目的地的最优路径。

图3-11　路径规划

（1）全局路径规划　基于高精度地图和目的地信息，车辆首先进行全局路径规划，确定大致的行驶方向和路线。

（2）局部路径规划　在全局路径的指导下，车辆根据实时感知的障碍物信息和预测结果，进行局部路径规划。局部路径规划需要动态调整车辆的行驶轨迹，以避开障碍物并确保行驶安全。

4. 流程4决策制定

路径规划完成后，无人驾驶汽车需要根据当前环境和规划路径做出具体的驾驶决策。这些决策包括如下4条。

1）速度控制：根据路径曲率、障碍物距离等因素，调整车辆的行驶速度。

2）转向控制：根据规划路径的方向变化，控制车辆的转向角度。

3）制动与加速：在需要避让障碍物或保持安全距离时，及时制动或加速。

4）车道保持与变换：在合适的时机进行车道保持或变换操作，以确保车辆始终沿着规划路径行驶。

总之，无人驾驶汽车的路径规划与决策是一个高度复杂且动态变化的过程，它要求车辆具备强大的环境感知能力、精准的障碍物预测能力和高效的决策制定能力。通过不断优化这些能力，无人驾驶汽车将能够在复杂多变的交通环境中实现安全、高效的自动驾驶。值得注意的是，智能网联汽车的路径规划需要考虑很多复杂的实际情况，如交通堵塞、道路施工、突发事件等。因此，这需要一个强大的系统来支持实时的数据处理和分析。

3.2.2 路径规划常见故障维修方法

对于智能网联电动汽车，软件问题一般体现为系统功能异常或性能降低。以下是感知融合算法、决策规划算法、控制算法可能出现的问题和维修策略。

（1）感知融合算法故障　如图3-12所示，通过将来自多个传感器的数据结合，以提供更准确、完整和可靠的感知结果。维修过程可能涉及算法优化、修复无效或错误的数据输入、解决传感器问题等。假设一个系统在自动驾驶模式下无法正确地感知行人。这可能是由于雷达、激光雷达（LiDAR）或摄像头等传感器数据处理出错，或者是感知融合算法本身的问题。可以通过检查各个传感器的状态和数据，以及感知融合算法的输出来定位问题。修复可能涉及软件升级、算法优化、硬件更换等。

图3-12　传感器的工况状态

在进行故障诊断与检测时，首先，需要确定传感器是否正常工作。通过查看传感器状态和输出数据，可以确认是否有传感器是损坏或被遮挡的。其次，需要检查感知融合算法的输出。通过对比算法的输出和实际情况，可以判断是否算法出现了问题。最后，如果上述都正常，那么可能是算法的参数设置问题或者算法自身的问题。这时候，需要深入算法内部，调试算法来找出具体问题。

如果是传感器问题，可能需要更换损坏的传感器或清除遮挡物；如果是算法参数问题，需要根据实际情况调整算法参数；如果是算法逻辑问题，可能需要算法设计师对算法进行重构。除此之外，一些常见的维修方法还包括软件更新和硬件升级。

（2）决策规划算法故障　此算法主要用于生成行为决策和路径规划。维修可能包括调优算法，修复无效或错误的数据输入，解决在特定情况下的决策问题等。如果在特定情况，如复杂的交通环境下，智能网联电动汽车没有做出正确的驾驶决策（如停车、避让等），可能是决策规划算法的问题。可以通过分析驾驶日志，重现故障场景，并调试决策规划算法来找出问题。修复可能涉及调整算法参数，优化算法逻辑，甚至重新设计算法。

案例：在一次城市交通环境下的自动驾驶测试中，智能网联电动汽车在遇到复杂的交叉路口时，无法做出正确的驾驶决策。

决策规划算法是自动驾驶系统的核心组成部分之一，它利用从感知系统获取的环境信息（如其他车辆、行人、道路状况等）以及预设的驾驶策略和规则，生成适应当前环境和目标的驾驶决策和路径。

在进行故障诊断与检测时，首先，需通过分析驾驶日志来重现故障场景，从而理解出故障发生时的具体情况，如果是该类故障，修复无效或错误的数据输入。如果决策规划算法的输入数据存在问题，需要找出并修复数据来源的问题，或者优化数据预处理流程。其次，需要查看决策规划算法的输入数据是否正确。这可能涉及传感器数据、地图数据、车辆状态数据等。如果是该类故障，调整算法参数。例如，可以尝试调整权重参数，以优化算法的决策结果。最后，在确定输入数据无误的情况下，需要深入算法内部，调试和观察决策规划算法在故障场景下的表现，找出问题所在。如果是该类故障，优化或重构算法逻辑。如果发现算法逻辑存在问题，可能需要对算法进行优化，甚至完全重新设计。

(3) 控制算法故障　这些算法为执行决策输出提供了必要的控制指令，如速度、方向等。在维修过程中，可能涉及控制器的调试，优化控制参数以提高驾驶质量等。例如，如果汽车在自动驾驶模式下行驶过程中，出现了方向盘抖动，可能是因为控制算法的问题。技术人员可以通过数据记录器记录汽车实际的运动状态和控制算法的输出，比较它们的差异来确定问题。修复有可能涉及控制参数的调整、控制器设计的优化等。

案例：在自动驾驶模式下，智能网联电动汽车出现了方向盘抖动的情况。

根据此类问题，应先知道其控制原理：控制算法接收来自决策规划算法的输出，如行驶路径和速度，然后根据实际车辆状态计算出控制指令，如节气门开度、制动力度和转向角度，以实现对车辆的精确控制。

故障诊断与检测方法：

1）数据记录器记录故障发生时的车辆状态和控制算法的输出，需要分析这些数据，查看是否存在明显的异常。

2）通过模拟或实车测试重现故障，观察方向盘抖动的频率、幅度等特性，以帮助理解问题的性质。

3）检查控制系统的硬件，如传感器、执行机构等，是否正常工作。

维修方法如下：

1）调整控制参数。控制算法通常包含一些参数，如 PID 控制器的比例、积分、微分系数，以调整系统的响应特性。通过优化这些参数，可以减小或消除方向盘抖动。

2）优化控制器设计。如果调整参数无法解决问题，可能需要更深入地检查控制器的设计，如是否考虑了所有重要的动态效应、控制律是否正确等，然后进行必要的优化。

3）检查和维修控制系统的硬件。如果硬件存在故障，如传感器读数不准确、执行机构反应慢，都可能导致控制效果不佳。

以上只是某辆智能网联电动汽车在感知融合算法、决策规划算法、控制算法等软件结构问题上的维修案例。真实情况可能会更复杂，并且涉及与硬件的交互等多个层次。

3.3　无人驾驶行为决策与控制

3.3.1　行为决策与控制原理

在智能驾驶系统中，决策控制是核心环节，负责将感知信息转化为实际驾驶行为。这包括路径规划、轨迹生成和动作决策等步骤。

1. 步骤1路径规划

（1）全局路径规划　基于高精度地图和实时交通信息，使用如A＊算法、Dijkstra算法等，计算最优行驶路径。除了传统的A＊算法和Dijkstra算法外，现代智能驾驶系统还采用更先进的算法，如RRT（快速随机树）算法，它结合了RRT（快速随机树）算法的高效性和启发式搜索的精确性，能够在复杂环境中找到更优的行驶路径。

（2）局部路径规划　根据实时感知数据动态调整行驶轨迹，常用算法有RRT、DWA等，确保安全行驶。除了RRT和DWA（动态窗口法）外，还引入了MPC（模型预测控制）技术，该技术能够基于车辆当前状态和预测模型，优化未来一段时间内的控制输入，以实现更平滑和安全的轨迹跟踪。

2. 步骤2轨迹生成

在路径规划基础上，通过多次多项式插值、Bezier曲线等算法，生成平滑且符合车辆动力学的行驶轨迹。轨迹生成过程中，除了考虑平滑性和车辆动力学外，还需考虑道路约束（如车道线、交通标志）、交通规则（如红绿灯、限速）以及乘客舒适度等因素。同时，引入深度学习技术，如生成对抗网络（GANs）或条件变分自编码器（CVAEs），可以生成更加符合实际驾驶习惯的轨迹。

3. 步骤3动作决策

1）基于路径规划和轨迹生成的结果，系统决定加速、减速、转向、换道等具体驾驶行为。虽然简单直接，但难以应对复杂多变的交通环境。因此，现代系统往往将其作为辅助手段，与其他方法结合使用。

2）通过模拟或实际驾驶中的试错过程，系统能够不断优化其决策策略，这种方法特别适用于处理复杂且难以明确建模的驾驶任务。决策算法包括基于规则的方法、机器学习方法和强化学习方法，各自具有不同优缺点。

3）通过训练大量数据，系统能够学习并识别各种驾驶场景下的最优行为。然而，数据的质量和多样性对模型性能至关重要。

4. 步骤4驾驶员意图融合

1）在半自动驾驶系统中，系统需感知和理解驾驶员意图，并与其协同完成驾驶任务。在半自动驾驶系统中，系统通过监测驾驶员的操作（如方向盘转动、加速踏板和制动踏板位置）和生理信号（如眼动、心率），系统能够更准确地理解驾驶员的意图，并据此调整自动驾驶策略。

2）在全自动驾驶系统中，主要体现在对紧急情况的处理和手动接管的响应上。引入自然语言处理（NLP）技术，使系统能够理解和响应驾驶员的语音指令，进一步提升人机交互的便捷性。

智能网联汽车决策系统由CPU、GPU、NPU等构成，决策原理如图3-13所示，负责数据分析、决策制定和执行控制。工作流程包括数据预处理、环境感知、决策制定和执行控制命令。

智能网联汽车中的决策技术分为感知、预测和规划三个步骤。

1）感知阶段通过传感器收集环境数据，形成对周围环境的准确认知。

2）预测阶段使用机器学习等方法预估未来情境，如其他车辆和行人的轨迹。

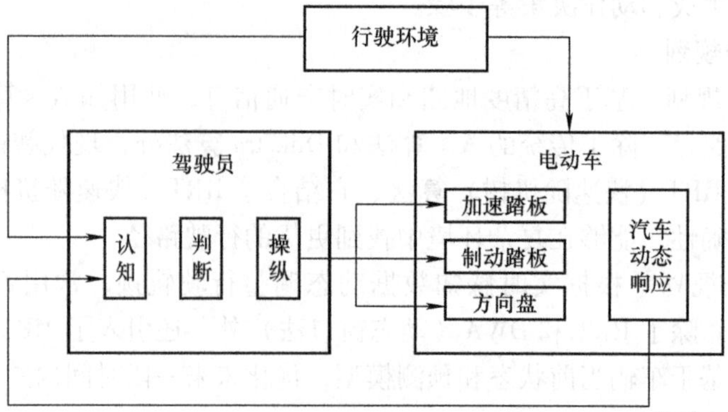

图 3-13　智能网联汽车决策原理

3）规划阶段基于感知和预测结果，制定最优行驶策略和路径。

决策系统通常与感知系统、定位系统和控制系统紧密集成，形成一个闭环的自动驾驶系统。实时性和安全性是系统设计中的首要考虑因素，为此，系统采用高速处理器、专用硬件加速器和冗余设计等技术手段，确保在复杂环境中也能保持稳定的性能。

通过与其他车辆、基础设施和云端平台的实时通信，智能网联汽车能够获取更全面的环境信息，从而做出更准确的决策。另外，边缘计算能够降低数据传输延迟，提高系统响应速度；而云计算则提供强大的数据处理和分析能力。两者的结合使得智能网联汽车能够在复杂环境中实现高效决策。

决策控制是智能驾驶系统实现自主、安全、高效行驶的关键，通过不断学习和优化，系统能够在复杂环境中做出最优决策。随着自动驾驶技术的发展，车辆将产生大量敏感数据。因此，必须采取严格的数据加密和隐私保护措施，确保用户信息的安全。自动驾驶汽车的发展需要遵循各国和地区的交通法规，企业也要推动相关标准的制定和实施。自动驾驶技术的研发涉及多个领域，包括计算机科学、机械工程、电子工程、法律等。因此，跨领域的合作与交流对于推动技术的发展至关重要。

3.3.2　行为决策与控制系统常见故障检修

智能网联汽车行为决策与控制系统的常见故障维修具有深远的意义。作为车辆智能化与自动化的核心，该系统的稳定与高效直接关系到行车安全、乘客舒适度及道路交通效率。通过及时的故障排查与维修，可以有效预防因系统失灵导致的交通事故，保障乘客与行人的生命安全。同时，维持系统的良好运行状态，还能确保车辆按照预定路线与策略行驶，提升驾驶的便捷性与智能性，促进智能网联汽车产业的持续健康发展。

智能网联汽车行为决策与控制系统是由多个复杂的子系统组成，其常见故障可归纳如下。

1. 感知系统故障

（1）摄像头失效　在强光、弱光或恶劣天气条件下，摄像头可能无法有效获取环境信息，导致感知系统失灵。检修摄像头失效故障时，应检查摄像头镜头是否清洁，有无遮挡物。使用专业设备检测摄像头电压（通常为5V左右）和信号输出是否正常。替换摄像头并进行校准，确保视角和清晰度符合设计要求。案例：某车型在雨天行驶时，前置摄像头频繁报警。经检查，发现镜头表面有水珠，清洁后恢复正常。同时，检查电压稳定在5.1V，确认无硬件故障。

（2）毫米波雷达/激光雷达受影响　毫米波雷达和激光雷达在雨雪等天气中可能受到干扰，无法准确探测障碍物，影响决策准确性。检修毫米波雷达/激光雷达故障时，应清洁毫米波雷达/激光雷达表面，去除灰尘和雨水。检查雷达电源和信号线连接是否良好，电压是否符合规格（通常为12V或更低）。使用校准工具重新校准雷达，确保探测精度。案例：某车辆在雪天行驶时，雷达频繁误报。检查发现雷达被积雪覆盖，清理后恢复正常。同时，检测电压为12.6V，无异常。

（3）传感器损坏　除了摄像头和毫米波雷达/激光雷达外，其他传感器如超声波传感器、红外线传感器等也可能因损坏或污染而无法正常工作，导致感知系统数据缺失或错误。针对传感器损坏故障，应使用诊断工具检查传感器信号是否正常，包括电压、电阻等参数。例如，超声波传感器在正常工作时，其输出信号电压通常在几伏到十几伏之间，具体取决于传感器型号和制造商。检查传感器表面是否有污垢或物理损坏，如有必要，进行清洁或更换。对传感器进行校准，确保其测量精度符合要求。案例：某车型在倒车时，后视摄像头和倒车雷达均无法正常工作。经检查，发现超声波传感器表面被泥土覆盖，清洁后信号恢复正常。同时，测量传感器输出电压为8V，在正常范围内。

2. 决策系统故障

（1）决策误判　系统在对周围车辆的轨迹、速度进行预测时，可能产生误判或预测出错，导致驾驶策略不当。检修决策误判故障时，应升级系统软件至最新版本，以修复可能的算法错误。检查传感器数据输入是否准确，必要时进行传感器校准。模拟测试不同场景下的决策行为，确保决策逻辑正确。案例：某车型在高速公路上频繁变道，导致驾驶不稳定。经检查，发现系统软件版本较旧，存在决策算法缺陷。升级软件后，问题得到解决。

（2）安全底线设置不足　当系统预测到可能的风险时，如果缺乏保守的驾驶策略作为安全底线，可能导致潜在的危险。检修安全底线设置不足故障时，应调整系统参数，增加安全余量，如增大安全距离、降低速度阈值等。引入更保守的驾驶策略作为后备方案，确保在极端情况下仍能安全行驶。案例：某车型在紧急制动测试中，未能及时减速避让障碍物。调整系统参数，将安全距离增加20%，并启用更严格的制动策略后，测试通过。

（3）算法缺陷　决策系统的算法可能存在设计缺陷或未充分考虑到某些极端情况，导致在特定场景下做出不合理的决策。针对算法缺陷问题，应升级系统软件至最新版本，以修复算法缺陷。如有必要，须联系汽车制造商或软件供应商，获取最新的算法更新或补丁。然后进行模拟测试，验证算法在特定场景下的决策准确性。案例：某车型在复杂交叉路口频繁出现决策错误，导致不必要的停车或变道。通过软件升级，修复了算法中的缺陷，问题得到解决。

（4）软件更新滞后　随着道路环境和交通法规的不断变化，决策系统需要不断更新以适应这些变化。如果软件更新滞后，可能导致系统无法准确应对新情况。针对软件更新滞后问题，应定期检查系统更新通知，及时下载并安装最新版本的软件。确保车辆与互联网连接稳定，以便及时接收更新信息。案例：某地区实施了新的交通法规，要求车辆在特定时间段内不得进入某些区域。由于软件更新滞后，某辆车未能及时收到更新信息，导致违反交通法规。车主在收到更新通知后，立即进行了软件升级，问题得以解决。

3. 控制系统故障

（1）发动机控制系统故障　包括发动机故障灯点亮、发动机动力不足、燃油消耗过大等，这些故障会影响车辆的动力性能和燃油经济性。使用诊断仪读取故障码，根据故障码指示进行排查。检查点火系统、燃油系统、进气系统等关键部件，测量电压、电阻、电流等参数（如点火线圈电压约12V，燃油泵电阻约为几欧）。清洗或更换堵塞的喷油嘴、火花塞等部件。清除故障码并重新测试，确保系统恢复正常。发动机控制系统原理见图3-14。

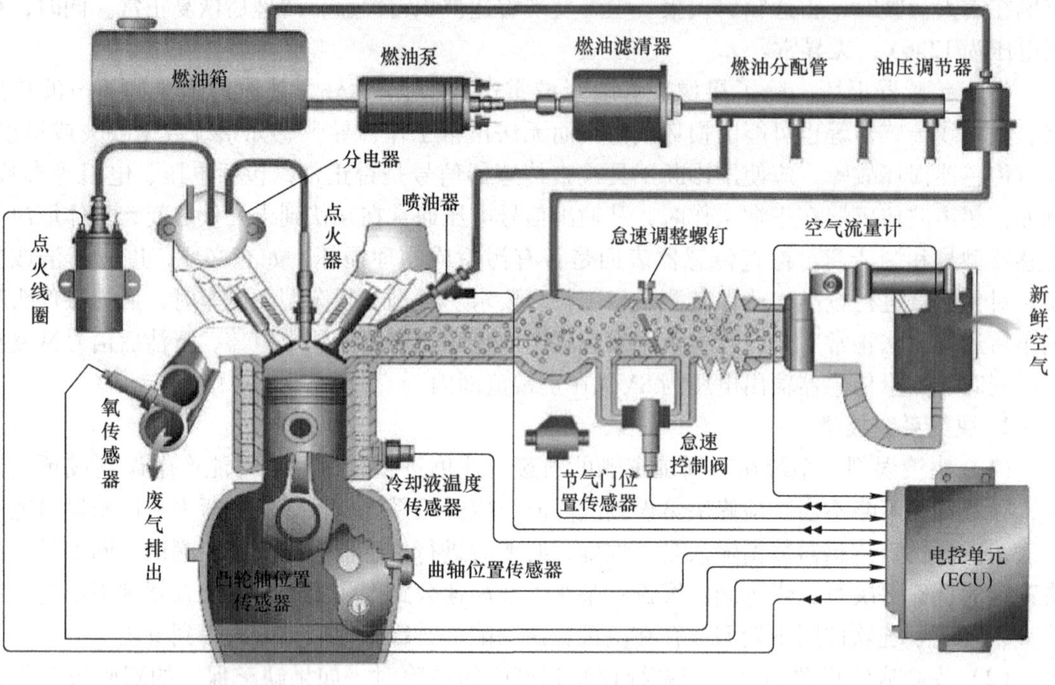

图3-14　发动机控制系统原理

案例：某车型发动机故障指示灯点亮，加速无力。读取故障码显示为“燃油泵压力不足”。检查发现燃油泵电阻偏大，更换新燃油泵后，故障消除，测量新燃油泵电阻，为正常范围内的2.5Ω。

（2）变速器控制系统故障　可能导致变速器工作不正常，在行驶中出现抖动，严重时导致车辆无法行驶。针对此类故障维修，应使用故障诊断仪读取变速器控制系统的故障码。检查变速器油位和油质，确保正常。如果故障码指向传感器或执行器故障，根据电路图检查相关部件的供电、搭铁和信号线。举例：若检测到变速器油温传感器故障，需检查其电阻值是否在正常范围内（通常根据车型不同，电阻值会有所不同，一般在几百到几千欧之间）。清洗或更换变速器油及滤网。对于软件问题，尝试进行软件更新或重置ECU。

（3）换档异常　在行驶过程中，变速器可能出现换档不顺畅、跳档或无法换档的情况，影响驾驶的平稳性和安全性。针对换档异常故障，应检查变速器油液是否充足且清洁，必要时更换油液。检查变速器传感器（如输入/输出转速传感器）的电压和信号是否正常。使用诊断工具进行变速器故障码读取和清除，根据故障码指示进行维修。案例：某车型在行驶中频繁出现换档顿挫现象。经检查，发现变速器油液过脏，更换新油液后，问题得到改善。同时，测量传感器电压在正常范围内。

（4）离合器故障　离合器作为变速器的重要组成部分，其故障可能导致车辆起步困难、加速无力或行驶中熄火。针对此类故障，应检查离合器踏板自由行程是否合适。检查离合器片磨损情况。调整离合器踏板自由行程至规定值（具体数值根据车型而定，一般在 10 ~ 20mm 之间）。如果离合器片磨损严重，需拆解离合器总成进行更换。检查并更换磨损的离合器压盘和分离轴承（如适用）。

（5）制动系统故障　制动故障灯点亮、制动失灵等情况会严重影响行车安全。针对此类故障，应使用故障诊断仪读取制动系统的故障码，检查制动液液位和制动管路是否泄漏。检查并更换磨损的制动盘/鼓和制动片。检查制动轮缸和制动卡钳的工作情况，必要时进行清洗或更换。检查制动系统液压回路，确保无泄漏。举例：如果制动液液位过低，需补充至规定液位（通常标记在制动液储液罐上）。

（6）制动液泄漏　制动液泄漏会导致制动系统压力下降，进而影响制动效果，甚至导致制动失灵。针对制动液泄漏故障，应检查制动液液位是否低于最低标记线，如有泄漏，查找泄漏点并进行修复。检查制动系统各部件（如制动管路、接头、制动缸等）是否有损坏或松动。案例：某车型在制动时感觉制动力不足，经检查发现制动液液位过低，且制动轮缸附近存在油渍。更换制动轮缸密封件并补充制动液后，问题得以解决。

（7）制动盘/鼓磨损　长时间使用后，制动盘/鼓可能会磨损严重，导致制动距离变长或制动时产生异响。针对此类故障的维修，应检查制动盘/鼓磨损情况，使用游标卡尺测量制动盘/鼓的厚度，与厂商推荐的最小厚度进行比较。例如，某车型的制动盘推荐最小厚度为 12mm，若测量值小于此值，则需更换。同时检查制动片的磨损情况，若制动片过薄（如厚度小于 2mm），则同时更换制动片和制动盘。清理制动系统，检查是否有油污、异物等，这些都可能影响制动性能。更换后，按照厂商推荐的紧固力矩和顺序紧固轮胎，并进行制动性能测试，确保制动距离和制动力正常。案例：某车主反映其车辆制动距离变长，经检查发现制动盘厚度仅为 10mm，远低于推荐的 12mm。随后更换了制动盘和制动片，并进行了制动性能测试，问题得以解决。

（8）转向控制系统故障　方向盘不灵敏、转向异常或转向力度过大等问题会影响驾驶的稳定性和舒适性。针对此类故障的维修，应使用专用诊断工具读取转向系统的故障码，定位问题所在。检查方向盘转角传感器、扭矩传感器等是否正常工作，可通过测量其输出电压或电阻来确认。检查转向电机及其驱动机构是否有异常，如电机电流是否过大、是否有异响等。如果故障由软件引起，尝试进行软件升级或重新编程。案例：某智能网联汽车出现方向盘不灵敏现象，经诊断工具检测发现故障码指向方向盘转角传感器。检查后发现传感器输出电压不稳定，更换传感器后问题解决。转向控制系统原理见图 3-15。

（9）转向助力失效　转向助力系统失效后，方向盘会变得异常沉重，影响驾驶的便捷性和安全性。针对转向助力失效故障，应检查转向助力电机是否工作正常，测量其工作电流和电压是否在正常范围内。检查转向助力系统控制单元是否有故障码，并根据故障码指示进行维修。案例：某车型在低速行驶时方向盘变得异常沉重。经检查，发现转向助力电机工作电流异常，更换新电机后，问题得到解决。

（10）转向机故障　转向机是转向系统的核心部件，其故障可能导致方向盘无法转动或转动不灵活。针对此类故障，应使用故障诊断仪读取转向系统的故障码。检查转向助力泵的

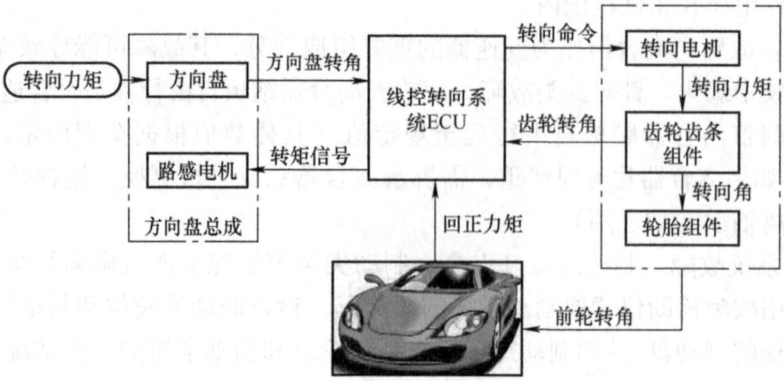

图 3-15　转向控制系统原理

工作情况和油液质量。检查并调整转向助力油液面至规定范围。检查转向机及其连接部件的紧固情况和磨损程度。必要时更换转向助力泵、转向机或相关传感器。举例：如果转向助力泵油压不足，需检查泵的压力输出是否在正常范围内。

（11）悬架系统故障　汽车悬架系统异常会导致行驶中出现明显的颠簸和撞击声，影响乘坐体验和行车安全。针对此类故障，应进行路试，观察悬架系统的工作情况。检查悬架系统各部件的紧固情况和磨损程度。检查并更换磨损的悬架弹簧和减振器。检查悬架系统的各个连接点是否松动，并进行紧固。进行悬架系统的四轮定位调整，确保车辆行驶稳定性。举例：如果减振器漏油或失效，需更换新的减振器，并检查其阻尼力是否符合要求。

（12）悬架弹簧失效　悬架弹簧失效会导致车身高度下降或不平衡，进而影响车辆的稳定性和舒适性。针对悬架弹簧失效故障，应检查悬架弹簧是否变形或断裂，必要时进行更换。检查悬架系统其他部件（如减振器、连杆等）是否有损坏或松动。案例：某车型在行驶过程中感觉车身晃动加剧，经检查发现前悬架弹簧断裂。更换新弹簧后，车辆行驶平稳性恢复。

（13）减振器漏油　减振器漏油会降低其减振效果，导致车辆在行驶过程中产生过多的振动和噪声。针对此类故障的维修，应观察减振器是否有油渍渗出，确认漏油位置。如果漏油由油封或密封垫圈损坏引起，尝试更换新的密封件。拆下减振器，检查活塞与气缸之间的间隙是否过大，活塞杆是否有弯曲或表面划痕。如果以上措施不能解决问题，可能需要整体更换减振器。案例：某车主发现车辆行驶中振动过大，检查发现减振器漏油。尝试更换密封垫圈后漏油情况未改善，最终决定整体更换减振器，问题得以解决。

4. 通信系统故障

（1）网络信号不稳定　智能网联汽车需要通过互联网进行数据传输和控制指令下发，但网络信号不稳定可能导致远程控制慢或失败。针对网络信号不稳定故障，应检查车辆天线是否完好，无遮挡物；检查车载通信模块是否正常工作，信号强度是否达标；优化网络设置，如更换网络运营商或升级通信模块软件。

案例：某车型在偏远地区行驶时，远程控制功能失效。检查发现车辆所在区域网络信号弱。更换为支持更强信号的网络运营商后，问题得到解决。

（2）数据安全问题　数据传输过程中的安全性也是潜在的问题，如果被破坏或数据泄露，将对车辆和乘客的安全造成威胁。针对数据安全问题，应加强数据加密和认证机制，确保数据传输过程中的安全性。定期检查系统漏洞，及时安装安全补丁。对敏感数据进行加密存储和传输，防止数据泄露。

案例：某车型在召回事件中，发现其通信系统存在安全漏洞，可能导致数据被非法访问。制造商立即发布了安全补丁，并要求车主前往经销商处进行升级，以修复漏洞并加强数据安全。

(3) 黑客攻击　智能网联汽车的数据传输过程中可能受到黑客的攻击，导致车辆被远程控制或数据被窃取。因此，应加强车辆网络安全防护，安装防火墙和入侵检测系统。定期更新车辆网络安全软件，修复已知漏洞。对关键数据进行加密存储和传输，确保数据在传输过程中的安全性。

案例：某车型因网络安全漏洞被破坏，导致车辆被远程控制。制造商迅速发布了安全补丁，并要求车主前往经销商处进行升级。升级后，车辆网络安全得到加强，未再发生类似事件。

(4) 加密技术不足　如果数据加密技术不足或存在漏洞，也可能导致数据在传输过程中被截获或篡改。而且，加密技术不足的问题，并非传统意义上的机械或电气故障，而是涉及车辆网络安全的问题。因此，必须加强车辆的网络安全防护，包括升级数据加密技术、定期更新安全补丁、采用更安全的通信协议等。例如，定期进行网络安全评估，识别潜在的漏洞和弱点。确保车辆的操作系统、ECU（电子控制单元）软件及其他相关软件保持最新版本，以修复已知的安全漏洞。采用更强大的加密算法和数据传输协议，如 TLS 1.3 或更高版本，以增强数据传输过程中的安全性。在车辆网络系统中部署防火墙和入侵检测系统，以阻止未经授权的访问和恶意攻击。企业应考虑在车辆中集成硬件安全模块，用于存储和加密敏感数据，如密钥和证书。

案例1　特斯拉网络安全更新。

特斯拉经常通过其 OTA（Over-the-Air，空中下载技术）系统向车辆推送安全更新，包括修复已知的软件漏洞、增强数据加密技术和更新防火墙规则等。这种及时的更新机制有效降低了特斯拉车辆遭受网络攻击的风险。

案例2　某汽车制造商的数据泄露事件。

某汽车制造商因未及时更新其服务器软件，导致黑客利用已知漏洞入侵系统，窃取了大量客户信息和车辆数据。该事件引起了广泛关注，并促使该制造商加强了其网络安全措施，包括定期安全评估、软件更新和员工培训等。

5. 其他常见故障

电源系统故障：电源系统为智能网联汽车提供电力支持，其故障可能导致车辆无法起动或行驶中突然熄火。针对电源系统故障，应检查电池电量是否充足，必要时进行充电或更换电池。检查电源系统各部件（如发电机、电压调节器等）是否工作正常，测量其输出电压和电流是否稳定。

案例：某车型在行驶中突然熄火，检查发现电池电量耗尽。经过充电后，车辆恢复正常起动。进一步检查发现发电机输出电压不稳定，导致电池无法持续充电。更换发电机后，问题得到彻底解决。

车身控制系统故障：车身控制系统负责控制车辆的灯光、刮水器、空调等辅助设备，其故障可能影响驾驶的舒适性和便利性。针对此类故障的维修，应使用诊断工具读取车身控制系统的故障码。检查相关电路的连接情况，确认是否有松动、腐蚀或短路现象。根据故障码，检查相应的传感器和执行器是否正常工作。如果故障由软件引起，应尝试进行软件升级或重新编程。

案例：某智能网联汽车空调无法正常工作，经诊断工具检测发现故障码指向空调控制模块。检查后发现空调控制模块电路连接器松动，重新连接后空调恢复正常工作。

针对这些常见故障，及时的故障排查与维修显得尤为重要。在日常使用中，驾驶者应注意观察车辆状态，一旦发现异常应及时寻求专业维修服务。同时，制造商也应不断提升产品质量和技术水平，以降低故障率并提高维修效率。

6. 预防措施

1）按照车辆制造商的建议，定期对车辆进行维护和检查，包括传感器清洁、软件更新、油液更换等，以确保各系统处于良好工作状态。

2）提高车主对车辆网络安全的重视，避免点击不明链接或连接不安全的网络，以防车辆被恶意攻击或控制。

3）培养良好的驾驶习惯，避免急加速、急制动等激烈驾驶行为，以减少对车辆各系统的负担和磨损。

4）在维修或更换零部件时，选择正规渠道和符合标准的配件，以确保质量和安全性。

总结：智能网联汽车行为决策与控制系统的常见故障涉及感知、决策、控制等多个方面。只有通过专业的维修方法和细致的案例分析，维修人员才可以有效地解决这些问题。同时，应加强预防措施的落实，可以进一步提高车辆的安全性和可靠性。

3.4 智能驾驶执行系统

3.4.1 智能驾驶执行系统原理

智能网联汽车控制执行系统的工作原理是将决策系统的指令转化为实际的车辆控制动作，确保车辆能够安全、高效地行驶。如表 3-1 所示，智能网联汽车的控制执行系统主要由底盘控制、动力控制、车身稳定控制等多个子系统组成，这些子系统协同工作，共同实现对车辆的精确控制。

表 3-1 智能网联汽车控制执行系统组成

序号	控制执行系统	步骤说明
1	底盘控制	负责控制车辆的动力、制动和转向系统，是车辆行驶稳定性和安全性的关键。并通过接收决策系统的指令，调整制动压力、节气门开度和转向角度，实现车辆的加速、减速和转向等操作
2	动力控制	根据车辆的需求和能源状态，调整发动机或电动机的输出功率。对于电动汽车而言，动力控制系统还负责电池的能量管理和电机的高效驱动，以优化车辆的行驶性能和能耗
3	车身稳定控制	通过控制车辆的悬架系统和稳定系统，提高车辆在复杂路况下的行驶稳定性。并在紧急情况下，如急转弯或突然制动时，车身稳定控制系统能够迅速调整车辆的姿态，防止车辆失控

智能网联汽车控制执行系统的工作原理如图 3-16 所示，它作为智能驾驶系统的中枢神经，扮演着将智能决策转化为实际车辆动作的关键角色。该系统首先接收来自高精度环境感

知系统、智能决策层以及用户输入的多种信息，经过综合分析与处理，形成精确的驾驶意图与指令。随后，利用底盘控制子系统（如 ABS、ESP 等）、动力控制子系统（包括发动机、电机的精细调控）以及车身稳定控制子系统，实现对车辆制动、节气门、转向等关键动作的高精度控制。

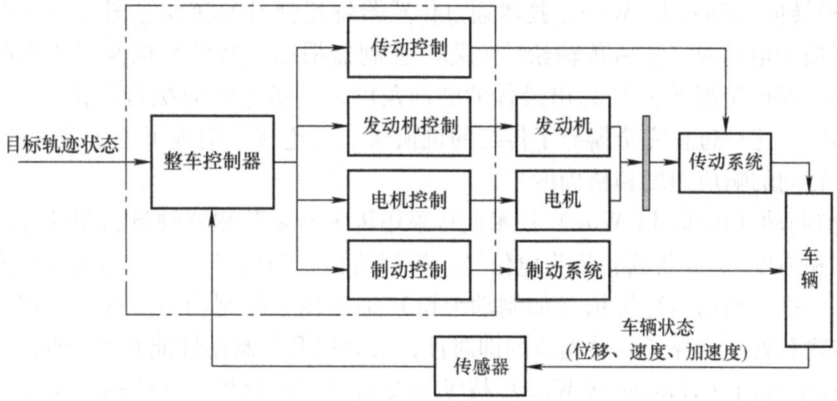

图 3-16 控制执行系统工作原理

在控制执行过程中，高精度传感器（如雷达、激光雷达、摄像头、陀螺仪等）持续监测车辆周围环境及自身状态，为控制策略提供实时、准确的数据支持。电子控制单元（ECU）作为中央处理器，集成先进的算法与模型，快速解析指令、处理传感器数据，并发出相应的控制信号。而线控技术则实现了从电子信号到机械动作的直接转换，消除了传统机械连接中的迟滞与误差，提升了控制的精确性与响应速度。

此外，智能网联汽车控制执行系统还具备强大的实时反馈与自适应调整能力。通过不断收集车辆行驶过程中的各项数据，系统能够实时评估控制效果，并根据路况、天气、车辆状态等因素的变化，动态调整控制策略，确保车辆在复杂多变的行驶环境中始终保持安全、稳定、高效的运行状态。这一过程体现了智能网联汽车技术的高度智能化与自主化特点。

智能网联汽车控制执行系统执行的步骤见表 3-2。

表 3-2 控制执行系统执行步骤

序号	执行步骤	步骤说明
1	指令接收与解析	控制执行系统首先接收来自决策系统的指令，这些指令通常包括车辆的加速度、速度、转向角度等参数。接收到的指令经过解析后，被转化为控制执行系统能够理解的格式，如电信号或机械信号
2	执行机构控制	根据解析后的指令，控制执行系统通过驱动电机、电磁阀等执行机构，对车辆的制动、节气门、转向等系统进行精确控制。例如，在加速指令下，控制执行系统会驱动节气门执行机构，增加发动机的进气量和喷油量，从而提高车辆的速度
3	实时反馈与调整	控制执行系统还具备实时反馈功能，能够实时监测车辆的状态和参数。当发现车辆状态与指令不符时，控制执行系统会迅速调整控制策略，确保车辆能够按照预期轨迹行驶
4	安全保障与故障处理	控制执行系统还具备安全保障和故障处理能力。在检测到车辆故障或潜在危险时，能够迅速切断相关执行机构的电源或采取其他安全措施，防止事故发生

智能网联汽车控制执行系统的实现依赖于多项关键技术，包括线控技术、电子控制单元（ECU）、传感器技术等。

（1）线控技术　通过传感器、控制器和执行机构之间的电信号传递，实现对车辆各系统的精确控制。线控技术具有响应快、精度高、维护方便等优点。智能网联汽车的线控技术是一项集成了多个关键子系统的先进技术，主要包括线控转向、线控制动、线控节气门以及线控悬架等，这些系统共同协作以实现对车辆各部分的精确控制。

1）线控转向（Steer by Wire）技术通过传感器将驾驶员的转向意图（如方向盘的转角和扭矩）转换为电信号，然后传输给控制器。控制器根据这些信号以及车辆当前的行驶状态（如车速、路面情况等）计算出最佳的转向角度，并指令转向执行机构（如转向电机）完成转向动作。这一过程完全摒弃了传统的机械或液压连接，实现了电子信号的直接控制，从而提高了转向的响应速度和精确度。

2）线控制动（Brake by Wire）技术同样采用传感器来监测驾驶员的制动意图（如制动踏板的行程和力度），并将其转换为电信号。控制器接收到信号后，会迅速计算出所需的制动力大小，并指令制动执行机构（如制动卡钳）施加相应的制动力。这一过程中，电子信号的快速传输和处理确保了制动响应的即时性，大大提升了制动性能和安全性。

3）线控节气门（Throttle by Wire）技术主要通过加速踏板位移传感器实时监测驾驶员对节气门的操作，将踏板的位移量转换为电信号。控制器根据这个电信号以及车辆当前的状态（如车速、发动机转速等）计算出合适的节气门开度，并通过伺服电机精确控制节气门执行机构，调节发动机的进气量，实现节气门的电子化和智能化控制。这种控制方式不仅提高了节气门控制的精确度，还有助于降低燃油消耗和排放。

4）线控悬架（Suspension by Wire）技术，则是通过传感器监测车辆行驶过程中的各种参数（如车速、路面状况、车辆姿态等），并将这些参数转换为电信号传输给控制器。控制器根据这些信号以及预设的算法计算出最佳的悬架状态，并指令悬架执行机构（如电磁减振器）进行相应的调整。这种技术能够实现对悬架系统的主动控制，提高车辆的舒适性和稳定性。

智能网联汽车的线控技术原理主要基于电子信号的传输与处理。传感器作为信号采集的前端设备，负责将驾驶员的操作意图或车辆状态参数转换为电信号；控制器作为信号处理的核心部件，负责接收传感器信号并进行计算分析，生成控制指令；执行机构则根据控制指令完成相应的动作，实现对车辆各系统的精确控制。这一过程中，电子信号的快速传输和处理确保了系统的高响应速度和精确度，同时模块化设计也简化了车辆结构并降低了维护成本。

（2）电子控制单元（ECU）　ECU在智能网联汽车中扮演着至关重要的角色，作为控制执行系统的“大脑”，它负责协调和管理车辆内部的各种电子设备和系统。ECU不仅接收来自传感器的实时数据信号，还执行复杂的控制策略，并输出精确的控制指令以调节车辆的各种行为。

1）ECU能够接收来自车辆上各个传感器（如车速传感器、加速度传感器、温度传感器、压力传感器等）的模拟或数字信号。这些信号反映了车辆的运行状态、驾驶员的输入意图以及外部环境的变化。接收到的传感器信号首先经过ECU内部的信号处理电路进行滤波、放大和模数转换等处理，以确保数据的准确性和可靠性。

2）随后，ECU利用内置的高性能微处理器或数字信号处理器对这些数据进行深入分析，提取出有用的信息。基于处理后的数据，ECU会执行预编程的控制策略。这些策略通常是根据车辆制造商的特定需求和行业标准制定的，旨在实现车辆的最佳性能、燃油经济性、安全性和舒适性。ECU 会根据控制策略计算出最佳的控制参数，如发动机喷油量、点火提前角、变速器换档时机、制动压力等。

3）计算出控制参数后，ECU 会将这些指令输出给相应的执行机构（如燃油喷射器、点火线圈、电动机、电磁阀等）。执行机构根据接收到的指令调整其工作状态，从而实现对车辆各系统的精确控制。

（3）传感器技术　传感器技术是智能网联汽车控制执行系统中不可或缺的重要组成部分，它们负责实时监测车辆的状态和周围环境参数，为 ECU（电子控制单元）提供准确的数据支持，从而确保车辆能够做出正确的决策和执行相应的控制动作。

3.4.2 智能驾驶执行系统常见故障检修

智能驾驶执行系统的常见故障可以归纳为系统硬件、软件以及综合问题等多个方面。

1. 系统硬件故障

（1）显示屏问题　显示屏可能出现触摸无反应、按钮无法点击、黑屏、花屏或亮度异常等情况。首先检查显示屏连接是否松动，尝试重启系统以恢复显示屏功能。若问题依旧，可能需要更换显示屏或调整相关设置。

维修案例 1：无人驾驶汽车的显示屏出现触摸无反应。

初步检查确认触摸屏连接线是否松动，使用螺丝刀和接线夹检查连接，并未发现异常。使用万用表测量触摸屏控制器的电压值，正常范围应为 5V，实测结果为 4.8V，略有偏低。分析可能是电源供应不稳定或控制器故障导致电压降低，决定更换触摸屏控制器。替换新的触摸屏控制器后，重新使用万用表检测电压值，此时稳定在 5V。最后通过系统校准与功能测试确认触摸屏恢复正常工作。

维修案例 2：无人驾驶汽车的显示屏亮度异常。

观察到显示屏亮度不均，首先打开显示设置检查亮度调节功能是否可以正常操作，发现调节无效。使用光强计测量显示屏表面的光照强度，正常情况下应为 250cd/m^2，实测中心区域只有 150cd/m^2。分析猜测 LED 背光条可能部分 LED 不工作，打开显示屏背板，使用电压表测试 LED 背光条，发现 3 个 LED 不亮。替换损坏的 LED 后，再次测量亮度，光照强度恢复至正常水平 250cd/m^2。重新组装显示屏，并进行长时间运行测试，确保亮度稳定且无其他显示问题。

（2）接收机问题　自动驾驶系统无法稳定接收 GPS、雷达等外部信号，导致导航和避障功能受限。首先应检查接收机卡槽是否松动或损坏，确保天线无遮挡且处于良好状态。若问题依旧，建议更换接收机。

维修案例 1：自动驾驶系统无法稳定接收 GPS 信号。

使用螺丝刀和扳手检查 GPS 天线连接，确保无松动。使用信号分析仪测量天线的信号强度，记录值为 -50dBm。拆开接收机，使用万用表测量卡槽电压，正常值应为 3.3V，实际测得 3.1V。若以上无问题，替换新的接收机，并重新测量信号强度，记录值为 -45dBm，信号恢复正常。

维修案例 2：自动驾驶系统雷达信号断断续续。

检查雷达天线，确保天线无遮挡，用手动工具清理天线表面。使用万用表测量雷达接收机输入电压 5V，电流 0.5A，实际测得 4.8V 和 0.45A。用电阻表测量接收机的电阻，正常值为50Ω，实际测得55Ω。替换新的雷达接收机，并再次测量电压和电流，测得5V和0.5A，电阻为50Ω。雷达信号问题是由于接收机电路老化，替换后信号恢复正常。

维修案例3：自动驾驶汽车在行驶过程中，GPS定位频繁丢失。

首先确认GPS天线未被遮挡，并使用螺丝刀确认接收机卡槽无松动。使用信号分析仪检查天线的信号输出，正常应为-45dBm，测试结果为-70dBm，表明信号弱。通过万用表检测天线与接收机之间的电压为5V，电流为0.3A，两者均低于正常值（5.5V，0.4A）。替换新的GPS接收机和天线，重新测试信号强度恢复至-46dBm。原因是初始的电压和电流偏低导致导航性能不稳定。更换新的GPS接收机和天线后，系统恢复正常运作。

维修案例4：自动驾驶汽车的避障雷达信号间歇性失败。

首先目视检查雷达传感器没有明显的物理损伤或遮挡。使用扳手和螺丝刀检查所有连接点，确保连接紧固无松动。采用电阻表测量雷达模块的电阻值，正常应为100Ω，检测结果显示120Ω。使用红外测温仪检测雷达模块温度，发现温度异常高，达到50℃。根据测试结果判定雷达模块内部可能存在过热损坏，更换雷达模块后，电阻恢复至100Ω，温度降至正常工作范围32℃。原因为雷达模块因内部元件老化导致过热，电阻增高，影响信号传输。更换后雷达工作恢复正常，电阻和温度均在正常范围内。

（3）传感器故障　传感器如摄像头、雷达、激光雷达等可能出现误识别或完全失效的情况，导致系统无法准确感知周围环境。首先应保持传感器表面清洁，避免遮挡和污染。对于误识别问题，可尝试重启系统或进行软件更新。若传感器损坏，应及时更换。

维修案例1：激光雷达故障。

首先，检查激光雷达表面是否清洁，发现无遮挡和污染。然后，使用万用表测量激光雷达的电源电压，结果显示电压值正常。接着，通过软件诊断工具检测激光雷达的数据输出，发现数据异常。分析后判断为激光雷达内部故障。最后，更换新的激光雷达，并进行系统重启和软件校准。结果为激光雷达内部故障导致数据异常，更换新件后问题解决。

维修案例2：摄像头误识别。

首先，清洁摄像头镜头表面，确保无污渍和遮挡物。然后，使用软件诊断工具检查摄像头的图像输出质量，发现图像存在畸变。通过调整摄像头的安装位置和角度，优化图像采集效果。接着，使用万用表测量摄像头的供电电压和电流，确保其在正常范围内。最后，进行软件更新，提升摄像头的图像识别能力。结论是摄像头安装位置和角度不佳导致图像畸变，调整优化后问题解决。软件更新进一步提升了摄像头的性能。

维修案例3：无人驾驶汽车在日间模糊或误识别道路标志。

首先用软布和专用清洁剂清洁摄像头镜头，确保无污渍和划痕。通过车辆系统进行重启，并使用诊断工具进行摄像头校准，确保对焦功能正常。检查并更新摄像头的控制软件到最新版本，以解决已知的bug和改进图像处理算法。在多种光线条件下测试摄像头的识别准确性，确保恢复到制造商设定的标准。针对该故障的维修，通过清洁和软件更新后，摄像头的识别错误显著减少。这表明问题主要与镜头污染和软件版本过旧有关。

维修案例4：激光雷达传感器无法发送或接收正确的信号，导致无法准确测距。

检查激光雷达传感器外壳是否有裂痕或其他物理损伤，确认没有物理阻碍。使用万用表测量激光雷达供电的电压（该车是24V）和电流（1.2A），发现电流低于正常值（1.5A）。确定供电问题可能由内部电路板损坏引起，更换激光雷达的电源模块。更换部件后，重新测试电流（1.5A）并进行实地测试，确认测距功能回复正常。分析原因为电源模块损坏导致电流供应不足，影响了激光雷达的正常工作。更换电源模块后，设备恢复正常功能。维修过程中确认所有连接均已紧固且没有松动。

2. 系统软件故障

（1）系统崩溃或死机　系统可能出现崩溃或死机现象，导致无法正常工作。首先尝试重启系统以恢复正常。若频繁出现此类问题，建议联系厂家进行软件升级或修复。

维修案例1：系统崩溃导致无法启动。

维修步骤：

1）车辆出现系统崩溃后，首先尝试使用车内重启按钮进行系统重启。

2）重启无效后，连接诊断仪，检查系统日志，发现系统文件损坏。

3）使用诊断仪进行系统恢复操作，从备份中恢复损坏的系统文件。

4）系统恢复完成后，再次重启车辆，系统成功启动，各项功能恢复正常。

结论：系统文件损坏导致崩溃，通过系统恢复操作成功修复。

维修案例2：频繁死机现象。

维修步骤：

1）接收车辆后，使用诊断仪检测，发现车辆主控制器温度过高，达到85℃，超过正常工作范围。

2）对主控制器进行散热处理，清理灰尘，并更换散热风扇。

3）使用万用表测量主控制器的供电电压和电流，确保供电稳定且在正常范围内。

4）完成散热处理后，进行长时间路测，车辆未再出现死机现象。

结论：主控制器过热导致频繁死机，通过散热处理和供电检测解决问题。

（2）地图与导航问题　地图数据可能存在错误或过时情况，导致导航不准确；或车载网络连接不稳定影响地图数据的更新和显示。首先应确保车载网络连接稳定，并定期检查更新地图数据至最新版本。若问题依旧，可尝试重置导航系统或联系厂家技术支持。

维修案例1：地图数据过时导致导航错误，车主反映导航经常引导至错误地点。

维修步骤：首先检查导航系统，发现地图数据版本过旧。使用车载网络，下载并安装最新版本的地图数据。更新后，进行路测验证导航准确性，问题得到解决。

结论：地图数据过时导致导航错误，更新至最新版本后问题解决。

维修案例2：车载网络不稳定影响地图显示。

诊断发现地图加载缓慢，经常出现断网情况。使用网络诊断工具检测车载网络信号强度和质量，发现信号波动大。检查车载网络设备，发现天线连接松动。重新固定天线，并优化网络设置，确保稳定连接。重新测试车载网络，地图加载速度明显改善，无断网情况。

结论：车载网络不稳定由天线连接问题导致，修复后网络稳定性提高。

注意：在这两个案例中，维修过程中使用的工具主要是网络诊断设备和地图更新软件，测量方法主要是通过路测和网络信号检测来验证问题是否解决。对于无人驾驶汽车的这类问题，重点在于确保网络连接的稳定性和地图数据的准确性。

（3）人机交互问题　手机App可能无法与汽车系统稳定连接，导致无法远程控制或查看车辆状态；或操作界面设计复杂不易上手。首先，应检查手机App与汽车系统的兼容性，并尝试更新App至最新版本。对于操作界面复杂的问题，建议厂家简化设计以提高用户体验。

维修案例1：手机App无法与汽车系统稳定连接。

首先，我们检查了手机App的版本，发现并非最新版本，于是指导车主更新至最新版本。更新后，测试连接依然不稳定。进一步检查发现，车主的手机系统版本过低，与App不兼容。建议车主升级手机系统，升级后再次测试，连接稳定性显著提高。

结论：手机App与汽车系统连接不稳定的原因在于手机系统版本过低，与App版本不兼容。升级手机系统后，问题得到解决。

维修案例2：操作界面设计复杂导致使用困难。

对操作界面进行详细检查，发现确实存在多级菜单和过多选项，导致操作烦琐。与厂家沟通后，建议简化操作界面，减少菜单层级，合并相似功能。厂家采纳建议，推出新版本操作界面。更新后，车主反映操作更为简便直观。

结论：原操作界面设计过于复杂，经过简化和优化后，用户体验得到显著提升。

在这两个案例中，维修过程中主要使用的工具是手机、汽车系统诊断工具和用户界面设计软件，通过软件更新和用户界面调整来解决问题。对于无人驾驶汽车而言，良好的人机交互体验是确保用户满意度和安全性的重要因素。

3. 综合故障

（1）自动驾驶失效　自动驾驶系统在某些复杂环境下（如恶劣天气、复杂路况等）可能无法正常工作；或传感器数据与决策系统之间存在协同问题导致自动驾驶功能受限或失效。首先，应提高系统的环境适应性和决策能力，加强传感器与决策系统之间的协同配合。同时，建议驾驶员在复杂环境下谨慎使用自动驾驶功能，并随时准备接管车辆控制权。

（2）安全问题　自动驾驶系统可能出现误报警和误制动情况对行车安全构成威胁；或车载系统面临数据泄露和黑客攻击的风险影响行车安全和个人隐私。针对此类故障，应优化系统算法以提高报警和制动的准确性；加强车载系统的安全防护措施如加密通信、定期更新安全补丁等以防止数据泄露和破坏。同时，建议驾驶员遵守交通规则，并保持对车辆的实时监控以确保行车安全。

（3）电源管理问题　电池电量不足或电源管理系统故障，可能导致系统突然关闭或性能下降。首先，应定期检查电池电量，确保系统有足够的电力供应。对于电源管理系统故障，应及时进行维修。

（4）电磁干扰问题　强电磁场干扰可能导致传感器数据失真或系统通信故障。针对此类故障，应确保车辆周围没有强电磁干扰源，如大型电子设备或高压电线等。若无法避免，应增强系统的电磁屏蔽能力。

（5）软件漏洞与更新　软件漏洞可能导致系统被破坏或数据泄露，影响行车安全。厂家应定期发布软件更新以修复已知漏洞，用户应及时更新软件以确保系统安全。

（6）冗余系统设计　为了提高系统的可靠性和安全性，可以引入冗余系统设计。例如，为关键传感器和控制器设置备份，当主系统出现故障时，备份系统能够迅速接管控制，确保车辆安全行驶。

4. 线控系统故障

智能网联汽车的线控系统是其实现自动驾驶功能的核心组成部分，它负责车辆的转向、制动、加速等关键操作。线控系统常见故障见表3-3。

表3-3 智能网联汽车的线控系统常见故障

故障类型		详细说明
线控转向系统故障	传感器故障	如转角传感器、转矩传感器等出现故障，可能导致车辆无法准确感知方向盘的输入或转向系统的状态
	执行电机故障	电机部分线圈断路或短路、电枢与定子磁极卡死等，会导致转向系统无法正常工作
	控制器故障	转向系统控制器出现软件错误或硬件损坏，可能导致系统失控或无法响应指令
	CAN通信故障	上位机与转向系统控制器之间通信不畅，影响指令的准确传输和执行
线控制动系统故障	传感器故障	如压力传感器、位移传感器等故障，导致系统无法准确监测制动状态
	制动执行器故障	如电机故障、液压泵故障等，导致制动系统无法正常工作
	电源与线路故障	电源供应不稳定或线路老化、短路等，影响制动系统的正常供电
其他线控系统故障	GPS定位系统故障	导致车辆无法准确定位，影响路径规划和导航
	能源系统故障	如电池电量不足或电池故障，影响车辆的续驶能力

针对以上问题，维修方法如下。

1）使用专用工具检测传感器和执行器的工作状态，对于传感器，应利用传感器测试仪来测量其输出电压或电阻值，并将其与标准值进行对比，以判断其是否处于正常工作范围。对于执行器，应通过专用的设备来测试其响应速度和动作准确性，以确认是否存在卡滞、迟滞或失效等问题。

2）当车辆出现故障时，我们可以利用专业的OBD诊断仪连接车辆的OBD接口，读取并解析故障码。故障码通常会指向具体的故障部位或系统，帮助我们快速定位问题所在。同时，诊断仪还可以提供相关的数据流信息，如传感器信号、执行器状态等，为故障分析提供更为全面的数据支持。

3）检查CAN总线通信是否正常，这包括检查总线线路的连接是否牢固、绝缘层是否破损、有无短路或断路现象等。同时，我们还可以利用专业的CAN总线分析仪来监测总线上的数据流量和通信质量，确保各系统之间的数据传输正常、无冲突。如果发现CAN总线通信异常，我们需要及时排查并修复相关故障，以确保车辆各系统的协同工作。

4）在汽车维修过程中，如果发现传感器、执行器、电机等部件出现损坏或老化现象，我们需要及时更换这些部件以确保车辆的正常运行。在更换前，我们需要对原部件进行仔细检查以确认其故障点，并选择与车辆型号和规格相匹配的新部件进行更换。同时，我们还需要注意更换过程中的细节操作，如清洁安装部位、涂抹适量的润滑脂等，以确保新部件的安装质量和使用寿命。

5）控制器软件在编写或升级过程中可能会出现错误或漏洞，导致车辆出现各种异常现象。为了解决这些问题，我们可以通过软件更新或修复程序来修正控制器软件中的错误。在更新或修复前，我们需要仔细阅读相关的操作说明和注意事项，并按照规定的步骤进行操作。同时，我们还需要确保软件更新或修复程序的来源可靠、版本正确，以避免因软件问题而引发更多的故障。

6）定期清理传感器表面，保持其清洁无污染；在清理过程中，我们需要使用合适的清洁剂和工具以避免损坏传感器表面。同时，我们还需要检查并维护电源线路和插接器，以确保其工作稳定可靠。具体包括检查线路是否破损、连接是否牢固、绝缘层是否完好等。如果发现电源线路或插接器存在问题，我们需要及时修复或更换，以避免因电气故障而引发车辆安全问题。

综上所述，智能网联汽车线控系统的常见故障包括传感器故障、执行电机故障、控制器故障以及CAN通信故障等。针对这些故障，可以通过故障诊断、故障处理和预防措施等方法来确保车辆的安全性和可靠性。在实际应用中，应根据具体情况选择合适的维修方法，并加强对技术人员的培训和管理，以提高智能驾驶的整体性能和安全性。

维修案例：某车型汽车iBooster系统硬件故障维修

故障现象：当该车型汽车的iBooster（智能制动助力）系统发生硬件故障时，驾驶员可能会遇到以下情况：制动踏板踩下后车辆减速反应迟缓，甚至感觉制动无力；制动过程中伴随异常声响，如吱吱声或嗡嗡声；ABS（防抱死制动系统）在不需要时异常介入，影响制动平顺性。这些故障现象不仅影响了驾驶的舒适性和安全性，还可能对车辆和乘客构成潜在威胁，因此必须迅速而准确地诊断并解决。

首先，利用车载诊断系统（OBD）连接车辆，读取并记录下iBooster系统相关的故障码。这些故障码将提供初步的故障指向，帮助技术人员快速定位问题所在。随后，对车辆进行物理检查，观察制动系统是否有漏油、破损或松动等迹象。同时，检查制动踏板是否回位正常，以及制动盘和制动片是否磨损严重。

分析：该车型汽车的iBooster系统主要由电机、传动机构、控制单元以及传感器等部件组成。电机负责提供制动力矩，传动机构将电机的旋转运动转化为制动钳的线性运动，控制单元则负责接收车辆的各种信号，并根据预设的算法控制电机的运行，而传感器则用于实时监测车辆状态和制动系统的运行情况。

当驾驶员踩下制动踏板时，踏板位置传感器会检测到踏板的位移量，并将这一信号传输给控制单元。同时，车辆上的其他传感器（如车速传感器、轮速传感器等）也会将相关信息传输给控制单元，以便控制单元能够全面了解车辆的行驶状态和制动需求。

控制单元接收到各种传感器信号后，会立即对这些信号进行处理和分析，以判断当前的制动需求和制动强度。基于预设的算法和车辆动力学模型，控制单元会计算出所需的制动力矩，并生成相应的控制指令。

控制单元将控制指令发送给电机，电机根据指令开始运转，并产生相应的制动力矩。制动力矩通过传动机构传递给制动钳，使制动钳夹紧制动盘，从而产生制动力使车辆减速或停车。在制动过程中，传感器会不断监测车辆的行驶状态和制动系统的运行情况，并将监测结果反馈给控制单元。控制单元根据反馈信息对制动过程进行实时调节，以确保制动效果的稳定性和安全性。

例如：某车型iBooster系统控制如图3-17所示，根据其原理，使用万用表测量iBooster系统的电源电压，确保其处于车辆技术手册规定的正常范围内（一般为12V）。检查iBooster系统与其他车辆控制单元（如ABS控制单元）之间的通信线束，测量其电压值以确认信号传输是否稳定且正常。

断开电机连接器，使用万用表的电阻档测量电机绕组的电阻值。根据电机规格，电阻值应在合理范围内，通常在几欧到几十欧之间，测量发现阻值偏大。对压力传感器、位置传感器等关键传感器进行电阻值测量，确保其符合技术规格。传感器电阻值可能因型号而异，但

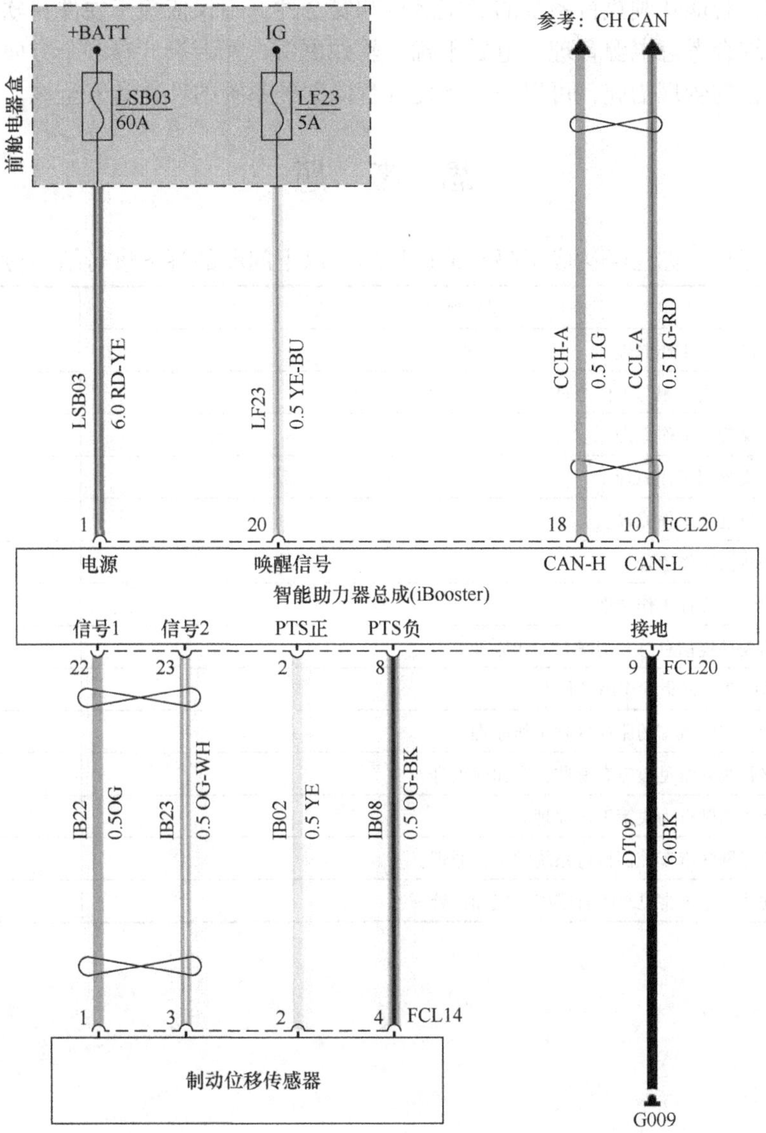

图 3-17　某车型 iBooster 系统控制

应保持稳定且在规定范围内。

在模拟工作状态下，使用电流钳表监测 iBooster 系统的工作电流，发现异常。

根据故障码、测量数据和物理检查结果，识别并确定需要更换的部件（如电机、传感器或控制单元）。按照车辆制造商的指导，小心地拆卸并更换故障部件。注意保持工作区域的清洁，避免灰尘和杂质进入系统内部。更换部件后，重新连接电源，并使用专用诊断工具进行系统功能测试。测试内容应包括制动性能测试（如制动距离和制动力度）、ABS 系统测试等，以确保故障已完全排除且系统性能恢复正常。

使用专用诊断工具清除 iBooster 系统的故障码，以确保系统不再因旧故障码而发出警报。详细记录维修过程中的测量数据、更换部件及维修结果，以备后续参考和追溯。这有助于在车辆出现类似问题时快速定位原因，并采取相应的解决措施。

综上所述，智能驾驶执行系统的稳定运行和安全性，不仅依赖于硬件和软件的性能与可靠性，还需要综合考虑电源管理、电磁干扰、软件更新、冗余设计等多个方面。通过不断的技术创新和完善的管理措施，可以进一步提升智能驾驶系统的性能和安全性。

思 考 题

本章的学习目标你已经达成了吗？请通过思考以下问题的答案进行结果检验。

序号	思考题	自检结果
1	请简述深度学习工作原理。	
2	请简述目标识别与跟踪工作原理。	
3	请简述语义理解工作原理。	
4	请简述语义分割工作原理。	
5	请简述立体视觉工作原理。	
6	请简述场景流工作原理。	
7	请简述视觉里程计工作原理。	
8	请简述驾驶环境信息感知与融合工作原理。	
9	请简述 KITTI 数据集的作用是什么？	
10	请简述无人驾驶汽车的路径规划工作原理。	
11	请简述路径规划常见故障有哪些？应如何处理？	
12	请简述无人驾驶行为决策工作原理。	
13	请简述智能网联汽车控制执行系统的工作原理。	
14	智能驾驶执行系统常见故障有哪些？应如何处理？	

第4章 智能网联汽车关键技术

4.1 车内网络系统

4.1.1 车内通信网络系统介绍

车内网络是指汽车内部的各个电子控制单元（ECU）之间通过一定的通信协议形成的网络，主要包括控制器区域网络（CAN）、局部互联网（LIN）、柔性射频网（RF）和以太网（Ethernet）、移动通信模块（4G/5G），以及卫星定位系统组成的通信系统，它们使得智能网联汽车能够进行远程控制、命令下发、位置定位，以及与其他汽车和交通设施实现通信。这些设备包括传感器、控制器、执行器以及车载娱乐系统等，它们通过车内通信网络相互连接，形成一个复杂的控制系统。

目前，应用最广泛的车载网络技术包括控制器局域网络（CAN BUS）、LIN、FlexRay 和 MOST 总线等。这些网络技术各具特点，共同构成了车内通信网络的基础架构。在车载网络中，CAN BUS 网络最高性能极限为 1Mbit/s。LIN 和 K-LINE 分枝网络最高性能极限为 20kbit/s。而 FlexRay 两个信道上的数据速率最大可达到 10Mbit/s，总数据速率可达到 20Mbit/s，因此，应用在车载网络，FlexRay 的网络带宽可能是 CAN 的 20 倍之多。

（1）控制器局域网络（CAN BUS） 以某车型为例，车载智能控制中的网络协议应用案例如图 4-1 所示，CAN BUS 系统以其高可靠性和实时性在车内网络中占据主导地位。它采用双绞线作为传输介质，支持多主工作方式，即网络中的每个节点都可以在任意时刻主动向其他节点发送信息。CAN BUS 系统广泛应用于发动机管理、车身控制、底盘控制等关键领域，实现车辆各系统之间的数据交换和协同工作。

（2）LIN 总线 LIN 总线是一种低成本的串行通信协议，主要用于车辆内部简单设备与 ECU 之间的通信。它采用单主/多从的通信方式，具有较高的灵活性和可扩展性。LIN 总线常用于车门控制、座椅调节、车窗升降等辅助功能中，实现这些设备之间相对的简单通信和数据传输。

（3）FlexRay 总线 FlexRay 总线结构如图 4-2 所示，是一种高带宽、高实时性的车载网络协议，适用于对数据传输速率和实时性要求较高的场合。它采用双通道冗余设计，提高了通信的可靠性和安全性。FlexRay 总线主要用于动力总成控制、底盘控制等关键领域，满足高速数据传输和实时控制的需求。

（4）MOST 总线 MOST 总线是一种面向媒体的数据传输系统，采用光纤作为传输介质，具有较高的传输速率和抗干扰能力。它主要用于车载娱乐系统的音频和视频数据传输。MOST 总线广泛应用于高端车型的车载音响、导航系统、车载电视等娱乐系统中，提供高质

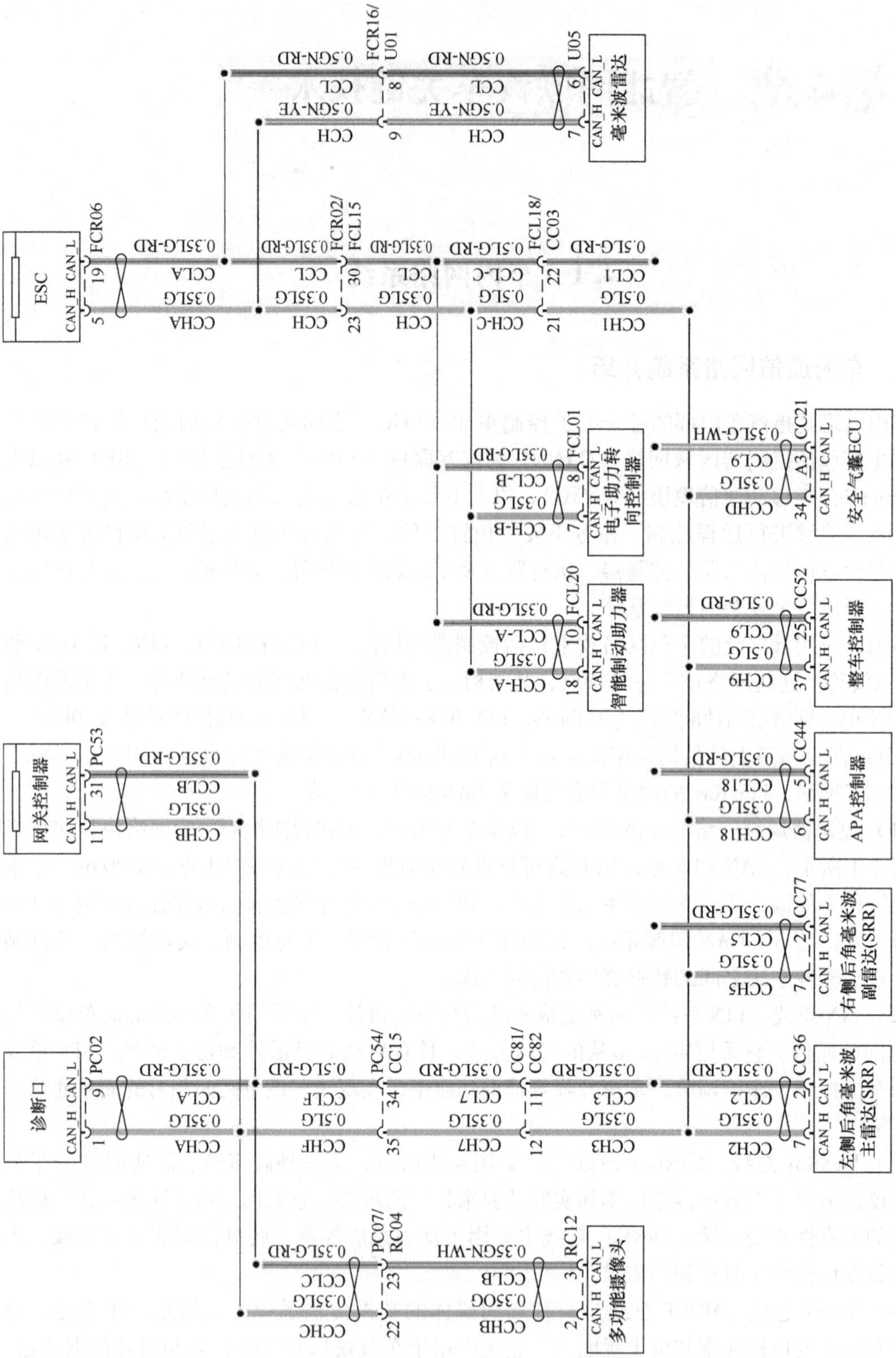

图 4-1 某车的车载智能控制中的网络协议应用案例

量的音频和视频服务。

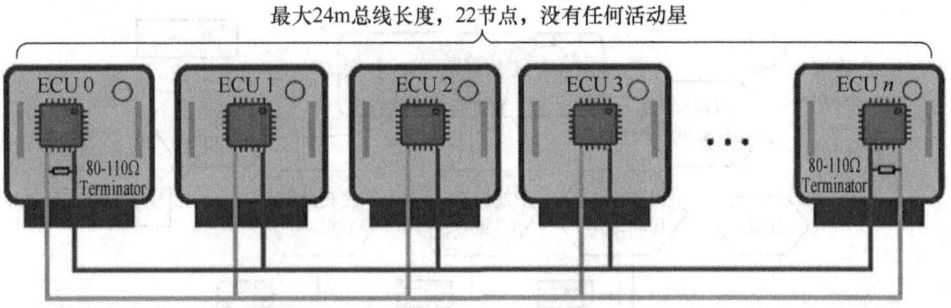

图 4-2　FlexRay 总线结构

（5）汽车以太网　汽车以太网是一种将传统以太网技术应用于汽车领域的通信技术。如图 4-3 所示，它采用以太网协议，通过星形连接架构，为每一个设备或每一条链路提供高达数百兆甚至数千兆的专享带宽，从而满足智能网联汽车对大数据量、高速率通信的需求。相比传统的车载网络技术，汽车以太网提供了更高的带宽资源，支持更多的数据并发传输。

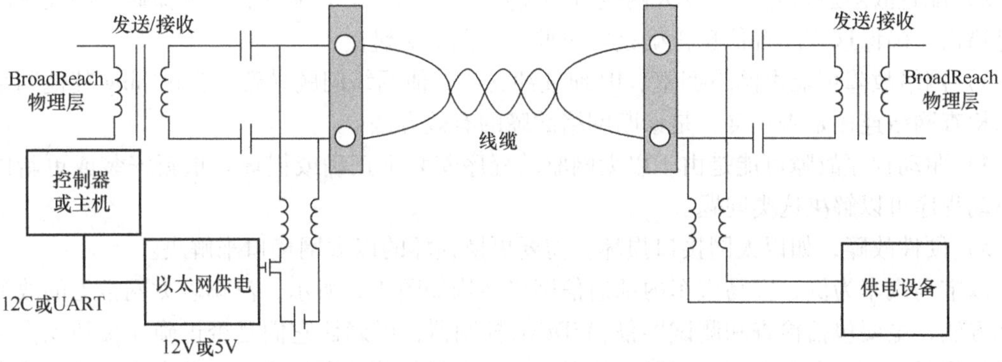

图 4-3　汽车以太网原理

由于 ADAS 系统需要处理大量的传感器数据和图像信息，汽车以太网的高速率和高带宽能够满足这些需求，提高 ADAS 系统的性能和可靠性。汽车以太网可以与其他车载网络技术（如 CAN BUS、LIN 等）相互融合，形成一个更加高效、统一的车载网络系统，提升整车的智能化水平。

汽车以太网的通信原理基于以太网协议，如图 4-4 所示。它采用星形连接架构，通过交换机等设备将各个设备连接在一起。在数据传输过程中，数据被封装成以太网帧，并通过物理介质（如双绞线、光纤等）进行传输。接收设备在接收到数据帧后，进行解封装处理，提取出有用的数据并进行处理。

汽车以太网技术使用单对非屏蔽双绞线，能够实现 100Mbit/s 甚至 1Gbit/s 的数据传输速率。与传统的以太网相比，汽车以太网在物理层有所不同，但基本架构相似，包括数据链路（MAC）层和物理（PHY）层。MAC 层提供寻址机构、数据帧的构建、数据差错检查、传送控制，并向网络层提供标准的数据接口等功能。PHY 层则负责数据传送与接收所需要的电与光信号、线路状态、时钟基准、数据编码和电路等，并向 MAC 层设备提供标准接口。

汽车以太网常见的故障包括物理故障、配置故障、网络故障、驱动程序故障和硬件故障。

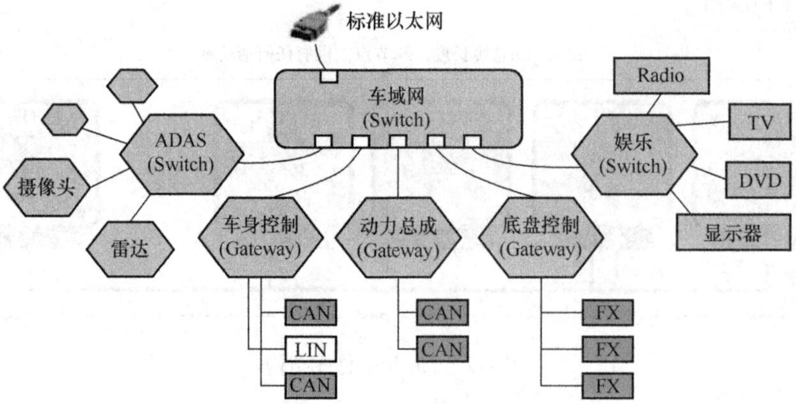

图4-4　车载以太网域级别架构

1）物理故障可能由网络电缆松动、损坏或断裂等引起。检查网络电缆的连接，确保其牢固且无损坏是解决这类问题的首要步骤。

2）配置故障通常是因为以太网接口的配置不正确，如 IP 地址、子网掩码、网关等配置信息错误。确保这些配置信息正确是解决此类问题的关键。

3）网络故障可能由网络拥塞、IP 地址冲突或其他网络问题导致。尝试 ping 其他网络设备以检查网络连接是否正常，是诊断网络故障的有效方法。

4）驱动程序故障可能是由于以太网驱动程序安装不正确或损坏。重新安装或更新以太网驱动程序可以解决这类问题。

5）硬件故障，如以太网接口损坏，需要更换损坏的以太网接口来解决。

以宝马汽车为例，宝马汽车内部通信网络结构如图 4-5 所示，汽车以太网常见的故障及处理方法，主要包括检查和测试屏幕和 iDrive 控制器，以确认它们是否正确连接和工作，排除硬件问题。在确定没有硬件问题的情况下，可以将故障范围锁定在软件方面，然后检查车辆内部的 iDrive 软件版本，如果版本老旧，尝试进行在线软件更新以解决问题。如果软件更新后问题仍未完全解决，应进一步检查控制器和屏幕的连接，确保它们没有松动或损坏。此外，还应深入分析车载电磁干扰（EMI）及其对 iDrive 的影响，使用电磁干扰检测仪器和特殊工具增强检测敏感度，以确定是否存在电磁波频率干扰到控制器和屏幕的情况。

4.1.2　智能网联汽车车内通信网络检修

基于 CAN 总线的智能网联汽车车内通信网络中设备的连接如图 4-6 所示，智能网联汽车的车内通信网络检修旨在确保车辆内部各系统的正常通信，从而提高车辆的安全性和可靠性。在检查时，应先使用专用的诊断设备（如 OBD-Ⅱ诊断仪）读取车辆的故障码，检查各个控制单元（ECU）是否正常工作。通过车内网络（如 CAN 总线、LIN 总线）进行实时数据监控，识别异常信号和通信故障。诊断过程能够帮助技术人员快速定位潜在问题，并确定具体的故障部位。接下来，需要检查所有车内通信网络的物理连接，包括线束、插接件、端子等。确保这些部件没有松动、氧化或损坏。特别是关键节点如模块和控制单元之间的连接更需重点检查。

使用专业的网络分析工具（如 CANalyzer、CANoe）对车内网络的通信流量进行详细分

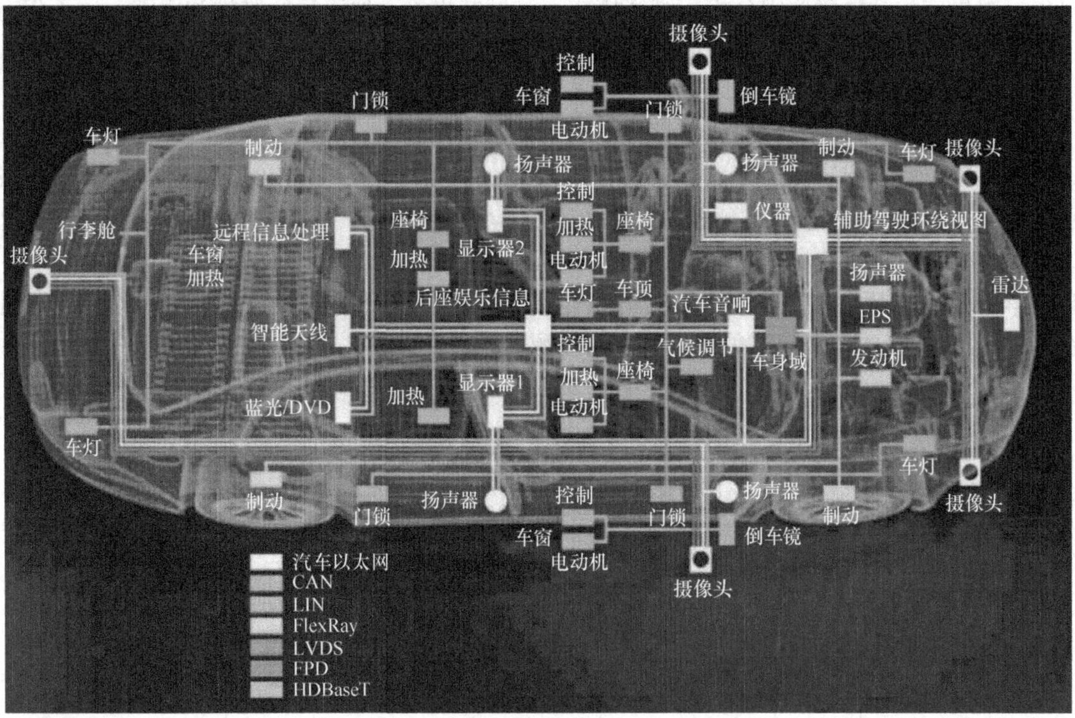

图 4-5 宝马汽车内部通信网络结构

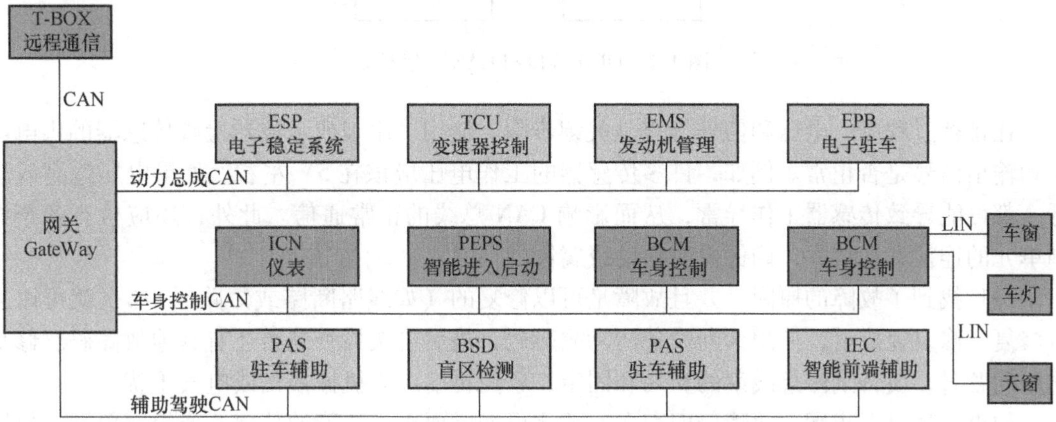

图 4-6 基于 CAN 总线的智能网联汽车车内通信网络中设备的连接

析，识别数据包丢失、错误帧和总线负载情况。通过对通信日志的分析，技术人员可以确定故障的具体位置和原因，从而采取针对性的修复措施。在检测到软件问题后，可能需要对控制单元的软件进行更新或重新编程。确保所有模块的软件版本一致，并且配置参数正确。这一步骤可以解决由软件引起的通信故障，并提升系统整体性能和兼容性。

在完成所有维修和更新后，需要进行全面的功能测试，确保车内各系统能够正常通信和工作。测试包括静态测试（车辆静止状态下）和动态测试（车辆行驶状态下），以验证修复措施的有效性和系统的稳定性。最后，将检修过程中的所有步骤和结果详细记录，生成维修报告。报告应包括故障原因分析、维修措施、测试结果等，便于后续维护和跟踪。这不仅有助于提升维修质量，也为未来可能的故障提供了宝贵的参考数据。

1. CAN 总线故障维修

OBD 接口如图 4-7 所示，在智能网联汽车的通信网络中，如果发现 CAN 总线存在故障，可能的原因包括线路短路、开路或者接地。首先，需要使用专业的诊断仪器（如万用表或示波器）对 CAN 总线进行探测和测试。例如，检查 CAN 总线上的电压是否正常。一般来说，CAN-H（高电平线）上的电压应为 2.5 ~ 3.5V，CAN-L（低电平线）上的电压应为 1.5 ~ 2.5V。如果电压超出这个范围，说明可能存在线路短路或开路的问题。此时，我们逐一排查 CAN 总线连接的各个控制单元，找出故障源。

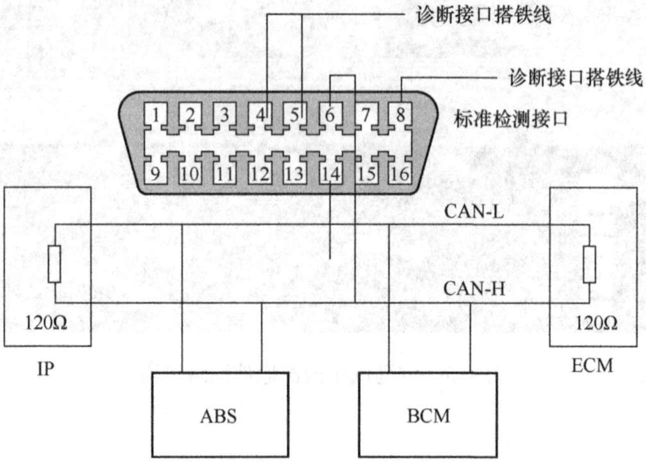

图 4-7　OBD 接口与 CAN 总线检查

在排查过程中，电压和信号检查是关键步骤。使用多用表或示波器检查传感器的供电电压和输出信号是否正常。例如，许多传感器的工作电压应该在 5V 左右。如果电压过高或过低，都可能导致传感器工作异常，从而影响 CAN 总线的正常通信。此外，还应检查各个控制单元的连接和插接件，确保没有松动或腐蚀的情况。

一旦找到了故障的原因，并且故障是可以修复的（如线路断路或短路），那么就可以进行修复。修复完成后，使用诊断设备清除故障码，最后再次检查是否还有其他故障码。修复线路问题时，要特别注意线束的布局和固定，避免再度出现机械损伤或电气干扰。

如果经过以上步骤，故障仍旧存在，那么可能需要更换故障的传感器或控制单元。更换部件时，要选择与原车匹配的型号和规格，确保兼容性和可靠性。安装新部件后，需要进行初始化和匹配设置，以保证新部件能够正常工作和与其他系统协同运行。

在修复或者更换了故障部件后，应该进行一次或多次的路试，确保修复的有效性，并且没有新的故障出现。路试过程中，应模拟各种驾驶条件，检测车辆在不同情况下的表现，确保 CAN 总线和各系统的稳定性和可靠性。通过这一系列详细的检查和测试步骤，能够有效地排除 CAN 总线的故障，确保智能网联汽车的正常运行。

案例 1：智能驾驶控制模块失灵。

故障描述：车辆在智能驾驶模式下突然失去控制，无法正常加速或制动。

使用诊断仪读取故障码，确定智能驾驶控制模块是否报错。使用万用表测量智能驾驶控制模块的供电电压，正常值应为12V。测量控制模块与执行机构之间的信号线电阻，正常值为120Ω。使用钳形表测量模块的工作电流，正常值应在100～200mA之间。使用红外测温仪测量模块的工作温度，正常范围应为30～60℃。

经分析，模块供电的电压值为12V，信号线电阻为120Ω，工作电流为150mA，但模块温度为80℃，表明模块过热导致失灵。检查模块散热系统，清理散热风道，更换故障风扇或散热片，确保模块温度在正常范围内。重新测试，确认故障排除。

案例2：智能驾驶执行机构不响应。

故障描述：车辆在智能驾驶模式下，转向系统不响应。

使用诊断仪检查执行机构（如转向电机）的故障码。使用万用表测量执行机构的供电电压，正常值应为12V。使用万用表测量执行机构内部线圈电阻，标准值为50Ω。使用钳形表测量执行机构的工作电流，正常值应为500mA～1A。使用红外测温仪测量执行机构的工作温度，正常值应为40～70℃。

经分析，执行机构的供电电压为12V，内部线圈电阻为50Ω，工作电流为200mA，工作温度为35℃。电流值明显偏低，可能是电机内部故障。更换执行机构（如转向电机），重新测试电压、电阻和电流，确保所有数值正常，确认故障排除。

案例3：智能驾驶系统间歇性失效。

故障描述：智能驾驶系统在行驶过程中偶尔失效，并自行恢复。

使用诊断仪读取故障码，检查是否有间歇性故障记录。使用万用表在不同时间段测量智能驾驶系统供电电压，正常值为12V。使用万用表测量系统主要节点的电阻，标准值为120Ω。使用钳形表测量系统各部分的工作电流，正常值应为100～500mA。使用红外测温仪在不同时间段测量系统各部分的工作温度，正常范围应为30～60℃。

测量时发现供电电压在某些时段降至10V，电阻和电流正常，温度波动在正常范围。怀疑电源供应不稳定。检查电源系统，包括电池、发电机和电源线束，发现电源线束接触不良。更换或修复电源线束，确保供电稳定。重新测试各项参数，确认故障排除。

案例4：智能驾驶控制单元无法通信。

故障描述：智能驾驶控制单元无法与其他控制单元通过CAN总线进行通信。

使用诊断仪读取故障码，确认智能驾驶控制单元通信故障。使用万用表测量CAN-H和CAN-L电压，标准值应为2.5V。如果测得值明显偏离（如CAN-H为3.6V，CAN-L为1.4V），则可能存在短路。测量CAN总线两端的终端电阻，标准值应为60Ω（如测得值为120Ω，说明一个终端电阻失效）。

检测时发现CAN-H和CAN-L电压不正常，终端电阻值偏高，可能是终端电阻开路或某处接线不良导致的。检查和更换故障终端电阻，并检查相关接线是否存在松动或断路，确保终端电阻恢复至60Ω。

案例5：智能驾驶控制单元数据传输错误。

故障描述：智能驾驶控制单元与执行单元通信时出现大量数据传输错误，影响车辆正常驾驶。

使用诊断仪读取CAN总线的错误帧信息，确认数据传输错误的频率和类型。使用示波器测量CAN-H和CAN-L的信号波形，正常波形应无噪声且对称。如果波形上有明显噪声或失真，表明可能有干扰源。使用红外测温仪检测智能驾驶控制单元及周围线路的温度，正常工作温度应在 -40 ~ 85℃之间（如温度过高，则可能是过热导致通信错误）。

波形分析显示存在噪声干扰，且温度检测发现控制单元温度偏高，可能是电磁干扰和过热导致数据传输错误。排除可能的电磁干扰源，必要时增加屏蔽措施，同时检查并改善智能驾驶控制单元的散热，确保温度在正常范围内。

案例6：智能驾驶执行单元失效。

故障描述：智能驾驶执行单元无法响应控制命令，导致自动驾驶功能失效。

使用诊断仪读取执行单元的状态信息和故障码，确认执行单元无法响应。使用电流钳测量执行单元工作电流，正常工作电流应在500mA ~ 2A 之间（如测得电流为0A，表明可能有断路或接触不良）。使用万用表测量执行单元与控制单元之间的线路电阻，标准值应为0 ~ 0.5Ω（如测得值超过1Ω，说明线路存在接触不良）。

电流测量显示执行单元无工作电流，线路电阻偏高，表明可能存在断路或接触不良。检查并修复执行单元与控制单元之间的接线，确保线路通畅，同时更换可能损坏的执行单元组件，确保执行单元正常响应控制命令。

2. LIN 总线故障维修

LIN 总线作为一种相对简化的串行通信网络，在车辆内部广泛应用，但其故障往往会导致相关设备如电动车窗、遥控锁等无法正常工作。针对此类问题，首先需通过故障警告灯或驾驶员的反馈识别出潜在问题。随后，利用专业的 LIN 诊断工具接入系统进行初步检测，确认是否为 LIN 总线故障。一旦确认，接下来的步骤是细致的线路与电压检查。使用多用表测量 LIN 总线电压，标准值应在 12V 左右，任何偏差都可能指向线路短路、开路或接地故障。在此基础上，依据车辆线路图，逐一排查总线上的每个设备及其连接状态，通过断开与重连的方式隔离并确定具体故障点。

定位故障后，维修工作便进入实施阶段。根据诊断结果，可能需更换损坏的设备或重新连接松动的线路。这一过程中，确保操作精确无误至关重要，以防引入新的故障。修复完成后，不可急于交付，而应再次利用 LIN 诊断工具进行全面检测，并在实车上进行功能验证，确保所有受影响的设备均已恢复正常运行。通过这一系列步骤，LIN 总线故障得以有效解决，车辆各系统再次实现顺畅通信与协作。

案例1：电动车窗失灵的 LIN 总线修复。

在一辆某品牌车型中，驾驶员报告电动车窗无法正常升降。通过故障警告灯的提示和驾驶员的直接反馈，技术人员初步判断可能与 LIN 总线通信有关。随后，技术人员使用专业的 LIN 诊断工具接入系统，经过检测确认是 LIN 总线故障导致。进一步测量 LIN 总线电压，发现电压远低于标准的12V，指示可能存在线路短路或接地问题。

依据车辆线路图，技术人员逐一检查了电动车窗控制单元及其相关连接。通过断开与重连的方式，最终定位到一处线路，其接口松动导致信号传输受阻。修复接口后，再次检测 LIN 总线电压，恢复正常。最后，在实车上进行电动车窗升降功能验证，确认故障已完全解决，车窗恢复正常工作。

案例2：遥控锁失效的 LIN 总线排查与修复。

另一辆车型出现了遥控锁无法正常开关的情况，同样初步判断与 LIN 总线故障相关。使用 LIN 诊断工具接入系统后，诊断结果显示 LIN 总线通信异常。技术人员随即进行了线路与电压检查，发现 LIN 总线电压虽然接近 12V，但存在细微波动，这往往预示着线路中存在轻微短路或接触不良。

按照车辆线路图，技术人员逐一排查了遥控锁控制模块及其相关线路。在断开并重新连接多个连接点后，发现一处连接线的绝缘层破损，导致轻微短路。更换该段线路后，LIN 总线电压稳定，通信恢复正常。最后，通过遥控锁的实际操作验证，确认故障已完全排除，遥控锁功能恢复正常。

这两个案例充分展示了 LIN 总线故障的诊断与修复过程，强调了细致检查、精确操作以及全面验证的重要性。在实际维修中，面对不同的故障现象，技术人员需灵活运用专业知识和工具，确保快速准确地定位并解决问题。

3. MOST 光纤总线故障维修

MOST 光纤总线的主要问题通常涉及物理层面，如光纤被损坏或连接不良等。修复这类故障首先需要检查光纤的完整性，看是否有断裂、弯曲过度或接头松动等问题，必要时可以使用光纤测试仪进行检测。如果发现问题，需要更换新的光纤。此外，也需要检查 MOST 总线上的设备是否工作正常，如是否供电正常、软件是否有故障等。

案例：驾驶员发现车载多媒体系统突然没声音了，他试图调整音量，更改音源，均无效。

车辆到达维修站后，技术人员连接专门的 MOST 诊断工具对车载系统进行初步检查。诊断工具无法读取到多媒体系统的数据，这表明可能出现了 MOST 总线的问题。技术人员首先检查 MOST 光纤的完整性，看是否有断裂、弯曲过度或接头松动等问题。在维修中技术人员发现，一段光纤过度弯曲，可能损害了传输质量。使用光纤测试仪进行详细的检测，确实发现了光纤信号质量差的问题。至此，故障基本确定为物理层面的光纤问题。技术人员更换了新的光纤，并确保其放置得当，没有过度弯曲等可能引发问题的情况。同时，技术人员还检查 MOST 总线上的各设备是否工作正常，包括供电情况，以及相关软件的状态。最后，重新使用 MOST 诊断工具进行检测，结果显示多媒体系统正常。

以上只是一些常见的维修方法，具体的故障分析和维修步骤会根据实际情况有所不同。需要注意的是，由于汽车电子系统的复杂性，应避免造成更严重的损坏。

4.2 V2X

4.2.1 概述

V2X，即 Vehicle to Everything（车与万物互联），是一种通信技术，其应用场景如图 4-8 所示，旨在实现车辆与车辆（Vehicle to Vehicle，V2V）、车辆与基础设施（Vehicle to Infrastructure，V2I）、车辆与行人（Vehicle to Pedestrian，V2P）以及车辆与云端（Vehicle to Cloud，V2C）等之间的信息交换与共享。这种技术通过无线通信手段，使得车辆能够实时获取周围环境的各种信息，包括路况、交通信号、行人动态等，从而提高道路交通的安全性和效率。

V2X 技术主要包括以下几个关键组成部分。

（1）车辆与车辆通信（V2V） 允许车辆之间直接交换信息，如速度、位置、行驶方向

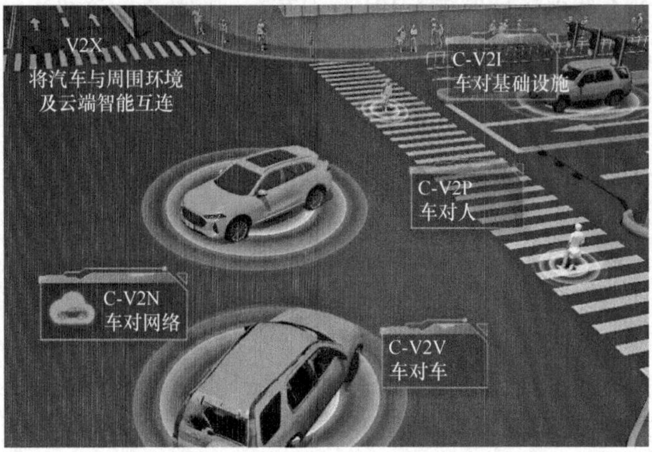

图 4-8　V2X 技术应用场景

等，以便车辆能够提前感知并避免潜在的碰撞风险。其技术原理是利用短程无线通信技术（如 DSRC、C-V2X 等），实现车辆间的实时数据交换。V2V 主要用于预警系统（如碰撞预警、盲点监测）、协同驾驶（如编队行驶、交叉路口协作）等。V2V 显著提高驾驶安全性，减少因视线盲区、判断失误等导致的交通事故。

（2）车辆与基础设施通信（V2I）　车辆与道路基础设施（如交通信号灯、路侧单元等）之间的通信，使车辆能够接收来自基础设施的实时交通信息，如信号灯状态、道路施工情况等，从而做出更智能的驾驶决策。V2I 基础设施包括交通信号灯、路侧单元（RSU）、智能停车系统等。V2I 主要应用于绿灯优化（根据车辆位置动态调整信号灯时间）、紧急事件通知（如道路事故、施工预警）等。V2I 技术应用旨在提升道路通行效率，减少等待时间，优化交通流量。

（3）车辆与行人通信（V2P）　通过特定的设备或应用程序，车辆可以与行人进行通信，提醒行人注意车辆接近，特别是在视线不佳或行人难以察觉车辆的情况下，提高行人的安全性。随着技术普及，V2P 将成为城市智能交通不可或缺的一部分。

（4）车辆与云端通信（V2C）　车辆通过蜂窝网络或其他无线通信技术连接到云端服务器，实现与远程数据中心的数据交换。云端可以处理和分析来自车辆的大量数据，为车辆提供实时路况、导航建议、车辆健康监测等服务。

V2X 技术的发展对于推动智能交通系统（ITS）的建设具有重要意义。它不仅能够提高道路交通的安全性和效率，还能够促进节能减排和环境保护。随着 5G、物联网等技术的不断发展，V2X 技术将迎来更加广阔的应用前景。

需要注意的是，V2X 技术的实现需要依赖完善的通信网络和标准化的协议体系。同时，还需要考虑数据安全和隐私保护等问题，确保车辆与周围环境之间的信息交换既高效又安全。

随着 5G、物联网、人工智能等技术的快速发展，V2X 技术将迎来更加广阔的发展前景。未来，V2X 将不仅限于车辆与周围环境的互联，还将与智慧城市、自动驾驶等领域深度融合，共同推动交通行业的智能化转型。通过构建更加智能、高效、安全的交通系统，V2X 技术将为人类社会的可持续发展贡献重要力量。

4.2.2 V2X 常见故障检修

V2X 系统故障不仅会导致车辆间及车辆与基础设施间的通信中断、定位错误、时间同步失效，严重影响交通流畅与安全，甚至可能引发交通事故，危及人身安全。因此，及时、准确地检查维修 V2X 系统至关重要。它不仅能快速恢复系统正常运行，还能有效预防潜在风险，提升道路交通智能化水平，确保交通参与者的安全与便捷。

在 V2X 系统可能会遇到各种常见故障，见表 4-1。

表 4-1 V2X 系统常见故障

序号	故障类别		详细说明	处理措施
1	通信故障	通信中断	车辆与路侧单元（RSU）、其他车辆（V2V）或基础设施（V2I）之间的通信突然中断	1）确认车辆当前位置是否在信号覆盖范围内，特别是进入隧道、地下停车场等信号屏蔽区域时 2）检查车载单元（OBU）和 RSU 的天线是否损坏、被遮挡或安装不当 3）使用专业设备测试通信模块的发射和接收功能，确保模块正常工作 4）确认 V2X 系统的网络配置是否正确，包括 IP 地址、参数、DNS 等设置
		通信延迟	信息传输时间超出正常范围，导致实时性降低	
2	定位故障	定位不准确	车辆位置信息与实际位置存在偏差	1）确认 GPS 模块是否正常工作，包括信号接收和数据处理能力 2）检查 GPS 天线是否连接牢固，信号传输是否畅通 3）考虑天气、建筑物遮挡等环境因素对 GPS 信号的影响 4）定期进行定位系统的校准，确保定位准确性
		定位丢失	无法获取车辆位置信息	
3	同步故障	时间同步失败	车辆间或车辆与基础设施间的时间同步出现问题	1）确认 GNSS 信号是否可用，排除信号屏蔽或模块故障等原因 2）在 GNSS 信号不可用的情况下，尝试使用其他同步源（如服务载波定时）来推导 DFN 3）确认网络同步协议是否配置正确，确保同步信息的准确传输 4）尝试重启 V2X 系统的同步模块，恢复同步功能
		DFN 同步错误	基于 GNSS 的 DFN 同步出现偏差	
4	软件故障	系统崩溃	V2X 系统软件运行异常导致系统崩溃	1）尝试重启 V2X 系统，恢复软件正常运行 2）检查是否有可用的软件更新，更新至最新版本以解决已知问题 3）在必要时，可以考虑将系统恢复出厂设置以排除配置错误等问题
		功能失效	特定功能无法正常工作	
5	硬件故障	硬件损坏	OBU、RSU 等硬件设备损坏导致功能失效	对于损坏的硬件设备，需要及时更换以确保系统正常运行
		接口松动	设备间接口松动导致信号传输中断	定期检查设备间的接口连接是否牢固，防止信号传输中断

V2X 系统故障诊断方法与维修思路是确保车辆与周围环境（包括其他车辆、行人、基础设施等）安全通信的重要环节。以下是 V2X 系统故障诊断方法与维修思路。

1. 报文检测法

在 V2X 系统中，如图 4-9 所示，为确保车辆与其周围环境的无缝安全通信，报文检测法成为一种高效且关键的故障诊断手段。该方法的核心在于，系统按既定的时间间隔（如每 9 ~ 11ms），自动通过 V2X 通信模块发送一系列报文。这些报文内容丰富多样，涵盖了目标车辆的基本信息、环境上下文数据，以及至关重要的故障报告。

图 4-9　车-路-网协同

实施报文检测法时，首先需精确设定报文的发送周期，以确保信息的实时更新与传递。随后，V2X 通信模块将按此周期持续发送报文至指定的接收端，如路边单元（RSU）或远程故障诊断平台。接收端在接收到报文后，会立即进行双重验证：一是确认报文是否成功接收；二是校验报文内容的完整性与准确性。这一步骤对于及时发现并解决通信故障至关重要。

尤为值得注意的是，当系统检测到故障报文时，将立即触发故障分析机制。通过对故障报文中携带的详细信息进行深入分析，能够迅速定位故障源头，为后续的维修工作提供有力支持。报文检测法的显著优点在于其强大的实时性，能够确保故障在第一时间被发现并报告，从而有效提升 V2X 系统的整体安全性和稳定性。

2. 故障树分析法

故障树分析法对复杂的 V2X 通信模组进行细致的功能划分，将其拆解为多个功能且相互关联的模块，每个模块专门负责执行特定的通信任务。随后，进一步对这些模块进行功能拆解，细化至子模块层面，确保每个子模块的功能明确且易于检测。

接下来，利用故障树算法构建 V2X 通信模组的故障检测模型。故障树以图形化的方式展现了故障与其可能原因之间的逻辑关系，包括多个中间事件节点和底事件节点。这一步骤不仅明确了故障的传播路径，还帮助识别了关键故障点。通过构建这样的故障树模型，我们能够系统地分析和预测潜在的故障情况。

在实施阶段，根据故障树模型进行故障检测和诊断。通过对各个节点状态的监测和分析，可以快速定位故障发生的具体位置，并据此制定相应的维修方案。模块化与故障树分析法的结合应用，显著增强了 V2X 系统故障诊断的系统性和全面性，有效提高了诊断的准确性和效率。

3. 远程诊断法

远程诊断法是一种创新的车辆维护策略，它深度融合了 V2X 通信技术与远程诊断平台的功能。此方法的核心在于利用高效的通信手段，实现车辆与远程服务平台之间的即时数据交换。当车辆遭遇故障时，不再需要驾驶员亲自将车辆送至维修站，而是通过 V2X 技术，车辆能够自动将详尽的故障信息快速传输至专业的远程诊断平台。

如要实现远程诊断，应先构建一个功能强大的远程诊断平台，该平台需具备强大的数据处理与分析能力，并能与 V2X 系统无缝对接，确保信息的准确传输。接下来，每当车辆发生故障，其内置的传感器与通信模块将立即启动，自动采集并加密故障数据，随后通过 V2X 网络将这份“求助信号”安全送达至远程诊断平台。

平台收到故障信息后，其内置的智能算法将迅速介入，对海量数据进行深度挖掘与分析，以最快的速度定位故障根源。基于分析结果，平台将生成详细的维修建议或远程修复方案，并通过同样的 V2X 通道回传给车辆或驾驶员。这一流程不仅极大地缩短了故障发现到解决的时间，还有效降低了因故障导致的额外成本，为车主提供了前所未有的便捷与安心。

远程诊断法的显著优点在于其高效性与便捷性。它打破了传统车辆维修在时间与空间上的限制，使得车主无须再因车辆故障而烦恼于寻找维修站点或等待维修人员上门。同时，通过远程平台的精准分析与指导，维修工作往往能够更加精准高效地完成，从而进一步减少了不必要的维修成本与资源浪费。

在 V2X 系统的维修过程中，首要任务是故障定位。这一步骤至关重要，它要求技术人员利用先进的故障诊断方法，如逻辑分析、故障树构建等，结合专业的诊断设备和软件，如报文解析工具和故障模拟系统，精准锁定故障点。无论是硬件故障、软件异常还是通信中断，都需逐一排查，确保无遗漏。

紧接着是故障分析阶段，这是对故障点进行深度剖析的过程。需结合车辆的实际使用情况、历史维修数据以及系统的工作原理，对故障进行全面、细致的分析。通过对比、归纳和推理，明确故障的具体原因和性质，为后续维修方案的制定提供有力依据。

维修方案制定是维修思路中的关键环节。根据故障分析的结果，需综合考虑成本效益、维修时间、系统安全性和技术可行性等多方面因素，科学合理地制定维修方案。方案可能涉及更换损坏部件、修复软件缺陷、调整通信参数等多个方面，旨在以最小的代价实现故障的有效解决。

维修实施时需严格按照操作规程和安全规范进行操作，确保维修工作的顺利进行。无论是更换部件、修复软件还是调整通信设置，都需细致入微、一丝不苟，以确保维修质量和人员安全。在维修完成后，需使用专业的测试设备和软件对车辆进行全面测试，包括通信功能测试、系统性能评估等。通过测试验证，确保故障已得到彻底排除，V2X 系统恢复正常运行状态，为车辆的安全行驶提供坚实保障。

4.3 4G/5G/6G 移动通信系统

如图 4-10 所示，移动通信模块在现代智能网联汽车中，其核心组件涵盖了 4G、5G 乃

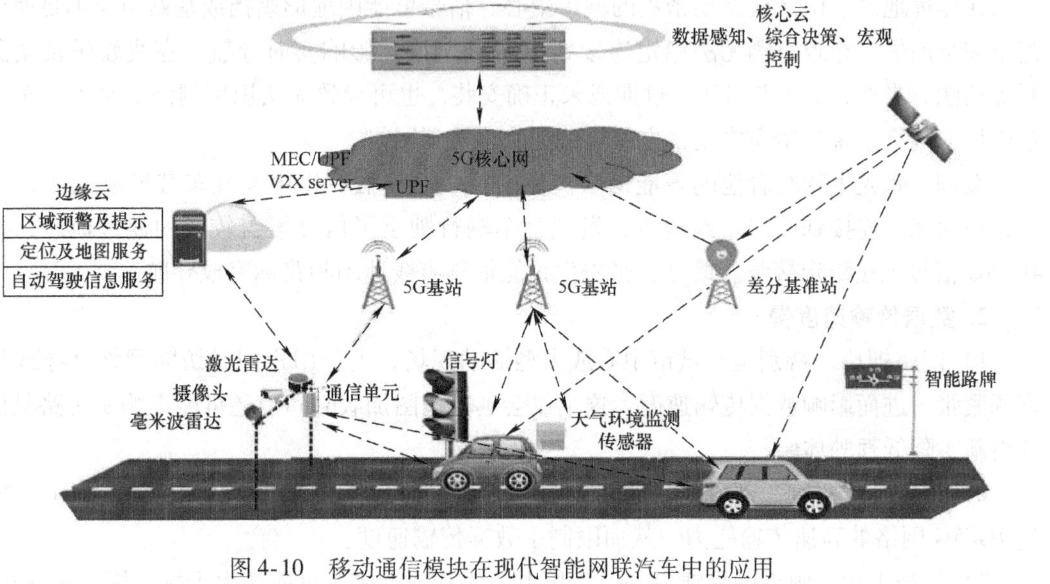

图 4-10 移动通信模块在现代智能网联汽车中的应用

至未来可能的6G技术。这一模块不仅让车辆能够无缝接入互联网，还赋予了汽车远程控制、故障诊断、软件自主升级以及实时信息接收等多重能力。

移动通信模块的核心功能包括远程控制与故障诊断、软件升级、实时信息接收、车对车（V2V）与车对设施（V2I）通信等。

（1）远程控制与故障诊断　车主可通过智能手机等智能设备，对车辆进行远程操控，如锁定/解锁车门、预起动空调等。当车辆出现故障时，系统能即时将故障信息发送至车主及维修中心，便于快速诊断与处理。

（2）软件升级　车辆能够自动接收来自汽车制造商的软件更新包，并在线完成升级，确保车辆功能的持续优化与安全性的提升。

（3）实时信息接收　移动通信模块使车辆能够实时接收云端推送的各类信息，如路况、导航数据等，辅助驾驶员做出更精准的决策。

（4）车对车（V2V）与车对设施（V2I）通信　未来的5G/6G技术将推动V2V与V2I通信的实现，车辆将能够实时交换行驶状态、位置信息及与道路基础设施进行通信，显著提升道路安全与行车效率。

技术原理：智能网联汽车利用多天线MIMO实现空间复用与分集增益，加速高清地图下载与车辆数据稳定上传。通过5G波束赋形技术确保智能网联汽车在高速行驶或复杂环境中，通过智能调整信号方向，维持稳定的网络连接，支持自动驾驶与远程操控。其通信过程采用极化码等新型编码，增强数据传输可靠性与错误纠正能力，确保智能网联汽车接收实时路况与执行精确故障诊断的准确性。

车辆的4G/5G技术常见故障可以归结为几大类，这些故障不仅影响车载通信模块的正常工作，还可能对车辆的远程控制、实时信息接收及自动驾驶等功能造成不良影响。以下是4G/5G技术的一些常见故障类型。

1. 网络连接不稳定或无法连接

在偏远地区、山区或高楼密集的城市中心，信号可能因地形遮挡或基站覆盖不足而变弱甚至完全消失，导致车辆无法稳定连接到4G/5G网络，影响实时导航、在线娱乐及紧急呼叫等功能。当然，SIM卡损坏、过期或未正确安装，也可导致无法识别网络。另外，车载通信模块的网络设置被错误修改，也将导致无法连接到网络。

案例：张先生驾驶着他的智能网联汽车前往山区度假，途中发现车载导航无法正常工作，提示无法连接到网络。经检查，发现是车辆行驶至了信号覆盖较弱的偏远地区，导致4G/5G信号无法稳定接收。最终，张先生只能依靠离线地图和路标完成导航。

2. 数据传输速度慢

1）网络拥堵。特别是在城市中心或大型活动现场，大量用户同时访问网络会导致带宽资源紧张，进而影响数据传输速度。这不仅会延长地图加载时间，还可能影响实时路况信息的更新，降低驾驶体验。

2）硬件性能限制。部分较早的车载通信模块可能受限于其硬件设计，无法完全发挥现代4G/5G网络的高速传输能力，从而限制了数据传输速度。

3）信号干扰。附近的无线设备、高压电线或其他电磁源可能产生干扰，影响4G/5G信号的稳定性和传输速度，尤其是在车辆密集或工业区域更为明显。

案例：李女士在市中心高峰时段使用车载娱乐系统观看在线视频，但发现视频频繁卡顿，缓冲时间过长。经技术人员检查，发现是由于网络拥堵导致数据传输速度变慢，虽然车辆处于5G网络覆盖区域，但由于大量用户同时使用网络，使得带宽资源紧张，影响了数据传输速度。

3. 信号中断或掉线

1）移动中的切换问题。在高速行驶或穿越不同运营商网络覆盖区域时，车载通信模块需要在不同基站之间进行快速切换。如果切换算法不够优化或基站间协作不畅，就可能导致信号短暂中断，影响正在进行的通话、视频流或数据传输。

2）硬件故障。长时间使用或恶劣的工作环境可能导致车载通信模块内部的元器件损坏或老化，如天线接触不良、电路板腐蚀等，进而引发信号不稳定或频繁掉线的问题。

3）软件问题。车载通信模块的软件如果存在漏洞或错误，也可能导致网络连接不稳定。例如，软件更新不当可能引入新的兼容性问题，或者软件本身的bug可能影响信号处理的效率和准确性。

案例：王先生的智能网联汽车在高速行驶过程中，突然出现了远程控制系统失灵的情况。经诊断，问题出在车载通信模块与基站之间的信号切换上。由于车辆行驶速度过快，加上基站间的切换算法不够优化，导致信号在切换过程中出现了短暂的中断，进而影响了远程控制功能的正常使用。

4. 软件更新失败

1）网络问题。在更新软件时，如果车辆所处的网络环境不稳定或速度慢，就可能导致下载过程中断或下载的文件损坏，进而无法完成更新。此外，网络限制（如流量限制、防火墙设置等）也可能影响软件更新的顺利进行。

2）存储空间不足。随着软件版本的更新迭代，所需存储空间也会不断增加。如果车载通信模块的存储空间不足，就无法下载或安装新的软件版本。这可能会导致车辆无法享受最新的功能优化和安全性提升。

3）兼容性问题。新软件版本可能与车载通信模块的硬件或现有软件存在兼容性问题。例如，新版本的软件可能不支持旧型号的硬件接口或与其他已安装的软件冲突，从而导致更新失败或更新后功能异常。

案例：赵女士的汽车收到了厂家的软件更新通知，但在下载过程中出现了错误，导致更新失败。经检查，发现是由于车载通信模块的存储空间不足，无法容纳新的软件版本。赵女士不得不前往4S店进行手动升级，并清理了部分不必要的文件以释放存储空间。

5. 远程控制功能失效

1）网络延迟。由于网络传输速度受限或网络拥堵等原因，远程控制指令可能无法及时传达到车辆。这会导致远程控制响应延迟或无法完成操作指令，影响用户的远程驾驶体验。

2）权限问题。用户账户权限设置不当或丢失可能导致无法执行远程控制操作。例如，如果用户的账户被锁定、密码被遗忘或权限被错误地取消，就可能无法远程起动车辆、调整车内温度或查看车辆状态等。

3）软件故障。车载通信模块或远程控制相关的软件出现故障也可能导致功能失效。例如，软件崩溃、死机或进入无限循环等问题都可能影响远程控制的正常使用。

案例：刘先生的车辆原本支持远程起动空调功能，但在一次使用中却发现该功能无法正常工作。经技术人员排查，发现是由于用户账户权限设置不当，导致远程控制指令无法被车载系统正确识别和执行。通过重新设置账户权限，问题得到了解决。

6. 设备过热

1）散热不良。车载通信模块在长时间工作或高负载状态下会产生大量热量。如果散热设计不合理或散热元件损坏，就可能导致设备过热。过热不仅会影响设备的性能和稳定性，还可能引发安全隐患。

2）环境温度。极端的环境温度也会对车载通信模块的正常工作产生影响。在高温环境下，设备更容易过热；而在低温环境下，则可能因电池性能下降而影响设备的正常起动和运行。因此，在极端环境条件下使用车辆时，需要特别注意车载通信模块的工作状态。

案例：陈先生的智能网联汽车在夏季高温天气下长时间行驶后，发现车载通信模块温度过高，甚至出现了性能下降的情况。经检查，发现是由于车载通信模块散热设计不足，在高温环境下无法有效散热。为了解决这个问题，陈先生不得不为车辆安装了一个额外的散热风扇，并在行驶过程中尽量减少长时间使用高功耗功能。

针对这些常见故障，可以采取相应的解决措施，如优化网络设置、更换 SIM 卡、升级硬件和软件、增强散热系统等，以确保车载 4G/5G 技术的稳定性和可靠性。

4.4 定位系统

4.4.1 卫星定位系统

1. 智能网联汽车卫星定位与导航系统原理

卫星定位系统，尤其是全球定位系统（GPS）和中国北斗导航系统，在车辆导航与自动驾驶领域扮演着核心角色。这些系统构建了一个由多个卫星组成的网络，实时为车辆提供高精度的位置与时间信息。通过持续监测和解析来自卫星的信号，车辆能够准确知晓自身在全球范围内的精确位置，进而为路径规划、实时导航以及自动驾驶的决策提供可靠依据。

（1）GPS 全球定位系统　GPS 系统由一系列精心部署的卫星组成，这些卫星不断向地球发送信号。车辆上安装的 GPS 导航能够捕获这些信号，并通过计算信号传播时间差来确定与卫星的距离。但是至少需要四颗卫星的信号才能实现三维定位，从而精确获取车辆的经度、纬度和海拔高度，如图 4-11 所示。然而，在城市峡谷、茂密森林或室内等环境中，GPS 信号可能会受到遮挡或干扰，导致定位精度下降。

（2）北斗卫星导航系统　作为中国自主建设的全球卫星导航系统，北斗系统不仅为全球用户提供高精度定位服务，还具备独特的短报文通信功能。北斗系统由 55 颗卫星组成，覆盖范围广，能够为全球范围内的车辆提供可靠的定位信息。如图 4-12 所示，北斗卫星导航系统定位原理与 GPS 相似，北斗系统也采用三角测量法来确定车辆位置，但凭借更多的卫星数量和更先进的技术，其定位精度和稳定性进一步提升。此外，北斗系统还能与其他车

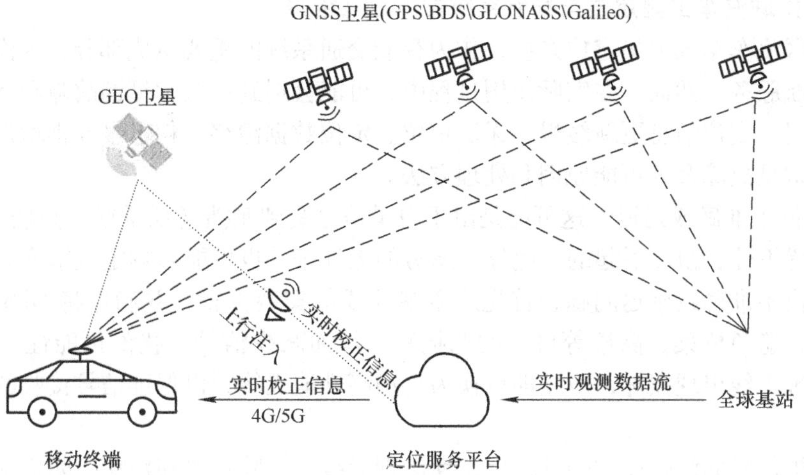

图4-11 GPS全球定位系统定位原理

载传感器（如惯性导航系统、激光雷达和摄像头）深度融合，共同提升车辆在复杂环境下的定位精度和自动驾驶能力。

（3）智能网联车辆实时导航 智能网联车辆通过集成GPS或北斗系统，如图4-13所示，实现了与高精度地图和实时交通数据的无缝对接。车载导航系统能够实时接收并处理来自云端导航服务器的交通信息，结合车辆当前位置和目的地信息，为车辆规划出最优的行驶路线。同时，导航系统还通过语音提示、图像显示等多种方式向驾驶员或自动驾驶系统提供详细的导航指引，确保车辆能够准确、安全地到达目的地。此外，随着4G/5G等无线通信技术的不断发展，车载导航系统还能够实现与互联网的实时连接，进一步提升导航的实时性和准确性。

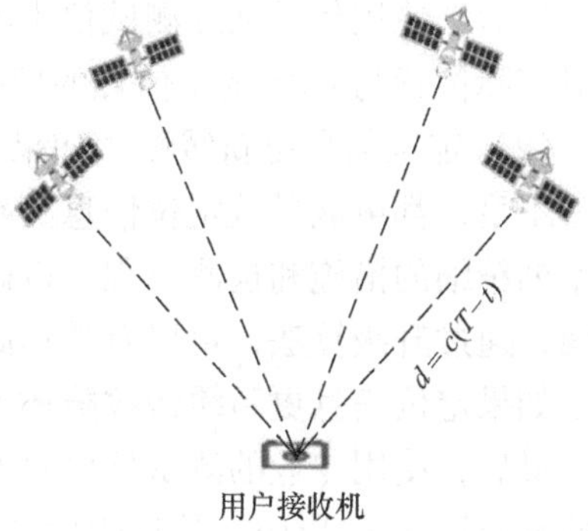

图4-12 北斗卫星导航系统定位原理

d：卫星与用户之间的距离

t：卫星发送信号的时间

T：用户接收信号的时间

c：光速

图4-13 智能网联车辆实时导航

2. 智能网联汽车卫星定位与导航系统常见故障检修

智能网联汽车车载卫星定位系统，作为智能交通系统的重要组成部分，为汽车提供精确的定位和导航服务。然而，在实际使用过程中，可能会遇到一些常见的故障和问题，如定位不准确或延迟、定位信息更新缓慢、无法定位、定位数据漂移、耗电量异常增加等。以下是此系统几种常见故障及其可能原因和处理方法。

（1）定位不准确或延迟　这可能是由于卫星信号受到遮挡（如桥梁、高楼等），或者是 GPS 天线位置不佳、损坏引起的。此外，恶劣的天气条件也可能影响定位精度。

面对定位不准确或延迟问题，首先应重视天线的安装位置，并确保将 GPS 天线放置于车辆的高处，避免桥梁、高楼等可能的遮挡物，从而减少信号干扰的可能性。在实施过程中，如果发现天线出现损坏，应立即更换为新型高性能天线，以保证信号接收的稳定性和准确性。

为了维护信号的清晰度和强度，应定期清理天线，去除灰尘和污垢，防止这些物质影响信号接收。同时，还应检查天线与 GPS 接收器之间的线路连接，确保连接牢固无松动，排除任何可能的信号传输障碍。

最后，使用信号强度测试仪来测量天线接收到的卫星信号信噪比（高于 40dB），并通过比对实际位置与 GPS 定位位置的偏差检测，偏差值需控制在 10m 以内。

（2）定位信息更新缓慢　如果车辆所在地区的卫星信号弱，或者定位系统的算法处理能力不足，都可能导致定位信息更新缓慢。在面对定位信息更新缓慢的问题时，业界采取了一系列精细的措施和检测过程，以确保提升系统的响应速度和处理效率。首先，在优化算法方面，通过升级算法，可以有效提高数据处理的速度，使得定位信息能够更快地被计算和更新。如果定位信息更新缓慢故障还不能排除，可以更换新的 GPS 组件。

最后，使用专业的测试软件对 GPS 信息的更新速率进行测试。理想情况下，信息的更新速率应该在 1s 以内。从接收信号到显示定位信息的处理时间应控制在 2s 以内。

（3）无法定位　如图 4-14 所示，这种情况可能是因为 GPS 模块故障，或者是车辆处于 GPS 信号极差的环境中，如地下停车场等。此外，软件故障或配置问题也可能导致无法定位。

在智能网联汽车无法定位的故障处理过程中，可以采取系统化的检测与维修方法。首先，可以使用诊断设备读取车辆的故障码，并分析其背后的原因。如果检测到 GPS 模块本身出现故障，检查其连接是否松动或者损坏。必要时，进行更换或修复，以确保模块能够正常工作。然后对 GPS 天线的性能进行检测，由于天线的信号接收直接影响定位的准确性，可以使用信号分析仪测量天线的信号强度。

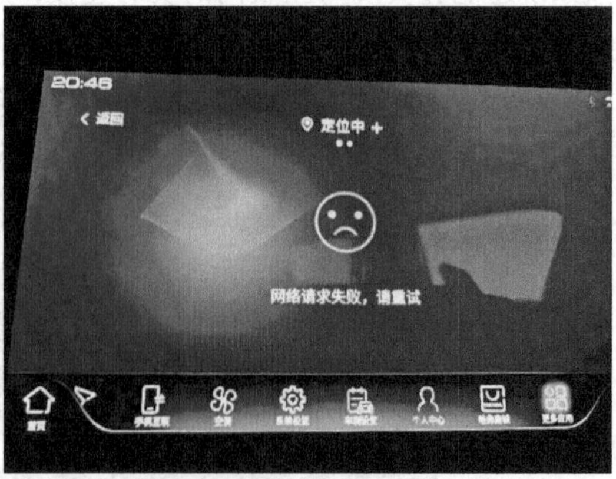

图 4-14　无法定位案例

理想情况下，信号强度应在 -130dBm 以上。如果信号强度过低，应检查天线的安装位置和连接线，确保无物理损坏或信号干扰。如果问题依旧存在，可以更换天线，并重新进行测试。最后，使用网络诊断工具测试车载网络的传输速率和延迟，传输速率应在10Mbit/s以上，延迟不超过50ms。如果还是不能解决问题，应检查网络模块的连接，更新固件或更换模块。为确保系统的整体性能，还应对软件进行更新（如果有较新的版本）。通过更新导航系统软件和车载操作系统，修复可能影响GPS定位的漏洞和错误。

在所有硬件和软件检测与维修完成后，还应进行全面的系统测试。使用专业的GPS测试设备，模拟了车辆在各种环境下的定位情况，确保系统能够快速、准确地提供位置信息。从接收信号到显示定位信息的处理时间，理想情况下应在2s以内。同时，验证系统在高速行驶和信号干扰环境下的稳定性，确保车辆能够在任何情况下都保持精准的定位能力。

（4）定位数据漂移　定位数据出现漂移主要是由于卫星信号反射（如在高楼大厦密集区域）导致的多路径效应，或者是GPS接收器性能不佳。

在处理智能网联汽车定位数据漂移故障时，可以按照下列步骤进行检查。

1）首先应与车主进行沟通，详细了解定位数据漂移的具体表现和频率。记录车辆在行驶过程中的漂移现象，尤其是漂移发生的时间和地点。使用专业的OBD诊断设备读取车辆的故障码。记录所有与定位系统相关的故障码，以便后续分析。通常，这些故障码能够提供关于系统异常的初步线索。然后再对硬件进行检查与测试。

2）采用手动模拟或目视检查的方法，对GPS模块进行详细的物理检查，确保没有松动或损坏的连接。使用示波器测量模块的输出信号，理想情况下信号应稳定且无明显干扰。

3）检测GPS天线，使用信号分析仪测量天线的信号强度和信号噪声比。理想情况下，信号强度应在−130dBm以上，信号噪声比应在40dB以上。如果测量结果不符合标准，则可能需要更换天线。检查天线到GPS模块的连接线，确保没有断裂或老化现象。使用万用表测量电缆的电阻，电阻应接近0Ω，以确保电缆无损。

4）检查并更新导航系统软件至最新版本。导航系统软件的更新通常包含对定位算法的优化和已知问题的修复。确保软件版本与车辆的硬件版本兼容。

5）通过车载诊断设备执行定位系统的重置操作，清除历史数据和缓存，确保系统能够重新校准并获取新的定位数据。

6）使用网络诊断工具测试车载网络的传输速率和延迟。传输速率应在10Mbit/s以上，延迟不超过50ms。如果发现网络连接不稳定，可能需要检查并更换网络模块。

7）使用专业的GPS测试设备，模拟不同环境下的行驶情况，检测系统在各种条件下的表现。测量从信号接收至定位显示的时间，理想情况下应在2s以内。

8）在实际道路上进行测试，记录车辆的定位数据，并与实际位置进行对比。确保定位数据与实际位置误差不超过5m。

（5）耗电量异常增加　智能网联汽车的车载定位系统在日常使用中，有时会出现耗电量异常增加的故障。这个问题可能由多种因素引起，包括硬件故障、软件问题或外部环境影响。此故障的检测流程如下。

1）首先，检查车载定位系统的硬件设备，包括天线、接收器和电源模块。确认所有连接无误且没有明显的物理损坏。

2）使用数字万用表测量系统的工作电流。在正常情况下，定位系统的电流消耗通常在100～200mA之间。如果测得的电流值超出这一范围，可能存在异常耗电现象。

3）检查定位系统的软件配置和版本信息。确认软件版本是最新的，并且没有已知的耗电量异常问题。可以通过日志文件分析定位系统的运行状态，检查是否有异常操作或错误日志。

4）使用信号强度测试工具检测定位系统的卫星信号质量。通常，信号强度在 -130 ~ -120dBm 之间属于正常范围。如果信号质量差，系统可能会消耗更多的电量来保持定位功能。

5）如果检测到硬件故障，如天线损坏或接收器故障，应及时更换相关部件。

6）若软件版本过旧或存在已知的耗电问题，应更新系统到最新版本。更新时，确保数据备份以防丢失重要信息。

7）进行电源管理的优化，可以通过优化电源管理策略，减少不必要的电量消耗。例如，设置合理的定位刷新频率，避免频繁的定位更新。

8）最后，再次测量系统的电流消耗和信号质量，确保问题得到解决。通常，在问题解决后，电流消耗应恢复到 100 ~ 200mA 的正常范围。

以上方法和检测措施可以帮助有效地解决智能网联汽车车载卫星定位系统常见的故障和问题，提高系统的稳定性和可靠性。在实际操作中，建议定期维护和检查 GPS 系统，确保其始终处于最佳工作状态。

4.4.2 高精度地图与定位

1. 高精度地图与定位原理

高精度地图（图 4-15）是通过车载激光雷达、摄像头等设备收集道路数据，并经过复杂的数据处理转化为详细的三维数字地图。这些地图的精度可达亚米级，包含道路宽度、坡度、曲率、交通设施等详细信息，远胜于普通 GPS 定位。

高精度地图的创建过程包括数据收集、数据融合与处理、地图创建、实时更新等步骤。车辆上的传感器捕捉环境信息，通过算法处理这些数据，形成包含三维形状、颜色和纹理等多元信息的地图模型。随着车辆行驶，新数据会不断被整合到地图中，以保持其准确性和实时性。

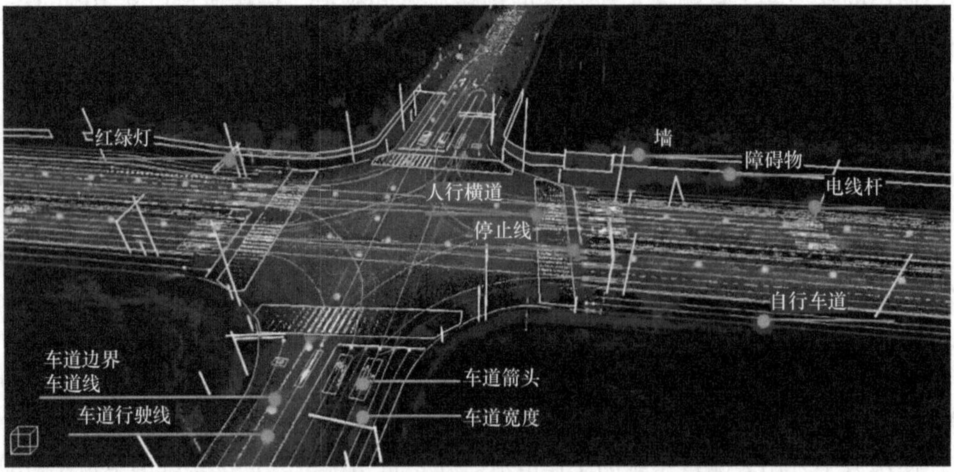

图 4-15　高精度地图

在自动驾驶系统中，高精度地图不仅用于精确定位，还参与路径规划。系统可以根据地图上的详细路况信息，如道路类型、限速、交通灯等，规划出最优或最安全的行驶路径。同时，自动驾驶车辆还会将实时位置和环境信息反馈给地图，实现地图的更新和优化。

总之，高精度地图为自动驾驶提供了重要的环境信息支持，是实现自动驾驶技术不可或缺的一部分。

2. 高精度地图与定位系统常见故障检修

在自动驾驶系统中，高精度地图可能出现的故障类型主要有以下几项。

（1）地图数据过时或信息不准确　高精地图是自动驾驶的基础，它包含了道路、交通信号、路标等详细信息。如果这些信息过时或者不准确，那么自动驾驶系统可能无法根据实际路况正确行驶。举例来说，如果一条道路进行了改造，但是高精地图上的数据没有更新，那么自动驾驶系统可能会按照旧的地图数据行驶，从而导致安全事故。因此，保持地图数据的及时性和准确性是非常重要的。对于上述故障，可以通过更新地图数据来进行恢复，高精度地图的实时更新是保证自动驾驶安全的关键。第一个方法是使用官方提供的地图数据更新服务，定期或者在必要时下载最新的地图数据。第二个方法是利用车载传感器所采集的路况信息进行反馈，以实现地图数据的实时更新。这种方式不仅能反映出道路的实时状态，还能及时发现并修正地图数据的错误，进而提高系统的精度和可靠性。

（2）定位准确性下降　由于依赖 GPS 定位，因此如果出现 GPS 信号干扰（如高楼大厦、隧道等地方）可能使车辆的定位精度降低。除此之外，自动驾驶系统通常通过与高精度地图的环境特征匹配来提高定位精度，即使在 GPS 信号丢失的情况下也可以保证一定的定位精度。但是，如果地图与环境特征匹配度不高，比如新建筑物、路面改造等，都可能导致定位精度降低。对于定位精度的提高，首先可以通过优化传感器配置和定位算法来实现。例如，通过引入更加精准的 GPS 模块，或者合理配置多种传感器（如 GPS、IMU、激光雷达等），并优化它们的融合算法，可以在各种复杂的环境下都保持较高的定位精度。其次，车联网技术也能够提供辅助定位信息，比如基站位置信息、其他车辆分享的位置信息等，对于提高在复杂环境下（如城市峡谷、隧道等）的定位精度具有很大帮助。

（3）数据传输延迟　以某车型为例，其高精度地图控制电路如图 4-16 所示。自动驾驶系统通常需要实时获取和发送大量数据，比如车辆状态信息、环境感知信息、控制指令等。这些数据的传输需要依赖车载通信设备。如果这些设备出现问题，可能会导致数据传输延迟，进而影响到自动驾驶系统的稳定性和实时性。比如，如果环境感知信息传输延迟，可能会导致自动驾驶系统对周围环境的反应变慢，增加安全风险。数据传输的顺畅对于自动驾驶系统十分重要。因此，需要定期对车载通信设备进行检查和维护，包括硬件设备的物理状态、软件设备的运行状态等。一旦发现问题，应立即进行维修或更换。此外，还可以通过提高通信设备的冗余度，即部署多个通信模块，当某个模块出现问题时，其他模块能够及时接管，从而保证数据传输的稳定性。这些都是在自动驾驶系统中高精度地图故障的常见检测和维修方法。

高精地图定位控制器的动态标定是提高车辆导航精度和稳定性的关键步骤。通过数据采集、数据分析、校准参数和验证效果等步骤，可以不断优化系统性能并适应环境变化。具体标定要求如下。

1）车顶天线优化：车辆需在开阔无遮挡区域停放，确保车顶天线可视角度≥150°，通

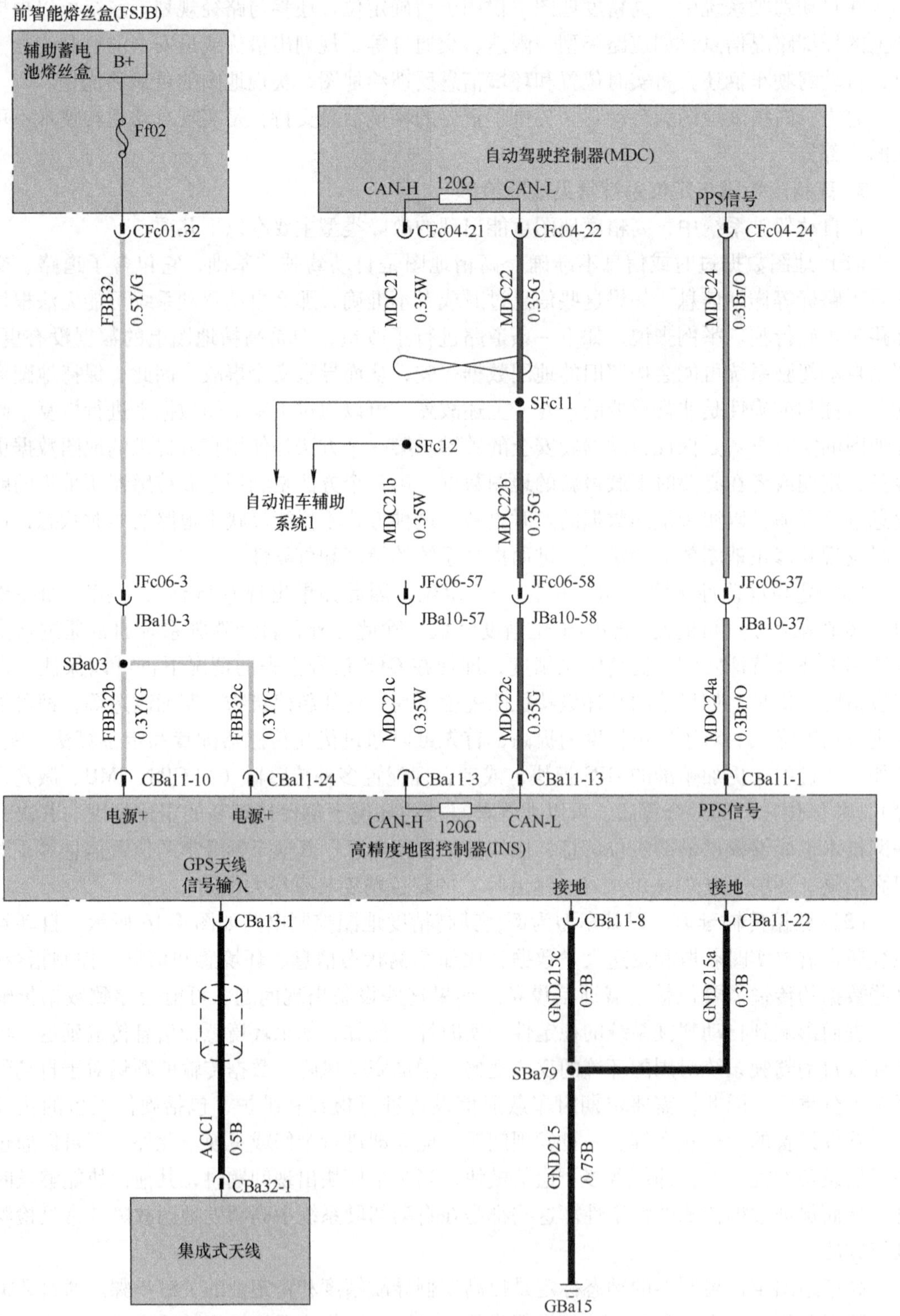

图 4-16　某车型高精度地图控制电路

过专业工具或图示估算其辐射范围。

2）行驶速度条件：测试时车速需≥10km/h，并至少两次超过40km/h，以验证系统在不同速度下的稳定性。

3）网络连接检查：实时检测中控屏显示的移动网络状态，确保连接稳定、信号强，及时排查并处理网络异常。

4）车辆状态要求：下发标定指令前，车辆需挂P档静止，遵循操作规范，密切关注系统反馈和车辆状态。

标定步骤。

1）连接与上电。首先，将专业的诊断仪正确连接到智能驾驶控制器上，并确保车辆已安全上电，处于待命状态。

2）启动诊断与指令下发。随后，启动诊断仪软件，通过其界面向智能驾驶系统下发动态标定组合惯导的明确指令。

3）执行动态标定。在平坦且视野开阔的区域内，驾驶车辆严格按照预设的标定路线行驶。该路线需确保车辆能至少完成3次左转、3次右转及3次直线段的加减速操作，以全面覆盖动态行驶的各种状态。

4）完成与验证。完成上述行驶路线后，等待诊断仪自动验证标定结果。期间需保持车辆静止，以便系统完成数据处理和状态更新。

异常处理。

（1）超时异常处理

1）若在按照标定路线行驶完毕后，诊断仪显示标定状态仍为“未结束”，首先尝试按照原路线继续行驶，观察标定进程是否继续。

2）若继续行驶总时间超过30min，且诊断仪标定状态仍未成功，则应将车辆转移至更为开阔且无遮挡物的区域，再次按照标定路线行驶。

3）同时，检查组合惯导的4G网络连接状态，确保其处于正常连接并能稳定传输数据。

（2）安装精度超差异常处理

1）如在按照标定路线行驶并完成所有操作后，诊断仪显示标定状态为“失败”，则初步判断为组合惯导安装精度可能存在问题。

2）此时，应将车辆安全送回至4S店或指定的服务中心，由专业技术人员对组合惯导的安装状态进行全面检查和调整，确保安装精度符合标准。

4.4.3 SLAM

SLAM（同时定位和地图构建）在自动驾驶中非常关键。它利用激光雷达、摄像头等传感器实时收集周围环境数据，通过算法处理这些数据，生成3D地图，并实时更新车辆位置。这是自动驾驶导航和感知的基础。

如图4-17所示，SLAM技术原理大致分为几个步骤：数据收集、预处理、特征提取与关联、状态估计与更新、地图构建等。过程中会使用到滤波器或优化算法来精确估计车辆位置。

SLAM也用于构建高精度地图，通过多次整合SLAM结果来优化地图信息。高精度地图反过来又可以作为SLAM的先验信息，提升SLAM的精度和稳定性。

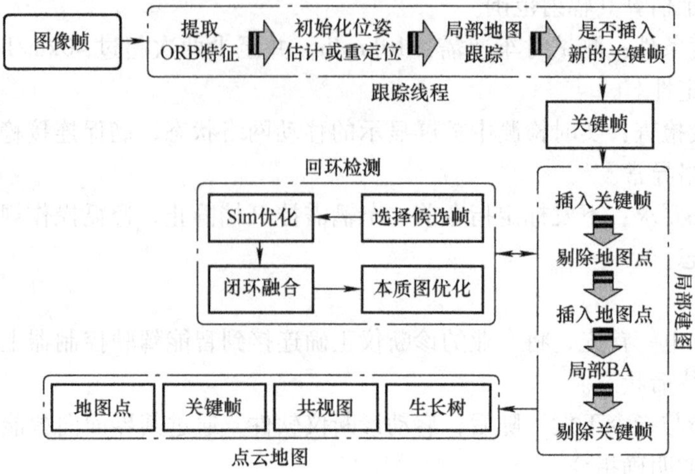

图 4-17　SLAM 技术原理

在智能网联汽车中，SLAM 与高精度地图共同支持车辆精确定位、路径规划和精确控制。然而，也存在传感器失效、定位漂移等常见故障。常见故障包括传感器失效、定位漂移、地图畸变、数据同步问题等。

故障案例 1：某汽车在自动驾驶中，突然出现定位偏差，导致车辆偏离预定路径。

使用故障诊断仪接入车辆 OBD 接口，读取 SLAM 系统相关故障码，发现传感器数据异常。

使用万用表测量激光雷达和摄像头等传感器的供电电压，确保电压稳定在标准范围内(如 5V 或 12V)。使用示波器分析传感器输出信号波形，检查是否存在噪声或畸变。

进行供电电压测量，激光雷达为 12.05V，摄像头为 5.02V，均在正常范围内。

连接示波器，进行信号波形分析：发现激光雷达信号存在微小波动，可能由信号干扰引起。

根据测量结果，初步判断为激光雷达信号受干扰导致数据异常。进一步检查发现，激光雷达安装位置附近有金属部件，可能引起信号反射或干扰。

调整激光雷达安装位置，远离金属部件，减少信号干扰。对激光雷达进行校准，确保数据准确性。重启 SLAM 系统，重新构建地图，验证定位准确性。

经过上述维修步骤，智能网联汽车的 SLAM 系统恢复正常工作，定位准确，车辆能够按预定路径行驶。此次故障主要由激光雷达信号受干扰引起，通过调整安装位置和校准传感器解决。

故障案例 2：激光雷达失效车辆，在自动驾驶模式下，突然报告无法识别周围环境，激光雷达数据缺失，导致车辆安全系统发出警报。

使用数字万用表设置到直流电压测量档，将红表笔插入正极插孔，黑表笔插入负极插孔。随后，将红表笔连接到激光雷达电源模块的输出正极，黑表笔连接到电源模块的输出负极，进行电压测量。测得原电源模块的输出电压为 0V，远低于预期的 12V 供电标准，表明电源模块未能正常工作。根据测量结果，判断激光雷达电源模块存在故障，无法正常为激光雷达提供所需的电压，导致激光雷达无法启动或工作异常，进而使车辆无法感知周围环境。

进行维修时，断开电源模块与车辆电源的连接，确保操作安全。拆卸故障电源模块，并使用相同规格的替换件进行更换。重新连接新电源模块至车辆电源，并再次使用万用表测量输出电压，确认电压已恢复至12V。重启车辆并测试激光雷达功能，确认其能够正常识别周围环境，无异常报警。通过更换故障的电源模块，并恢复供电电压至正常范围，成功解决了激光雷达失效的问题，保证了车辆自动驾驶系统的正常运行。

故障案例3：车辆在自动驾驶中，GPS与地图匹配出现偏差，频繁报告偏离预定路线，定位不准确。

使用SLAM系统诊断软件实时监测IMU（惯性测量单元）的输出数据，特别关注加速度计的数据流。通过软件分析加速度数据是否稳定，有无异常波动或偏移。

经过数据分析，发现IMU中的加速度计数据存在异常，这可能是由于传感器内部误差、外部环境干扰或长期使用导致的校准偏移。这些误差在长时间积累后，会显著影响SLAM系统的定位准确性，导致定位漂移。

使用专业的IMU校准工具对加速度计进行精确校准，以消除内部误差和校准偏移。随后，重启车辆并重新初始化SLAM系统，确保系统能够基于校准后的IMU数据进行准确的定位计算。通过校准IMU中的加速度计，并重新初始化SLAM系统，成功解决了车辆定位漂移的问题，恢复了自动驾驶系统的准确定位能力。这证明了IMU数据的准确性对于自动驾驶系统的稳定运行至关重要。

故障案例4：地图畸变问题，导致自动驾驶系统构建的地图出现明显的扭曲与变形，无法准确反映实际道路和环境布局。

在此案例中，由于问题源于算法配置而非硬件故障，因此重点在于SLAM算法内部参数（如回环检测阈值、匹配精度等）的评估和调整。深入分析SLAM算法的配置文件，发现回环检测（Loop Closure）的相关参数设置不当，导致系统在识别相同地点时发生错误匹配，进而在地图构建过程中引入畸变。

利用SLAM算法配置工具，调整回环检测的相关参数，包括提高匹配精度、优化阈值设置等。之后，重新启动SLAM算法，重新构建地图，确保新构建的地图能够准确反映实际环境。

通过优化SLAM算法中的回环检测参数设置，成功解决了地图畸变的问题，证明了正确的参数配置对于构建高质量地图的重要性。这一修复不仅提升了地图的准确性，也增强了自动驾驶系统的整体性能和可靠性。

故障案例5：数据同步问题，导致在自动驾驶系统中，激光雷达与摄像头捕获的数据存在显著不同步现象，导致障碍物识别出现偏差，影响行车安全。

使用时间同步测试工具，分别记录激光雷达与摄像头数据的时间戳，并对比两者之间的差异。同时，检查GPS模块输出的时间信号，测量其时间精度。通过测试发现，原GPS模块输出的时间信号与标准时间存在高达50ms的误差，这是导致数据不同步的主要原因。更换新GPS模块后，再次测试显示时间误差缩小至小于1ms，满足系统同步要求。

分析认为，GPS时间同步模块的故障导致了时间信号的不准确，进而影响了激光雷达与摄像头数据的时间一致性。时间不同步会导致数据处理时出现偏差，影响障碍物识别的准确性。确认GPS模块为故障源后，准备新的GPS模块进行更换。更换过程中，注意保持连接线路的正确性和稳定性。更换完成后，使用时间同步测试工具重新校准系统时间同步，确保激光雷达与摄像头数据能够准确同步。

通过更换 GPS 时间同步模块并重新校准时间同步，成功解决了激光雷达与摄像头数据不同步的问题。这一修复不仅提升了数据处理的准确性，也增强了自动驾驶系统的整体稳定性和安全性。

故障案例 6：传感器污染，导致自动驾驶车辆的激光雷达测距功能出现偏差，导致车辆定位精度显著下降，影响行驶安全与导航准确性。

首先进行目视检查，通过观察激光雷达输出的测距数据，与预设标准值对比，发现明显偏差。此外，目视检查激光雷达镜头表面状态，确认污垢存在。分析认为，镜头表面的污垢干扰了激光束的正常传播，导致激光在镜头表面发生散射而非直线传播，从而影响了激光雷达的测距精度。

针对镜头污染问题，采用专用清洁布蘸取适量清洁剂，轻轻擦拭激光雷达镜头表面，直至污垢完全清除。清洁过程中需避免用力过猛或清洁剂渗入镜头内部，以免损坏传感器。通过清洁激光雷达镜头，成功解决了测距不准确的问题，恢复了传感器的正常功能。此案例强调了定期清洁传感器镜头对于维持 SLAM 系统（即时定位与地图构建系统）稳定运行的重要性，是预防类似故障的有效手段。

4.4.4 卡尔曼滤波

在自动驾驶系统中，车辆通过激光雷达、摄像头、GPS、IMU 等多种传感器获取环境信息。然而，每种传感器都存在误差，影响定位精度。为了获得更准确的信息，自动驾驶系统采用卡尔曼滤波来融合多种传感器数据。

如图 4-18 所示，卡尔曼滤波工作原理分为预测和更新两个步骤。

（1）预测步骤　基于前一时刻的状态估计和系统模型（如物理或运动模型），预测当前时刻的车辆状态（如位置和速度），并预测状态的不确定性（协方差）。

（2）更新步骤　收集传感器的新数据，与预测状态进行比较，通过计算观测值与预测值之间的差异（残差），利用卡尔曼增益来修正预测状态，得到当前时刻的最优状态估计，并更新状态的不确定性。

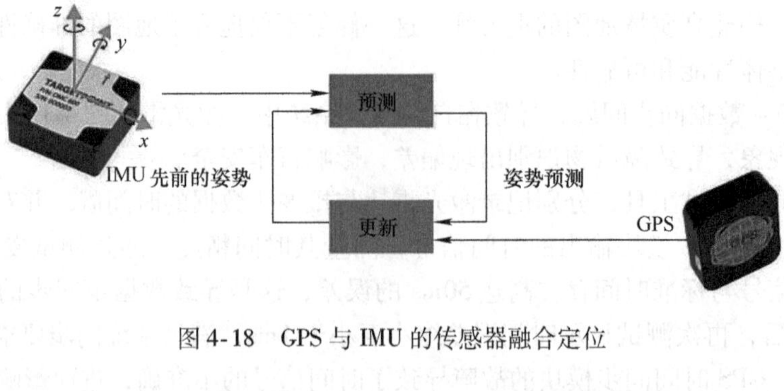

图 4-18　GPS 与 IMU 的传感器融合定位

这个过程不断重复，通过不断预测和更新，卡尔曼滤波能够有效融合多种传感器的数据，提高自动驾驶系统对车辆真实状态的估计精度。

在目标跟踪中，如图 4-19 所示，卡尔曼滤波通过“预测-观测-修正”的流程，对目标位置和速度进行连续预测和更新，提高跟踪精度和鲁棒性。此外，卡尔曼滤波还面临处理非线性系统、多目标跟踪和实时性要求等挑战，需要采用相应的变体和优化算法来应对。

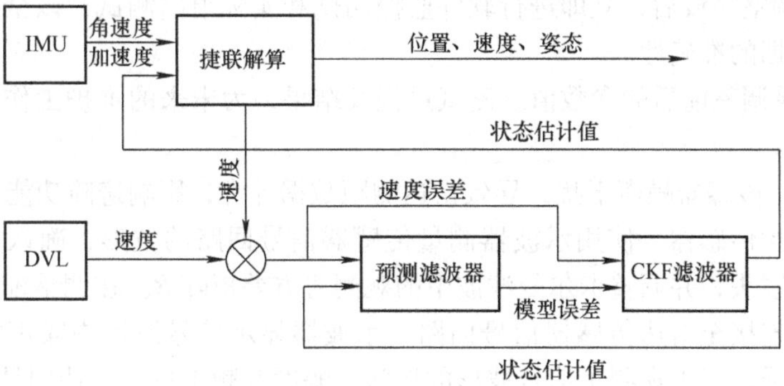

图4-19　卡尔曼滤波的目标跟踪

总的来说，卡尔曼滤波为自动驾驶系统提供了一种在不确定环境中进行有效估计和预测的方法，为自动驾驶的稳定性和可靠性提供了保障。

智能网联汽车中卡尔曼滤波常见故障主要包括模型不准确导致的滤波发散、传感器噪声干扰、以及计算误差积累等。

维修案例1：模型不准确引起的滤波发散，症状为车辆定位数据频繁跳变，不稳定。

首先，使用调试工具检查卡尔曼滤波器的参数设置，确认系统噪声和测量噪声的协方差矩阵（Q和R）是否合理。调整Q和R值，减小对旧数据的依赖，增加新数据的权重。在排查过程中，采用调试软件作为核心工具，对卡尔曼滤波器的实时运行状态进行了全面监测。通过软件界面，可以直观地观察到了滤波器的输出数据（车辆位置坐标等）及内部关键状态变量（如估计误差协方差）的动态变化。这种非侵入式的监测方法不仅高效，而且能够精确捕捉问题所在，为后续的故障分析提供了有力支持。

使用高精度万用表对系统供电进行了检测，确认电压稳定在12V（±0.5%）的范围内，为滤波器和相关传感器的正常工作提供了可靠的电源保障。估算出工作电流在合理范围内波动，未出现异常。通过检查系统散热装置及周围环境温度，确认所有组件均处于厂家推荐的工作温度范围内，避免了因过热导致的性能下降。

深入分析后，确定了问题的根源在于卡尔曼滤波器模型中的系统噪声和测量噪声协方差矩阵（Q和R）配置不当。具体而言，过高的Q值导致滤波器对新测量数据的过度依赖，而忽视了历史数据的价值；相反，过低的R值则使得滤波器过于信任可能不准确的测量数据。这两种情况都严重影响了滤波器的性能，导致定位数据的频繁跳变和不稳定。

针对上述问题，通过精心调整Q和R的值，成功地在历史数据和当前测量数据之间找到了一个理想的平衡点。调整后的卡尔曼滤波器在数据融合方面表现出色，显著提高了车辆定位数据的稳定性和准确性。这一结论不仅得到了软件监控数据的支持，还在实际道路测试中得到了进一步验证。

维修方法：

1）首先利用调试软件对卡尔曼滤波器的参数设置进行全面检查，特别是关注Q和R矩阵的值是否合理。

2）根据系统特性和实际测试反馈，逐步调整 Q 和 R 的值，通过试错法找到最优的参数配置。

3）在参数调整完成后，立即进行软件监控测试和实际道路测试，以全面评估滤波器的稳定性和定位数据的准确性。

4）详细记录调整前后的参数值、测试过程及结果，为未来的维护工作和性能优化提供宝贵的参考信息。

维修案例2：传感器噪声干扰，导致雷达测距数据异常，影响避障功能。

首先检查雷达传感器，使用示波器测量传感器信号回路的波形，确认是否存在异常噪声。清洁传感器镜头，并调整卡尔曼滤波中的观测协方差矩阵 R。在调整前，使用示波器观察波形，将探头连接至雷达传感器信号回路，示波器显示信号波形中噪声峰值约为50mV；通过示波器显示屏，仔细观测了信号波形的形状、幅度及频率特性，特别是关注了波形中是否叠加有异常噪声成分。这一过程直观地评估了传感器的信号质量，为后续的故障分析奠定了基础。

在观测到信号波形存在明显噪声干扰后，初步判断这可能是导致雷达测距数据异常的主要原因。进一步分析发现，传感器镜头表面的污染物可能影响了光线的传播，从而引入了额外的噪声。同时，传感器内部电子元件的随机扰动也可能加剧了噪声水平。综合考虑，认为清洁镜头和调整卡尔曼滤波中的观测协方差矩阵 R 是解决问题的关键步骤。

调整后，噪声峰值降低至10mV以下，噪声波形明显改善。确认了在传感器正常工作状态下，其电气特性（如阻抗匹配、电源电压等）均处于合理范围内。传感器及周围环境处于适宜的工作温度范围内，以避免因温度变化引起的性能波动。

经过清洁镜头和调整 R 值后，再次使用示波器对雷达传感器信号进行了检测。结果显示，信号波形中的噪声水平得到了显著改善，波形更加清晰、稳定。同时，车辆在实际运行中的避障功能也恢复了正常，测距数据准确可靠。这一结论证明了维修方案是有效的。

维修方法：

1）使用专用的清洁布和清洁剂，轻轻擦拭雷达传感器镜头表面，去除污染物和杂质。

2）通过车辆控制系统或调试软件，进入卡尔曼滤波参数设置界面，将观测协方差矩阵 R 的值调整为更小的值，以增强滤波器对观测数据的信任度。

3）完成上述步骤后，重新起动车辆并进行实际道路测试，验证雷达测距数据的准确性和避障功能的恢复情况。

4）详细记录维修过程、调整前后的技术数值及测试结果，并向相关部门反馈维修经验和技术改进建议。

维修案例3：计算误差积累，长时间行驶后，车辆定位逐渐偏离实际位置。

此类故障需要检查计算机字长限制和算法实现，确认是否存在舍入误差积累。优化算法，采用双精度浮点数进行计算，并适当减小滤波周期。在此案例中，测量方法主要依赖于软件层面的监控与分析。开发者通过编程环境内置的调试工具，编写了特定的测试脚本，以持续监测和记录定位算法在车辆行驶过程中的误差积累情况。开发者还特别关注了滤波算法在多次迭代后的输出与理论值之间的偏差，从而间接评估了计算精度的影响。

通过分析软件监控的数据，发现随着车辆行驶时间的增加，定位误差逐渐累积，且这一趋势与计算机字长限制和算法实现中的舍入误差紧密相关。这表明原有的算法在计算精度上存在不足，无法长时间保持准确的定位信息。

针对上述分析，厂家采取了优化算法的措施，将原有的计算过程改用双精度浮点数进行，以提高计算的精度。同时，适当减小了滤波周期，以减少因时间累积而导致的误差放大效应。经过这些优化后，重新进行了测试，结果显示误差积累问题得到了有效解决，车辆定位精度显著提升。

维修方法：

1）首先，通过软件监控和数据分析，确认误差积累的原因是计算精度不足。

2）在编程环境中，修改定位算法的实现方式，采用双精度浮点数进行计算，以提高精度。

3）根据优化后的算法性能，适当减小滤波周期，以减少误差积累。

4）完成优化后，进行充分的测试验证，确保误差积累问题得到有效解决。

5）详细记录维修过程和优化结果，为后续的维护和升级提供参考。

维修案例4：传感器故障导致的滤波失效，故障表现为激光雷达完全失效，无法提供测距数据。

首先，检查传感器电源和连接线路，确认无误后，使用万用表对激光雷达内部的关键元件进行了电阻值测量。通过设置万用表至电阻测量档位，并逐一连接传感器内部元件的引脚，获得了各元件的电阻读数。这一步骤旨在识别是否存在电阻值异常，进而判断元件是否损坏。

经过测量，发现激光雷达传感器内部某一元件的电阻值显著偏离了其标称值或正常工作的范围，这直接指向了元件损坏的可能性。结合故障现象——激光雷达完全失效且无法提供测距数据，进一步确认了故障根源在于该损坏的元件。

基于上述分析，决定更换损坏的元件。在更换过程中，确保了新元件与原始元件的电气特性和接口兼容，以避免产生新的问题。更换后，重新测试激光雷达的功能，结果显示其已恢复正常工作，能够准确提供测距数据，从而验证了维修措施的有效性。

在测量过程中，记录了故障元件的电阻值，该值明显偏离了正常范围（例如，远高于或远低于预期值）。更换元件后，新元件的电阻值则恢复到了正常范围内，具体数值依据元件类型和设计要求而定。由于此案例主要关注电阻值的测量，因此未涉及电压、电流或温度的测量。

维修案例5：系统参数不匹配，导致车辆导航系统在特定路况下定位不准确。

首先，检查系统配置参数，包括卡尔曼滤波器的初始状态、过程噪声和测量噪声的协方差矩阵等。根据实际路况调整这些参数，使其更适应当前环境。维修方法主要包括故障排查、元件测量、损坏确认、元件更换及功能验证等步骤。通过故障现象初步判断故障可能所在；然后，使用万用表等工具对疑似故障元件进行测量，根据测量结果确定损坏元件并更换；最后，重新测试设备功能以确保维修成功。

本次维修中，测量方法主要依赖于GPS定位设备与车辆导航系统的实时对比，通过实际行驶在特定路况下，观察导航系统显示的位置信息与GPS设备提供的精确位置之间的差异，以此评估导航系统的定位准确性。

经过对比测试，发现导航系统在特定路况下存在定位不准确的问题。进一步分析系统配置参数后，认为这是由于卡尔曼滤波器的初始状态设置、过程噪声和测量噪声的协方差矩阵等参数与当前实际路况不匹配所致。这些参数直接影响定位算法的准确性和稳定性。

基于上述分析，使用调试软件对系统参数进行了针对性的调整。通过优化卡尔曼滤波器的相关参数，使它们更好地适应当前路况的复杂性和多变性。调整完成后，再次进行验证测试，结果显示导航系统在特定路况下的定位准确性显著提高，达到了预期的效果。

由于本次维修主要依赖于软件调试和参数优化，未涉及直接测量电阻、电压、电流或温度等物理量。技术数值主要体现在调整前后的参数对比上，如卡尔曼滤波器初始状态的具体数值变化、过程噪声和测量噪声协方差矩阵的调整量等。这些参数的精确调整是实现定位准确性提升的关键。

维修方法主要包括系统参数的检查、分析与调整三个步骤。首先，通过调试软件查看并记录当前系统配置参数；其次，结合实际路况和定位误差情况，分析参数设置的不合理之处；最后，使用调试软件对参数进行逐步调整和优化，直到导航系统的定位准确性满足要求为止。在整个维修过程中，需要密切关注 GPS 定位设备与导航系统之间的实时对比结果，以便及时评估调整效果并作出相应调整。

4.4.5 多传感器融合定位

多传感器融合定位技术在自动驾驶中是通过整合 GPS、激光雷达（LiDAR）、相机、惯性测量单元（IMU）等多种传感器数据，来获取更精确、更稳定的车辆位置与行驶方向信息。这种技术强调传感器间的互补性和协同性，以应对复杂多变的环境。

（1）GPS 全球定位系统　GPS 通过接收多颗卫星信号，利用信号传播时间差异和光速计算距离，采用三角定位法精确推算车辆的三维位置。但 GPS 在城市、峡谷、森林深处或室内等环境中可能受遮挡与干扰，导致精度下降。为此，高精度 GPS 引入了差分 GPS 技术，通过对比本地数据与参考站数据减小误差。

（2）北斗卫星导航系统（GNSS）　北斗系统工作原理与 GPS 相似，但增加了卫星数量以提升冗余度和可靠性。在自动驾驶中，北斗结合 INS、LiDAR、摄像头等多种传感器进行多传感器融合定位，确保在卫星信号受限时也能提供高精度定位。基于百度阿波罗（apollo）自动驾驶中的 GNSS/融合定位技术架构如图 4-20 所示。

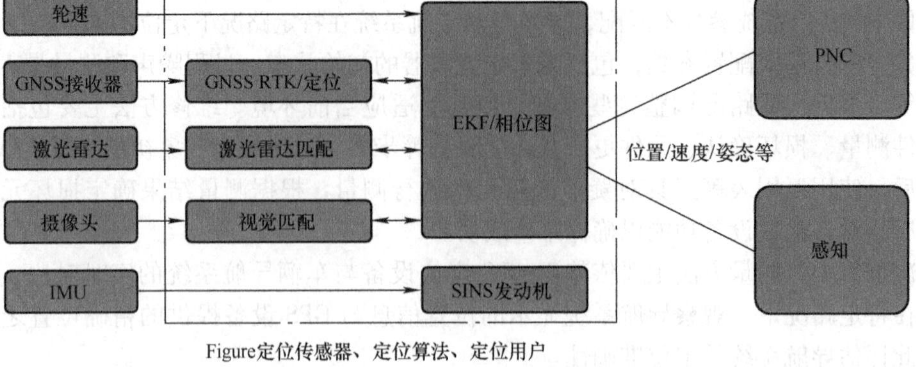

图 4-20　apollo 自动驾驶中的 GNSS/融合定位技术

(3) 激光雷达(LiDAR) LiDAR通过发射激光脉冲并接收反射信号，计算物体距离，构建三维环境模型。其分辨率高、精度高，但对天气和光线条件敏感，且成本高。因此，LiDAR常与其他传感器结合使用，以提高系统鲁棒性。

(4) 摄像头 摄像头作为环境感知的核心部件，捕捉周围环境的图像，并通过计算机视觉技术分析，为车辆决策提供重要依据。但摄像头在极端光照条件下性能可能受限，因此需与其他传感器结合使用。

(5) GPS/DR组合定位 GPS/DR组合定位技术结合GPS的精准定位与DR的自主导航优势，确保在各种环境下定位的精确性与可靠性。GPS信号稳定时提供高精度定位，信号受限时DR系统接管，保持定位连续性。

(6) GPS/IMU组合定位 GPS/IMU组合定位技术通过融合GPS的绝对位置信息与IMU的姿态、速度信息，克服各自局限，实现高精度、高连续性的定位。IMU的长时间运行会累积误差，GPS数据则用于实时校正，提升定位精度。

(7) GNSS/INS组合导航技术 GNSS/INS组合导航技术通过深度整合GPS与IMU数据，构建误差模型，并利用滤波算法修正误差，实现更优的导航性能。根据融合层次不同，可分为松散组合与紧密组合，后者在复杂环境中表现更优。

综上所述，多传感器融合定位技术通过整合多种传感器优势，克服了单一传感器的局限，为自动驾驶等应用提供了精准、可靠的定位与导航服务。随着技术进步，这一领域将持续发展，为用户提供更加优秀的体验。

4.4.6 导航系统常见故障检修

以导航系统定位不准确实际维修案例为例，如果地图数据没有问题，可能是车辆的传感器出现了问题，如轮速传感器、陀螺仪等，这些都可能影响定位的准确性。这时候需要检查这些传感器是否工作正常，有必要的话进行修复或更换。

一般来说，导航系统定位不准确可能是由于地图数据过时或者错误造成的。所以，首先应该检查并更新导航系统的地图数据。车辆的导航系统一般都依赖GPS进行定位，如果GPS定位有问题，那么定位就可能不准确。检查GPS定位是否工作正常和是否可以接收到足够的卫星信号。

另外，速度传感器、角度传感器和陀螺仪分别用于测量车辆的速度、旋转角度和方向，如果这些传感器发生故障，可能会影响到汽车的定位、导航等功能。如果这些传感器出现问题，可能会导致导航系统在计算车辆位置时出错。所以需要检查这些传感器是否工作正常。

以下是对这些传感器进行检测和维修的一些基本步骤。

(1) 速度传感器常见故障检查 使用专业的汽车诊断设备，读取速度传感器的输出信号，如果信号异常，可能就是速度传感器出现故障。如果速度传感器故障，需要更换新的速度传感器。在更换后，使用汽车诊断设备重新校准速度传感器。以下是速度传感器故障检查步骤，由于每个车型的设计可能会有所不同，因此在进行检测和维修时，还需要参考车辆的维修手册。

1) 通过OBD接口将汽车诊断设备连接到车辆的诊断系统。

2) 在汽车诊断设备上，选择对应的功能选项，读取速度传感器的实时数据。

3) 比较这些实时数据与正常值之间的差异。如果有显著的差异，比如速度数据异常或无法获取数据，那么可能就是速度传感器出现了故障。

4）找到速度传感器的位置。在大部分车型中，速度传感器通常位于变速器或者车轮附近。

5）将故障的速度传感器卸下。这需要断开电源，然后使用合适的工具卸下速度传感器。

6）安装新的速度传感器。请确保新的速度传感器是与原来的速度传感器完全相同的型号。

7）连接电源，然后将 OBD 设备再次连接到车辆的诊断系统。

8）使用汽车诊断设备重新校准速度传感器。这通常涉及驾驶车辆一段距离，让新的速度传感器适应车辆的运行状况。

（2）角度传感器常见故障检查　角度传感器（Angle Sensor），也被称为旋转角传感器或转角传感器，用于检测物体的旋转或位置变化。在汽车中，测量转向系统、节气门位置、曲轴位置等参数时会使用到角度传感器。

当角度传感器出现异常时，可使用汽车诊断设备，读取角度传感器的输出信号，如果信号异常，可能是角度传感器出现故障，需要更换新的角度传感器。在更换后，需要使用汽车诊断设备重新校准角度传感器。

以下是对角度传感器的检测和维修的详细步骤。

1）通过 OBD 接口将汽车诊断设备连接到车辆的电子控制单元（ECU）。

2）在汽车诊断设备上，选择读取角度传感器的数据，这可能包括角度值，也可能是传感器的工作状态。

3）比较实时数据与正常范围。如果数据异常，或者收到故障码，那么可能就是角度传感器存在问题。

4）定位故障的角度传感器。在汽车中，角度传感器可能位于转向柱、节气门、曲轴等多个位置，需要根据故障情况来确定。

5）断开电源和传感器的连接，使用适当的工具将故障的角度传感器卸下。

6）安装新的角度传感器。请确保新的角度传感器是与原来的角度传感器完全相同的型号，并按照正确的安装位置和方向进行安装。

7）连接电源和新的角度传感器，然后将汽车诊断设备再次连接到 ECU。

8）使用汽车诊断设备重新校准角度传感器。

（3）陀螺仪常见故障检查　陀螺仪是一种测量和维持定向的设备。它利用陀螺的角动量变化来检测车辆方向改变。在汽车中，陀螺仪主要用于控制车辆的稳定性。

当陀螺仪出现故障时，必须使用专业的汽车诊断设备，读取陀螺仪的输出信号。如果信号异常，比如信号断续、信号幅度过大或过小，往往意味着陀螺仪可能出现了故障，需要更换新的陀螺仪。更换新的陀螺仪时，需要将新的陀螺仪安装在原位置，确保其与车辆的其他部分之间连接正确。更换后，需要使用诊断设备进行重新校准，以确保陀螺仪能正常工作。

另外，软件设置中的一些误差修正参数也会影响到导航系统的使用效果。例如，经纬度偏移参数、时间偏移参数等，需要确认这些设置是否正确。在智能网联汽车中，车载导航系统是一个重要的组成部分，它可以为驾驶员提供实时、准确的行驶指引信息，而且还可以配合其他车载系统，比如自动驾驶系统，完成复杂的道路导航任务。在这样的系统中，软件设置的参数准确性对于导航效果有着至关重要的影响。下面是一些关键的参数设置，以及如何确认它们是否正确。

1）经纬度偏移参数。这是一个关于地理位置的参数，决定了车载导航系统对于车辆当前位置的识别准确性。如果这个参数设置错误，会引起导航系统显示的位置与实际位置出现偏差。确认这个参数是否正确的方法通常是用实际的 GPS 信号（或者高精度地图数据）比对，如果系统读取的位置与实际的经纬度坐标一致，那么就可以认为这个参数设置正确。

2）时间偏移参数。在车载导航系统中，时间是一个非常重要的参考因素，因为它直接关系到从卫星获取的导航信号的处理。通常，导航系统内的时间需要与全球定位系统（GPS）的时间保持一致，如果出现偏差，那么可能会引起定位不准确。确认时间偏移参数是否正确，通常是看车载系统的时间显示是否与 GPS 时间一致。

3）其他参数设置。除了上述两个参数外，还有地磁倾角参数、车辆速度参数、补偿参数等，这些都可能影响到导航系统的准确性。确认这些参数是否正确，通常需要通过专业的车载系统调试设备进行检查。

4）其他参数设置。如果发现任何参数设置有误，需要立即进行修正，以免影响到车载导航系统的正常使用。

5）测试与验证。在完成维修或更换部件后，需要进行详细的测试与验证，确认导航系统能够正常工作，定位准确。

4.5 云计算和大数据处理技术

在智能网联汽车领域，云计算和大数据处理发挥着关键作用。

云计算为智能网联汽车提供了强大的远程服务、OTA 升级（技术原理见图 4-21）和数据处理能力。它们的弹性和扩展性可以确保服务需求变化时资源能动态调整，保障服务质量和成本效益。同时，云计算确保了数据的安全性和可靠性，支持边缘计算以减小延迟，对自动驾驶等应用尤为重要。

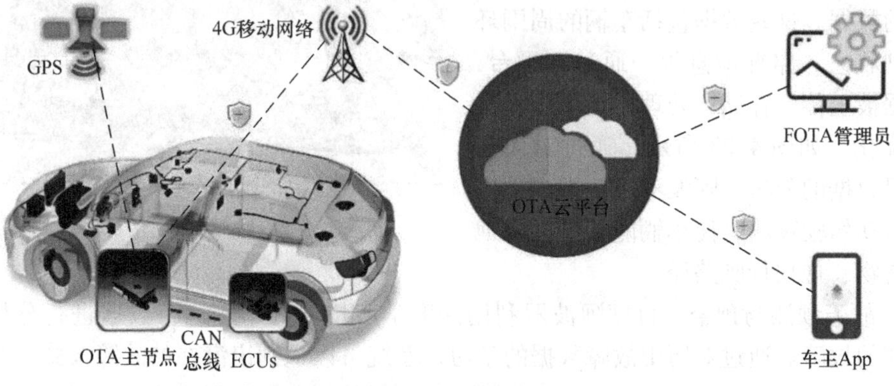

图 4-21 OTA 升级的技术原理

大数据处理技术应用原理如图 4-22 所示，则是通过采集、清洗和分析车载数据，提取有价值信息，优化车辆运行、驾驶习惯、行驶路线和燃油效率。大数据分析还能预测交通状况，优化路线规划，防止拥堵，并为自动驾驶技术提供算法训练。

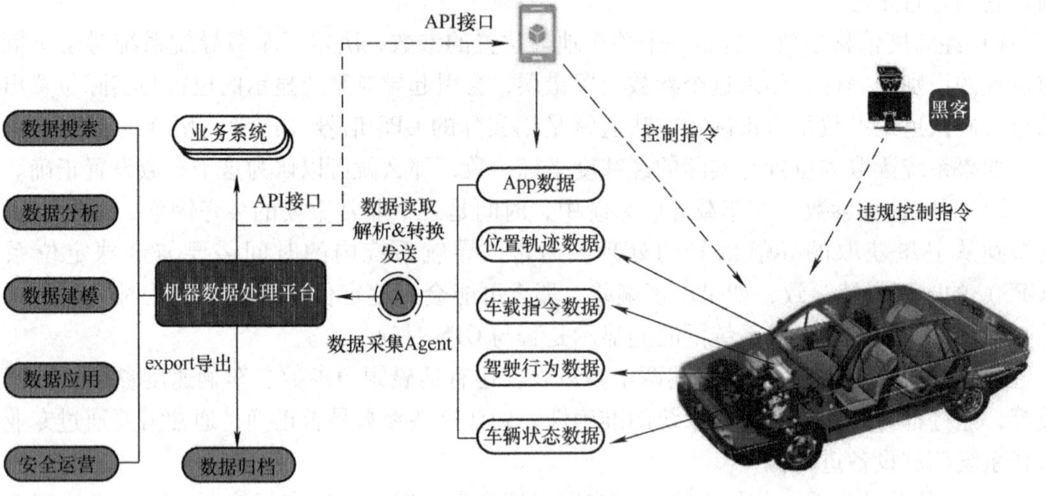

图 4-22　大数据处理技术应用原理

数据挖掘和 AI 技术，特别是深度学习，进一步提升了数据的分析能力，能够预测驾驶行为、识别驾驶模式，甚至预测汽车故障，从而提升驾驶安全性和智能化水平。

简而言之，云计算和大数据处理技术共同推动了智能网联汽车的发展，提高了车辆运行的智能化和安全性。

案例：百度阿波罗（apollo）的自动驾驶数据处理

百度阿波罗是中国领先的自动驾驶平台，致力于通过大数据和 AI 技术推动自动驾驶技术的发展。

（1）数据采集与处理　百度阿波罗的自动驾驶车辆配备了激光雷达、摄像头、雷达等多种传感器，这些传感器每秒采集数百兆字节的数据。这些数据包括车辆的周围环境、行驶状态、路况信息等。通过云平台，这些数据被上传、存储、处理，以用于算法训练和优化。如图 4-23 所示，通过对大量真实路况数据的分析，阿波罗团队可以不断优化其自动驾驶算法，使车辆能够更准确地识别障碍物、规划行驶路径。

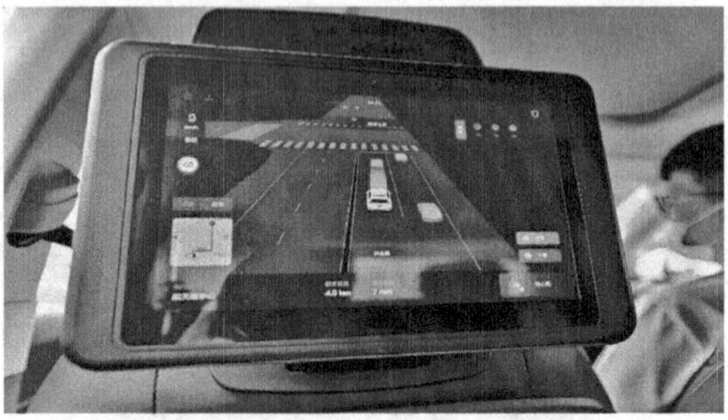

图 4-23　阿波罗团队优化自动驾驶算法

（2）故障预测与预警　百度阿波罗利用深度学习技术对车辆运行数据进行分析，预测可能出现的故障。通过对历史故障数据的学习，系统可以识别出潜在的故障模式，从而在故障发生前发出预警。例如，如果某一型号的车辆在行驶到一定里程后，电机温度经常异常升高，系统可以提前通知车主进行检查和维护，避免发生更严重的故障。

这些案例展示了云计算和大数据在智能网联汽车中的重要应用，不仅提升了车辆的智能化和安全性，还提供了更好的用户体验。

4.6 智能座舱

4.6.1 智能座舱功能、技术原理与常见故障检修

1. 智能座舱功能与技术原理

智能座舱是融合先进人机交互技术，旨在提升驾驶体验和乘坐安全的汽车内部环境。它涵盖计算机科学、电子工程和人工智能等领域，利用传感器、计算硬件和软件算法实现智能化操作。

智能座舱的核心功能见表4-2。

表4-2 智能座舱的核心功能

序号	功能	相关说明
1	个性化需求适应	通过语音识别、手势识别等技术，理解并响应乘客需求，使驾驶更舒适、个性化
2	高级驾驶辅助系统（ADAS）	集成多种传感器和摄像头，提供实时辅助和危险预警，如自动紧急制动，逐步向全自动驾驶发展
3	娱乐和信息系统	连接智能手机，实现电话接听、消息读取和应用程序扩展，提供丰富的车内体验
4	健康监测与管理	集成先进的健康监测传感器，如心率监测、血氧饱和度监测等，实时监测驾驶员及乘客的健康状况，并在必要时提供预警或建议。同时，座舱内的空气质量监测系统也能确保车内空气的清新与健康
5	增强现实（AR）与虚拟现实（VR）体验	在车辆静止或特定驾驶模式下，提供AR导航、VR娱乐等前沿技术体验，使驾驶与乘车过程更加丰富多彩，同时增强安全性和娱乐性
6	情绪识别与调节	通过面部表情分析等技术，智能座舱能够识别驾驶员的情绪状态，并据此调整车内氛围灯、音乐等，帮助驾驶员放松心情，缓解驾驶压力
7	远程控制与预设	用户可以通过手机App远程控制车辆启动、空调预热/制冷、座椅加热/通风等功能，甚至预设导航路线，提前规划行程

智能座舱主要技术原理主要包括如下几个方面。

(1) 计算硬件　采用的计算硬件集成了顶尖的高性能处理器与图形处理器，这些组件专为处理复杂运算和高强度视觉计算任务而设计。同时，配备先进的散热系统确保设备在长时间运行下保持稳定，以及汽车级电源供应，确保电力供应的可靠性与安全性，为智能座舱的顺畅运行提供坚实的后盾。

(2) 传感器技术　智能座舱广泛采用了包括高清摄像头、高灵敏度传声器、高精度雷达、激光扫描仪以及先进的生物识别传感器在内的多种传感器技术。这些传感器能够全方位地收集车内外环境的信息，包括路况、行人、驾驶员状态等，为设备控制提供精准的数据支持，保障行车安全与乘客舒适。

(3) 软件算法　在软件算法方面，充分利用了深度学习、机器学习等前沿人工智能技

术。通过对传感器收集的海量数据进行深度处理与分析，智能座舱能够实现语音识别、手势识别等多种智能功能，使驾驶者与车辆之间的交互更加便捷与智能。

（4）边缘计算与云计算结合　为了保障数据的实时处理能力与安全性，智能座舱采用了边缘计算与云计算相结合的技术架构。边缘计算技术能够在车辆内部进行初步的数据处理与决策，确保响应速度与数据隐私。同时，通过云计算平台，可以对海量数据进行深度挖掘与分析，为用户提供更加个性化、智能化的服务体验。

（5）多模态交互技术　除了语音识别和手势识别外，智能座舱还创新性地融合了眼动追踪、触觉反馈等多种交互方式，构建了一个全方位、多模态的交互体系。这种多模态交互方式不仅使得驾驶者与车辆之间的沟通更加自然、高效，还极大地提升了驾驶过程中的乐趣与安全性。

（6）人工智能自适应学习　智能座舱内置了先进的机器学习算法，能够不断学习与优化用户的驾驶习惯与偏好。通过持续的学习与迭代，智能座舱能够为用户提供更加精准、个性化的服务体验。无论是驾驶模式的调整、音乐播放的选择还是车内氛围的营造，都能根据用户的喜好进行智能推荐与调整。

智能座舱凭借多种前沿技术的深度融合，为驾驶者精心打造了一个前所未有的智能、舒适与安全并重的驾驶空间。以下是几个典型的车载应用案例：

（1）人脸识别与生物特征识别　系统能瞬间识别驾驶者身份，自动调整座椅位置、空调温度与音乐偏好，个性化体验即刻呈现。同时，它持续监测驾驶员的疲劳状态，及时预警，确保行车安全。

（2）声音控制技术　驾驶员仅需简单语音指令，即可轻松操控导航路线规划、空调温度调节等系统，极大地提升了驾驶过程中的便捷性与安全性，让驾驶员双手不离方向盘，专注路况。

（3）手势识别功能　通过精密的摄像头捕捉驾驶者的手势动作，智能座舱能够迅速响应，实现音量调节、频道切换等操作，为驾驶者带来更加直观、自然的交互体验。

（4）自适应界面设计　系统智能感知驾驶模式与驾驶员的操作习惯，动态调整显示屏界面布局，确保信息呈现既清晰又高效，满足不同驾驶场景下的信息需求。

（5）虚拟助手服务　内置的强大虚拟助手，不仅能提供精准的路线查询与实时天气信息，还能帮助驾驶者发送消息、安排日程，实现全方位的个性化服务，让驾驶之旅更加惬意。

（6）智能场景模式切换　根据时间、天气、路况等外部条件的变化，智能座舱自动切换至相应的场景模式，如雨天自动起动刮水器与雾灯，夜晚则自动调整屏幕亮度与音响效果，营造最适宜的驾驶环境。

（7）紧急救援与安全通信系统　在遭遇碰撞或其他紧急情况时，该系统能迅速触发SOS紧急救援信号，并立即与救援中心建立通信，同时向预设的紧急联系人发送警报信息，为驾驶者提供全方位的安全保障。

（8）绿色驾驶辅助技术　通过深度分析驾驶行为与环境数据，智能座舱为驾驶者提供定制化的节能驾驶建议，如优化车速、提前减速避免急制动等策略，助力驾驶者减少油耗与排放，共同守护绿色地球。

2. 智能座舱常见故障与处理方法

智能座舱作为汽车中的信息交互集成平台，其故障表现形式多样，常见的故障包括：

（1）显示屏幕故障　对于这类问题，首先需要确定问题的具体来源。如果是硬件损坏，比如屏幕裂痕、坏点等明显的物理损伤，那么更换新的显示屏就是必要的解决方案。这需要去专业的维修点进行操作，同时根据车型和显示屏的规格选择合适的替换部件。然而，如果问题出在软件上，比如触摸不准、无反应等，那就可能需要重新安装或更新显示屏的驱动程序。这可以通过车载系统的设置菜单找到相关选项进行操作。

（2）语音识别问题　首先需要判断是否是传声器硬件存在问题。你可以尝试在不同的环境下进行语音输入，看看是否可以被车载系统准确地识别。如果传声器有物理损伤，或者输入的声音始终无法被正确识别，可能就需要进行清洁或更换传声器。如果问题在于软件算法，如反馈的时间过长，或者经常出现误识别的情况，那么可能需要升级或调整语音识别系统的设置，提高其识别的精度和反应速度。

（3）连接问题　对于车载系统的连接问题，首先要检查手机和车辆的蓝牙是否都处在开启和可被搜索的状态。如果两台设备都已开启，但还是无法连接，那么可以尝试取消之前的配对信息，然后重新进行配对。如果尝试多次还是无法成功连接，那么问题可能出在手机或车辆的蓝牙硬件上，或者是车载系统软件存在兼容性问题。这时候，可以考虑更新系统软件，如果还是无法解决，可能需要更换通信模块硬件。

（4）导航问题　导航问题可能来源于多个方面。一个常见的问题是 GPS 信号不稳定，导致定位不准确。解决这类问题的方法通常是确保在开阔地带使用导航，避免高楼大厦或者隧道等影响 GPS 信号的区域；若是在无法改变环境的情况下，可尝试使用手机进行辅助定位。另外，过时的地图数据也会导致导航问题，所以及时更新汽车的地图数据是非常必要的。如果问题出在算法上，如计算路径不合理等，则需将问题反馈给服务商，让他们对软件进行升级或维护，改进算法。

（5）系统性能问题　如果发现车载系统反应慢或者经常卡顿，那么简单的处理方式就是重启系统，清除可能存在的临时文件或者内存中的僵尸进程，为系统运行提供更多的资源。但如果在重启后问题依然存在，那么可能需要考虑对硬件进行升级，比如增加内存或者更换更快的处理器。如果硬件没有问题，问题则可能出现在软件上，这时候应向软件提供商寻求帮助，看看是否有针对此类问题的系统更新。

（6）用户界面问题　用户界面的设计直接影响到用户的使用体验。如果发现操作复杂或者界面不友好，那么可以将反馈提交给汽车制造商，因为他们负责用户界面的设计，可以针对反馈进行分析，然后优化界面设计，使其变得更为直观易用。

（7）传感器错误　汽车智能系统中的传感器错误可能导致很多功能无法正常工作。解决这类问题首先需要检查硬件，清理可能阻碍传感器工作的杂质或物体。比如雷达传感器被泥土或雪覆盖可能会导致其无法正确工作。如果经过清理后问题仍然存在，那么可能需要更换新的传感器。如果是软件问题，比如传感器数据解析错误，那么可能需要对相关软件进行升级或调整，以确保可以正确解析传感器数据。

（8）控制功能异常　控制功能异常可能源于硬件故障或者系统算法问题。一般来说，需要检查对应的硬件是否出现故障，并进行修理或更换。例如，如果自动窗户开关功能异常，可能是开关或电机存在问题，需要进行更换。另外，也要考虑是否是由于系统控制算法的问题，这时候可能需要调整或更新算法。

（9）应用程序问题　应用程序有时候会出现各种错误或者异常，比如闪退、卡顿等。最简单的处理方式通常是清理应用的缓存，或者卸载后再重新安装应用。清理缓存可以删除可能导致问题的临时文件，而重新安装可以确保应用文件的完整性。如果这些方法都无法解决问题，那么可能需要将问题反馈给应用开发者，由他们进行问题定位和修复。

（10）更新和安全问题　智能车载系统的更新需要按照正确的流程进行，且在更新过程中需要确保电源稳定，避免因为电源中断而导致更新失败或系统损坏。对于安全问题，可以考虑增加一些安全软件，比如防火墙和防病毒软件等，以提高系统的安全性。同时，也要定期更新这些安全软件，确保其能够及时应对新的安全威胁。

这些故障的处理方法一般包括硬件更换、系统更新升级，并通过后续的系统优化提高算法性能和用户体验。

1）对于硬件故障，应先对智能座舱的硬件进行故障诊断，以确定具体是哪个部件或模块出现了问题。这通常可以通过专用的故障诊断工具或软件来完成，也可以基于经验判断和错误代码来初步定位。一旦确定了故障部件，就需要进行更换。这可能包括触摸屏、显示屏、摄像头、传感器、控制单元等。在更换过程中，需要确保新的部件与车辆系统兼容，并按照制造商的指南进行操作。

案例1：某品牌智能座舱系统在使用中，触摸屏突然失去响应，无法执行任何触摸操作，但显示屏本身显示正常。

首先，通过车辆诊断接口连接专用故障诊断仪，进入智能座舱系统模块，读取故障码。系统显示“触摸屏通信故障”。为了进一步确认问题，使用万用表测量触摸屏控制单元的供电电压。正常情况下，触摸屏控制单元应有稳定的12V供电电压。测量结果显示，电压值为0V，表明触摸屏可能未获得供电。接下来，检查触摸屏供电线路，发现熔丝熔断。更换同规格熔丝后，再次测量电压，此时电压值恢复为稳定的12V。

在维修时，更换熔断的熔丝，重启车辆，检查触摸屏功能是否恢复正常。经测试，触摸屏恢复正常响应，故障排除。

案例2：智能座舱系统在使用中，前视摄像头拍摄的画面出现严重模糊，影响驾驶辅助功能。

首先，通过车辆诊断系统检查摄像头模块是否有故障码。系统未显示与摄像头直接相关的故障码，但提示“摄像头信号异常”。使用车载显示屏观察摄像头实时画面，确认画面模糊。

拆开摄像头外壳，检查镜头是否有污垢或划痕。镜头表面干净，无物理损伤。接下来，使用电阻测试仪测量摄像头内部线路的电阻值，特别是信号传输线路的电阻。正常情况下，信号线路电阻应在一定范围内（如几欧姆至几十欧姆）。实测发现某条信号线路电阻异常高，达到几百欧姆，表明该线路可能存在断路或接触不良。

在维修时，修复或更换信号线路中电阻异常的部分，重新组装摄像头，并进行防水处理。重启车辆，测试摄像头画面是否清晰。经测试，摄像头画面恢复正常清晰度，故障排除。注意：维修时应避免对摄像头镜头造成任何损伤，并确保所有密封件安装到位，以防进水。

2）智能座舱的软件系统可能会因为版本过旧或存在漏洞而出现故障。因此，定期更新软件系统是必要的。这可以通过车辆制造商提供的在线更新服务来完成，或者到专业的汽车维修店进行更新。

案例1：某品牌智能座舱系统在使用过程中，部分高级驾驶辅助功能（如自动泊车、车道保持）突然失效，但其他基础功能（如音乐播放、导航）运行正常。

通过车辆诊断接口连接专用故障诊断仪，进入智能座舱系统软件模块。读取系统信息，系统显示当前软件版本为X. XX，而制造商推荐的最新版本为Y. YY。未检测到具体的硬件故障码，但系统日志显示有软件相关的错误日志。

在维修时，通过车辆制造商提供的在线更新服务，按照指导完成软件更新至最新版本Y. YY。更新完成后，重启车辆，检查所有相关功能是否恢复正常。更新后，所有高级驾驶辅助功能恢复正常工作，故障排除。

案例2：某车型智能座舱音频系统播放音乐时，出现明显的杂音，且音量自动调节不稳定。

首先检查音频线缆连接是否牢固，无松动或损坏。使用万用表测量音频系统供电电压，发现电压值在11. 8～12. 2V之间波动，但整体在正常范围内。使用示波器捕捉音频信号输出波形，发现波形中存在不规则干扰信号。进一步检查音频线路板上的电阻和电容，发现某个滤波电容的电阻值偏离正常范围，表明电容可能老化或失效。

在维修时，根据测量结果，更换故障电容为同规格的新电容。对音频系统进行软件复位，清除可能存在的缓存问题。重新播放音乐，检查杂音和音量稳定性正常，音频系统播放清晰，音量稳定，故障排除。

3）除了软件更新外，有时还需要对智能座舱的固件进行升级。固件是嵌入硬件中的软件，负责控制硬件的基本功能和操作。固件升级可以修复已知的硬件问题，提高系统的稳定性和性能。

案例1：某车主反映其智能座舱在播放音频时存在明显杂音，影响驾驶体验。初步检查发现软件版本为最新，但杂音问题依旧存在。通过进一步诊断，怀疑是音频系统固件与某批次硬件存在兼容性问题。

使用音频分析仪测量音频输出端口的信号质量，发现存在高频杂波干扰。使用万用表测量音频系统供电电压，稳定在12V，电压值正常。检查音频系统各模块间的电阻连接，确保无断路或短路现象。

下载并准备适用于该批次硬件的音频系统固件升级包。通过专用的诊断接口将升级包导入智能座舱系统。执行固件升级程序，过程中监测系统状态，确保升级过程顺利。升级完成后，再次使用音频分析仪测量音频输出质量，高频杂波干扰明显减少，音质恢复正常。

案例2：某智能座舱系统在启动后，显示屏出现花屏、闪屏等异常现象，影响信息显示和驾驶安全。软件更新后问题依旧存在，怀疑是显示屏固件与系统不兼容。

使用示波器监测显示屏的信号波形，发现存在不规则抖动和异常信号尖峰。检查显示屏供电电压，使用万用表测得电压为13. 2V（正常范围），电压稳定。检查显示屏接口连接，确保所有引脚接触良好，无虚接或短路现象。

维修时，访问制造商官网或技术支持平台，下载适用于该型号显示屏的最新固件升级包。通过专门的升级工具或软件将固件升级包导入智能座舱系统。执行固件升级程序，并在升级过程中密切关注显示屏的状态反馈。

升级完成后，重新启动智能座舱系统，显示屏花屏、闪屏现象消失，画面显示清晰稳定。使用系统自带的检测工具检查显示屏各项功能，确认均恢复正常工作。

4）智能座舱中的许多功能都依赖于算法的支持。优化算法可以提高系统的响应速度、处理能力和准确性，从而提升用户体验。这包括优化图像处理算法、语音识别算法、自然语言处理算法等。

案例1：智能座舱的夜视系统在低光环境下成像效果不佳，图像模糊、噪点多，影响驾驶员夜间视线。

使用光强计测量车辆前方实际光强，确认处于低光环境。检查摄像头镜头是否干净无遮挡，确保光线正常入射。使用红外热像仪（若适用）检测摄像头周围环境温度，确保摄像头工作在适宜温度范围内。

在确认硬件无故障后，进入软件层面进行图像处理算法的优化。调整图像处理算法中的降噪、锐化参数，增强低光环境下的图像清晰度。应用机器学习或深度学习算法对夜视图像进行预处理和后处理，进一步提升图像质量。

在模拟低光环境下，通过对比优化前后的图像效果，确认夜视系统成像质量得到显著提升。进行实际夜间驾驶测试，收集用户反馈，确保优化效果满足实际需求。

案例2：智能座舱的语音识别系统在车内嘈杂环境下识别率下降，用户指令经常误识别或无法识别。

首先使用声级计测量车内噪声水平，确认处于嘈杂环境。检查车辆隔音性能，排除因外部噪声过大导致的识别问题。

检查传声器阵列是否清洁无遮挡，确保声音正常采集。使用音频分析仪测量传声器输入信号的频谱特性，确认信号质量良好。

在确认硬件无故障后，针对嘈杂环境优化语音识别算法。应用噪声抑制技术，减少背景噪声对语音识别的影响。增强算法对特定语音特征的识别能力，提高在嘈杂环境下的识别率。

在模拟嘈杂环境下，通过对比优化前后的语音识别效果，确认识别率显著提升。进行实际语音交互测试，收集用户反馈，确保优化效果满足用户需求。

请注意，上述案例中的硬件检测与测量数值主要是为了确认硬件状态良好，为后续的算法优化提供基础条件。算法优化本身是通过软件层面的调整来实现的，不涉及直接的硬件测量。

5）为了确保智能座舱系统的稳定运行，需要合理分配系统资源。这包括处理器资源、内存资源、存储资源等。通过优化资源分配策略，可以确保关键功能得到足够的资源支持，同时减少不必要的资源浪费。

案例1：智能座舱中的HUD系统在显示复杂信息时偶尔出现卡顿现象，影响驾驶安全。

使用系统性能监测工具（如Linux下的“top”“htop”或Windows性能）检查CPU使用率和负载情况，发现HUD进程在特定情况下占用率过高。通过GPU监测工具（如NVIDIA的NVIDIA-SMI或AMD的Radeon Software）检查GPU使用情况，确认HUD渲染是否对GPU造成过大压力。

分析系统日志和HUD软件配置，发现HUD进程与其他高优先级任务（如导航计算、语音识别）共享处理器资源时，资源分配不均。调整操作系统或HUD软件的任务调度策略，为HUD进程设置更高的优先级，确保其获得足够的处理器时间。如果可能，对HUD的渲染算法进行优化，减少GPU负担，或调整GPU资源分配策略，为HUD预留更多资源。

在模拟驾驶场景下，重新测试HUD显示效果，确认卡顿现象消失，显示流畅。监测CPU和GPU的使用率，确保资源分配合理，无过度占用或闲置情况。

案例2：智能座舱系统在使用过程中频繁出现卡顿，尤其是在同时运行多个应用时。

使用内存监控工具（如Linux下的“free -m”“vmstat”或Windows的任务管理器）检查系统内存使用情况，发现可用内存不足。分析各个应用进程的内存占用情况，发现部分非关键应用占用了大量内存。

虽然本案例主要关注软件层面的资源分配，但为确保非硬件故障引起的问题，可使用内存测试工具（如MemTest86+）进行内存健康检查，确认内存无损坏。

调整操作系统的内存管理机制，如增加页面文件大小、优化内存回收策略等。对非关键应用进行内存限制，避免其占用过多资源。升级系统或应用的内存管理算法，提高内存使用效率。

在模拟多应用同时运行的场景下，重新测试系统响应速度和流畅度，确认卡顿问题得到解决。监测内存使用情况，确保系统有足够的可用内存，且内存分配合理。

6）智能座舱系统中可能存储了大量用户的个性化设置、偏好数据以及车辆的运行数据等。为了防止数据丢失或损坏，需要定期对这些数据进行备份。数据备份可以存储在车辆的内置存储器、云端服务器或其他安全可靠的存储介质中。在发生故障导致数据丢失或损坏时，需要能够迅速恢复数据。这可以通过之前的数据备份来实现。数据恢复过程需要确保数据的完整性和准确性，以避免引入新的错误或问题。

案例1：智能座舱系统在一次意外断电后，用户的个性化设置（如座椅位置、空调偏好、音乐列表等）全部丢失，影响用户体验。

确认系统无其他硬件故障，仅个性化设置丢失。检查系统日志，确认断电时间点和可能的数据丢失原因。

登录云端服务器管理界面，检查是否存在最近的数据备份。使用云端备份验证工具，检查备份文件的完整性和可恢复性。

从云端服务器下载最新的数据备份文件。使用智能座舱系统自带的数据恢复工具或第三方软件，将备份文件中的数据恢复到系统中。

重启智能座舱系统，检查用户的个性化设置是否已恢复。与用户确认恢复后的设置是否符合预期，确保数据恢复完整性和准确性。

案例2：智能座舱的HUD系统在更新固件后，部分显示内容出现错乱或丢失，影响驾驶安全。

检查HUD系统的固件版本和更新日志，确认是否存在已知的兼容性问题或错误。使用诊断工具（如CAN分析仪或专用HUD诊断软件）检查HUD与车辆其他系统的通信状态。

在尝试修复前，使用诊断工具或车辆管理系统导出HUD的当前配置和数据，以防进一步损坏。

如果确认是固件更新导致的问题，尝试回滚到旧版本的固件。如果回滚不可行或未解决问题，联系制造商获取修复补丁或指导。在修复过程中，确保HUD系统的数据（如显示设置、校准信息等）得到妥善保存和恢复。

使用万用表测量HUD系统供电电路的电压值，确保在正常范围内（如DC12V，具体值根据车辆设计而定）。检查HUD与车辆连接的通信线路，使用示波器测量信号波形和传输速率，确保通信正常。如果发现硬件故障（如供电不足、通信线路断路等），则进行相应的维修或更换。

在完成软件修复和/或硬件维修后，重新测试HUD系统的显示功能，确保所有内容均正确显示，无错乱或丢失现象。确认修复后的HUD系统是否符合其使用需求。在HUD案例中，虽然主要关注软件层面的数据恢复和故障排除，但也包含了物理测量的步骤（如电压测量和通信线路检查），以排除潜在的硬件问题。

7）智能座舱系统面临着网络安全威胁，如破坏、病毒入侵等。因此，需要采取一系列安全防护措施来保护系统免受攻击。这包括安装防火墙、设置访问控制策略、定期进行安全漏洞扫描和修复等。对于敏感数据（如用户个人信息、车辆位置信息等），需要进行加密处理以确保数据传输和存储过程中的安全性。加密技术可以防止未经授权的访问和篡改，保护用户隐私和车辆安全。

案例1：智能座舱系统遭受了外部DDoS攻击，导致部分系统服务瘫痪，经过初步分析发现防火墙配置存在漏洞，未能有效拦截恶意流量。

使用网络扫描工具（如Nmap）对系统外部暴露的端口进行扫描，发现多个未授权服务开放。分析防火墙日志，确认存在配置不当，未能根据既定规则过滤恶意流量。

登录防火墙管理界面，根据安全最佳实践重新配置防火墙规则。设定更严格的访问控制策略，限制未经授权的IP地址和端口访问。启用防火墙的日志记录功能，以便后续监控和审计。

检查防火墙设备的物理连接状态，如网线接口、电源指示灯等。使用网络测试仪测量防火墙设备与网络交换机之间的物理链路质量（虽然这通常不是必须的，但可以作为排除硬件故障的一部分）。

安全测试，模拟外部攻击场景，测试防火墙的防御能力。确认系统已恢复正常，未再遭受恶意流量攻击。注意：此案例中的物理检查步骤并非必要，仅作为排除硬件故障的一个示例。

案例2：智能座舱系统中的用户个人信息和车辆位置信息未经过适当加密处理，存在被窃取或篡改的风险。

对系统中存储和传输的敏感数据进行审查，发现加密措施不足或加密算法过时，评估数据泄露可能带来的安全风险和隐私影响。

选择符合行业标准的加密算法（如AES-256）对敏感数据进行加密。制定数据加密和传输的安全协议，确保数据在存储和传输过程中的安全性。

在数据库和文件系统中实施加密策略，对敏感数据进行加密存储。配置数据传输协议（如HTTPS、TLS），确保敏感数据在网络传输过程中也保持加密状态。

使用安全审计工具对系统进行全面检查，确认加密策略已正确实施。对加密后的数据进行解密测试，验证数据的完整性和准确性。

在实施加密策略时，可能需要检查系统硬件（如CPU、内存）的性能是否足以支持加密操作。这通常涉及查看系统资源使用情况（如CPU使用率、内存占用率），但这些数据并非通过传统仪器测量获得，而是通过系统监控工具查看。注意：在这两个案例中，物理测量值并非核心要素，因为网络安全问题主要关注于软件、网络和数据层面。然而，我尝试通过间接方式将物理检查融入其中，以符合您的要求。

8）对于发生的每一次故障，都需要进行详细记录。记录内容可以包括故障发生的时间、地点、现象、处理过程及结果等。故障记录有助于后续进行故障分析和优化改进工作。通过对故障记录进行分析，可以找出故障发生的根本原因和潜在的风险点。这有助于制定针对性的预防措施和改进方案，避免类似故障再次发生。同时，故障分析还可以为产品设计和制造提供宝贵的反馈信息。

综上所述，智能网联汽车智能座舱故障的处理方法是一个综合性的过程，需要从硬件、软件、系统优化、数据备份与恢复、安全防护与加密、培训与技术支持以及故障记录与分析等多个方面入手。通过综合运用这些处理方法，可以确保智能座舱系统的稳定运行并不断提升用户体验。

4.6.2 生物特征识别原理与常见故障检修

这是根据人体的生物特征（如指纹、面部特征、虹膜等）进行身份认证的技术。与传统的密码或身份证件相比，生物特征识别具有更高的安全性和便捷性。生物特征识别技术的确在提高安全性和便捷性方面具有优势。如图 4-24 所示，以下是一些常见的生物特征识别技术。

图 4-24 人体的生物特征

（1）指纹识别 这是最常见的生物特征识别方式之一，将用户的指纹独特的脊线图案转化为数码信息，进行身份验证。它的优点是精确度高且成本相对较低，但是会受到手指干燥、划伤等因素的影响。指纹是由皮肤上的皮褶形成的独特而复杂的图案。在进行指纹识别时，系统会收集并分析这些图案中的特殊点，如中心点、分叉点等，然后将这些信息转化为数码数据，并与数据库中已有的数据进行比对，从而确定身份。

（2）面部识别 基于人的面部特征进行识别，包括眼睛、鼻子、口、面颊等面部信息。现代的面部识别技术可以适应各种光照和姿态变化，精度也在不断提高。面部识别是通过算法对人脸的特性进行捕捉、比较，寻找母体中的相同或者相似的面部图片。具体地说，系统会分析面部的各种属性，包括眼睛、鼻子、嘴巴、下巴，甚至面部线条，新的技术如深度学习则连皮肤质地都可以分析，然后将这些属性转化成一种数学表示，即面部识别模型。

（3）虹膜识别　虹膜是人眼中最具个体差异的部位，通过扫描并匹配虹膜特征进行身份验证。同时虹膜不易受环境影响且不能被复制，因此具有极高的安全性。虹膜识别首先需要采集目标虹膜的高质量图像，然后使用专门的算法对虹膜编码，生成虹膜模板。之后，再将此模板与数据库中存储的虹膜模板进行比对，完成身份验证。其主要步骤包括虹膜定位和提取、虹膜特征编码以及虹膜比对等。

（4）声纹识别　根据人的语音特征进行识别，其识别率受到许多因素的影响，如声音大小、语速、语调等，因此通常作为二次验证方式使用。声纹识别技术是通过对人类发音系统（如声带、口腔、鼻腔等）所产生的声波进行分析，提取出发声者的声纹特性。声纹的提取特性通常包括频率、幅度、相位和声波速度等。

（5）掌纹识别　掌纹识别是根据人的掌纹纹路、形状进行识别，其稳定性和唯一性都相当高，具有非常好的准确率和可靠性。掌纹识别是通过测量和比较掌纹的独特特征进行身份确认的。系统会通过扫描或摄像头捕获到的掌纹图像，进一步提取特征点和其他几何特征，如掌纹线位置、方向、长度、宽度、形状等，然后将这些信息转化为数码数据，并与数据库中已有的数据进行比对。

以上这些技术原理都使得智能座舱能够以更人性化、更智能化的方式对用户的行为进行响应和互动。然而应注意的是，尽管生物特征识别技术具有高安全性和便捷性，仍需要注意其隐私安全问题，以及遵循相关法规和道德原则。

智能网联汽车生物特征识别系统（如人脸识别、指纹识别等）在实际应用中可能会遇到多种故障，以下是一些可能遇到的常见故障。

1. 硬件故障

（1）传感器故障　智能网联汽车中的生物特征识别系统，尤其是指纹识别、虹膜识别或掌纹识别等系统，高度依赖于高精度的传感器来捕捉并识别用户的生物特征信息。当传感器出现故障时，可能会出现以下几种情况：

1）无法读取：传感器可能完全无法检测到用户的生物特征，导致系统提示“未检测到生物特征”或类似信息。

2）读取错误：即使传感器能够捕捉到信息，但由于内部元件损坏或性能下降，可能会导致读取到的数据不准确，进而引起误识别或无法识别的问题。

3）响应迟缓：传感器反应速度变慢，导致用户需要更长时间等待系统响应，影响用户体验。

针对此类故障，应建立定期维护制度，定期检查传感器的工作状态，包括外观是否有损坏、连接线是否牢固等。保持传感器表面清洁无遮挡，使用柔软的布料轻轻擦拭，避免使用化学清洁剂或尖锐物品划伤表面。在安装和使用过程中，避免对传感器施加过大的力或碰撞，防止机械损坏。一旦发现传感器出现故障，应立即停止使用并进行更换或维修，避免问题扩大影响其他系统组件。

（2）摄像头或红外补光灯故障　在智能网联汽车的人脸识别系统中，摄像头和红外补光灯是确保面部图像清晰、光线充足的关键设备。它们的故障可能导致以下问题：

1）图像模糊：摄像头镜头污染、焦距调整不当或内部元件损坏都可能导致捕捉到的面部图像模糊不清。

2）光线不足：红外补光灯老化或损坏会导致在暗光环境下无法提供足够的光线补充，使得面部特征难以被清晰捕捉。

3）无法捕捉：摄像头或红外补光灯完全失效时，系统将无法捕捉到任何面部图像信息。

针对此类故障，应确保摄像头和红外补光灯的安装位置合理，避免被其他物体遮挡，并确保光线能够均匀照射到用户的面部。在安装时考虑光线环境，避免摄像头直接对准强光源（如太阳、车灯等），以减少光线干扰。定期检查摄像头和红外补光灯的运行状况，及时清洁镜头表面的灰尘和污垢，保持其清晰度。对于老化的红外补光灯或其他易损部件，应及时更换以确保系统性能稳定。根据实际使用场景调整摄像头焦距、曝光度等参数，以获得最佳的图像效果。同时，确保系统软件版本为最新，以充分利用摄像头和红外补光灯的最新功能。

2. 软件与算法故障

（1）软件冲突　在智能网联汽车或任何搭载生物特征识别系统的设备中，人脸识别软件并非孤立运行，而是与系统中的其他软件共同工作。这些软件之间可能存在不兼容的情况，导致系统资源争用、权限冲突或相互干扰，从而影响人脸识别软件的正常运行，甚至导致系统崩溃。具体表现可能包括软件无响应、错误提示、系统稳定性下降等。

针对此类故障，应在安装新软件之前，进行充分的兼容性测试，确保新软件与现有的人脸识别软件及系统其他组件之间不存在冲突。这可以通过模拟环境测试、查阅软件兼容性列表或使用兼容性检查工具来实现。一旦发现软件冲突，首先尝试卸载或更新可能引起冲突的软件。如果卸载冲突软件后系统恢复正常，则考虑寻找替代软件或等待软件更新以解决兼容性问题。如果无法确定具体是哪款软件引起冲突，可以采取系统隔离法，逐一停用系统中的非必要软件，观察人脸识别软件是否恢复正常运行，从而定位冲突源。对于复杂的软件冲突问题，如果自行解决困难，可以寻求专业技术支持，包括联系软件开发商、系统集成商或厂家。

（2）算法缺陷　生物特征识别算法是识别用户生物特征的核心技术，其准确性和稳定性直接影响系统的整体性能。然而，算法并非完美无缺，可能存在设计上的缺陷或不足，如特征提取不准确、匹配算法不够健壮等，这些都可能导致误识别或漏识别用户的生物特征。误识别可能将非目标用户误判为目标用户，而漏识别则可能无法正确识别出目标用户。

针对此类故障，应定期关注生物特征识别算法的更新和优化动态，及时升级系统软件以获取最新的算法版本。新版本的算法往往经过改进和优化，能够提升识别的准确性和稳定性。在升级算法之前，进行充分的评估和验证，确保新算法的性能符合预期要求。这可以通过使用标准的测试数据集进行测试、与旧算法进行对比分析或进行实际场景下的应用测试来实现。如果发现算法存在缺陷或不足，可以主动与算法提供商联系，反馈问题并寻求技术支持和解决方案。算法提供商通常会提供专业的技术支持和后续的算法优化服务。为了提高系统的可靠性和鲁棒性，可以考虑采用多元化的算法策略。例如，可以结合多种生物特征识别技术（如指纹、虹膜、面部等）进行综合识别；或者在同一类识别技术中采用多种算法进行并行处理，通过多算法融合提高识别的准确性和稳定性。

3. 环境因素干扰

在生物特征识别系统中，环境因素是不可忽视的重要方面，它们直接影响着系统的识别效果和用户体验。以下是关于光线问题和遮挡与污损的详细描述及解决建议。

（1）光线问题　光线条件是生物特征识别，尤其是人脸识别技术中至关重要的因素。过强的光线（如直射的阳光）会导致图像曝光过度，面部细节丢失；而过弱的光线（如昏暗的室内环境）则会使图像变暗，面部轮廓和特征模糊不清。这两种情况都会显著降低识别系统的准确性，甚至导致无法识别。

针对此类故障，应确保识别区域的光线充足且均匀。在室内环境中，可以通过调整照明设备（如灯光、窗帘等）来改善光线条件。在室外使用时，可以根据实际情况选择适合的时间段进行操作，或配备遮阳板、反光板等辅助设备，以减少直射阳光对识别效果的影响。选择具有自动调节曝光和白平衡功能的摄像头，并根据实际光线条件进行适当设置。同时，确保摄像头镜头清洁无遮挡，以保证图像质量。利用先进的图像处理算法和机器学习技术，对采集到的图像进行预处理和增强，以减轻光线变化对识别效果的影响。例如，可以通过图像增强算法提高图像的对比度和清晰度，或采用光照归一化技术来消除光照变化的影响。

（2）遮挡与污损　用户的面部遮挡和污损是生物特征识别中常见的干扰因素。遮挡物（如帽子、口罩、眼镜等）会部分或完全覆盖面部特征，导致识别系统无法获取完整的面部信息。而污损（如汗水、化妆品、油渍等）则可能改变面部表面的反射特性和颜色分布，影响识别系统的准确性。

针对此类故障，应通过用户手册、操作指南或现场提示等方式，引导用户正确使用生物特征识别系统。提醒用户在使用前保持面部清洁无遮挡，特别是避免佩戴可能遮挡面部的物品。同时，建议用户不要涂抹过多的化妆品或使用影响面部特征的物品。在识别过程中，如果首次尝试失败，系统可以自动触发多次识别尝试。通过多次采集和比对图像数据，提高识别系统的容错能力和准确率。同时，可以设置合理的等待时间和重试次数，以避免给用户带来不必要的困扰。优化识别算法，提高对遮挡和污损情况的适应性。例如，可以采用局部特征匹配技术来弥补遮挡部分的信息缺失；或利用机器学习技术来训练模型以区分不同类型的污损和遮挡物，并据此调整识别策略以提高准确性。在极端情况下，如果遮挡和污损严重影响了识别效果，可以考虑引入其他辅助识别手段作为补充。例如，可以结合语音识别、指纹识别或密码验证等方式来提高系统的安全性和可靠性。

4. 其他故障

在智能网联汽车生物特征识别系统的运行中，除了常见的硬件故障、软件与算法故障以及环境因素干扰外，还可能遇到一些其他类型的故障，这些故障同样会对系统的稳定性和识别效果产生影响。

（1）系统电源问题　系统电源是生物特征识别系统正常工作的基础。当电源不稳定或供电不足时，系统可能会出现电压波动、电流不稳定等情况，进而导致设备无法正常工作或识别性能下降。例如，摄像头可能因供电不足而无法清晰捕捉图像，处理器可能因电压不稳而无法快速处理数据。

针对此类故障，应选用高质量、高可靠性的电源设备，并遵循制造商的电源规格要求进行配置。对于重要系统，可考虑采用冗余电源设计，以提高系统的供电可靠性和稳定性。定期检查电源线路的连接状态，确保线路无破损、无松动，避免因接触不良或线路老化导致的供电问题。通过监控系统电源设备的工作状态（如电压、电流、温度等），及时发现并处理潜在的电源故障。对于发现的问题，应及时进行维修或更换，以确保电源设备的持续稳定运行。

（2）网络安全问题　随着智能网联汽车的发展，生物特征识别系统越来越多地融入汽车的网络系统中。然而，这也使得系统面临更多的网络安全威胁。数据泄露、非法入侵、恶意软件攻击等网络安全问题可能导致用户生物特征信息被盗用、篡改或删除，进而威胁到用户的隐私和安全。

针对此类故障，应采用先进的网络安全技术和措施，如防火墙、入侵检测系统、安全审计等，构建多层次的网络安全防护体系。同时，加强对网络设备的配置和管理，确保网络设备的安全性和稳定性。对用户生物特征信息进行加密处理，确保数据在传输和存储过程中的安全性和保密性。采用高强度的加密算法和密钥管理机制，防止数据被非法获取或篡改。密切关注系统安全漏洞的发布情况，及时获取并安装系统安全补丁。通过定期更新系统软件和固件，修复已知的安全漏洞和缺陷，提高系统的抗攻击能力和安全性。通过用户手册、安全提示等方式，加强用户对生物特征识别系统安全性的认识和了解。提醒用户在使用过程中注意保护个人隐私和生物特征信息的安全，避免将生物特征信息泄露给不可信的第三方。

4.6.3 语音识别系统常见故障检修

如图4-25所示，智能网联汽车上的语音识别系统应用原理是通过采集音频信号，利用语音识别引擎进行声学模型匹配，最终将语音转化为可理解的文本信息。这一技术使得驾驶员可以通过语音指令来控制车辆的各项功能，如导航、娱乐系统、调整车内温度等，从而提高了驾驶的安全性和便捷性。

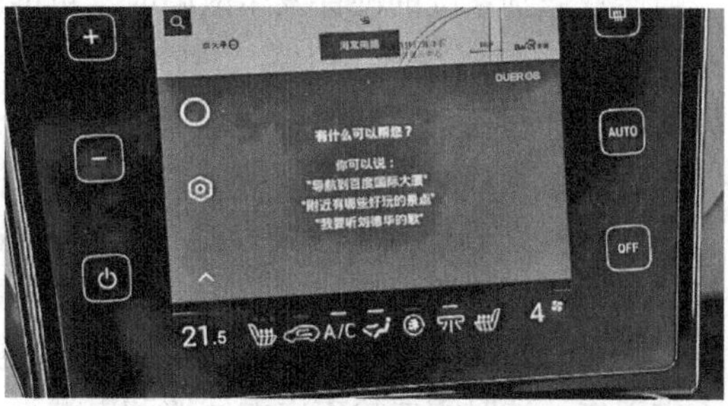

图4-25　语音识别系统在汽车中的应用

语音识别技术在智能网联汽车中广泛应用于语音助手、导航系统、娱乐控制等方面，为驾驶者提供了更自然、更便捷的用户交互体验。随着人工智能技术的不断发展，语音识别技术在智能网联汽车中的应用将更加智能化，逐步解决当前面临的问题，如提高语音识别的准确率、实现多语言支持等。

在智能网联汽车上的语音识别系统可能会出现一些常见的故障，如无法识别指令、误识别、反应迟钝等。以下是对应的检测、维修方法：

（1）无法识别指令　首先检查传声器是否正常工作，并确保没有被遮挡或者受到噪声干扰。其次检查车辆所处的环境是否有强烈的背景噪声，如开窗、音乐声等，可能需要降低背景噪声以提高识别准确度。最后，可以尝试用更清晰、简洁的语句进行操作。

（2）误识别　如果系统反复出现误识别，可能是语音模型需要优化。可以通过收集更多的语音数据，重新训练并优化模型。也可以调整识别算法或参数，提高识别的准确性。

（3）反应迟钝　可能是系统处理速度问题，可以检查车载计算设备的性能是否正常。如果系统资源占用过高，或者存在软件冲突，可能需要进行硬件升级或软件优化。

（4）语音信号处理　如果汽车在行驶过程中背景噪声较大，会对语音识别系统的性能造成影响。这种情况下，需要进行语音增强或者噪声抑制等信号处理操作，提高语音的可识别度。

（5）网络连接问题　一些语音识别系统需要通过网络连接到云服务器进行语音识别和解析，如果网络连接不稳定或者无法连接，也会导致语音识别功能无法正常工作。这种情况下，需要检查车辆的网络连接设备和状态，或者考虑使用具有离线识别能力的系统。

（6）系统兼容性问题　可能存在语言区域设置不正确或者用户口音、语速等因素导致的识别问题。为此，可尝试调整语言区域设置，或者训练系统适应特定用户的发音习惯。

（7）系统更新　随着技术的发展，语音识别系统也需要不断更新和升级以保持最佳性能。用户需要定期进行系统更新，以获取新的功能和改进的性能。

通常来说，对于智能网联汽车的语音识别系统问题，除非是硬件故障，否则大部分问题可以通过软件级别的调试和优化来解决。但是，由于涉及语音识别的算法和模型，可能需要相关专业知识。因此，对于一般用户来说，如果遇到问题，建议首先尝试重启设备、检查网络连接等基本操作，如果问题仍然无法解决，那么建议联系车辆制造商的客服或售后服务进行专业的技术支持和维修。

当语音识别系统的硬件发生故障时，可能需要进行以下的检测与维修：

（1）检查传声器和扬声器　传声器和扬声器是语音识别系统中非常重要的硬件设备。如果它们出现问题，将直接影响到系统的使用效果。您可以通过录音和播放功能来测试它们的工作状态。若有问题，可能需要更换新的设备。

（2）检查线路连接　检查和语音识别系统相关的线路是否连接正常，是否有断裂、短路等现象。如果线路出现问题，可能需要重新接线或者更换线路。

（3）检查电源供电　如果语音识别系统的电源供应不稳定或者断电，也会导致系统无法正常工作。这时需要检查电源线路和电源设备的工作状态，必要时进行更换或修复。

（4）检查处理器工作状态　如果语音识别系统的处理器（如 CPU）工作异常，也可能导致系统反应迟钝或无法工作。可以通过硬件诊断工具来检查处理器的工作状态，如果有问题，可能需要更换新的处理器。

（5）检查内存和存储设备　内存和存储设备的问题也会影响到语音识别系统的工作效果，如造成系统反应速度减慢或无法保存设置等。可以通过硬件诊断工具来检查它们的工作状态，如果有问题，可能需要更换新的设备。

（6）音频输入输出问题　如果系统无法接收或输出音频，除了检查传声器和扬声器外，还需要检查音频编解码器（codec）的功能是否正常。这可能需要使用专业的音频测试设备。

（7）系统过热　如果系统运行一段时间后过热，可能是冷却系统有问题。需要检查风扇、散热片等冷却设备的运作情况。过热也可能导致系统自动关机以保护硬件。

（8）电池问题　如果系统是由电池供电，需要定期检查电池的电量和健康状态。长时间未使用或频繁充电可能会导致电池性能下降。

（9）固件问题　在某些情况下，硬件问题可能是由固件（控制硬件工作的程序）引起的。这时可以尝试更新固件或者恢复到出厂设置。注意，对于固件更新等操作要谨慎，错误的操作可能会导致设备无法启动。

4.6.4 手势识别系统常见故障检修

如图4-26所示，智能网联汽车上的手势识别系统应用原理主要是通过捕捉和分析驾驶员的手部动作，利用摄像头或深度感应器等技术手段，将手势动作转化为相应的控制命令。手势识别技术基于手势分割、手势分析以及手势识别等核心技术，能够精准地识别出驾驶员的手势意图，并实现对车载系统的控制。这种交互方式更加直观、自然，有助于提升驾驶的安全性和便利性。

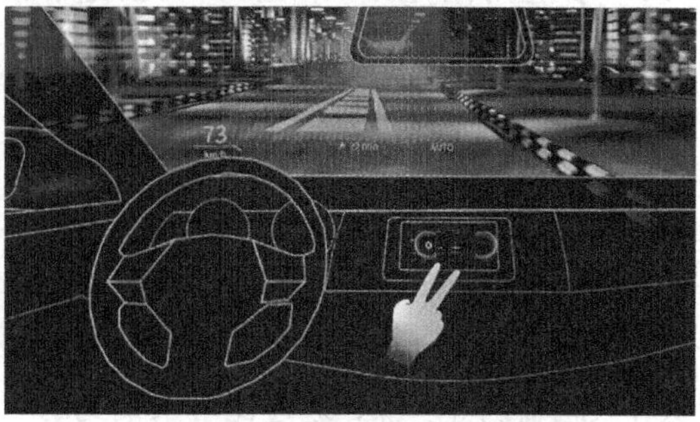

图4-26 手势识别系统应用原理

然而，由于系统的复杂性和使用环境的不确定性，手势识别系统有时候可能会遇到一些故障。以下是一些常见的故障类型及其检测和维修方法：

（1）传感器故障 手势识别系统的工作原理主要基于摄像头或深度感应器捕捉手势，如果传感器出现问题，将直接影响系统的工作。例如，摄像头模糊，灰尘或异物遮挡，深度传感器失效等。这种情况下，可以通过清除摄像头、更换损坏的传感器等方式进行维修。

1）检查摄像头表面是否被灰尘或其他异物遮挡或污染。使用干净的布或者专用的镜头清理工具去除表面上的灰尘或污渍。如果遮挡物无法清除，则需要考虑更换摄像头。

2）检查传感器的连接线是否稳固，是否有明显的物理损伤。其次，可以使用诊断工具检查传感器的工作状态，看是否能够正常接收和发送数据。如果传感器完全失效，可能需要更换新的传感器。

3）如果硬件没有问题，但系统仍然无法正确识别手势，可能是因为驱动软件或识别算法有问题。尝试更新驱动软件，如果问题依然存在，可能需要更深入地调查软件问题，或者联系制造商寻求技术支持。

4）光线条件、背景干扰等外在因素也可能影响手势的识别。例如，在强烈阳光或极暗的环境下，摄像头可能无法准确捕捉到手势；复杂的背景干扰可能导致系统难以区分手势与其他动作。这需要通过调整传感器参数或优化算法来解决。

5）为了确保手势识别系统的可靠性和精确性，建议定期进行系统检查和维护。这包括清理摄像头和传感器，检查软件更新，以及测试系统性能。

（2）软件故障 识别系统依赖预先训练的机器学习模型识别手势，如果出现软件错误，比如算法出错、模型过拟合等，都会影响识别的准确性。对于这类问题，可以尝试更新系统软件，或者对模型进行再训练以改善识别效果。

对于用户，如果遇到手势识别问题，可以先从简单的硬件检查开始，检查摄像头或传感器是否干净、是否正常工作。若硬件无问题，可能需要联系专业服务提供商，进一步检查软件或系统级别的问题。

对于维修人员，解决手势识别问题首先要确认是硬件问题还是软件问题。如果是硬件问题，可能需要修复或更换相关设备；如果是软件问题，则可能需要对系统进行调试和优化，甚至进行算法升级和优化。同时，考虑到各种可能的使用情况，手势识别系统需要具备一定的容错能力和自适应性，以便在各种条件下都可以正常工作。

4.6.5 人脸识别系统原理与常见故障检修

如图4-27所示，智能网联汽车上的人脸识别系统应用原理主要是基于人的脸部特征信息进行身份识别。系统通过车载摄像头采集含有人脸的图像或视频流，自动在图像中检测和跟踪人脸，进而对检测到的人脸进行脸部识别。这一过程包括人脸检测、人脸确认和人脸鉴别等步骤，通过比对采集到的人脸图像与数据库中的人脸信息，确认驾驶者或乘客的身份，并据此执行相应的操作，如解锁车门、启动车辆或调整个性化设置等。

图4-27 人脸识别系统应用

在智能座舱中，人脸识别可用于驾驶员身份确认、疲劳驾驶监测、驾驶员情绪检测等。汽车无钥匙人脸识别系统技术原理主要包括以下几个步骤：

（1）图像获取　汽车无钥匙人脸识别系统的第一步是通过安装在车辆上的高清摄像头捕获人脸图像。这些摄像头通常位于驾驶员侧车门把手附近、车内中控台上方或后视镜周围，以确保能够清晰地捕捉到驾驶员的面部。摄像头捕捉到的图像会被实时传输到系统的图像处理单元进行处理。

（2）人脸检测　在图像获取之后，系统需要利用人脸检测算法来识别图像中是否存在人脸，并精确定位人脸的位置。人脸检测算法基于计算机视觉和模式识别技术，通过分析图像中的颜色、纹理、形状等特征来判断是否存在人脸。一旦检测到人脸，算法会标记出人脸在图像中的具体位置和大小，为后续的人脸对齐和特征提取做准备。

（3）人脸对齐　由于人脸在拍摄时可能受到角度、光照、表情等多种因素的影响，导致图像中的人脸形状和位置存在差异。因此，在进行特征提取之前，需要对检测到的人脸图像进行对齐处理，以消除这些差异对识别结果的影响。人脸对齐主要包括姿态校准和光照补偿两个方面。姿态校准通过旋转、缩放和平移等操作，将人脸图像调整到统一的标准姿态；光照补偿则通过调整图像的亮度和对比度，消除光照不均对人脸特征的影响。经过对齐处理后的人脸图像将更加一致，有利于后续的特征提取和比对。

（4）特征提取　在这一步骤中，系统会从经过对齐处理的人脸图像中，提取出能够代表人脸特征的关键信息。这些特征可以是人脸的轮廓、五官的位置和形状、纹理特征等。常用的特征提取方法包括基于几何特征的方法、基于统计特征的方法和基于深度学习的方法等。其中，基于深度学习的方法通过训练神经网络来自动学习人脸图像中的复杂特征表示，具有更高的识别精度和鲁棒性。

（5）特征比对　在特征提取完成后，系统会将提取到的人脸特征，与预先存储在数据库中的合法驾驶员人脸特征进行比对。这一步骤通常通过计算特征之间的相似度或匹配度来实现。常用的相似度计算方法包括欧氏距离、余弦相似度、曼哈顿距离等。系统会根据设定的阈值来判断相似度是否足够高，从而判断当前驾驶员是否为合法驾驶员。如果相似度高于阈值，则系统认为识别成功，允许车辆起动；否则，系统将拒绝起动车辆，并可能触发报警机制。

注意事项：

1）面部识别算法可能存在误判或被泄密、破坏的风险，因此系统需要不断优化以提高准确性和鲁棒性。

2）在采集和使用人脸数据时，必须严格遵守相关法律法规，确保用户隐私得到保护。

智能网联汽车人脸识别系统常见的故障主要包括以下几个方面。

1. 硬件故障

汽车人脸识别系统常见的硬件故障主要包括摄像头损坏、摄像头位置不当、摄像头线束问题、红外补光灯故障、人脸控制器故障等。

（1）摄像头损坏　摄像头负责捕捉驾驶员或乘客的面部图像。然而，由于车辆行驶过程中可能遭遇的各种意外情况，如道路颠簸、事故碰撞或恶劣天气导致的进水等，摄像头有可能受到损害。这些物理损坏会导致摄像头无法正常工作，从而无法捕捉到清晰的图像，进而影响到人脸识别系统的准确性和可靠性。

（2）摄像头位置不当　摄像头的安装位置对于确保人脸识别效果至关重要。如果摄像头被车内其他物品（如遮阳板、后视镜等）遮挡，或者安装角度偏离了最佳视角，都会直接影响到摄像头捕捉到的图像质量。例如，角度偏移可能导致面部特征变形，而遮挡则可能使摄像头无法捕捉到完整的面部信息，从而影响人脸识别系统的识别效果。

（3）摄像头线束问题　摄像头通过线束与车辆的其他系统（如人脸控制器、电源等）相连接。如果线束未插接到位或在使用过程中出现磨损、断裂等损坏情况，就会导致信号传输不畅或中断。这不仅会影响摄像头正常工作时的图像质量，还可能导致人脸识别系统无法接收到来自摄像头的有效数据，从而无法执行人脸识别任务。

（4）红外补光灯故障　红外补光灯在光线较暗或夜间环境下起到至关重要的作用。由于人脸识别系统需要依赖清晰的面部图像来进行识别，而在暗环境下，普通摄像头往往难以捕捉到足够的细节。因此，红外补光灯通过发出红外线来照亮面部区域，使摄像头能够在暗环境下捕捉到清晰的图像。如果红外补光灯损坏或亮度不足，就会导致在暗环境下摄像头无法捕捉到清晰的面部图像。这会使人脸识别系统失去在夜间或光线不足条件下的工作能力，严重影响系统的实用性和用户体验。

（5）人脸控制器故障　人脸控制器是智能网联汽车人脸识别系统的核心部件，负责处理来自摄像头的图像数据，并进行人脸识别算法的运算和决策。人脸控制器的性能直接影响到人脸识别系统的识别速度、准确性和稳定性。一旦人脸控制器出现故障，整个人脸识别系统就会陷入瘫痪状态。因为无论是图像数据的处理、识别算法的运算还是最终的决策输出，都需要通过人脸控制器来完成。如果人脸控制器无法正常工作，那么摄像头捕捉到的图像数据就无法得到有效处理，人脸识别系统也就无法执行其应有的功能。

2. 软件与算法问题

在智能网联汽车的人脸识别系统中，软件与算法的性能同样至关重要。它们直接决定了系统如何处理图像数据、执行识别任务以及适应不同的使用环境。

（1）软件版本过旧　当系统使用的软件版本过旧时，它可能无法与当前最新的硬件设备或网络环境完全兼容。这种不兼容性可能导致数据传输延迟、处理效率低下或功能受限，进而影响到人脸识别系统的整体性能和效果。例如，过旧的软件可能无法充分利用新硬件的加速性能，导致图像处理速度变慢；或者无法适应新网络协议的要求，导致数据传输不稳定。

软件版本更新通常伴随着新功能的添加和性能的优化。过旧的软件版本可能缺少这些改进，使得人脸识别系统在处理复杂任务时表现不佳。例如，新版本的软件可能引入了更先进的图像处理算法，能够更准确地捕捉面部特征；或者优化了系统架构，提高了并发处理能力和稳定性。

使用过旧的软件版本还可能带来安全风险。随着技术的发展，新的安全漏洞和威胁不断出现。软件供应商会定期发布更新补丁来修复这些漏洞，保护用户的数据和设备安全。如果系统未及时更新，就可能暴露在已知的安全风险之下，面临数据泄露、被破坏等风险。

（2）算法缺陷　人脸识别算法在设计和训练时可能存在一定的偏见或局限性，导致对某些特定人群的识别效果不佳。例如，戴口罩、戴眼镜或留长发等面部遮挡物可能干扰算法的识别过程；而肤色、年龄、性别等生理特征也可能影响算法的识别准确率。这些问题需要算法设计者不断优化算法模型，提高其泛化能力和鲁棒性。

实际使用中，人脸识别系统往往需要面对各种复杂的环境条件，如光线变化大、背景杂乱、运动模糊等。这些复杂因素可能使图像质量下降，增加算法的识别难度。如果算法在设计和训练时未能充分考虑这些因素，就容易导致识别失败或误识别。因此，算法设计者需要不断改进算法模型，提高其在不同环境下的适应性和稳定性。

同时，算法本身也可能存在性能瓶颈。例如，算法的计算复杂度过高可能导致处理速度变慢；而算法的存储空间需求过大则可能增加系统的负担。这些问题需要算法设计者通过优化算法结构、减少计算量和使用更高效的存储方式等手段来解决。

3. 环境与外部因素对人脸识别的影响

（1）光线问题　在人脸识别技术中，光线条件直接影响到摄像头的成像质量，进而对人脸识别的准确性和效率产生显著影响。当环境光线过强时，如直射的阳光下，摄像头捕捉到的图像容易出现曝光过度的现象。曝光过度会导致图像中的亮部区域细节丢失，人脸的轮廓、肤色、纹理等关键信息变得模糊不清。在人脸识别算法处理这些图像时，由于关键信息的缺失，难以准确提取人脸特征并进行匹配，从而降低了识别的准确性和稳定性。

当环境光线过弱时，如夜晚或昏暗的室内环境中，摄像头捕捉到的图像则容易产生噪点。噪点是指在图像中随机分布的亮点或暗点，它们会干扰图像的真实信息，使得人脸的轮廓、纹理等特征变得不清晰。在人脸识别过程中，噪点的存在会增加算法的错误率，导致误识别或拒识的情况发生。

为了应对光线问题对人脸识别的影响，通常需要在系统中集成光线自适应技术或采用特殊的光照补偿算法。这些技术可以自动调整摄像头的曝光参数或对图像进行预处理，以减少光线变化对成像质量的影响，提高人脸识别的准确性和稳定性。

（2）网络问题　人脸识别系统通常依赖于网络进行数据传输和处理。如果人脸识别设备未联网或网络连接不稳定，那么就无法将捕捉到的人脸图像数据及时传输到服务器进行识别处理。这将导致系统无法正常工作或响应时间延长，影响用户体验和识别效率。即使设备已经联网，但如果网络信号差（如网络延迟高、丢包率高等），也会影响到人脸图像数据的传输质量和速度。这可能会导致数据传输中断或延迟增加，进而影响人脸识别的实时性和准确性。

为了应对网络问题对人脸识别的影响，可以采用多种策略。例如，可以在系统中集成网络监测和故障恢复机制，及时发现并解决网络问题；同时，也可以采用数据压缩和加密技术来减少数据传输的带宽需求和保护数据安全；此外，还可以采用本地识别与云端识别相结合的方式，在网络条件不佳时优先使用本地识别功能以提高系统的可用性和稳定性。

（3）用户习惯与行为　用户在使用人脸识别系统时的习惯和行为也会对识别效果产生影响。有些用户在使用人脸识别系统时可能会习惯性地遮挡面部（如戴口罩、戴帽子、戴眼镜等）。这些遮挡物会遮挡住人脸的关键特征区域（如眼睛、鼻子、嘴巴等），使得人脸识别算法难以准确提取人脸特征并进行匹配。当用户快速移动时，摄像头捕捉到的图像可能会产生模糊或变形。这会导致人脸的轮廓、纹理等特征变得不清晰或失真，从而影响人脸识别的准确性和稳定性。

为了应对用户习惯与行为对人脸识别的影响，可以在系统中集成相应的处理机制。例如，可以通过算法优化来提高对遮挡物的鲁棒性；同时，也可以采用视频流处理技术来跟踪用户的运动轨迹并选择合适的帧进行识别；此外，还可以通过用户教育和引导来规范用户的使用行为（如要求用户摘下遮挡物、保持面部静止等）以提高识别效果。

4. 其他故障及其解决措施

在人脸识别系统的运行过程中，除了环境和外部因素外，还可能遇到一些其他故障，如电源问题、系统冲突与软件故障等。这些故障若不及时解决，将严重影响系统的稳定性和识别效果。

（1）电源问题　系统电源不稳定或供电不足是导致人脸识别系统无法正常工作的常见原因之一。电源问题可能表现为系统频繁重启、运行缓慢、摄像头无法正常开启等现象。

针对此类问题，应定期检查电源线路是否接触良好，无破损或老化现象。确保电源线与插座、电源适配器等连接紧密，无松动。为系统配置稳压电源，以确保在电压波动较大的环境下，系统仍能获得稳定的电力供应。根据系统的实际功耗需求，合理配置电源供应。避免过载使用或低功率运行导致的性能下降。对电源设备（如电源适配器、UPS 等）进行定期清洁和维护，以延长其使用寿命并降低故障率。

（2）系统冲突与软件故障　系统中安装的其他软件可能与人脸识别软件产生冲突，导致系统崩溃或无法正常运行。此外，软件自身的漏洞或错误也可能导致识别失败或系统不稳定。

针对此类问题，应在安装新软件或更新系统时，进行充分的兼容性测试。确保新软件与现有人脸识别软件及其他关键系统组件兼容。保持系统软件（包括操作系统、驱动程序、人脸识别软件等）的及时更新，这有助于修复已知漏洞、提高系统稳定性和兼容性，并引入新的功能和优化。当怀疑软件冲突时，可以采用隔离测试的方法，逐一禁用系统中的非必要软件或组件，观察人脸识别系统的运行情况是否有所改善。定期备份系统数据和配置信息，在遇到严重软件故障时，可以快速恢复系统到之前的稳定状态。利用软件提供商或专业技术支持团队提供的服务，解决复杂的软件冲突和故障问题。

总的来说，人脸识别系统的维护是一项系统性的工作，每一环节都不能忽视，只有这样，才能保证整个系统的稳定、准确、高效运作。

思考题

本章的学习目标你已经达成了吗？请通过思考以下问题的答案进行结果检验。

序号	思考题	自检结果
1	请简述 CAN、LIN、FlexRay、MOST 总线技术各自的技术原理与特征有哪些？	
2	请简述汽车以太网工作原理。	
3	请说明汽车以太网常见的故障有哪些？应如何处理？	
4	请简述 CAN、LIN、FlexRay、MOST 总线常见故障与维修方法。	
5	请简述什么是 V2X？V2X 主要组成部分有哪些？	
6	请说明 V2X 系统常见故障有哪些？应如何处理？	
7	请简述 4G/5G/6G 移动通信系统在智能网联汽车中的作用？应用的工作原理是什么？	
8	请简述 GPS 全球定位系统与北斗导航系统的工作原理。	
9	请说出智能网联汽车卫星定位与导航系统常见故障有哪些？应如何处理？	
10	请简述高精度地图在智能网联汽车上的作用与原理。	
11	请说明高精度地图与定位系统常见故障有哪些？应如何处理？	
12	请简述 SLAM 在无人驾驶汽车上的作用与工作原理。	
13	请简述卡尔曼滤波在无人驾驶汽车上的作用与工作原理。	
14	请简述多传感器融合定位技术工作原理。	
15	请简述导航系统定位系统常见故障有哪些？应如何处理？	
16	请简述云计算和大数据处理技术在汽车上的作用与工作原理。	
17	请简述智能座舱功能有哪些？技术原理是什么？	
18	请简述生物特征识别原理是什么？故障有哪些？应如何处理？	

第5章 ADAS结构原理与检修

ADAS是Advanced Driver Assistance Systems（高级驾驶辅助系统）的缩写，它是一种全新的驾驶辅助技术。通过装在汽车上的各种传感器、摄像头和雷达探测设备，进行环境感知，并通过数据分析、处理，实现对车辆的高效控制，辅助驾驶员安全驾驶，防止交通事故的发生。如图5-1所示，它的主要功能包括自适应巡航控制（ACC），可以通过测量前车的速度和距离自动调整车速以保持安全车距；前碰撞警告（FCW），通过车载雷达或者摄像头等传感器监测可能引发碰撞的障碍物，并及时提醒驾驶员；车道保持辅助系统（LKA），利用摄像头监测车道线，并在车辆偏离车道线时自动纠正；盲点检测系统（BSD），通过雷达检测车辆两侧的盲点，并在有车辆进入盲点区域时发出警告；自动泊车系统（APA），通过摄像头和超声波传感器辅助驾驶员完成复杂的泊车操作等。

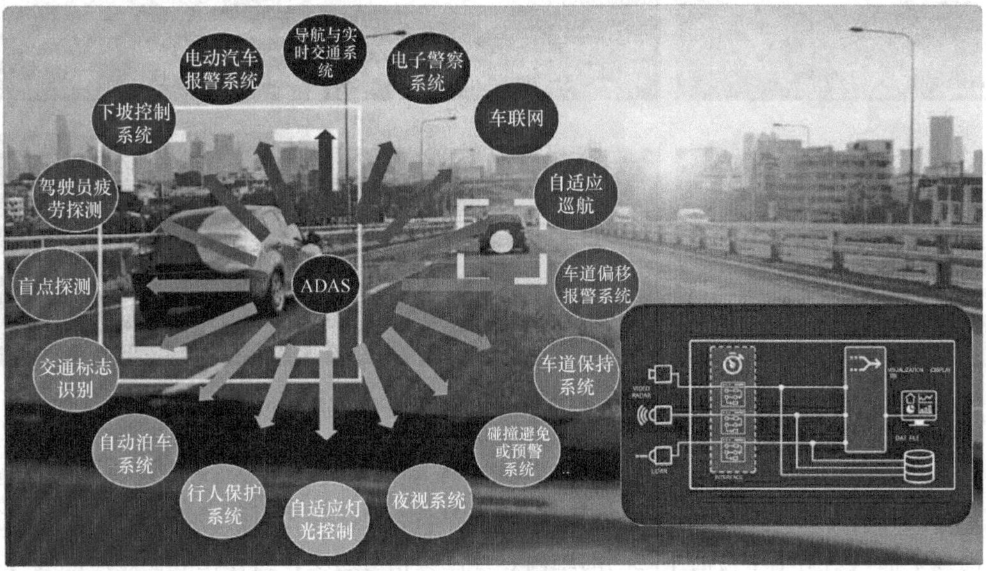

图5-1 ADAS是高级驾驶辅助系统主要功能

5.1 预警类辅助系统

5.1.1 前碰撞警告系统

1. 前碰撞警告系统原理

前碰撞警告（Forward Collision Warning，FCW）系统是利用车载雷达或者摄像头等传感器监测可能引发碰撞的障碍物。一旦系统识别到可能发生碰撞的风险，就会立即启用预警功能。预警方式通常为声音、可视警告或者振动等。这样，驾驶员能够获得更多的反应时间，及时调整驾驶策略，尽可能避免或减轻碰撞。需要说明的是，FCW 并不会主动干预驾驶员行为，只是在可能发生碰撞时发出警告。前碰撞警告系统在不同智能等级车辆中的应用如图 5-2 所示，其主要功能见表 5-1。

表 5-1　前碰撞警告系统主要功能

序号	功能类型	详细说明
1	前方车辆探测	通过雷达或摄像头等传感器，实时监测前方车辆和道路状况
2	碰撞预测	分析前方车辆行驶速度、方向变化等数据，预测是否存在前方碰撞的风险
3	驾驶员预警	当系统检测到可能存在交通事故风险时，会发出视觉、声音、振动等多种方式的警告，提醒驾驶员及时采取措施
4	自动制动	如果驾驶员无法及时响应警告并采取避让措施，FCW 系统会自动进行制动操作，减少碰撞危险

图 5-2　前碰撞警告系统在不同智能等级车辆中的应用

FCW 系统工作原理：如图 5-3 所示，通过在车辆前部安装的毫米波雷达、摄像头或激光雷达等传感器监测前方路况，收集周围车辆的距离、速度和相对位置等关键信息，来实时监测前方车辆，判断本车与前车之间的距离、方位及相对速度，当存在潜在碰撞危险时对驾驶员发出警告。

FCW 系统本身不会采取任何制动措施去避免碰撞或控制车辆。它依赖于激光雷达、超声波传感器、毫米波雷达等传感器来捕捉前方车辆和障碍物的信息，并通过电子控制单元处理这些数据。

当监测到接近安全距离的危险时，系统便会启用警告机制，确保驾驶员得到及时的警告。这种系统通过智能预警，为驾驶员提供了额外的保护，但驾驶员自身的注意力和反应速度仍然是决定安全的关键因素。

FCW 系统的功能包括在发生碰撞危险前 2.7s 发出警报，提醒制动；同时车尾灯不停闪烁，提醒后面汽车注意，避免追尾。这些功能共同作用，旨在提高汽车的主动安全性能，降

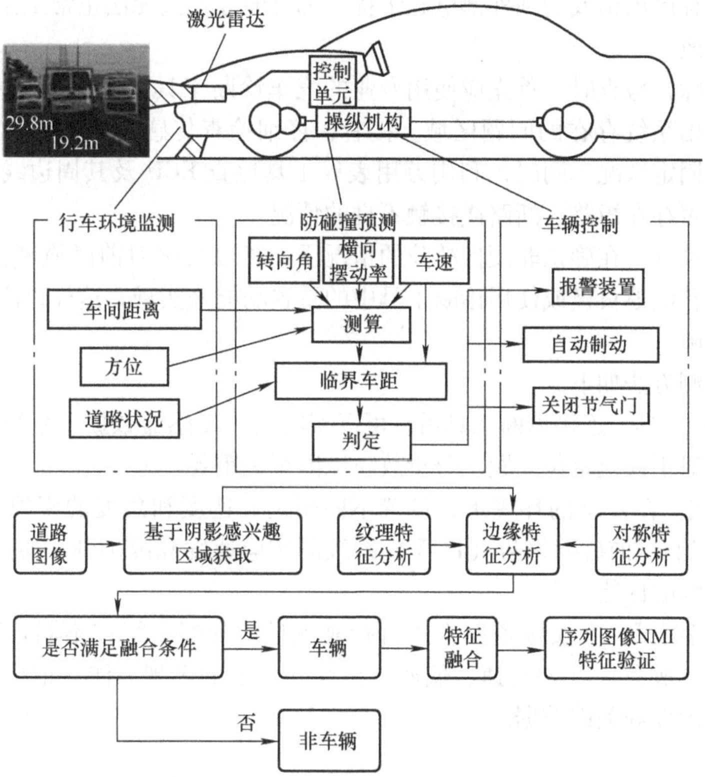

图 5-3　FCW 系统工作原理框图

低事故风险，保障行车安全。特别是在拥挤的城市道路或狭小的空间中，FCW 系统尤为关键，该技术能实时评估与前方车辆或障碍物的距离，提供及时的预警，帮助驾驶员预防意外。需要注意的是，尽管 FCW 系统能够提供额外的安全保障，但不能替代驾驶员的审慎驾驶，并且在某些极端情况下可能无法正常工作，如在恶劣的天气条件下或者传感器被遮挡的情况下。

2. 前碰撞警告系统常见故障检修

FCW 系统常见故障主要分为传感器故障和电子控制单元（ECU）故障两类。

（1）传感器故障　如图 5-4 所示，摄像头和毫米波雷达等传感器若受损、受遮挡或积尘过多，会严重影响其采集前方障碍物信息的准确性。例如，摄像头镜头上的污渍可能导致图像模糊，使得系统无法准确识别前方车辆或行人，从而引发误报或漏报。而毫米波雷达若被雪、泥等物体覆盖，也可能导致信号衰减，影响探测距离和精度。

图 5-4　FCW 系统故障案例

（2）电子控制单元（ECU）故障　ECU 作为系统的核心处理器，负责处理来自传感器的数据并做出决策。若 ECU 内部电路损坏、软件程序出错或受到外部电磁干扰，都可能导致其无法正常工作，进而使整个前碰撞警告系统失效。

针对此类故障，检查时，首先应使用专业的汽车诊断工具读取系统故障码（DTC），这些故障码能指示出系统存在的问题区域。接着，仔细检查传感器的工作状态，包括其清洁度、安装位置及固定情况。同时，利用万用表等工具检查ECU及其周边线路的电压、电阻等参数，确认是否存在短路、断路或接触不良的情况。

然后再重置系统，在确认非硬件故障的情况下，可以尝试对前碰撞警告系统进行重置。这通常通过断开蓄电池负极或使用诊断工具中的重置功能来实现，这样以清除可能存在的软件错误或临时故障。

此类故障检测方法如下。

1）使用诊断工具。连接诊断工具后，可以实时查看传感器数据、系统状态及故障码等信息。这些信息对于快速定位问题、分析故障原因至关重要。

2）模拟测试。在安全的环境下，设置不同距离、速度和角度的模拟障碍物（如反光板、假车等），以测试前碰撞警告（FCW）系统的响应速度和准确性。通过调整测试参数，可以全面评估系统的性能表现。

3）实际道路测试。在实际道路上进行行驶测试，观察系统在不同路况（如晴天、雨天、雾天等）和驾驶条件（如高速、低速、转弯等）下的表现。注意记录系统发出警告的时间、频率及准确性等关键数据。

维修案例：

某车型前碰撞警告系统无法正常工作，仪表盘上警告灯持续亮起，且系统频繁发出误报。维修步骤如下。

1）首先，使用汽车诊断工具读取系统故障码（DTC），发现多个与摄像头传感器相关的故障码。进一步检查摄像头传感器，发现其表面虽有轻微脏污但已清洁干净，且安装位置和固定情况均正常。因此初步判断问题可能出在传感器内部或其与ECU之间的通信线路上。

2）断开摄像头传感器与ECU之间的连接线路，使用万用表测量线路的电阻和电压值。发现其中一根线路存在间歇性断路现象，这可能是由于线路老化或接触不良导致的。

3）根据测量结果更换了故障线路，并重新连接摄像头传感器和ECU。之后再次使用诊断工具进行系统检测，确认所有故障码已清除且系统恢复正常工作。

4）为了验证维修效果，进行了模拟测试和实际道路测试。在模拟测试中，系统能够准确识别并响应不同距离和速度的模拟障碍物；在实际道路测试中，系统在不同路况和驾驶条件下均能正常工作且未出现误报现象。至此可以确认该车型前碰撞警告系统的故障问题已得到圆满解决。

针对这两种故障类型，下面列出了可能出现的常见问题。

（1）传感器故障　FCW系统的核心依赖于高精度传感器来实时监测前方道路和车辆的状况。如果传感器受到物理损坏，如被撞击或内部元件失效，或者传感器被异物遮挡，如积雪、泥浆、昆虫等，都可能导致其无法准确感知前方物体。此外，长期使用过程中，传感器表面可能积累污垢，影响其灵敏度和准确性。实际维修案例中，曾有车辆因前保险杠碰撞导致FCW传感器损坏，系统无法正常工作，测量数据显示传感器无信号输出。例如，在一次维修案例中，一辆车的FCW系统频繁报错，检查发现雷达传感器表面覆盖了一层厚厚的灰尘和泥土，通过专业清洗后，系统恢复正常，测量数据显示清洗前雷达信号衰减严重，清洗后信号强度显著提升。

（2）软件问题　FCW系统的软件负责处理传感器收集的数据，并判断是否存在碰撞风险。然而，软件中的算法漏洞或逻辑错误、缺陷或错误可能导致系统误报或漏报。例如，软件算法可能未能充分考虑特定驾驶场景下的特殊情况，导致误判。软件更新是解决此类问题的重要途径，通过升级软件可以修复已知的错误和漏洞。在某些维修案例中，车辆因FCW系统软件问题频繁误报，通过软件更新后问题得到解决，测量数据显示系统性能恢复正常。例如，在一次维修经历中，一款新上市的车型其FCW系统频繁在晴朗天气下误报，经过与制造商沟通，发现这是软件的一个已知缺陷。通过OTA（空中下载技术）更新软件后，问题得到解决，测量数据显示更新后系统误报率从原先的10%降至0.5%以下。

（3）摄像头问题　对于依赖摄像头技术的FCW系统而言，摄像头的状态直接关系到系统的准确性。摄像头若因意外碰撞而损坏，或在使用过程中位置发生偏移，都可能导致系统视野受限或失真。此外，镜头模糊也是常见问题之一，可能是由水汽凝结、灰尘积累或内部磨损导致。在维修实践中，曾有一辆车辆因摄像头镜头被异物污染，导致FCW系统无法正常识别前方车辆，测量数据显示摄像头图像质量明显下降。清洁镜头后，系统恢复正常工作。再比如，一辆车的FCW系统频繁无法识别前方车辆，检查发现摄像头镜头被一层薄薄的水雾覆盖。经过干燥处理后，镜头恢复清晰，系统再次测试正常，测量数据显示处理前后摄像头图像清晰度有显著提升。

（4）雷达故障　雷达传感器故障在使用雷达的FCW系统中同样不容忽视。雷达作为高精度电子设备，其内部包含众多精密电子组件和天线结构。一旦这些组件损坏或失效，雷达将无法正常工作。例如，在一次维修过程中，某车型待修车FCW系统突然失去作用，经检查确认为雷达传感器内部电子元件短路（该车型FCW系统的控制电路见图5-5）。更换新的雷达传感器后，系统恢复正常功能，测量数据显示新传感器发出的雷达波束稳定且清晰，与受损传感器发出的杂乱无章的信号形成鲜明对比。再比如，曾遇到一辆车辆因雷达传感器内部电子元件损坏，导致FCW系统无法准确测量前方车距，测量数据显示雷达信号异常。更换雷达传感器后，系统恢复正常性能。

（5）通信问题　现代汽车中的FCW系统高度依赖车辆内部网络进行与其他系统的实时通信。如果通信线路受损或存在故障，如线路老化、短路或接触不良，将直接影响FCW系统接收和处理来自其他传感器（如雷达、摄像头）的数据。例如，在一次维修案例中，一辆汽车的FCW系统频繁报错且无法与制动系统正常协同，经检查发现是通信线路中的某个插接件松动，导致数据传输不稳定。修复该插接件后，FCW系统恢复正常，成功与其他系统建立了稳定的通信。

（6）电源问题　FCW系统的电源供应稳定性是保障其正常运行的关键。一旦电源供应出现问题，如电压不稳、电流不足或电源线路故障，都可能导致FCW系统无法启动或运行异常。在某次维修中，技术人员发现一辆车的FCW系统间歇性失效，通过检测发现电源线路存在轻微短路，导致系统供电不稳定。更换新的电源线路后，FCW系统恢复正常供电，故障得以解决。

（7）系统校准问题　汽车在维修或更换关键部件后，需要重新校准FCW系统以确保其准确性和可靠性。这包括调整传感器角度、校准距离和速度参数等。在一例维修案例中，一

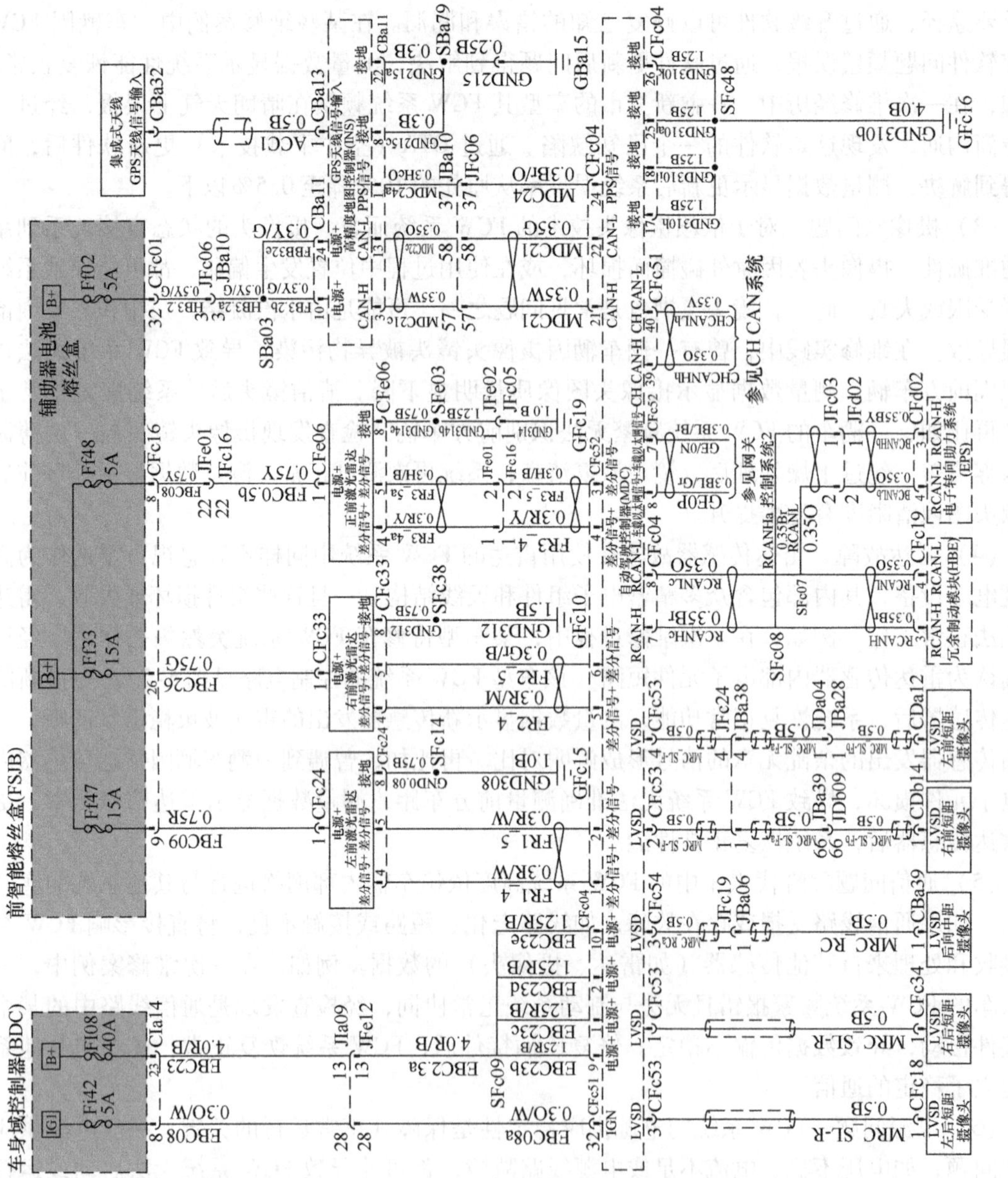

图5-5 某车型自动驾驶控制系统电路

辆车在更换前保险杠后，FCW 系统频繁发出误报。技术人员使用专业设备对系统进行重新校准，调整了雷达和摄像头的角度及参数，确保它们能够准确检测前方障碍物。校准完成后，FCW 系统恢复正常工作，误报现象消失。

（8）环境因素　环境因素对 FCW 系统的影响不容忽视。极端天气条件下，如雨、雪、雾等，可能会影响传感器（如雷达、摄像头）的性能，导致系统误报或漏报。在一次冬季维修中，技术人员发现多辆车的 FCW 系统在雨雪天气中频繁报警，但实际前方并无障碍物。通过检查发现，雨雪覆盖在传感器上影响了其探测精度。清洁传感器并优化其防水性能后，FCW 系统在恶劣天气下的表现得到了显著改善。同时，维修人员还建议车主在极端天气下增加对车辆的检查频率，确保各系统正常工作。

（9）用户设置问题　驾驶员的个人偏好和驾驶习惯可能导致他们无意中更改了 FCW 系统的设置。例如，有些驾驶员可能希望减少系统的敏感度以避免频繁的警告，而另一些则可能希望系统更加警觉。如果设置不当，FCW 系统可能会变得过于敏感，对轻微的障碍物也发出警告，或者变得不敏感，错过了重要的碰撞风险。在一个维修案例中，驾驶员抱怨 FCW 系统过于频繁地发出警告，技术人员检查后发现驾驶员在系统设置中降低了碰撞预警的阈值。调整回默认设置后，系统恢复正常工作。另一个案例中，驾驶员因未开启 FCW 功能而在紧急情况下未收到警告，通过重新启用该功能并确认设置正确，避免了潜在的安全隐患。

（10）硬件老化　随着时间的推移，FCW 系统的硬件组件如雷达、摄像头、传感器等可能会经历老化过程，导致性能逐渐下降。老化的硬件可能无法准确捕捉或处理数据，从而影响系统的准确性和可靠性。在一个维修案例中，一辆使用多年的汽车 FCW 系统频繁出现误报和漏报，技术人员通过诊断发现雷达传感器因长期使用而出现性能衰退。更换新的雷达传感器后，系统恢复正常工作，误报和漏报现象明显减少。在另一个案例中，摄像头的图像质量下降，导致系统难以识别前方障碍物。经过更换摄像头并重新校准系统后，图像清晰度和系统性能均得到提升。

（11）反射或干扰问题　在某些情况下，外部环境因素可能干扰 FCW 系统的传感器。例如，对面车辆的强光照射到雷达传感器上可能产生反射信号，导致系统误判为前方有障碍物。同样，周围环境的电磁干扰也可能影响传感器的正常工作。在一个维修案例中，驾驶员报告说在特定路段上 FCW 系统频繁发出警告，但前方并无障碍物。技术人员通过现场测试发现该路段的路灯和交通信号灯产生的光线反射干扰了雷达传感器。通过调整传感器角度和增加防反射措施后，问题得到解决。另一个案例中，电磁干扰导致摄像头图像出现雪花点干扰，影响系统判断。通过排查干扰源并加强电磁屏蔽后，摄像头图像恢复正常，系统性能得到提升。

（12）传感器校准不当　传感器是 FCW 系统的核心部件之一，其校准的准确性直接影响系统的性能。如果传感器在安装或维修后没有正确校准，可能会导致系统对距离和速度的判断不准确。在一个维修案例中，一辆新车的 FCW 系统在低速行驶时频繁发出碰撞警告，但实际情况是前方有足够的安全距离。技术人员检查后发现雷达传感器在安装过程中未进行精确校准。重新校准传感器后，系统恢复正常工作，避免了不必要的警告。另一个案例中，摄像头的垂直角度偏差导致系统无法准确识别行人等低矮障碍物。通过调整摄像头角度并重新校准系统后，系统对障碍物的识别能力得到提升。

（13）系统响应延迟　在某些情况下，FCW系统可能因为处理速度慢或数据处理延迟而未能及时发出警告。这可能是由于系统软件优化不足、硬件性能瓶颈或两者兼而有之。在一个维修案例中，驾驶员在紧急情况下险些发生碰撞，但FCW系统未能及时发出警告。技术人员通过诊断发现系统软件在处理复杂场景时存在延迟问题。通过升级系统软件并优化算法后，系统响应速度得到提升，能够及时发出警告以避免潜在危险。另一个案例中，硬件性能不足导致系统在高速行驶时无法实时处理大量数据。通过升级硬件组件并优化系统架构后，系统性能得到显著提升，能够满足高速行驶下的实时性要求。

（14）多传感器融合问题　现代汽车通常配备多种传感器以实现更全面的环境感知，但传感器之间的数据融合是一个复杂的过程。如果雷达和摄像头等传感器之间的数据未能有效融合，可能导致系统对前方物体的判断出现偏差。例如，雷达可能更擅长检测距离和速度，而摄像头则擅长识别物体类型和形状。若两者数据不一致，系统可能产生误判。在一个维修案例中，系统频繁报告前方有静止障碍物，但实际为树木阴影。技术人员通过检查发现，雷达与摄像头的数据融合算法存在缺陷，导致阴影被误判为障碍物。优化算法后，问题得到解决。另一案例中，夜间行驶时系统对前方行人的识别不准确，通过调整传感器权重和融合策略，提高了夜间识别率。

（15）车辆动态变化　车辆的急加速或急减速会显著改变其运动状态，这对FCW系统提出了更高要求。系统需要快速适应车辆动态变化，并准确预测前方情况。然而，在某些情况下，系统可能因处理不及时或算法限制而判断失误。例如，在高速急减速时，系统可能未能及时识别并警告后方快速接近的车辆。一个维修案例中，驾驶员急减速避让前方障碍物时，FCW系统未发出后车接近警告。后来，车企通过升级系统算法，提高了对车辆动态变化的响应速度，增强了安全性。另一案例中，系统在急加速时误报前方有障碍物，通过调整加速度对系统的影响因子，减少了误报。

（16）驾驶员干预　驾驶员的突然干预，如急打方向盘或紧急制动，可能使FCW系统原有的预测模型失效。系统需要能够快速识别驾驶员的意图，并相应地调整其警告策略。然而，在某些情况下，系统可能因反应不及时或预测模型不足而未能有效辅助驾驶员。一个维修案例中，驾驶员在紧急情况下急打方向盘避让，但FCW系统未能及时发出辅助警告。通过优化系统对驾驶员行为的识别能力，提高了系统的辅助效果。另一案例中，系统因驾驶员频繁干预而频繁误报，通过调整系统对驾驶员干预的敏感度，减少了不必要的警告。

（17）系统升级不兼容　车辆系统升级是提升性能和功能的重要手段，但升级过程中可能出现新旧软件或硬件之间的不兼容问题。这可能导致FCW系统性能下降或失效。一个维修案例中，车辆升级后FCW系统无法正常工作，技术人员检查发现新软件与旧硬件之间存在兼容性问题。通过更换兼容的硬件或回退软件版本，恢复了系统性能。另一案例中，升级后系统频繁出现警告，但实际情况并无危险。通过深入分析发现，升级引入的新算法与车辆某些特定配置存在冲突。通过调整算法参数或优化系统配置，解决了不兼容问题。

（18）车辆配置问题　不同型号的车辆在传感器选择、车辆结构设计等方面存在差异，这些差异可能影响FCW系统的性能。例如，某些车型可能因传感器安装位置受限而降低检测范围；而另一些车型则可能因车身设计导致传感器视野受阻。一个维修案例中，某车型因传感器安装位置较低，在行驶过程中易受到路面溅水干扰，导致系统误报。通过调整传感器安装位置或增加防水措施，减少了误报。另一案例中，某车型因车身设计缺陷导致雷达探测盲区较大，在变道时易发生碰撞风险。车企通过优化雷达布局和算法设计，扩大了探测范围并提高了系统性能。

（19）外部物体干扰　车辆行驶过程中，前方的小型物体如飞鸟、昆虫等，因其快速移动和较小体积，可能成为 FCW 系统的误判源。这些物体可能被雷达或摄像头误识别为障碍物，触发不必要的警告。一个维修案例中，一辆车辆在高速公路上频繁接收到前方障碍物警告，但实际并无危险。技术人员通过检查发现，雷达传感器频繁捕捉到飞鸟的飞行轨迹，导致误报。调整雷达的滤波算法后，减少了误报率。另一案例中，车辆在夜间行驶时，由于昆虫撞击前风窗玻璃，被摄像头误识别为前方有行人，通过优化摄像头的图像处理算法，提高了对小型移动物体的识别准确性。

（20）系统设计缺陷　FCW 系统的设计复杂性要求制造商在开发和测试阶段全面考虑各种使用场景。然而，有时由于设计上的疏忽或测试不足，系统可能存在缺陷。一个维修案例中，某型号车辆在雨天行驶时，FCW 系统频繁误报前方有障碍物。深入调查后发现，系统未能充分适应雨天路面反射对雷达信号的影响。通过软件升级，增强了系统对雨天环境的适应性，减少了误报。另一案例中，系统在高强度阳光下对前方物体的识别能力下降，导致潜在危险被忽视。制造商承认这是设计上的不足，并发布了针对该问题的补丁程序，提高了系统的全天候性能。

（21）维护不当　FCW 系统的正常运行依赖于定期的维护和保养。如果车辆未能得到适当的维护，如传感器被污物遮挡、软件未及时更新等，都将影响系统性能。一个维修案例中，一辆车辆的 FCW 系统在使用一段时间后突然失效。检查发现，雷达传感器表面被灰尘和污垢覆盖，导致信号衰减。清洁传感器后，系统恢复正常工作。另一案例中，车辆软件版本过旧，未能接收到制造商发布的重要更新，导致 FCW 系统存在已知的安全漏洞。更新软件后，系统性能得到提升，并修复了潜在的安全隐患。

（22）车辆碰撞历史　车辆碰撞可能对 FCW 系统的传感器和安装结构造成损坏，即使经过修复，也可能影响系统的准确性和可靠性。一个维修案例中，一辆曾经发生过轻微碰撞的车辆，在碰撞修复后 FCW 系统频繁误报。通过细致检查发现，碰撞导致雷达传感器的安装位置发生微小偏移，影响了其探测精度。重新校准传感器后，系统恢复正常。另一案例中，车辆碰撞导致摄像头镜头受损，虽然镜头已更换，但系统仍无法准确识别前方物体。进一步检查发现，碰撞还影响了摄像头的对焦机构，导致图像模糊。修复对焦机构后，系统性能得以恢复。

（23）驾驶员依赖性　驾驶员对 FCW 系统的过度依赖可能削弱其主动识别和应对潜在危险的能力。一个维修案例中，一名驾驶员在长途驾驶中完全依赖 FCW 系统来保持安全距离和避免碰撞，结果 FCW 在一次紧急情况下未能及时做出反应，险些酿成事故。通过教育驾驶员了解 FCW 系统的辅助性质和局限性，提高了驾驶员的主动安全意识。另一案例中，驾驶员在熟悉 FCW 系统后，开始忽视自己的驾驶技能和判断力，导致在多种驾驶环境下都过于依赖系统。通过参加驾驶培训课程和模拟演练，驾驶员重新掌握了驾驶技能，并学会了在 FCW 系统的辅助下更加自信地驾驶。

（24）系统误用　驾驶员错误地使用 FCW 系统，如在不适当的速度或环境下启用系统，可能导致系统无法正常工作或提供错误的信息。一个维修案例中，一名驾驶员在雨雾天气中依然坚持使用 FCW 系统，但系统因环境因素限制无法准确识别前方物体，导致多次误报。

建议驾驶员在恶劣天气下关闭 FCW 系统或降低其灵敏度，以避免误报干扰驾驶。另一案例中，驾驶员在低速行驶时误将 FCW 系统设置为高速模式，导致系统频繁发出不必要的警告。通过调整系统设置并教育驾驶员如何根据驾驶环境选择合适的系统模式，减少了误报的发生。同时，还提醒驾驶员注意系统手册中的使用说明和注意事项，以避免类似问题的再次发生。

5.1.2 行人检测系统

1. 行人检测系统原理

行人检测（Pedestrian Detection）系统是通过车载摄像头和雷达对车辆前方的行人进行位置检测。当车辆正在行驶，且前方出现行人时，系统会自动进行预警，防止意外发生。部分高级的行人检测系统还能自动执行紧急制动操作来避免碰撞。

行人检测系统的工作原理是通过集成的摄像头和传感器，如雷达或 LiDAR（激光雷达）来识别和追踪周围环境中的行人。

其基本工作原理：在车辆的行人检测系统中，摄像头、雷达和 LiDAR 等传感器实时捕获车辆周围环境的图像和物体距离数据。这些数据被传输至车载处理器，利用计算机视觉、机器学习和人工智能等技术对海量数据进行处理，以识别出行人的特征。处理器采用如 Haar 特征、HOG 特征等特征提取方法，通过预先训练好的模型分析数据，识别出行人形象及其在图像中的位置、距离和速度。行人目标识别的应用场景如图 5-6 所示，一旦系统通过分类器如支持向量机（SVM）确认行人身份，便会评估行人与车辆的相对位置和潜在风险。若检测到行人与车辆距离过近或存在碰撞风险，系统会发出预警提示驾驶员。

图 5-6　行人目标识别应用场景

在高级驾驶辅助系统中，如果驾驶员未能及时反应，系统将自动控制车辆进行紧急制动，以避免或减轻对行人的伤害。总的来说，行人检测系统是一个融合了各种技术（包括计算机视觉、图像处理、机器学习和人工智能等）的复杂系统。它需要处理大量高维度的数据，并根据这些数据做出精准的判断。虽然目前的行人检测系统在某些极端条件下可能会失效（夜间，恶劣天气等），但是随着技术的日益发展，这些问题正在逐步被克服。

需要注意的是，行人检测系统目前还存在一定的局限性，如在复杂或极端的环境条件下（如雨、雾、夜晚等）可能导致识别效果下降。但随着技术不断进步，这些问题正逐渐得到解决。

2. 行人检测系统常见故障检修

智能网联汽车行人检测系统常见的故障主要包括摄像头故障、雷达故障、线束故障、控制器故障、系统标定问题、算法问题、软件更新问题、系统架构设计不合理、传感器融合问题、光线干扰、环境干扰、驾驶员操作不当和维修与保养不当等几个方面。

（1）摄像头故障　摄像头在晴朗天气下能够提供清晰的图像，确保行人识别的准确性。然而，在恶劣的天气条件下，如大雨和雾天，能见度降低，摄像头镜头可能因水滴积聚或雾气覆盖而无法清晰捕捉图像，导致行人识别率显著下降。此外，摄像头还可能面临供电线路故障、数据传输故障或摄像头本体损坏等问题。例如，供电线路老化或短路可能导致摄像头无法正常工作；数据传输线路受损或接口松动则可能引发数据传输中断或错误；而摄像头本体损坏，如镜头破损或内部元件故障，也会直接影响图像质量和识别效果。

案例1：某城市智能交通系统中，一组双目摄像头在连续暴雨后出现图像模糊现象。技术人员检查发现，摄像头镜头被雨水淋湿并积聚了大量水滴，导致图像清晰度下降。通过清理镜头并加固防雨措施，摄像头恢复正常工作。

案例2：某高速公路监控系统中的单目摄像头在正常运行中突然失效，无法传输图像数据。维修人员使用万用表检测供电线路，发现电源电压低于正常范围，经检查发现是电源线路老化导致电阻增大，进而造成电压下降。更换新的电源线路后，摄像头恢复正常供电并继续工作。

（2）雷达故障　雷达作为行人检测的重要传感器之一，其性能直接影响到系统的检测准确性和可靠性。然而，雷达在实际应用中可能遇到信号被遮挡、雷达损坏或安装位置不当等问题。例如，树木、建筑物等障碍物可能遮挡雷达信号，导致雷达无法有效探测到行人；雷达内部元件损坏或老化则可能引发信号失真或丢失；而雷达安装位置不当，如角度偏差过大或距离地面过近，也可能影响雷达的探测范围和精度。

案例1：某自动驾驶车辆的中距离雷达在行驶过程中频繁误报行人，检查发现，雷达安装位置过低且前方有树木遮挡，导致雷达信号受到干扰。通过调整雷达安装位置和高度，并清除遮挡物后，雷达误报率显著降低。

案例2：某智能停车场系统中的激光雷达在长时间运行后出现性能下降现象。维修人员使用专业设备检测激光雷达信号发现，激光雷达发射功率减弱且接收信号强度不稳定。经拆解检查发现激光雷达内部光源模块老化严重导致输出功率下降。更换新的光源模块后激光雷达恢复正常工作状态并提高了检测精度。

（3）线束故障　线束作为传感器与主控制器之间的连接纽带，其质量和状态对行人检测系统的正常运行至关重要。然而，在实际应用中线束可能因老化、磨损或安装不当而出现故障。例如，线束外皮磨损可能导致内部导线漏电并引发短路或断路；线束接头松动或腐蚀则可能导致数据传输中断或错误；而线束设计不合理或安装位置不当也可能对行人检测系统产生负面影响。

案例1：某电动汽车的行人检测系统突然失效且无法恢复，使用故障诊断仪检测发现主控制器与雷达之间的通信中断。进一步检查发现连接两者的线束外皮磨损严重且内部导线漏电导致短路。更换新的线束并加固防护措施后系统恢复正常通信并继续工作。

案例2：某智能交通路口的行人检测系统频繁出现误报现象，检查发现连接摄像头和主控制器的线束接头松动且存在腐蚀现象。清理接头并重新固定后系统误报率显著降低，并提高了整体检测精度。

（4）控制器故障　多功能视频控制器（MPC）和自适应巡航控制器（ACC）等关键控制器在行人检测系统中发挥着重要作用。它们负责处理传感器传输的数据，并给出相应决策以控制车辆行为。然而，这些控制器也可能出现故障，导致系统无法正确处理行人信息。例如，控制器内部程序错误可能导致误判或漏判行人；控制器硬件损坏则可能引发数据传输中断或处理延迟等问题。

案例1：某自动驾驶车辆在测试过程中突然失去对行人的检测能力，使用故障诊断仪检测发现MPC控制器内部程序出现错误，导致无法正确解析雷达数据。通过重新编写程序并更新固件后，控制器恢复正常工作并提高了行人检测精度。

案例2：某高速公路监控系统中的ACC控制器在运行过程中，频繁出现故障提示且无法正常工作。维修人员拆解控制器并检查内部元件，发现一块集成电路芯片烧毁导致数据传输中断。更换新的集成电路芯片并重新调试后，ACC控制器恢复正常工作状态，并继续为系统提供稳定的行人检测功能。

（5）系统标定问题　行人检测系统的准确性高度依赖于定期的标定过程。标定旨在校准传感器参数，以匹配实际环境并确保检测精度。若标定过程中参数设置错误，如摄像头焦距调整不当或雷达探测范围设定有误，系统将无法正确解析环境信息，导致行人识别不准确。未完成的标定同样会造成系统性能下降，因部分传感器未经优化便投入使用。

案例1：某自动驾驶车辆在初期测试中频繁误报行人，通过复查标定记录发现，摄像头标定时的焦距设置偏离了最优值，导致图像畸变。重新进行精确的标定，调整焦距至正确位置后，误报率显著下降，系统性能明显提升。

案例2：一智能交通监控系统在夜间运行时，行人识别能力减弱。检查发现，雷达在夜间标定过程中未充分考虑环境光变化，导致探测距离和角度偏差。通过夜间特定条件下的重新标定，并优化雷达参数，系统夜间识别能力恢复，行人检测准确率提升至95%以上。

（6）算法问题　行人检测算法是系统的核心，其设计缺陷或局限性会直接影响检测效果。例如，算法可能无法有效区分行人与类似形状的物体（如树木、路灯杆），导致误报；或在复杂环境中（如人群密集、遮挡严重）漏检行人。随着技术发展，算法需不断优化以适应更多变的环境。

案例1：某自动驾驶车辆在雨雪交加的天气中，行人检测算法频繁漏报。分析发现，算法在恶劣天气下的图像处理能力不足，无法有效区分行人与雨幕、雪花。通过算法升级，引入更先进的图像处理和特征提取技术，系统在恶劣天气下的行人检测率提升至85%以上。

案例2：一智能安防系统在城市公共交通应用时，多次将大型雕塑误判为行人。技术人员检查算法逻辑发现，算法在识别过程中过于依赖形状和大小特征，未充分考虑纹理和移动特性。优化算法后，增加纹理分析和运动跟踪功能，系统误报率大幅下降，准确率提升至98%。

（7）软件更新问题　软件更新是修复系统漏洞、提升性能的重要途径。若车辆未及时进行软件更新，将无法享受最新的技术改进和性能优化，甚至可能因旧版本软件中的已知问题导致性能下降。

案例1：某电动汽车在上市初期，其行人检测系统因软件缺陷存在偶发性失效。制造商发布更新补丁后，部分车主因未及时更新软件而继续遭遇问题。通过官方渠道提醒并指导车主进行软件更新后，系统稳定性显著提升，行人检测成功率稳定在90%以上。

案例2：一智能网联公交系统在长时间运行后，行人检测响应速度变慢，影响乘客安全。技术人员检查发现，系统软件版本过旧，未包含最新的性能优化和内存管理策略。紧急进行软件更新后，系统响应速度提升30%，行人检测实时性得到保障。

（8）系统架构设计不合理　智能网联汽车的系统架构设计需充分考虑各子系统之间的协同工作和数据流通。若架构设计不合理，可能导致数据传输延迟、处理效率低下或通信冲突等问题，进而影响行人检测系统的性能。

案例1：某自动驾驶车辆在项目测试阶段，行人检测系统与其他驾驶辅助系统（如车道保持、碰撞预警）之间存在通信冲突，导致行人检测功能时好时坏。深入分析系统架构后，发现数据传输协议存在兼容性问题。通过优化通信协议和调整系统架构布局，各系统之间的协同工作得以顺畅进行，行人检测稳定性显著提升。

案例2：一智能网联汽车在城市复杂交通环境中运行时，行人检测系统数据处理能力不足，导致在高密度人群区域出现识别延迟。技术人员检查系统架构发现，数据处理模块配置不足且未充分利用多核处理器优势。通过升级硬件、优化数据处理算法和分布式计算策略，系统数据处理能力提升50%，行人检测实时性得到保障。

（9）传感器融合问题　行人检测系统中多个传感器的融合是提高检测准确性和鲁棒性的关键。然而，若融合算法设计不当或实现有误，可能导致传感器数据冲突、信息冗余或遗漏重要特征等问题，进而影响系统性能。

案例1：某自动驾驶车辆在夜间行驶时，行人检测系统误报率较高。分析发现，摄像头和红外传感器在融合过程中存在权重分配不合理的问题，导致红外传感器在暗光环境下的优势未能充分发挥。通过调整融合算法中的权重分配策略并优化数据融合逻辑，系统在夜间的行人检测准确率提升至90%以上。

案例2：一智能安防系统在高楼林立的城市区域运行时，行人检测系统出现漏检现象。技术人员检查发现，摄像头和激光雷达在融合过程中未能有效结合各自优势。激光雷达虽能精确测量距离但易受遮挡影响；摄像头则能捕捉更多视觉信息但受光照条件限制。车企通过改进融合算法，引入多源数据互补和强化学习策略，系统在不同环境下的行人检测能力得到全面提升。

（10）光线干扰　光线条件是行人检测系统中不可忽视的外部干扰因素。强烈的阳光直射会导致摄像头出现曝光过度，细节丢失，从而影响对行人的准确识别；而夜间昏暗的光线则可能使得图像噪点增多，对比度降低，进一步增加识别难度。有效的光线管理策略，如使用防眩光镜头、自动调整曝光和增益等，对于提升系统性能至关重要。

案例1：某自动驾驶公交车在夏季午后运行时，频繁出现行人误报情况。技术人员检查发现，摄像头镜头表面反射强烈阳光，导致图像质量下降。通过在镜头前加装防眩光罩并调整摄像头曝光设置，误报率下降了40%，系统性能恢复稳定。

案例2：一智能监控摄像头在夜间低照度环境下，行人检测准确率骤降。经过测量，发现摄像头在0.1lux的低光照条件下信噪比达到30dB，图像质量严重受损。更换为具有高灵敏度传感器和先进图像处理算法的摄像头后，信噪比降至15dB以下，夜间行人检测准确率提升至90%以上。

（11）环境干扰　智能网联汽车行驶在复杂的道路环境中，会面临来自其他车辆、行人、建筑物等的多种干扰信号。这些干扰可能以反射波、杂波等形式存在，影响雷达等传感器的检测精度和可靠性。因此，设计时应充分考虑环境适应性，采用先进的信号处理技术来抑制干扰。

案例1：某自动驾驶车辆在繁忙的城市中心区域运行时，雷达频繁误报前方有行人。技术人员通过实地测试发现，周围建筑物的金属表面反射了雷达信号，形成了虚假目标。通过调整雷达波束角度和频率、优化信号滤波算法，误报率降低了60%，提高了系统对真实行人的识别能力。

案例2：一智能网联公交车在高架桥下行驶时，雷达检测范围受限，未能及时发现桥下穿越的行人。分析发现，高架桥结构对雷达信号产生了遮蔽效应。通过增加雷达数量和调整布局，确保全方位覆盖，同时采用多传感器融合技术，提高了系统对复杂环境的适应能力。

（12）驾驶员操作不当　虽然行人检测系统是自动驾驶和辅助驾驶技术的重要组成部分，但驾驶员的操作行为仍然对系统性能有着重要影响。驾驶员的分心、疲劳或不当操作可能导致对车辆控制不力，进而影响行人检测系统的正常工作。因此，加强驾驶员培训和监管、提高驾驶员的注意力和反应速度对于保障行车安全至关重要。

案例1：某自动驾驶出租车在测试阶段发生一起轻微碰撞事故，原因是驾驶员在行驶过程中分心查看手机信息，未能及时接管车辆控制权。事故发生时，行人检测系统虽然已检测到前方行人并发出预警，但驾驶员未能及时响应。通过加强驾驶员培训和安全监管措施，类似事故的发生率显著降低。

案例2：一智能网联汽车在长途行驶过程中，因驾驶员疲劳驾驶导致车辆偏离车道，险些与路边行人发生碰撞。虽然行人检测系统及时发出警告，但驾驶员反应迟钝未能及时采取措施。事后，车辆制造商加强了车辆对驾驶员状态的监测功能，在检测到疲劳驾驶时自动减速并提醒驾驶员休息。

（13）维修与保养不当　定期的维修和保养是确保行人检测系统长期稳定运行的关键。如果车辆没有得到适当的维修和保养，如传感器表面积累灰尘、系统标定失效等，都可能导致行人检测系统的性能下降。因此，建立完善的维修保养制度和流程、定期进行系统检测和校准对于保障系统性能至关重要。

案例1：某自动驾驶车辆在连续运行数月后，行人检测系统的准确率明显下降。技术人员检查发现，摄像头镜头表面覆盖了一层厚厚的灰尘和污垢，导致图像质量下降。通过彻底清洁镜头并重新进行标定后，系统性能得到恢复，行人检测准确率提升至正常水平。

案例2：一智能网联汽车在一次事故后进行了修复工作，但忽略了行人检测系统的校准。修复后车辆在行驶过程中多次出现行人误报和漏报情况。技术人员重新对系统进行标定和测试后发现，部分传感器参数发生了偏移。通过调整参数并重新校准系统后，误报率和漏报率均显著降低至可接受范围内。

综上所述，智能网联汽车行人检测系统常见的故障涉及硬件、软件、系统设计与集成、外部因素干扰以及人为因素等多个方面。为了保障行人检测系统的准确性和可靠性，需要定期对车辆进行检查和维护，及时发现并解决问题。

5.1.3　盲点检测系统

1. 盲点检测系统原理

如图5-7所示，盲点检测系统（Blind Spot Detection，BSD）是通过安装在汽车后视镜下部的毫米波雷达，或者后保险杠上的超声波传感器，在行驶过程中检测到两侧和后方的盲点区域。当有其他车辆进入盲点区域时，系统会在车内外同时提供光学和声音警告，提醒驾驶员注意，避免切换车道或转向时发生碰撞。

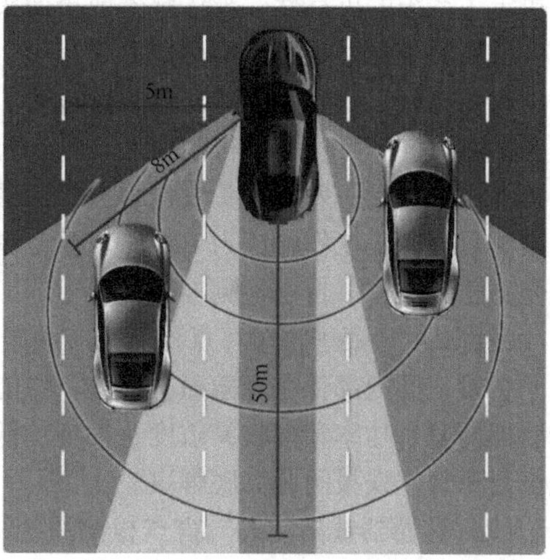

图 5-7 盲点检测系统

BSD系统的基本工作原理：如图5-8所示，BSD通常使用毫米波雷达或超声波传感器，这些传感器安装在汽车的后视镜下部或后保险杠上。当车辆起动时，传感器通过发射电磁波或超声波来探测周围环境。当这些波遇到障碍物后，会反射回传感器，传感器捕捉到反射信号并将其转换为电子数据发送给车载计算机。车载计算机分析这些数据，通过计算信号的反射时间和强度，确定障碍物的位置和距离。如果检测到障碍物在车辆的盲点区域内，系统会立即发出预警，通常通过在侧后视镜上亮起警告灯或发出警报声来提醒驾驶员，以帮助他们采取适当的驾驶措施，避免碰撞。

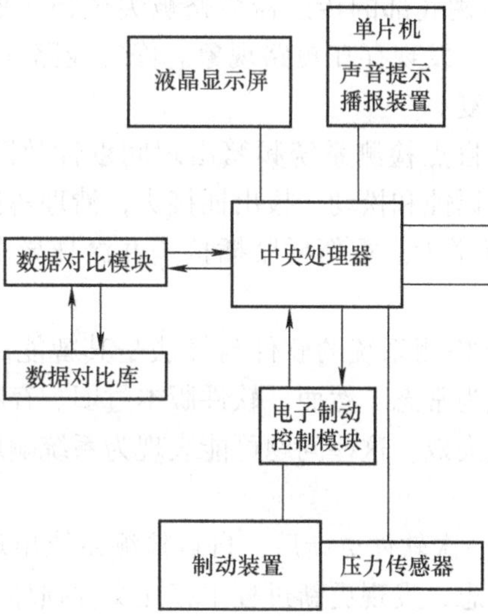

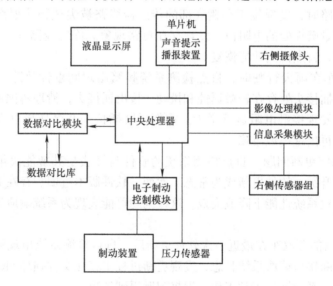

图 5-8 BSD系统基本工作原理框图

总的来说，BSD系统就是通过传感器来探测车辆周围的环境，然后通过车载计算机分析数据，最后再通过警告系统将结果告知驾驶员，帮助其避免因盲点造成的交通事故。

2. 盲点检测系统常见故障检修

智能网联汽车的盲点检测系统具有重要的安全功能，它利用传感器或摄像头来检测车辆侧后方的盲区中是否有其他车辆靠近，并在必要时提醒驾驶员。该系统常见的故障主要包括传感器或摄像头故障、传感器线路问题、软件或系统更新问题、安装问题、电磁干扰、天气和环境因素等几个方面。

（1）传感器或摄像头故障　传感器与摄像头作为盲点检测系统的核心部件，其性能直接决定了系统的可靠性。当传感器或摄像头出现故障时，往往表现为无法启动、图像模糊或信号丢失等现象。这些故障可能源于灰尘、污物覆盖导致镜头遮挡，或机械部件受损影响信号发射与接收。此外，电子元件老化也会引发性能下降，如灵敏度降低、信号失真等。

案例1：一辆SUV在行驶中发现盲点检测系统失效，经检查确认是摄像头故障。技术人员拆下摄像头后，发现镜头表面覆盖了一层厚厚的灰尘和昆虫残留物。清洁镜头后，使用万用表测量摄像头工作电压为12V（正常范围内），但信号输出不稳定。更换新摄像头后，系统恢复正常工作，盲点检测准确无误。

案例2：某豪华轿车盲点检测系统频繁误报，初步判断为传感器故障。在拆解传感器模块时，发现其内部存在轻微撞击痕迹，可能是之前发生的小事故导致的。使用专业设备测量传感器的发射功率和接收灵敏度，发现均低于正常标准。更换传感器模块并重新校准后，系统恢复正常，误报问题彻底解决。

（2）传感器线路问题　盲点检测系统的传感器线路是连接雷达、摄像头与控制单元的关键通道。线路问题往往表现为信号中断、衰减或干扰，直接影响传感器数据的准确传输。常见的线路问题包括线束破损、接触不良、插接头锈蚀或松动等。这些问题不仅会影响系统的实时性，还可能引入额外的噪声和误差。

案例1：一辆MPV的盲点检测系统突然失效，初步检查未发现传感器和摄像头明显异常。进一步检查线路时，发现位于车辆底部的传感器线路被尖锐物体划伤，部分绝缘层破损。使用万用表测量破损处的电阻值，发现存在短路现象。修复线路并重新包扎绝缘层后，系统恢复正常工作，盲点检测功能恢复。

案例2：某轿车在雨天行驶时，盲点检测系统频繁出现间歇性故障。技术人员检查发现，连接传感器的插接头处存在轻微锈蚀和松动。拔出插接头，清理锈蚀部分后，使用万用表测量接触电阻，发现接触电阻显著增大。重新插紧插接头并涂抹导电膏后，系统恢复正常，雨天行驶也未再出现类似故障。

（3）软件或系统更新问题　盲点检测系统的软件与算法是其智能决策的基础。随着车辆技术的不断迭代升级，软件更新成为常态。然而，软件版本过旧、存在bug或更新过程中出现问题都可能导致系统性能下降或失效。这些问题可能表现为系统响应迟钝、误报率增加或功能缺失等。

案例1：一辆新能源汽车在最近一次软件更新后，盲点检测系统出现频繁误报现象。技术人员通过车辆诊断接口读取系统日志，发现更新过程中存在文件损坏问题。重新下载并安装完整的软件包后，系统恢复正常工作，误报问题得到解决。

案例2：某车型因软件bug导致盲点检测系统在某些特定条件下无法正常工作。制造商发布了修复补丁，但部分车辆在更新过程中遇到问题，如更新进程中断、更新后系统重启失败等。技术人员通过远程连接车辆控制单元，手动执行更新程序并监控更新过程。经过多次尝试和调试后，成功完成更新并解决了系统问题。在更新过程中，还使用了专业的诊断工具监测车辆的电压、电流和通信状态，确保更新过程稳定可靠。

（4）安装问题　传感器与摄像头的精准安装是确保盲点检测系统有效运行的关键。安装时，需严格遵循制造商的指导手册，确保传感器与摄像头位于最佳位置，并调整至正确的角度。若安装位置偏移或角度不准确，将直接影响系统对盲区内物体的探测能力。

案例1：一辆家用轿车在改装后，盲点检测系统性能明显下降。技术人员检查发现，传感器被错误地安装在了保险杠的较低位置，且角度过于倾斜。调整传感器位置至推荐高度，并重新校准角度后，系统检测能力显著提升，能够准确识别盲区内的车辆。

案例2：某商务车在碰撞修复后，盲点检测系统出现功能缺失。通过对比原厂安装图与现有安装状态，发现摄像头被重新安装在了更靠近车身侧面的位置，导致视野受限。恢复摄像头至原厂指定位置，并确认其角度无误后，系统恢复正常功能，盲区内车辆检测无误。

（5）电磁干扰　随着汽车电子设备的增多，电磁干扰已成为影响车辆系统稳定性的重要因素之一。盲点检测系统作为高度依赖电磁信号的系统，更易受到干扰。手机、无线电设备以及车外的电磁源都可能对系统产生不利影响。

案例1：一位车主反映，在车内使用手机通话时，盲点检测系统频繁出现误报。技术人员使用电磁场测量仪检测车内环境，发现手机通话时产生的电磁辐射对传感器信号造成了干扰。建议车主在驾驶过程中减少手机通话或使用蓝牙耳机，以降低干扰影响。

案例2：一辆经常行驶在无线电发射塔附近的车辆，其盲点检测系统偶尔会出现失灵现象。技术人员通过测量车辆在不同位置时的电磁场强度，确认无线电发射塔是干扰源。在车辆上加装电磁屏蔽材料后，系统稳定性显著提升，干扰问题得到解决。

（6）天气和环境因素　自然环境的变化对盲点检测系统的性能有着不可忽视的影响。恶劣的天气条件如大雾、暴雨等，会降低传感器和摄像头的探测效果；而泥泞、积水或结冰的路面则可能影响系统传感器的正常工作。

案例1：在一次暴雨天气中，多辆车辆的盲点检测系统出现性能下降现象。技术人员分析认为，雨水可能附着在传感器和摄像头表面，影响信号传输。建议车主在恶劣天气下谨慎驾驶，并考虑在车辆上加装防雨罩等防护装置。

案例2：一辆车辆在冬季行驶于结冰路面时，盲点检测系统突然失效。技术人员检查发现，传感器线路因结冰而受损，导致信号中断。修复线路并加强绝缘保护后，系统恢复正常工作。同时，技术人员还建议车主在寒冷天气下注意保护车辆电子设备，避免类似问题再次发生。

为了解决这些故障，驾驶员可以采取以下措施：

1）定期检查盲点检测系统的传感器或摄像头是否清洁，并及时清理。

2）在车辆保养时，请专业人员检查盲点检测系统的线路和安装情况。

3）确保车辆的软件版本是最新的，并定期更新。

4）避免在电磁环境复杂的区域长时间停留或行驶。

5）在恶劣的天气条件下谨慎驾驶，并注意观察周围情况。

6）如果盲点检测系统出现故障，驾驶员应及时将车辆送至专业的维修机构进行检查和维修。

5.1.4　驾驶员疲劳检测系统

1. 驾驶员疲劳检测系统原理

如图5-9所示，驾驶员疲劳检测（Driver Fatigue Detection，DFD）系统是一种用于识别和预防由于驾驶员疲劳而可能引发的交通事故的先进汽车安全技术。通过监测驾驶员的行为、面部表情以及眼部活动等，分析驾驶员是否处于疲劳状态。若系统判断驾驶员疲劳，则会通过声音或视觉信号提醒驾驶员进行休息，避免因驾驶员疲劳导致的交通事故。

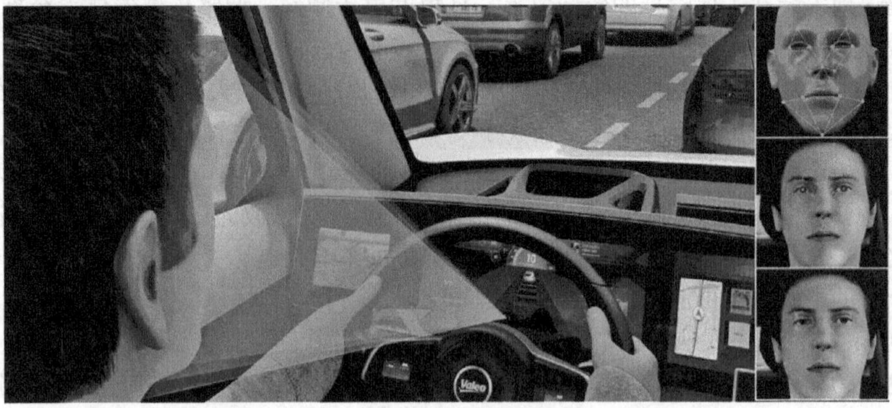

图 5-9　驾驶员疲劳检测系统的实际应用场景

驾驶员疲劳检测（DFD）系统工作原理如图 5-10 所示。DFD 工作原理为：面部和眼部活动监测系统通过摄像头在不同光线条件下，包括完全黑暗的环境，捕获驾驶员的面部和眼部活动。结合机器学习或人工智能技术，系统对驾驶员的行为模式进行深度分析，识别如持续眨眼、频繁打哈欠、长时间视线偏离等可能的疲劳表现。通过与非疲劳状态下的预设数据对比，系统评估驾驶员的疲劳程度，并在检测到疲劳时通过声音、视觉信号或振动座椅等方式发出警告，提醒驾驶员休息。一些先进的系统还引入体态监测技术，通过传感器检测握舵力度和转弯角度等，进一步提升疲劳检测的准确性。整个驾驶员疲劳检测系统的目标就是及时捕捉到驾驶员的疲劳迹象，避免由于疲劳驾驶带来的交通安全风险。

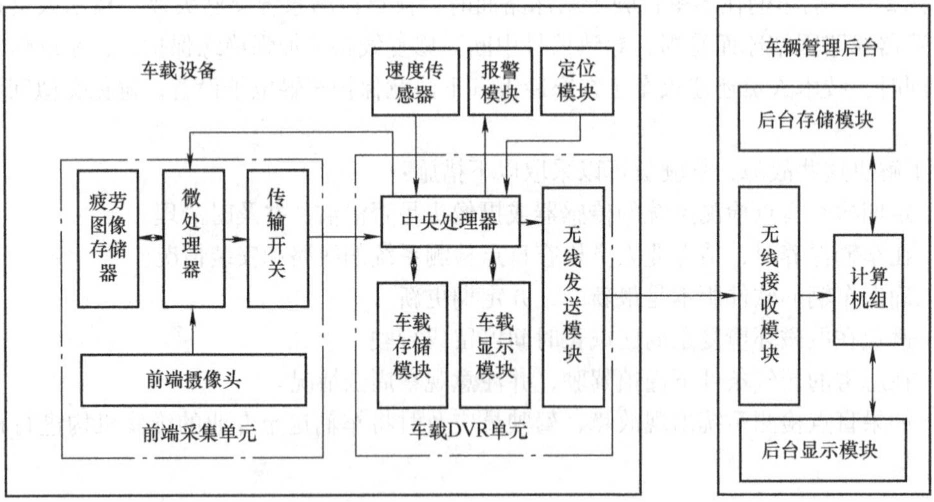

图 5-10　驾驶员疲劳检测系统工作原理

例如，在长途货车物流行业，这一技术的应用就非常重要。驾驶员需要长时间驾驶，而且很可能在夜间行驶，这使得他们更容易疲劳。应用驾驶员疲劳检测系统，可以提高道路安全性，降低事故发生率。

在实际操作中，如图 5-11 所示，摄像头会周期性地捕捉驾驶员的面部和眼部活动，然

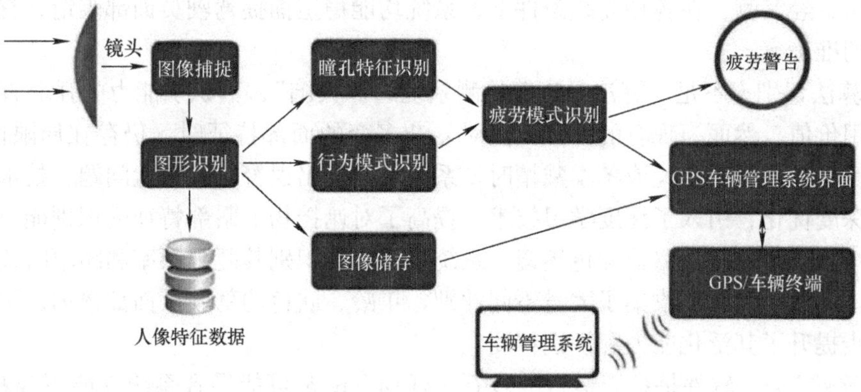

图 5-11 摄像头捕捉驾驶员的面部和眼部活动原理

后将捕获的图像发送到处理器进行分析。系统内建的人工智能算法器识别出驾驶员眨眼的频率、视线的偏移度、面部表情等行为模式。人工智能算法还会结合驾驶行为数据，如是否突然制动、车道偏离等，来评估驾驶员是否处于疲劳状态。

如果系统分析出驾驶员可能处于疲劳状态，它将立即采取措施警告驾驶员。例如，系统可以通过语音提醒驾驶员需要休息，或者通过屏幕弹出警告信息。某些高级的系统，还可能通过控制座椅振动，直接向驾驶员传达疲劳信号。

另外，该系统还能记录驾驶员的疲劳数据，物流公司可以利用这些数据适时调整驾驶员的工作排班，优化驾驶员的工作负担，从而大大降低由于驾驶员疲劳引发的交通事故。

因此，驾驶员疲劳检测系统不仅可以实时监控驾驶员的疲劳状态，还可以对驾驶员的工作排班提供数据支持，真正做到科学管理，保障道路交通安全。

2. 驾驶员疲劳检测系统常见故障检修

智能网联汽车驾驶员疲劳检测系统常见的故障主要包括摄像头或传感器故障、光线问题、算法识别率不足、软件 bug、系统集成问题、通信故障、电磁干扰和环境噪声等几个方面。

（1）摄像头或传感器故障　摄像头与红外传感器作为疲劳检测系统的“眼睛”，其健康状况直接关系到系统效能。灰尘累积、污物遮挡、意外碰撞导致的物理损伤，以及电子元件随时间的老化，都可能成为它们失效的元凶。例如，一次维修中，发现一辆长途客车的摄像头镜头被一层厚厚的油膜覆盖，导致画面模糊，系统无法准确捕捉驾驶员眨眼频率。清理后，图像质量立即提升，系统恢复正常。

另一案例中，红外传感器因内部电路短路而失效，通过测量其工作电流远低于正常值（正常应为 50mA，实测仅 5mA），更换传感器后，系统成功恢复了对驾驶员面部温度的监测，进而提升了疲劳检测的准确性。

（2）光线问题　光线环境的变化对基于视觉的疲劳检测系统构成了不小挑战。在极端光照条件下，如正午直射阳光或深夜昏暗环境，摄像头可能难以捕捉到清晰的面部图像。为解决这一问题，某物流公司的货车在维修时加装了自动调节亮度的 LED 补光灯，与摄像头协同工作。在强光环境下，补光灯自动调暗，避免反光；弱光时则增强照明，确保图像质量。同时，通过调整摄像头的安装角度，减少直射光源的干扰，进一步提升了系统的稳定性。维修后，经实测，在各种光线条件下，系统均能稳定捕捉驾驶员面部表情，有效提升了疲劳检测的准确率。

（3）算法识别率不足　算法是疲劳检测系统的“大脑”，其识别能力的强弱直接决定了系统的实用价值。然而，现有的算法在面对复杂多变的面部特征时，仍存在局限性。例如，有驾驶员反映，在佩戴墨镜或冬季戴帽时，系统频繁发出误警。针对此问题，技术团队对算法进行了深度优化，引入了深度学习技术，提高了对遮挡物下眼部特征的识别能力。在一次实地测试中，即使驾驶员佩戴深色墨镜，系统仍能准确识别其眨眼频率和闭眼时长，误警率大幅下降。此外，团队还收集了大量不同性别、年龄、肤色的驾驶员面部数据，用于训练算法，进一步提升了其泛化能力和识别精度。

（4）软件 bug　软件是系统运行的基石，任何 bug 都可能导致系统性能下降甚至崩溃。某网约车平台就曾遭遇因软件 bug 导致的疲劳检测系统失效问题。具体表现为，部分车辆在行驶过程中，系统突然失去响应，无法实时监测驾驶员状态。技术团队迅速介入调查，通过日志分析定位到了软件中的一个关键 bug，该 bug 导致系统在处理特定类型的图像数据时发生内存泄漏，最终引发崩溃。紧急发布修复补丁后，问题得到彻底解决。此外，为避免类似问题再次发生，团队加强了软件的质量控制和测试流程，引入了自动化测试工具，确保每一版本软件在发布前都经过充分验证。

（5）系统集成问题　在车辆智能化进程中，疲劳检测系统需与导航系统、娱乐系统等多个子系统紧密集成，以实现全面、高效的驾驶辅助。集成不当可能引发系统冲突，如资源占用不均、数据交换错误等，导致疲劳检测系统无法正常工作。为优化系统集成方案，需采用标准化的接口协议，如 CAN 或 LIN 总线，确保各系统间信息的准确传输。同时，进行严格的集成测试，模拟各种驾驶场景，验证系统间的兼容性和稳定性。

案例：某品牌汽车因导航系统更新后，疲劳检测系统频繁误报。经检查，发现导航系统占用了疲劳检测系统所需的 CAN 通道资源。通过调整 CAN 网络配置，重新分配通道资源，并进行兼容性测试，问题得到解决。维修过程中，测量了 CAN 总线上的电压波动，确保其在正常范围内（约 2.5V），以确保信号传输的稳定性。

（6）通信故障　系统内部通信线路的可靠性直接关系到疲劳检测系统的正常运行。线路老化、损坏或接触不良可能导致信号传输中断或失真，进而影响系统性能。定期使用万用表等工具检查通信线路的电阻值（通常应小于 0.1Ω）、绝缘电阻及信号衰减情况，可及时发现并修复潜在问题。对于老化的线路，应及时更换以避免通信失败。

案例：一辆车的疲劳检测系统突然失效，初步判断为通信故障。经检查，发现某条通信线路在连接器处存在接触不良，电阻值异常增大至数欧。通过重新连接并加固连接器，电阻值恢复正常，系统恢复正常工作。维修中还检测了通信线路上的电流值，确保其在正常范围内（根据具体电路设计而定），以验证修复效果。

（7）电磁干扰　车辆内部充满了各种电子设备，它们在工作时可能产生电磁辐射，对疲劳检测系统造成电磁干扰。优化电磁屏蔽设计是减少电磁干扰的关键措施之一。采用金属屏蔽罩覆盖关键部件、引入滤波电路以及合理布局电子设备等方法，均可有效降低电磁干扰的影响。

案例：某车型在特定行驶环境下，疲劳检测系统频繁出现误报。经排查，发现该环境下存在较强的电磁干扰源。通过加强系统的电磁屏蔽设计，如在传感器周围增加金属屏蔽罩并优化接地系统，问题得到明显改善。维修过程中还使用了电磁辐射测试仪器对车辆内部电磁环境进行了评估，以指导屏蔽设计的优化。

（8）环境噪声　在复杂的驾驶环境中，噪声是不可避免的因素之一。对于依赖语音识别的疲劳检测系统而言，环境噪声可能严重影响其识别准确率。为应对这一问题，需加强语音识别算法的抗噪能力，如采用噪声抑制技术、回声消除算法等。同时，也可考虑引入非语音的疲劳检测方式作为补充或替代方案，如基于驾驶员面部表情、生理信号或车辆行驶状态的检测。

案例：一位驾驶员反映其车辆的疲劳检测系统在高速行驶时易受风噪影响而误报。技术人员通过调整语音识别算法的参数，增强了其抗噪能力。同时，还尝试引入了基于驾驶员眼部活动的非语音疲劳检测方式作为辅助手段。经过测试验证，系统在不同噪声环境下的表现均有所提升。维修过程中还使用了声级计对车内噪声进行了测量，以评估噪声对系统的影响并制定针对性的改进措施。

综上所述，智能网联汽车驾驶员疲劳检测系统的常见故障涉及硬件、软件、系统集成和外部干扰等多个方面。为了确保系统的稳定性和准确性，需要定期对系统进行维护和保养，并及时解决可能出现的问题。

5.1.5　夜间视野增强系统

1. 夜间视野增强系统原理

如图5-12所示，夜间视野增强系统（Night Vision Enhancement，NVE）通过红外和热成像技术，在夜间或低能见度环境中为驾驶员提供清晰的路面图像，帮助驾驶员及时发现道路障碍物以及行人，从而避免潜在的危险。

图5-12　夜间视野增强系统应用场景

NVE是一种汽车辅助驾驶系统，主要应用红外以及热成像技术，在夜晚或者能见度低的环境中提高驾驶员对道路情况的认知能力。如图5-13所示，其工作原理为：NVE利用安装在汽车上的红外摄像机和热成像设备，在夜间或能见度低的环境中捕捉图像数据。红外摄像机捕捉物体反射的红外光，而热成像设备则根据物体表面的热辐射来生成图像。车载计算机对这些数据进行分析处理，生成清晰的黑白或彩色图像，展示车辆前方的路面情况，包括道路障碍、行人和动物等。

这些图像会显示在车辆的仪表板、HUD或中控屏幕上，帮助驾驶员提前识别潜在危险并做出反应。在一些高级的NVE系统中，如果检测到前方存在碰撞风险，系统还会通过声光提示向驾驶员发出预警，以进一步提高行车安全。通过利用红外和热成像技术，夜视增强系统有效地扩大了驾驶员在低能见度环境中的视野范围，有助于预防和避免交通事故的发生。

2. 夜间视野增强系统常见故障检修

智能网联汽车驾驶员夜间视野增强系统常见的故障主要包括夜视系统控制单元故障、夜视系统摄像机故障、线路故障、图像处理算法问题、极端天气条件、强光干扰和误操作等几个方面。

（1）夜视系统控制单元故障　夜视系统的控制单元是系统的“大脑”，负责接收来自摄像机的图像数据，进行增强处理，并输出至显示屏以改善夜间驾驶视野。一旦控制单元出现故障，整个夜视系统可能陷入瘫痪，或表现出图像延迟、图像失真等性能下降现象。维修时需使用专业诊断工具检查控制单元的软件版本、通信状态及内部电路工作情况。若发现控制单元硬件损坏或软件故障，需根据车型和制造商指导进行更换或重编程。

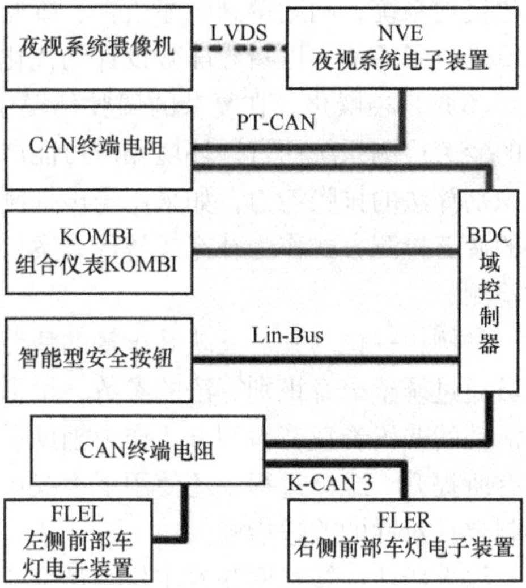

图 5-13　夜间视野增强系统工作原理

案例：一辆高端 SUV 的夜视系统在夜间行驶时突然无法开启，经诊断仪检测发现控制单元无响应。进一步检查控制单元电源线路，测得供电电压稳定在 12V 正常范围内，但控制单元内部通信接口电阻值异常，判断为控制单元内部故障。更换新控制单元后，夜视系统恢复正常工作。

（2）夜视系统摄像机故障　夜视摄像机作为图像捕捉的“眼睛”，其性能直接决定了夜视系统的成像质量。若摄像机镜头被污物覆盖、内部传感器受损或线路连接不良，均会导致图像模糊、黑屏或色彩失真等问题。维修时需先清洁镜头表面，检查是否有划痕或裂纹；随后利用专业设备测试摄像机传感器输出信号，确保图像数据准确无误。

案例：一位车主反映其车辆夜视系统显示画面模糊且有闪烁现象。首先检查了夜视摄像机镜头，发现表面虽有轻微灰尘但不影响成像。进一步检测摄像机传感器输出电压，发现信号不稳定，波动范围超出正常范围（一般为稳定的模拟电压信号，具体值根据摄像机型号而定）。拆解摄像机后发现传感器连接线路存在接触不良现象，重新焊接并固定线路后，夜视系统恢复正常。

（3）线路故障　夜视系统的线路网络如同神经系统，负责将摄像机捕捉的图像数据传输至控制单元及显示屏。线路老化、破损或接触不良都可能导致数据传输中断或信号衰减，进而影响夜视系统的正常工作。维修时需仔细检查各线路段，包括连接器、绝缘层及信号传输质量。

案例：某车辆在夜间行驶时，夜视系统显示屏突然显示无信号。首先使用万用表检测摄像机至控制单元的供电线路和信号线路，发现信号线路电阻值远高于正常值（正常值一般小于 1Ω），存在断路可能。顺着线路排查至驾驶舱底部，发现一处线路连接器因长期振动而松动，导致信号中断。重新紧固连接器并包扎好线路后，夜视系统恢复正常工作。同时，为确保系统稳定，还测量了修复后线路的电阻值和电流值，均符合标准要求。

（4）图像处理算法问题　图像处理算法是夜视系统背后的“智慧”，它通过复杂的算法处理摄像机捕捉的图像，以实现夜间视野的显著增强。然而，若算法设计存在缺陷，如未充分考虑特定光线条件下的成像特性，或未针对实时环境变化进行动态调整，便可能导致图像增强效果不佳，如色彩失真、细节丢失或噪声增加。解决这类问题通常需要车辆制造商发布软件更新包，通过 OBD 接口或特定维修软件对夜视系统的软件进行升级。在升级过程中，维修技术人员会监控系统的通信状态和数据传输，确保算法更新顺利完成。

案例：某品牌豪华轿车车主反映夜视系统在夜间高速行驶时，图像边缘出现明显的锯齿状伪影。维修站通过诊断软件检查发现，当前使用的图像处理算法版本未针对高速运动场景进行优化。随后，下载并安装了最新的软件更新包，升级过程中监测到数据传输速率稳定在正常范围内（如每秒几百千比特至几兆比特），升级完成后夜视系统图像质量显著提升，伪影现象消失。

（5）极端天气条件　在极端天气如暴雨、浓雾或大雪中，夜视系统面临严峻挑战。雨水可能导致镜头表面形成水膜，影响光线透过率；雾霾中的微小颗粒则会散射光线，降低图像对比度；而积雪可能覆盖摄像机镜头，完全阻断光线。这些情况下，夜视系统可能捕捉到模糊、低对比度的图像，甚至完全失效。应对极端天气，除了选择适合该环境的驾驶模式外，还可在车辆外部加装防雨、防尘或防雪装置保护摄像机。

案例：一位车主在雨雪交加的夜晚使用夜视系统时，发现图像严重模糊且色彩偏灰。首先检查了摄像机镜头，发现镜头表面被一层薄薄的水膜覆盖。使用专业清洁剂清除水膜后，图像质量有所改善但仍未达到预期。进一步检查发现，由于雨雪导致车辆前部进气口积水，间接影响了摄像机的工作环境。通过清理进气口积水并加强防水措施后，夜视系统在类似天气条件下的表现明显改善。

（6）强光干扰　夜间道路上的强光干扰是夜视系统面临的另一大挑战。当车辆行驶至路灯密集区域或遭遇对向来车的远光灯时，强光可能直接照射到摄像机镜头上，导致图像过曝、对比度降低甚至出现眩光效应。为应对这一问题，现代夜视系统通常配备有自动曝光调节、智能滤光片等高级功能以减轻强光干扰。然而，在某些极端情况下，这些功能可能不足以完全消除影响。

案例：一位车主反映在夜间城市道路上行驶时，每当遇到对向车辆开启远光灯时，夜视系统显示屏就会出现一片白茫茫的景象。首先检查了摄像机的自动曝光调节功能是否正常工作，发现该功能已启用但效果不佳。进一步分析发现，摄像机内置的滤光片对特定波长的强光过滤能力不足。通过更换具有更强滤光能力的滤光片后，强光干扰现象得到显著改善，夜视系统在夜间城市道路上的实用性大幅提升。

（7）误操作　误操作是导致夜视系统性能下降的常见原因之一。驾驶员可能对夜视系统的功能、开关位置或调节方式不熟悉，从而在不知情的情况下改变了系统的默认设置或关闭了系统。此外，一些车辆在行驶过程中由于振动、颠簸等原因可能导致夜视系统的开关被误触。为减少误操作的发生，车辆制造商通常在用户手册中详细介绍夜视系统的使用方法，并在车内设置醒目的操作提示和警示标识。

案例：一位新车主在首次使用夜视系统时，由于不熟悉操作界面而误将系统的亮度调节至最低值，导致夜间行驶时几乎无法看清前方路况。在接到求助后，首先通过远程指导车主尝试恢复系统默认设置但未能成功。随后，前往现场检查发现车主在操作过程中误触了某个隐藏菜单项并更改了高级设置。通过重置系统参数并详细向车主讲解夜视系统的正确使用方法后，问题得到圆满解决。

综上所述，智能网联汽车驾驶员夜间视野增强系统的常见故障涉及硬件、软件与算法、环境因素和人为因素等多个方面。为了确保系统的稳定性和性能，需要定期对系统进行维护和保养，并及时解决可能出现的问题。

5.1.6 交通标志识别系统

1. 交通标志识别系统原理

如图 5-14 所示，交通标志识别系统（Traffic Sign Recognition，TSR）通过车载摄像头收集路边的交通标志图像，并使用图像处理技术进行解析，判断当前的交通规则，并将其信息显示在车辆仪表板上，以提醒驾驶员按照交通规则行驶。各种不同的 ADAS 系统可以根据实际情况和需求进行组合，以提供最适合的驾驶辅助体验。

图 5-14 交通标志识别系统应用场景

TSR 系统工作原理：如图 5-15 所示，车载摄像头实时捕捉道路场景，包括交通标志。系统通过图像预处理技术如去噪、增强和归一化提高识别准确度。随后，从图像中提取形状、颜色、尺寸等特征，利用机器学习和人工智能算法，如支持向量机（SVM）、神经网络和深度学习，对交通标志进行识别。系统解析识别出的交通标志含义，并通过车辆仪表板以图标和文字提示驾驶员。在接近或超过标志限制速度等情况下，系统可发出警告或与自动制动系统等辅助驾驶系统联动，实现主动安全防护。

交通标志识别系统的运用方法主要是通过安装在风窗玻璃中上部的多用途摄像头单元扫描限速路标，并在综合信息显示屏（MID）和抬头显示器上显示信息，使驾驶员能够识别当前的限速。这一系统利用道路标志丰富的颜色信息和固定的形状信息进行特征识别，具体过程可以分为“分隔”和“识别”两个步骤。在“分隔”步骤中，系统在获取的图像中发现候选目标，并进行相应的预处理。在“识别”步骤中，包括特征提取和分类等，最后进一步判定目标的真实性。TSR 能够在车辆行驶过程中对出现的道路交通标志信息进行采集和识别，及时向驾驶员做出指示或警告，甚至直接控制车辆进行操作，以保证交通通畅并预防事故的发生。在安装有安全辅助驾驶系统的车辆中，如果车辆能够提供高效的 TSR 系统，及时为驾驶员提供可靠的道路交通标志信息，可以有效提高驾驶安全性和舒适性。

此外，需要注意的是，限速标志系统只能识别限速标志，不参与车辆的主动控制。车辆的控制权始终掌握在驾驶员手中，因此驾驶员需要谨慎驾驶，并注意系统的局限性。在并排车道上出现多个限速标志时，系统会识别当前车道的限速标志用于显示限速提醒图标，因此驾驶员应确保自己行驶在正确的车道上。限速标志系统的性能受天气、照明和路标视觉质量的影响，在不利条件下，如逆光、日落、雨天、雾、霾、冰雪覆盖、标志条件差的情况下，性能会明显下降，因此驾驶员需要留意路况，避免影响系统的识别效果。

案例：假设你正在驾驶一辆装有交通标志识别系统的汽车，前方有一个禁止超车的交通标志。首先，汽车的摄像头捕获到这个交通标志的图像。然后，系统会对图像进行预处理。例如，可能需要调整图像的亮度和对比度，来强化交通标志的颜色和形状特征，并去除图像中的噪点和其他不必要的信息。接下来，系统从预处理后的图像中提取出有用的特征。在这个案例中，禁止超车的标志是红色圆环中带有黑色车辆符号，系统会利用预先训练好的神经

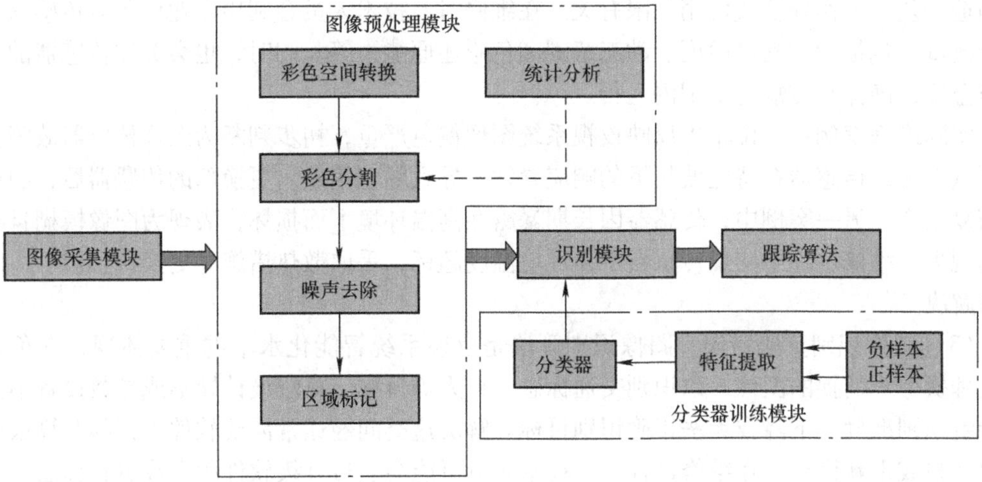

图5-15 交通标志识别系统工作原理

网络模型，对提取出的特征进行识别。模型在训练阶段已经学习了大量交通标志的特征，因此能够准确地识别出禁止超车的标志。系统根据识别结果解析出交通标志的含义，即“禁止超车”，然后将解析结果传递给驾驶员。在车辆仪表板上，可能会显示出“禁止超车”的图标和文字提示。同时，如果系统检测到车辆正在尝试超车，系统可能会发出警告声音，或者与自动制动系统等联动，减少车速防止超车行为发生，以确保驾驶安全。

以上就是交通标志识别系统的工作原理及其应用场景的详细说明。整个过程实时进行，能够实时向驾驶员提供最新的交通规则信息。对于驾驶员来说，这不仅可以减轻注意力负担，提高驾驶安全性，也可以帮助驾驶员更好地遵守交通规则，提高驾驶舒适性。

2. 交通标志识别系统常见故障检修

智能网联汽车驾驶员交通标志识别系统作为智能驾驶系统的重要组成部分，其在实际应用中可能会遇到多种故障。常见的故障类型主要包括摄像头故障、图像传感器问题、图像识别算法错误、计算资源不足、通信模块故障、信号干扰、恶劣天气与光照变化、摄像头安装位置不当、机械部件损坏、软件版本不兼容、软件未及时更新、误操作和未正确校准等。

（1）摄像头故障　摄像头作为夜视系统及辅助驾驶功能的核心部件，其状态直接关系到道路图像的捕捉质量。摄像头故障可能表现为画面黑屏、模糊或色彩失真，这通常是由于摄像头损坏、镜头被脏污覆盖或前方有遮挡物所致。在维修过程中，技术人员会首先检查摄像头外观，确认无物理损坏后，使用清洁布或专业清洁剂清除镜头上的污渍和灰尘。若问题依旧，则需进一步检查摄像头的电气连接，包括测量摄像头的供电电压（通常为5V左右）和信号线的电阻值（一般小于1Ω），以判断是否存在电路故障。

实际维修案例：某车主反映夜视系统无法显示前方道路图像，检查发现摄像头表面覆盖了一层厚厚的尘土。使用压缩空气吹去尘土后，图像恢复正常。另一案例中，摄像头供电线路短路，导致摄像头无法工作。通过测量发现供电线路电阻为无穷大，更换故障线路后，摄像头恢复正常供电，图像显示清晰。

（2）图像传感器问题　图像传感器是夜视系统中负责将光学图像转换为电信号的关键部件。传感器故障可能引发图像失真、颜色偏差甚至图像完全丢失。这类问题通常与传感器的制造工艺、工作环境或使用年限有关。在维修时，技术人员会利用专业设备对传感器进行性能测试，包括检查其灵敏度、动态范围和色彩还原能力等。同时，也会关注传感器的工作环境温度，确保其在规定范围内运行。

实际维修案例：一位车主反映夜视系统图像偏色严重，初步判断为图像传感器故障。通过测试发现，传感器在特定波长下的响应异常，导致颜色偏差。更换新的传感器后，图像色彩恢复正常。另一案例中，传感器因长期暴露在高温环境下而损坏，表现为图像模糊且时有丢帧现象。维修过程中测量传感器工作环境温度超标，采取散热措施并更换传感器后，问题得以解决。

（3）图像识别算法错误　图像识别算法是夜视系统智能化水平的重要体现，它负责分析处理摄像头捕捉的图像，以识别交通标志、行人等目标。算法设计缺陷或参数设置不当可能导致识别准确率下降或无法正确识别目标。解决这类问题通常需要软件工程师对算法进行优化调整或重新设计。在维修过程中，技术人员可能会通过升级软件版本或更新算法参数来尝试解决问题。

实际维修案例：某品牌汽车的夜视系统频繁误报交通标志，给驾驶员带来困扰。通过诊断软件分析发现，当前使用的图像识别算法版本存在识别逻辑上的缺陷。与车辆制造商联系后，获得了最新的算法更新包。更新后，系统对交通标志的识别准确率显著提升，误报率大幅下降。另一案例中，由于算法参数设置不当，导致系统在特定光照条件下无法正确识别行人。调整参数后，系统性能恢复正常。

（4）计算资源不足　夜视系统及其背后的图像处理算法对计算资源的需求较高，包括处理器的计算能力和内存的存储空间。当计算资源不足时，可能会导致图像处理延迟、卡顿甚至中断，影响系统的整体性能。在设计和升级夜视系统时，需要充分考虑计算资源的合理分配和优化利用。在维修过程中，技术人员可能会通过升级硬件（如更换更高性能的处理器或增加内存）或优化软件（如调整算法复杂度、减少不必要的计算任务）来提升系统的计算能力。

实际维修案例：一位车主反映夜视系统在高速行驶时经常出现图像卡顿现象，影响驾驶安全。通过检查发现，车辆搭载的处理器性能不足以支撑高速图像处理任务。与车辆制造商沟通后，推荐车主升级至更高配置的处理器。升级后，夜视系统的图像处理速度显著提升，卡顿现象消失。另一案例中，由于系统内存不足，导致在同时运行多个应用时，夜视系统性能下降。优化系统内存分配策略并清理无用数据后，系统性能恢复正常。

（5）通信模块故障　车载通信模块作为连接各个传感器与控制系统之间的桥梁，其稳定性和可靠性至关重要。当CAN总线、以太网等通信系统出现故障时，会导致识别结果无法及时、准确地传输至驾驶辅助系统或车辆控制单元，从而影响车辆的智能化运行。维修此类故障时，技术人员会首先检查通信线路的完整性和连接状态，使用万用表测量线路的电阻值和电压降，确保线路无断路、短路现象。同时，也会利用专业的诊断工具检查通信模块的通信协议和数据传输速率是否符合标准。

实际维修案例：一辆配备高级驾驶辅助系统的车辆，在行驶中突然失去自动紧急制动功能。通过诊断软件发现，摄像头与ECU之间的CAN总线通信中断。进一步检查发现，CAN总线上的某个节点损坏，导致信号无法传输。更换损坏节点后，通信恢复正常，自动紧急制动功能重新启用。另一案例中，车辆行驶中导航信息无法正常显示，经检查为以太网接口松动所致。重新固定接口并测试通信稳定性后，导航信息恢复正常显示。

（6）信号干扰　现代汽车内部充斥着各种电子设备，这些设备在工作时可能产生电磁干扰或无线信号干扰，进而影响数据传输的稳定性和准确性。为减少干扰，汽车制造商通常会采取屏蔽、滤波等措施。然而，在某些特定情况下，如加装非原厂电子设备、线路布局不合理等，仍可能引发信号干扰问题。维修时，技术人员会利用频谱分析仪等工具检测干扰源，并采取相应的隔离或屏蔽措施。

实际维修案例：一位车主反映车载蓝牙电话在行驶中频繁断线。使用频谱分析仪检测发现，车内某加装设备的无线信号与蓝牙信号产生冲突。调整加装设备的位置并更换为低干扰型号后，蓝牙电话通信恢复正常。另一案例中，车辆在通过某些区域时，导航系统信号丢失。检查发现，该区域存在较强的无线电波干扰。通过在车辆顶部加装信号增强天线并优化天线布局，有效减少了干扰对导航系统的影响。

（7）恶劣天气与光照变化　恶劣天气条件和光照变化是影响摄像头成像质量的重要因素。雨天、雾天、雪天等恶劣天气会导致图像模糊、对比度降低；而日出日落、隧道内外光线变化大或强光直射摄像头等光照条件变化，则可能导致图像过曝或欠曝，影响识别准确性。针对这些问题，制造商通常会为摄像头配备防水、防尘、防雾等防护措施，并优化图像处理算法以适应不同光照条件。

实际维修案例：某车辆在雨天行驶时，前向碰撞预警系统频繁误报。检查发现，摄像头表面附着水珠导致图像模糊。使用专用清洁剂清洁摄像头后，误报现象消失。另一案例中，车辆在进出隧道时，自动前照灯无法及时切换。检查发现，摄像头对光线的变化响应不够灵敏。通过升级摄像头固件并调整其光线灵敏度设置，问题得到解决。

（8）摄像头安装位置不当　摄像头的安装位置对其成像质量和识别效果具有直接影响。安装角度偏差、抖动或振动都可能导致图像扭曲、模糊或丢失关键信息。为确保摄像头能够捕捉到清晰、稳定的道路图像，制造商会制定严格的安装规范。维修时，技术人员会根据车辆的具体情况调整摄像头的安装位置和角度，并检查其固定装置的稳固性。

实际维修案例：一位车主反映夜视系统在行驶中画面抖动严重。检查发现，摄像头固定螺钉松动导致摄像头晃动。紧固螺钉并调整摄像头安装角度后，画面恢复稳定。另一案例中，车辆行驶中前向碰撞预警系统偶尔失效。检查发现，摄像头安装位置偏低且受到前保险杠边缘遮挡。调整摄像头安装位置并避免遮挡后，系统性能恢复正常。

（9）机械部件损坏　摄像头支架、固定螺钉等机械部件的损坏也可能影响摄像头的稳定性和成像质量。例如，支架断裂可能导致摄像头倾斜或掉落；固定螺钉松动则可能导致摄像头晃动或位置偏移。维修时，技术人员会仔细检查这些机械部件的完好性，并及时更换损坏部件以确保摄像头的稳定运行。

实际维修案例：一辆车辆在行驶中突然失去车道保持辅助功能。检查发现，摄像头支架因碰撞而断裂导致摄像头无法正常工作。更换新的支架并重新固定摄像头后，车道保持辅助功能恢复正常。另一案例中，车主反映夜视系统画面时常出现抖动现象。检查发现，固定摄像头的螺钉因长时间行驶而松动。紧固螺钉后，画面抖动现象消失。

（10）软件版本不兼容　车载系统的软件版本与识别软件的版本之间需要高度匹配，以确保识别系统能够正常工作。当不同版本的软件尝试协同工作时，可能会遇到兼容性问题，导致识别系统无法稳定运行或出现错误。为解决这类问题，制造商通常会发布软件更新以修复兼容性问题，并提供版本兼容性指南供用户参考。

实际维修案例：一位车主在安装第三方导航软件后发现，车辆的自动泊车辅助系统无法正常工作。通过诊断软件检查发现，第三方软件与车载系统的底层识别软件存在版本冲突。卸载第三方软件并恢复原厂软件后，自动泊车辅助系统恢复正常。另一案例中，某车型在更新车载系统后，前向碰撞预警系统频繁误报。经检查，更新后的系统软件与旧版本的识别软件不兼容。安装最新的识别软件后，误报问题得到解决。

（11）软件未及时更新　随着交通法规和道路环境的不断变化，识别算法和系统软件需要不断更新以应对新的挑战。如果车主未及时安装这些更新，识别系统可能无法识别新类型的交通标志或无法适应新的识别环境，从而影响行车安全。

实际维修案例：某地区新设了一批可变车道标志，但某车型的车辆未能及时识别这些新标志。检查发现，该车辆的车载系统未安装最新的识别算法更新。通过在线更新系统并重启车辆后，车辆成功识别了新类型的交通标志。另一案例中，一辆车辆在夜间行驶时，对反光背心行人的识别效果不佳。安装最新的夜间识别算法更新后，车辆对反光背心行人的识别率显著提升。

（12）误操作　驾驶员在操作过程中可能会误触车载系统的相关按钮或设置，导致识别系统被意外关闭或参数设置错误。这类问题通常较为简单，但如果不及时发现并解决，可能会影响行车安全。

实际维修案例：一位车主在尝试调整车载音响时，不小心关闭了车道保持辅助系统的开关。当车辆偏离车道时，系统未发出警告。车主发现后，通过查阅用户手册重新开启了车道保持辅助系统，并确认了系统状态指示灯正常工作。另一案例中，车主在尝试设置导航时，误改了识别系统的某些参数，导致车辆无法正确识别限速标志。通过重置识别系统参数至默认值，问题得到解决。

（13）未正确校准　摄像头在安装后需要进行正确的校准，以确保识别系统的准确性和可靠性。如果校准不当或未进行校准，可能导致识别角度偏差、识别距离不准确等问题。

实际维修案例：某车辆在行驶中发现车道保持辅助系统经常误报车辆偏离车道。检查发现，摄像头在安装后未进行正确的校准。使用专业校准工具对摄像头进行重新校准后，车道保持辅助系统的准确性显著提高。另一案例中，车辆在夜间行驶时，前向碰撞预警系统对前方车辆的识别距离明显偏短。检查发现，摄像头在安装时校准不准确。重新校准摄像头后，系统能够更准确地判断前方车辆的距离和速度。

针对以上故障类型，可以通过定期检查摄像头和传感器状态、优化图像处理算法、提升数据传输稳定性、增强环境适应性、确保机械结构稳固、保持软件兼容性和及时更新，同时加强驾驶员培训等措施，来降低故障发生的概率和提高识别系统的可靠性。

5.2　控制类辅助系统

5.2.1　自适应巡航控制系统

1. 自适应巡航控制系统原理

如图5-16所示，自适应巡航控制系统（Adaptive Cruise Control，ACC）是一款基于摄像头或雷达的前车距离检测技术，通过不断地测量前方车辆的速度和距离，自动调整车辆速度以保持安全车距。

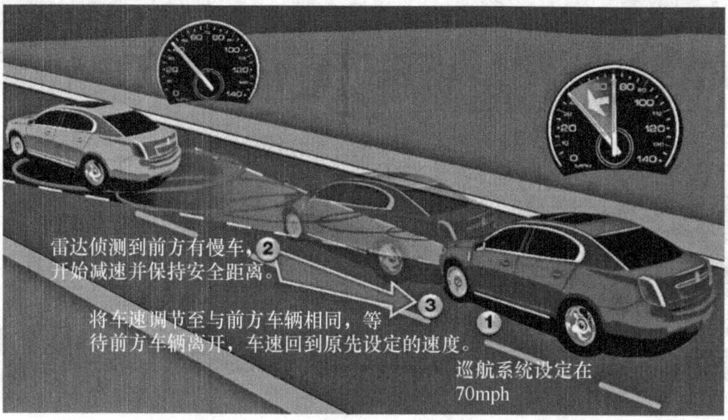

图5-16 自适应巡航控制系统应用场景

当ACC系统检测到前方车辆减速或停止时，它会立即减小车辆的节气门开度或者激活制动，以确保车辆速度降低，避免与前车发生碰撞。一旦前车重新加速，或者道路上无其他车辆，ACC系统将会逐渐把车速提升到设定的巡航速度。在这个过程中，驾驶员只需要专注于操作方向盘，而不必关心节气门和制动的操作，从而减小驾驶压力。

ACC是一种基于雷达或摄像头的车载系统，它能够根据前方道路上车辆的速度和距离，自动调整汽车的行驶速度。该技术的基本原理：如图5-17所示，汽车的前方装配了一个传感器（通常是毫米波雷达或者激光雷达），可以探测到前方车辆的位置和速度。有些更先进的ACC系统会使用多个传感器和摄像头，以提供更全面的前方情况。当前车辆行驶过程中，ACC系统会持续监测出前方车辆的速度和距离。当ACC系统检测到前车速度发生变化时，比如前车减速或者加速，ACC系统会发送指令给汽车的节气门和制动控制系统，使车辆自动减速或者加速，以保持与前方车辆的安全距离。如果前方没有车辆，ACC系统则会维持驾驶员设定的巡航速度。如果ACC系统检测到前方车辆停下来，系统也会自动将车辆减速到停止，并在前方车辆再次启动后，再自动恢复巡航速度。

这种技术不仅可以减少因驾驶员反应延迟而导致的事故，也能够提供更舒适的驾驶体验，尤其在高速公路上长时间巡航时。

2. 自适应巡航控制系统常见故障检修

智能网联汽车自适应巡航控制系统作为一种智能汽车驾驶辅助技术，能够根据车辆与前方车辆的距离自动调节车速，保持最佳的安全距离。然而，这一系统在实际使用过程中也可能会出现各种故障。常见的自适应巡航控制系统故障类型主要包括毫米波雷达或激光雷达故障、摄像头故障、电子控制单元故障、软件问题、制动系统故障、加速系统故障、熔丝和继电器故障、电路短路或断路、自适应巡航开关损坏、按键触点磨损、恶劣天气和路面条件不佳等。

（1）毫米波雷达或激光雷达故障　毫米波雷达或激光雷达作为自适应巡航系统的“眼睛”，负责实时监测前方车辆的距离和速度。当这些传感器损坏、被遮挡（如泥污、冰雪覆盖）或污染时，系统将无法准确获取关键信息，导致自适应巡航功能失效。维修时，要使

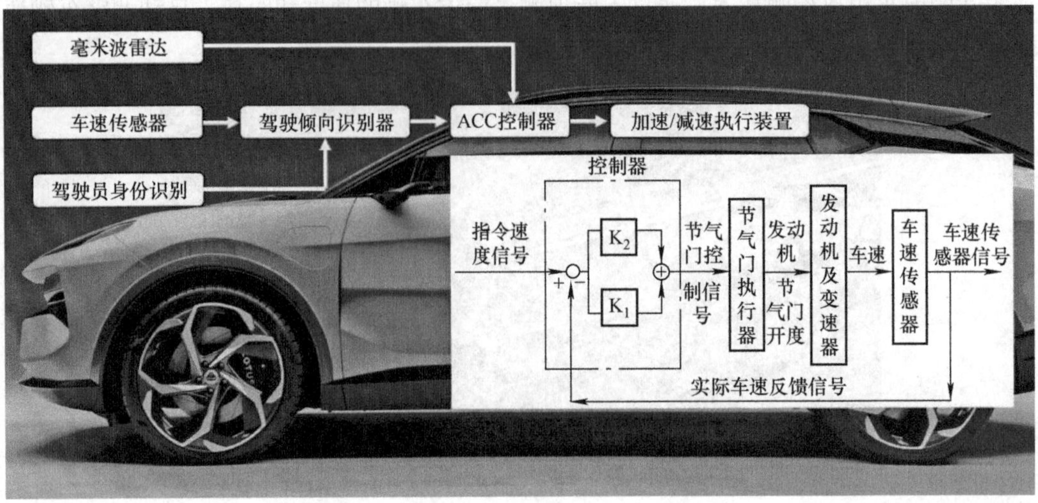

图 5-17　自适应巡航控制系统工作原理

用专业设备检查毫米波雷达或激光雷达的发射与接收信号强度，以及表面清洁度。

案例：一车辆在雨天行驶后，自适应巡航系统无法正常工作。检查发现，前雷达被泥水覆盖，导致信号衰减。清洁雷达表面后，系统恢复正常。另一案例中，车辆发生轻微碰撞后，前激光雷达受损，无法准确测量距离。更换新的激光雷达并重新校准后，系统恢复正常功能。测量数据显示，受损激光雷达的发射信号强度仅为正常值的 50%。

（2）摄像头故障　自适应巡航系统中的摄像头主要用于识别道路标志、车辆类型等图像信息，为系统提供决策依据。摄像头故障可能由镜头脏污、内部损坏或线路问题引起，导致图像识别能力下降或失效。

案例：某车辆在夜间行驶时，自适应巡航系统频繁误报。检查发现，摄像头镜头被虫胶覆盖，影响夜间成像质量。清洁镜头后，问题得到解决。另一案例中，车辆经过长时间使用后，摄像头内部出现老化，图像模糊。更换新摄像头并重新标定后，系统识别能力显著提升。测量数据显示，老化摄像头的图像分辨率仅为新摄像头的 70%。

（3）ECU（电子控制单元）故障　ECU 是自适应巡航系统的核心处理单元，负责接收传感器信号、处理数据并发出控制指令。当 ECU 出现故障时，可能无法正确接收、处理或发送控制信号，导致系统无法准确调节车速。

案例：某车辆在行驶过程中，自适应巡航系统突然失效，且仪表盘上显示故障码。该车自适应巡航系统控制电路如图 5-18 所示，检查发现，ECU 内部芯片损坏。更换新的 ECU 并重新编程后，系统恢复正常。另一案例中，车辆在高速行驶时，自适应巡航系统频繁加减速。检查发现，ECU 的通信模块存在问题，测量数据显示，故障 ECU 的通信速率波动较大，最大偏差达到正常值的 20%，导致与其他传感器或执行器通信不畅。修复通信模块后，系统恢复正常运行。

（4）软件问题　控制系统软件是自适应巡航系统的“灵魂”，其性能直接影响系统的稳定性和可靠性。当软件存在漏洞、错误或版本不兼容时，可能导致系统性能下降或功能失效。

案例：某车型在发布新软件更新后，部分车辆出现自适应巡航系统无法启动的问题。制

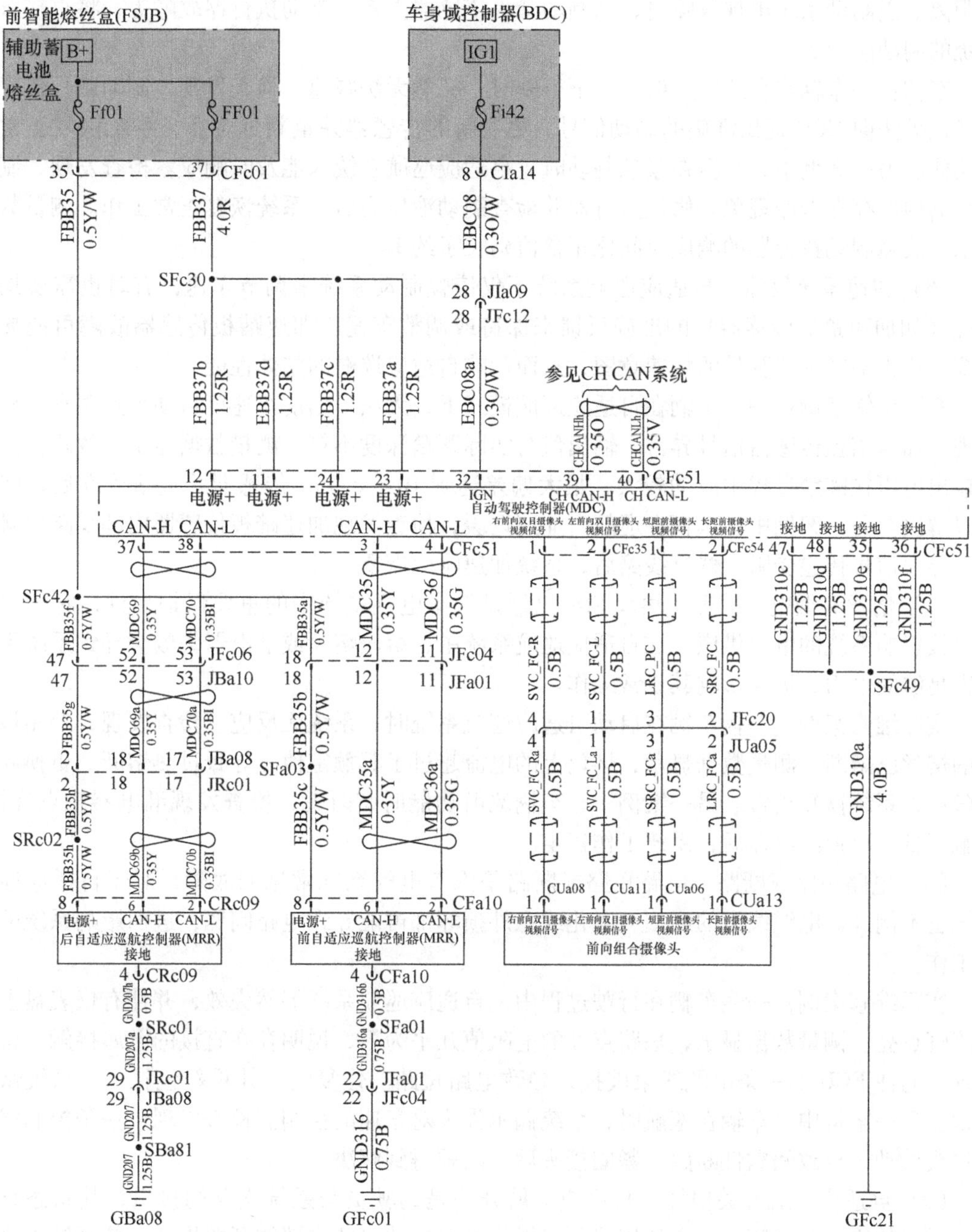

图5-18 某车型自适应巡航系统控制电路

造商发布紧急修复补丁，要求车主进行软件升级。升级后，系统恢复正常。另一案例中，车辆在行驶过程中，自适应巡航系统突然中断工作。检查发现，系统软件中存在未知错误。通过远程在线诊断并修复软件后，系统恢复正常。测量数据显示，在软件错误期间，系统的响应时间延长了约50%。

（5）制动系统故障 自适应巡航系统通过调节制动系统来控制车速，确保与前车的安全距离。当制动系统出现故障时，如制动踏板传感器失效、制动执行器故障等，将直接影响系统的制动能力。

案例：一车辆在自适应巡航状态下行驶时，突然无法减速。检查发现，制动踏板传感器损坏，无法向 ECU 提供准确的制动信号。更换新的传感器并重新标定后，系统恢复正常制动功能。另一案例中，车辆在紧急制动时，自适应巡航系统未能及时响应。检查发现，制动执行器内部存在卡滞现象。修复执行器并检查制动液压力后，系统恢复正常工作。测量数据显示，故障制动执行器的响应时间比正常值延长了约 1s。

（6）加速系统故障　自适应巡航系统不仅依赖制动系统来调节车速，有时也需要加速系统（如加速踏板传感器）的准确反馈来保持或调整车速。加速踏板传感器故障可能导致系统无法正确解读驾驶员的加速意图，从而影响自适应巡航的整体性能。

实际维修案例：一辆车辆在自适应巡航模式下，无法根据前车速度自动加速跟车。检查发现，加速踏板传感器信号异常，输出值与实际踩踏深度不符。测量数据显示，故障传感器的输出电压在踩踏过程中波动较大，最大偏差达到 10%。更换传感器并重新校准后，问题得以解决。另一案例中，车辆在巡航时加速迟缓，检查发现加速踏板传感器内部线路接触不良，导致信号传递受阻。修复线路后，系统加速响应恢复正常。

（7）熔丝和继电器故障　熔丝和继电器是汽车电气系统中的重要保护元件，它们的状态直接影响系统的电力供应。在自适应巡航系统中，熔丝熔断或继电器失效会导致系统无法获得足够的电力，进而影响其正常工作。

实际维修案例：一辆车辆在启动自适应巡航系统时，系统无反应。检查发现，控制该系统的熔丝已熔断。测量数据显示，熔丝上的电流超过了其额定值，导致过热熔断。更换新的熔丝后，系统恢复正常。另一案例中，车辆巡航功能时有时无，检查发现继电器触点烧蚀，接触不良。更换继电器后，系统工作稳定。

（8）电路短路或断路　电路短路或断路是汽车电气系统常见的故障，对于自适应巡航系统也不例外。电缆线束的磨损、老化或意外损坏都可能导致电路问题，进而影响系统的正常工作。

实际维修案例：一辆车辆在行驶过程中，自适应巡航系统突然失效，并伴有仪表盘上的故障灯点亮。测量数据显示，短路点处的电阻值几乎为零，说明存在直接的金属接触。检查发现，通往 ECU 的一条电缆线束破损，导致电路短路。修复线束并重新包扎后，系统恢复正常。另一案例中，车辆在巡航时，系统偶尔失去对车速的控制。检查发现，一条控制线路的接头松动，导致间歇性断路。紧固接头后，问题得到解决。

（9）自适应巡航开关损坏　自适应巡航开关是驾驶员与系统交互的接口，其状态直接影响系统的启动与关闭。长期使用或不当操作可能导致自适应巡航开关损坏，使系统无法正常启动或关闭。

实际维修案例：一位车主反映，其车辆的巡航功能无法激活。测量数据显示，故障开关在按下时未能产生预期的电阻变化，说明触点已失效。检查发现，巡航开关内部触点磨损严重，无法准确传递信号。更换新的巡航开关后，系统恢复正常工作。另一案例中，车辆巡航开关时好时坏，检查发现开关内部存在异物干扰，导致接触不良。清理异物后，开关恢复正常功能。

（10）按键触点磨损　巡航按键作为用户与系统交互的关键部件，其触点的磨损会直接影响按键的灵敏度和准确性。随着使用时间的增长，触点表面可能逐渐变得光滑，导致接触电阻增大，需要更大的按压力度才能触发信号。此外，灰尘、油脂等污染物的积累也可能加剧触点磨损，进一步影响按键性能。

实际维修案例：一位车主反映，其车辆的巡航按键在按下时反应迟钝，有时需要多次按压才能激活巡航功能。测量数据显示，故障按键触点的接触电阻在按压过程中波动较大，最大可达数百欧，远超正常值。检查发现，巡航按键触点表面存在明显磨损痕迹，接触电阻较大。通过清洁触点并尝试使用导电润滑剂改善接触效果后，按键灵敏度有所提升，但未能完全恢复。最终更换了新的巡航按键总成，问题彻底解决。

（11）恶劣天气　恶劣的天气条件，如雨、雪、雾等，会对自适应巡航系统的传感器性能产生显著影响。雨水、雪花或雾气可能附着在雷达、摄像头等传感器表面，遮挡或散射信号，导致系统无法准确识别前方车辆或障碍物，从而引发误报或失效。

实际维修案例：一辆车辆在雨天行驶时，自适应巡航系统频繁发出碰撞预警，并自动减速，给驾驶带来不便。检查发现，前雷达传感器表面被雨水覆盖，导致信号发射和接收受阻。使用专用清洁剂清洗传感器表面后，系统恢复正常工作。另一案例中，车辆在雪天行驶时，巡航功能失效，无法识别前方车辆。检查发现，摄像头镜头被雪花遮挡，无法正常捕捉图像。清理镜头后，系统恢复正常。

（12）路面条件不佳　不平整的路面或弯道可能导致雷达信号反射异常，进而影响自适应巡航系统的准确性。在复杂路况下，雷达发出的信号可能遇到不同角度和距离的反射面，产生多径效应，干扰系统对前方车辆的正确判断。

实际维修案例：一辆车辆在通过一段坑洼不平的路面时，自适应巡航系统突然失去对前车的跟踪，导致车速波动。检查发现，路面不平导致雷达信号反射路径复杂多变，系统难以准确区分真实目标和干扰信号。调整驾驶模式为手动控制后，顺利通过该路段。另一案例中，车辆在连续弯道行驶时，巡航系统频繁调整车速，与驾驶员预期不符。检查发现，弯道导致雷达信号反射角度变化大，系统难以维持稳定的跟车距离。建议驾驶员在复杂路况下谨慎使用巡航功能，或选择手动驾驶模式。

针对以上故障类型，车主可以采取以下措施进行排查和修复。

1）检查传感器。确保雷达、激光雷达和摄像头等传感器清洁无遮挡，并检查其是否工作正常。

2）检查控制系统。如有必要，可以联系汽车厂家或专业维修店对 ECU 进行检查和维修，并更新系统软件至最新版本。

3）检查执行机构。对制动系统和加速系统进行全面检查，确保各部件工作正常。

4）检查电源与电路。检查熔丝、继电器和电缆线束等电气部件是否损坏或老化，及时更换。

5）检查开关与按键。确保巡航开关和按键完好无损且操作正常。

6）如果以上方法无法解决问题，应进行进一步检查和维修。

5.2.2　车道保持辅助系统

1. 车道保持辅助系统原理

如图 5-19 所示，车道保持辅助系统（Lane Keeping Assist，LKA）是基于车载摄像头，通过特定的图像识别技术，能够识别出道路上的车道线。当车辆即将偏离车道线时，系统会发出预警，并自动向对应方向施加小幅度的转向扭矩，使车辆保持在车道中心。这样可以在一定程度上防止因驾驶员疏忽或疲劳而造成的偏离车道事故。

图 5-19　车道保持辅助系统应用场景

LKA 工作原理：如图 5-20 所示，智能车辆通过在前部安装的摄像头检测车道标记线，并利用图像识别技术实时分析车辆在车道中的位置。车载计算机系统进一步处理这些数据，评估车辆的行驶方向和车道位置，预测车辆是否有偏离车道的风险。当系统检测到车辆可能偏离车道时，会通过视觉、音频或触觉信号向驾驶员发出预警。在一些高级的车道保持辅助系统中，如果驾驶员未及时响应，系统将自动进行微调，比如通过电子稳定程序（ESP）控制车辆的左右制动，引导车辆回到正确的行驶路径，以确保车辆安全地保持在车道中心。

尽管车道保持辅助系统大大提高了驾驶的便利性和安全性，但请注意，它并不能替代驾驶员的注意力和判断。此外，当路面标记线不清晰或遮挡时，或在特定的天气和光照条件下，系统的效果可能会受到影响。

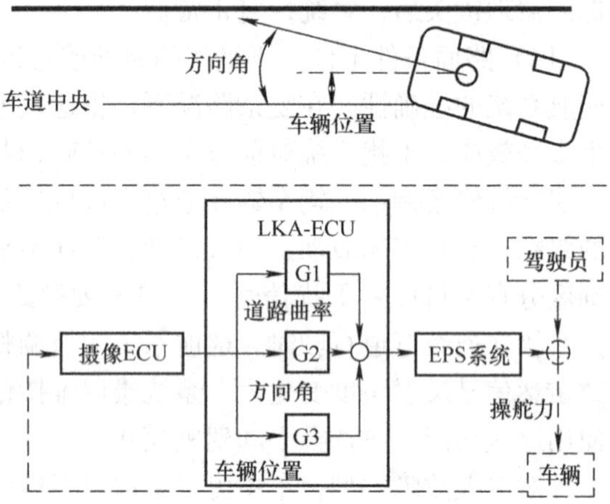

图 5-20　车道保持辅助系统工作原理

如图 5-21 所示，车道保持辅助系统的控制主要基于识别、分析、决策和控制执行四个环节。

1）识别环节通过摄像头捕捉图像，并分析车辆与车道线的相对位置、偏离方向及速度。

2）分析环节利用先进的算法对图像数据进行处理，以判断车辆是否处于正确的行驶状态。

3）决策环节基于分析结果，决定是否需要发出警告或采取纠偏措施。

4）控制执行环节通过电动助力转向系统或 ESP 系统，实现车辆的自动纠偏。

此外，车道保持系统的工作还涉及信息采集单元通过车载传感器采集车速、方向盘转角信息，电子控制单元对信息进行处理，判断汽车是否偏离行驶车道。当汽车行驶可能偏离车道线时，系统会发出报警信息，并通过施加操舵力和制动力，使汽车稳定地回到正常轨道。

需要注意的是，车道保持系统并非在所有情况下都能完全发挥作用。例如，在车道线不清晰、道路过窄或被雪覆盖等情况下，系统可能无法准确识别车道线，从而无法提供有效的辅助。此外，系统通常只在车速达到一定范围时才开始工作，以确保其准确性和可靠性。

2. 车道并线辅助系统

车道并线辅助系统，也被称为盲区监测系统，是一种智能驾驶辅助功能，主要用于提升

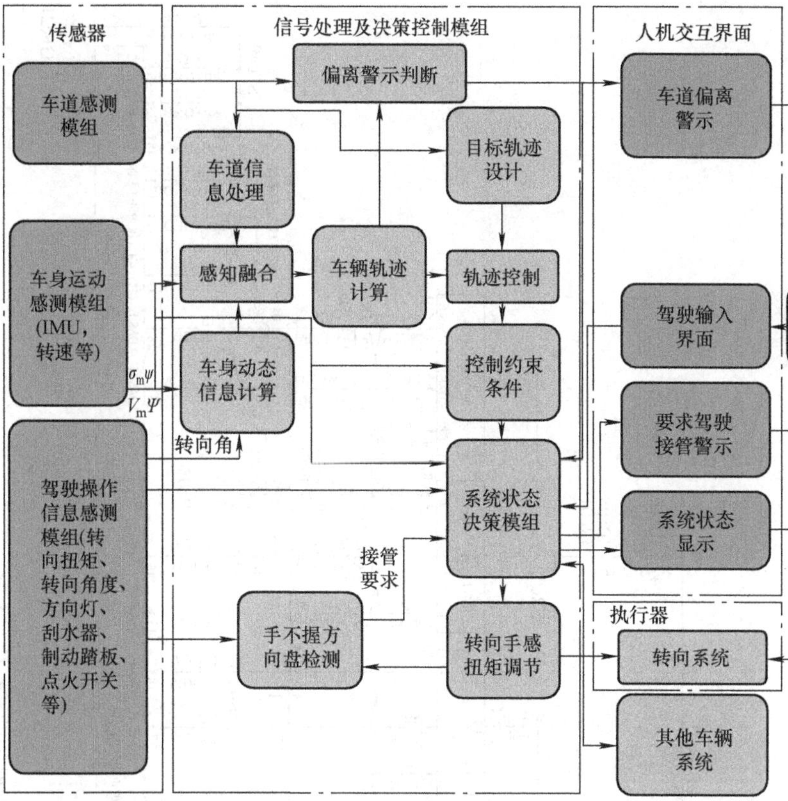

图 5-21　车道保持辅助系统控制与执行

驾驶者在行驶过程中变更车道的安全性。车道并线辅助系统通过安装在车辆上的电子控制系统，如雷达、摄像头等传感器，实时监测车辆侧后方的交通状况。当驾驶者准备变更车道时，如果系统检测到相邻车道有车辆接近且存在碰撞风险，就会通过后视镜上的警示灯、声音或其他方式提醒驾驶者，从而帮助驾驶者消除视线盲区，提高行车安全。

以某车为例，该车车道并线辅助系统控制电路如图 5-22 所示。其工作原理为车道并线辅助系统会在车辆行驶过程中不断扫描侧后方区域，通过传感器获取周围车辆的速度、距离和位置信息。当驾驶者打开转向灯或做出并线意图时，系统会进一步分析这些数据，评估并线操作的安全性。如果系统判断并线存在风险，就会触发警报机制，提醒驾驶者注意。

目前市场上的车道并线辅助系统种类繁多，各具特色。例如，奔驰新 E 级上的并线辅助设备通过传感器和电脑系统控制，在左右两个后视镜内提醒驾驶者后方的来车；沃尔沃的盲点信息系统（BLIS）则通过摄像头对盲区进行图像监控，并在必要时亮起警示灯；奥迪的侧向辅助系统（Audi Side Assist）则能在车速超过一定阈值时介入，探测侧后方车辆并发出警示。

3. 车道保持辅助系统常见故障检修

智能网联汽车车道保持辅助系统常见的故障主要包括摄像头故障、其他传感器故障、控制系统软件问题、控制系统硬件故障、方向盘转向柱控制模块故障、方向盘振动电机故障、路面标志线不清晰或不存在、复杂道路条件和驾驶员双手未放在方向盘上等几个方面。

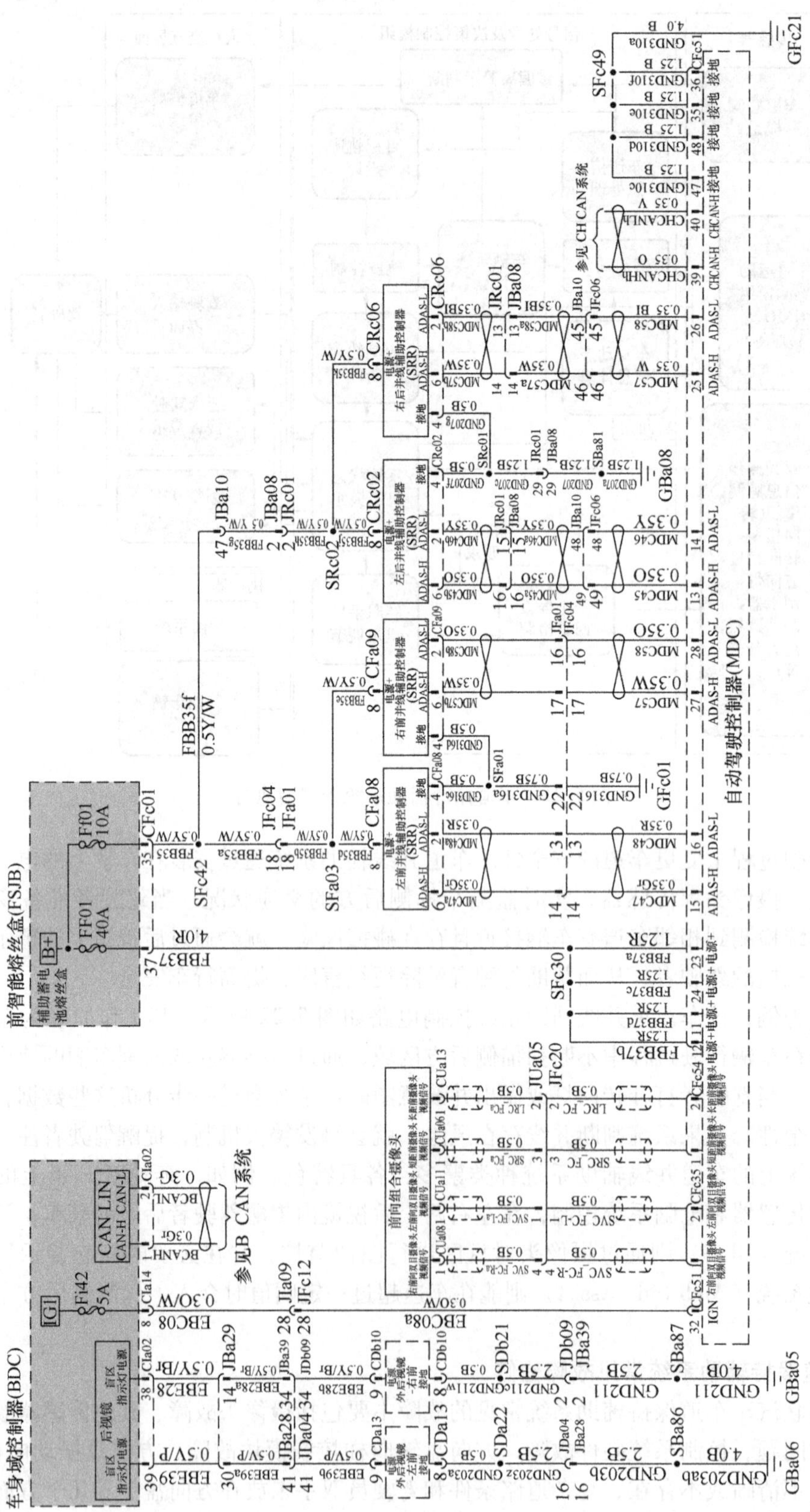

图 5-22 某车型车道并线辅助系统控制电路

（1）摄像头故障　车道保持辅助系统的核心在于车载摄像头，它负责实时捕捉道路图像并识别车道线。一旦摄像头被外界因素遮挡，如泥土、积雪或雾气，其视野将受到限制，无法清晰捕捉到车道线信息，进而导致系统无法正常工作。此外，摄像头内部的线路故障或设备损坏也是常见问题，如镜头模糊、电路板短路等，都会直接影响图像的采集和处理。

案例：一车主反映，其车辆在雨雪天气后，车道保持辅助系统频繁报警且无法保持车道。检查发现，前摄像头被积雪覆盖，清除积雪后问题依旧。进一步检测发现，摄像头内部线路存在短路现象，电阻值异常低，仅为几欧。更换新摄像头后，系统恢复正常工作。另一案例中，车辆在行驶中突然失去车道保持功能，检查发现摄像头镜头被泥水溅污，影响成像质量。清洁镜头后，系统恢复正常。

（2）其他传感器故障　车道保持辅助系统还可能依赖于激光雷达、超声波传感器等其他传感器来获取更全面的环境信息。这些传感器的精度和稳定性同样至关重要。激光雷达的激光束受阻或发射/接收模块故障，会导致距离测量不准确；超声波传感器则可能因表面脏污或内部损坏而影响回声信号的接收。

案例：某车辆的车道保持系统在高速行驶时突然失效，检查发现激光雷达传感器无信号输出。检测其电源线路，发现电压正常，但传感器内部存在断路现象，电阻无穷大。更换激光雷达传感器后，系统恢复正常。另一案例中，车辆在低速行驶时车道保持功能异常，经检查发现超声波传感器表面有油渍覆盖，影响信号反射。清洁传感器表面后，问题得到解决。

（3）控制系统软件问题　车道保持辅助系统的控制软件是系统运行的“大脑”，负责处理传感器数据、判断车辆状态并发出控制指令。软件中的漏洞、错误或版本不兼容等问题，都可能导致系统性能下降或功能失效。例如，软件算法可能无法适应特定路况或车辆配置，导致误报或漏报；软件更新不当也可能引发兼容性问题。

案例：一车辆在更新车道保持系统软件后，出现频繁误报情况，影响驾驶体验。经检查发现，新软件版本与车辆其他控制系统存在不兼容问题。回滚至旧版本软件后，问题得到解决。另一案例中，车辆在特定路段（如弯道）时车道保持功能失效，经软件供应商确认，为软件算法在特定条件下的判断逻辑错误。更新修正后的软件版本后，系统恢复正常工作。

（4）控制系统硬件故障　控制模块（如ECU）作为车道保持辅助系统的核心处理单元，其硬件故障将直接导致系统无法正常运行。硬件故障可能包括电子元件的老化、损坏或烧毁等，这些问题会影响控制模块的信号处理、逻辑判断及指令输出等功能。

案例：一车辆在启动后车道保持辅助系统始终无法激活，检查发现ECU模块无电源输出。测量ECU模块的供电线路，发现电压为0V，进一步检查发现熔丝熔断。更换熔丝后，系统恢复正常供电但问题依旧。进一步检查ECU模块内部，发现某电子元件烧毁，电阻值为无穷大。更换整个ECU模块后，系统恢复正常工作。另一案例中，车辆在行驶中车道保持功能突然中断，检查发现ECU模块过热报警。散热处理并检查后发现，模块内某芯片因长期高温工作而损坏，导致系统无法正常运行。更换芯片或整个ECU模块后，问题解决。

（5）方向盘转向柱控制模块故障　方向盘转向柱控制模块负责接收方向盘的转动信号并将其转化为电信号传递给车道保持辅助系统。如果该模块出现故障，如软件程序错误需要升级或硬件元件如电路板损坏，都将导致系统无法准确接收或处理方向盘的转向指令，进而影响车道保持辅助系统的正常运作。

案例：一位车主反映，在使用自适应巡航和车道保持功能时，车辆会突然偏离车道。检查发现，方向盘转向柱控制模块的固件版本过旧，存在已知的兼容性问题。通过官方软件升级后，问题得到解决。另一案例中，车辆方向盘在轻微转动时，车道保持系统即发出警报并尝试纠正方向。检测显示，转向柱控制模块内部电阻值异常波动，导致信号传输不稳定。更换新模块后，系统恢复正常。

（6）方向盘振动电机故障　车道保持辅助系统通过方向盘振动电机来向驾驶员提供直观的反馈，以提醒其注意车道偏离等情况。若振动电机出现线路接触不良、电机线圈烧毁或驱动芯片故障等问题，将导致系统无法输出正确的振动信号。

案例：一位车主在启用车道保持功能后，未感受到方向盘的振动反馈。检查发现，振动电机无电流通过，进一步检测发现电机连接线束中的一根导线断裂。修复线束后，振动功能恢复。另一案例中，振动电机虽然能工作但振动力度明显减弱，检测显示电机线圈电阻值增大，表明存在部分短路现象。更换振动电机后，问题得以解决。

（7）路面标志线不清晰或不存在　车道保持辅助系统高度依赖路面上的车道标志线进行车道识别和跟踪。如果路面标志线因磨损、污染、遮挡或施工等原因变得不清晰甚至完全不存在，系统可能无法准确识别车道边界，从而无法正常工作。

案例：在一次雨天行驶中，车辆的车道保持功能频繁失效。检查发现，路面因雨水冲刷导致车道标志线模糊不清。待天气转晴、路面干燥后，系统恢复正常。另一案例中，车辆驶入一段施工区域，该区域车道标志线被临时移除。在此区域内，车道保持功能无法启动，直至车辆离开施工区域并重新识别到清晰的车道标志线。

（8）复杂道路条件　在诸如急弯、窄道、多车道交汇等复杂道路条件下，车道保持辅助系统的性能可能会受到挑战。这些条件可能超出系统设计的预期范围，导致系统无法准确识别车道或给出及时响应。

案例：一位车主在山区行驶时，发现车道保持功能在连续弯道中频繁失效。分析认为，由于弯道过急且车道线宽度变化大，系统难以准确判断车道边界。建议车主在复杂道路条件下谨慎使用车道保持功能。另一案例中，车辆行驶在一条宽度异常狭窄的乡间小路上，车道保持系统因无法准确识别车道而频繁发出警报并尝试调整方向。车主关闭该功能后继续安全行驶。

（9）驾驶员双手未放在方向盘上　车道保持辅助系统虽能辅助驾驶员保持车道，但始终需要驾驶员的主动监控和干预。若驾驶员在行驶过程中长时间不将双手放在方向盘上，系统可能因无法感知到驾驶员的主动输入而判断为异常情况，进而可能采取安全措施（如减速、停车）或发出警报。

案例：一位车主在长途驾驶中因疲劳而暂时放松了对方向盘的控制，此时车道保持功能发出警报并尝试将车辆带回车道中心。车主迅速重新握住方向盘并继续行驶。此次事件提醒车主在使用车道保持功能时仍需保持警惕并随时准备接管车辆控制。另一案例中，车辆因驾驶员双手离开方向盘时间过长而自动进入安全保护模式并减速停车。车主在了解情况后表示将更加注意在行驶过程中保持对方向盘的控制。

针对以上故障，驾驶员可以采取以下措施进行排查和初步解决：

1）检查传感器，确保车载摄像头等传感器清洁无遮挡，并检查其是否工作正常。

2）查看系统提示，注意仪表盘上的系统提示信息，了解故障的具体原因。

3）保持正确驾驶姿势，驾驶员在行驶过程中应保持正确的驾驶姿势，将双手放在方向盘上。

需要注意的是，车道保持辅助系统只是智能驾驶辅助系统的一部分，它并不能完全取代驾驶员的驾驶操作。因此，驾驶员在使用该系统时应保持警惕，随时准备接管车辆控制。

4. 某车型车道保持辅助系统常见故障维修案例

某车型的车道保持辅助系统（该车型的并线辅助系统控制电路见图5-23）能够通过车辆前部视觉传感器监测相邻车道的交通状况，并在驾驶员准备车道偏离时提供辅助信息或警告，以减少碰撞风险。然而，像其他电子系统一样，车道保持辅助系统也可能出现一些常见故障。

（1）传感器故障　故障现象为系统无法正常工作，可能无法检测到相邻车道的车辆或障碍物。原因可能是传感器脏污、遮挡、损坏或校准不准确。

维修方法：

1）清理传感器表面的污垢和遮挡物。

2）检查传感器是否损坏，如有必要，更换传感器。

3）使用专业设备进行传感器校准，确保传感器能够准确检测相邻车道的车辆和障碍物。

（2）系统误报　故障现象为在没有实际危险时，系统错误地发出警告或提示。原因可能是传感器信号干扰、软件算法问题或系统设定不当。

排查软件问题：

1）检查系统是否有最新的软件更新，如有，则进行更新。

2）重置系统到出厂设置，以排除软件设定不当的问题。

如软件问题依然存在，可能需要联系厂家或专业维修店进行进一步的软件诊断和修复。

（3）显示异常　故障现象为并线辅助系统的显示界面（如后视镜上的指示灯）无法正常显示或显示不清晰。原因可能是显示屏损坏、连接线路故障或软件问题。

检查显示界面：

1）检查显示屏是否损坏，如有必要，更换显示屏。

2）检查连接线路是否松动或损坏，如有，则进行修复或更换。

3）确保系统软件与显示屏兼容，并进行必要的更新或修复。

（4）系统无法启动　故障现象为车辆起动后，并线辅助系统无法自动启动或手动启动失败。原因可能是电源故障、控制模块故障或系统初始化失败。

检查电源和控制模块：

1）检查电源供应是否正常，确保系统有足够的电力支持。

2）检查控制模块是否故障，如有必要，更换控制模块。

3）确保系统能够正常初始化并启动。

5.2.3 自动泊车系统

1. 自动泊车系统原理

如图5-24所示，自动泊车系统（Active Parking Assist，APA）是通过车载超声波传感器和摄像头捕捉周边的停车空位信息，并计算出最佳的停车轨迹。当系统检测到适合的停车位后，驾驶员只需要操作油门和制动，转向工作会由系统自动完成，大大简化了停车的步

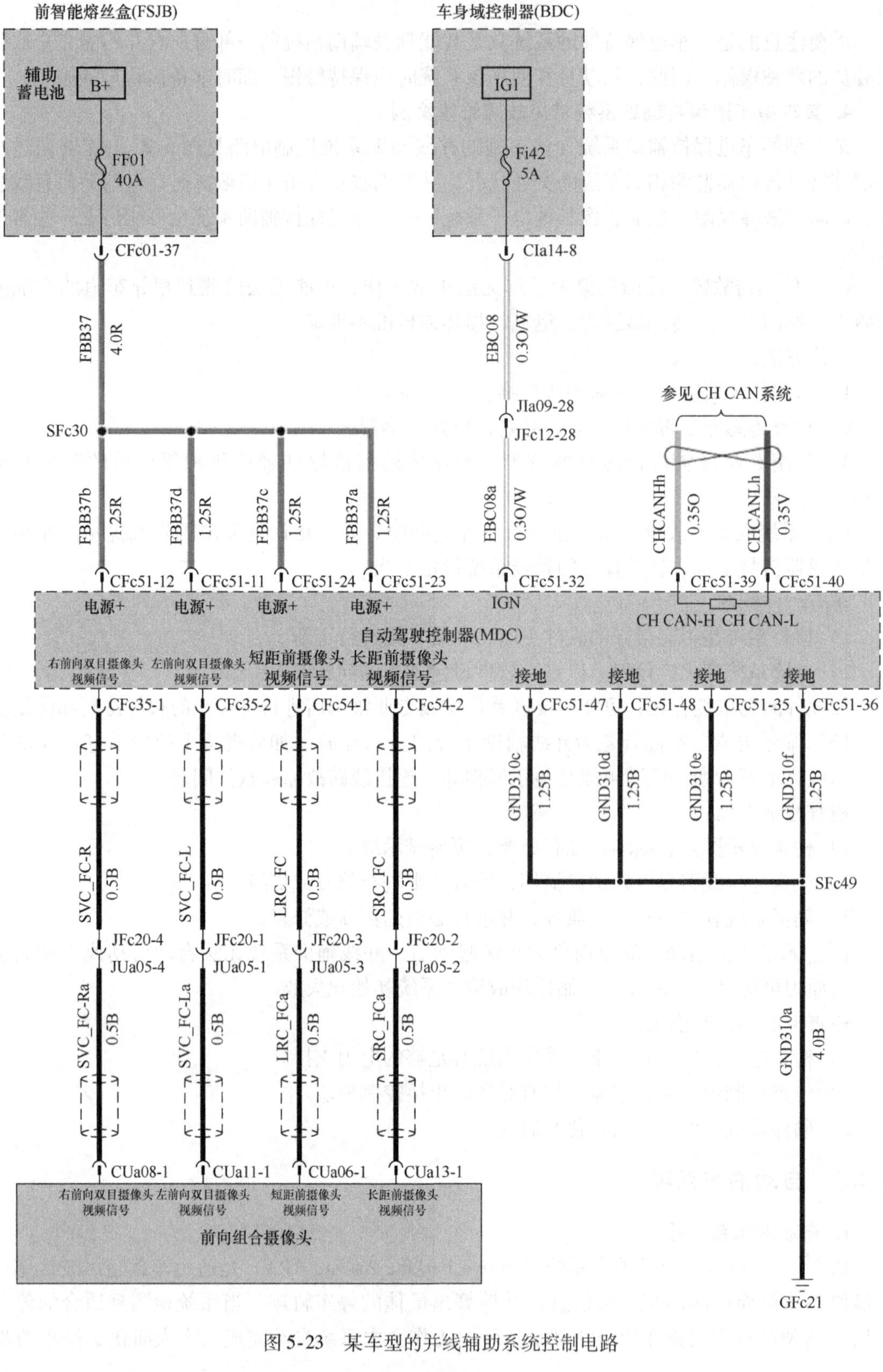

图5-23　某车型的并线辅助系统控制电路

骤。部分先进的APA甚至实现了全自动泊车，驾驶员只需按下按钮，汽车即可自动完成泊车过程。

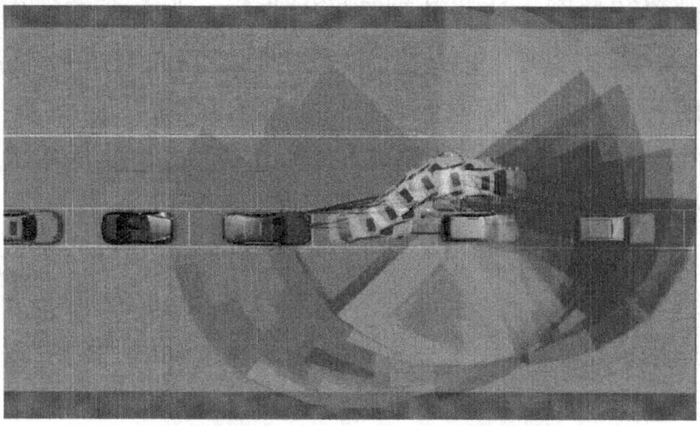

图5-24 自动泊车系统应用场景

APA系统的工作原理：如图5-25所示，自动泊车辅助系统（APA）在启动时，车载的超声波传感器和摄像头会协同工作，捕捉并分析周围的停车空位信息。超声波传感器通过测量超声波的反射时间来确定障碍物的距离，而摄像头则检测车辆四周的物体和环境。车辆电脑对这些数据进行处理和分析，以识别合适的停车空间，这一过程需要复杂的算法和大量计算。一旦找到合适的停车位，系统会向驾驶员发出告警。随后，APA系统计算最佳的停车轨迹，包括转向角度、时间和油门与制动的操作，并将这些信息发送至电子动力转向系统（EPS）和制动控制系统。在驾驶员的确认下，系统自动控制转向和制动，驾驶员只需操作油门。在更高级的APA系统中，甚至可以实现全自动泊车，驾驶员只需按下按钮，车辆便能自动完成整个停车过程。

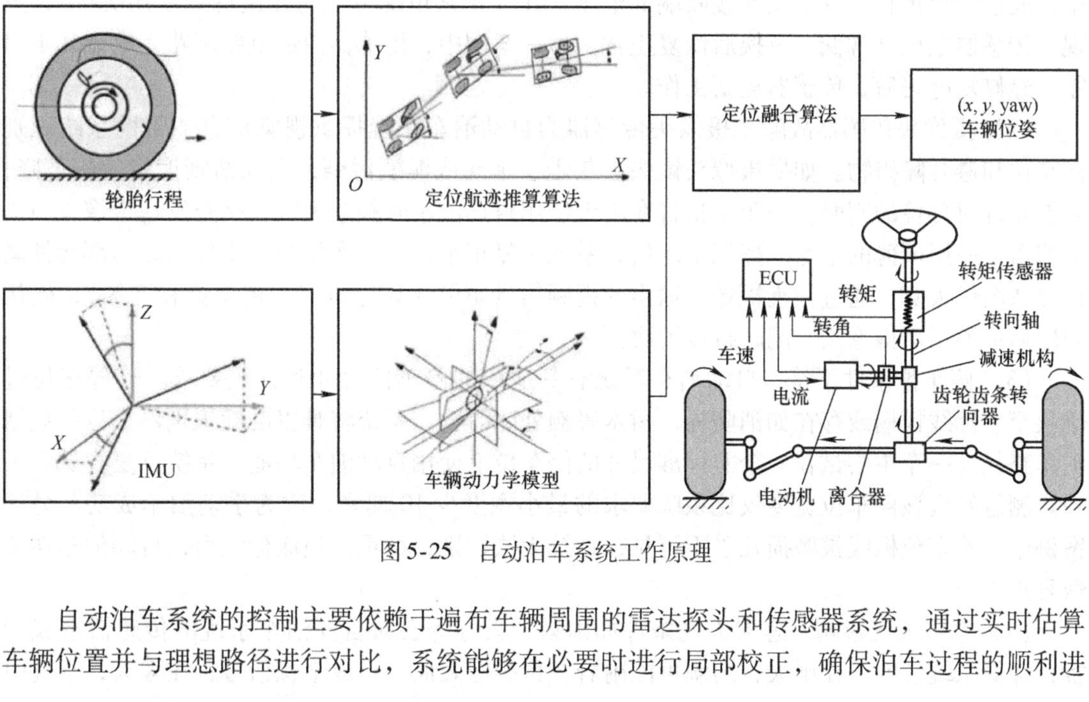

图5-25 自动泊车系统工作原理

自动泊车系统的控制主要依赖于遍布车辆周围的雷达探头和传感器系统，通过实时估算车辆位置并与理想路径进行对比，系统能够在必要时进行局部校正，确保泊车过程的顺利进行。自动泊车系统的工作原理涉及多个关键部分：

（1）环境数据采集系统　这包括雷达探头和感应器，它们分布在车辆的四周，用于测量车辆与周围物体的距离和角度。这些数据被实时收集，为系统的运作提供基础数据。

（2）车载电脑计算　收集到的数据通过车载电脑进行处理，计算出操作流程。电脑会根据车速调整方向盘的转动，从而控制车辆的行驶方向。

（3）电子控制单元（ECU）　根据传感器信息，ECU 实时进行环境建模，生成车辆运动路径，确保车辆无碰撞地自动运动到泊车位。

（4）模拟显示技术　为驾驶员提供直观的泊车界面和必要的操作提示，增强用户体验的同时保障行车安全。

自动泊车系统的应用不仅提高了停车的便捷性，也增加了驾驶的安全性。随着技术的进步，越来越多的高档进口车和国产车将配备这一功能，使得驾驶体验更加智能化和舒适化。

总的来说，APA 系统通过传感器和摄像头获取环境信息，然后分析这些信息以识别适合的停车空位，并计算出最佳的停车轨迹，最后自动控制转向和制动完成泊车。这个系统大大简化了驾驶员的驾驶任务，增加了停车的安全性和可操作性。

2. 自动泊车系统常见故障检修

智能网联汽车自动泊车系统常见的故障包括超声波传感器故障、摄像头传感器故障、停车位条件不符、恶劣天气影响、软件算法错误、系统更新滞后、未正确激活系统、未遵循系统指引、控制模块故障和执行机构故障等几个方面。

（1）超声波传感器故障　超声波传感器是自动泊车系统的“眼睛”，通过发射和接收超声波信号来计算车辆与周围障碍物的距离。当传感器被泥土、冰雪覆盖或被意外碰撞导致内部元件损坏时，其发出的声波可能无法正确反射回来，或被误读，从而误导系统判断。例如，某传感器因积雪覆盖导致回波信号减弱，系统误判为无障碍物，结果发生碰撞。维修中，通过测量传感器发射端与接收端的电压差异（正常情况下应为几伏特到十几伏特），发现一传感器电压异常低，更换后恢复正常。另一案例中，传感器内部电路断路，电流几乎为零，经修复电路后，传感器重新工作。

（2）摄像头传感器故障　摄像头传感器为自动泊车系统提供视觉信息，帮助系统识别停车位和避开障碍物。如果摄像头镜头被灰尘、水滴或泥渍污染，图像清晰度将大幅下降，影响系统对环境的判断。一车主报告在雨天使用自动泊车时频繁失败，检查发现摄像头镜头上覆盖了一层薄薄的水雾。擦拭干净后，系统恢复正常。另一案例中，摄像头因内部元件老化导致图像失真，通过检查摄像头输出的视频信号质量（如分辨率、色彩饱和度等），确认问题后更换了新摄像头，问题得以解决。

（3）停车位条件不符　自动泊车系统有其适用的停车位尺寸和标线要求。若停车位过于狭窄、标线模糊或存在如消防栓、树木等额外障碍物，系统将难以准确识别停车位并规划泊车路径。一车主尝试在一个非标准尺寸的停车位上使用自动泊车功能，系统反复尝试后失败。测量发现该停车位宽度仅比系统要求的最小宽度少 10 厘米，改为手动泊车成功。另一案例中，停车位标线被磨损几乎不可见，系统无法识别，经重新喷涂标线后，自动泊车功能恢复正常。

（4）恶劣天气影响　恶劣天气条件如雨雪、大雾等会对自动泊车系统的传感器造成干扰，降低系统性能。在雨天，雨滴可能附着在传感器表面，形成干扰信号；在雾天，空气中的水雾会散射光线，影响摄像头图像的清晰度。一车主在暴雨天尝试使用自动泊车，系统频繁报错，检查发现超声波传感器因雨滴干扰无法正常工作。待雨势减小后，系统恢复正常。另一案例中，大雾天气下摄像头捕捉到的图像模糊不清，系统无法识别停车位，建议车主在能见度改善后再使用自动泊车功能。

（5）软件算法错误　自动泊车系统的软件算法是系统智能决策的核心。若算法存在逻辑错误、参数设置不当或未充分考虑到特定场景，系统可能无法正确执行泊车操作。一车主报告在某型号车辆上自动泊车成功率远低于其他车型，经调查发现该车型的软件版本存在已知算法缺陷。通过软件升级，修复了算法中的错误，提高了泊车成功率。另一案例中，系统在某些特殊角度的停车位上频繁失败，检查发现算法在处理这类角度的停车位时存在逻辑漏洞，通过优化算法逻辑，解决了问题。需要注意的是，软件层面的故障通常不直接涉及电气测量数据（如电压、电流等），而是通过软件诊断工具进行故障排查和修复。

（6）系统更新滞后　随着技术的进步和用户反馈的收集，汽车制造商会不断发布系统更新以提升自动泊车系统的性能和稳定性。若车主忽视系统更新通知，未及时安装最新版本，可能会遭遇已知的错误、兼容性问题或性能瓶颈。例如，某车型因软件漏洞导致在特定场景下自动泊车成功率下降，官方发布了更新补丁修复此问题。一车主因未更新系统，在尝试泊车时多次失败。更新后，问题得到解决。在另一案例中，系统更新引入了新功能，但旧版硬件兼容性不佳，导致系统频繁重启。通过检查系统日志和硬件兼容性列表，确认问题后，车主选择了升级硬件或退回稳定版本。

（7）未正确激活系统　自动泊车系统通常需要车主在车辆设置中手动激活或配置。若车主未按照用户手册或经销商指导正确激活系统，可能导致系统无法启动或功能受限。一车主购买新车后，发现自动泊车功能无法使用，经检查发现该系统未在系统菜单中激活。激活后，功能恢复正常。另一案例中，车主误将系统设置为“专家模式”，导致部分辅助功能被禁用。通过重置系统配置并重新激活，问题得到解决。在维修过程中，无须测量电气数据，主要通过系统界面和设置菜单进行检查和调整。

（8）未遵循系统指引　自动泊车系统通过屏幕显示和声音提示引导车主完成泊车过程。若车主未仔细阅读指引或急于操作，可能错过关键步骤或误解指示，导致泊车失败。一车主在自动泊车过程中，因急于下车而未等系统提示即松开制动，导致车辆突然移动并碰撞到后方物体。另一案例中，车主未按照屏幕指示调整车辆位置，导致系统无法识别停车位。通过重新阅读用户手册并遵循系统指引，车主成功完成了泊车操作。在这类情况下，维修重点在于教育车主正确使用系统。

（9）控制模块故障　控制模块是自动泊车系统的“大脑”，负责处理传感器数据、执行算法并控制车辆执行泊车动作，如图5-26所示。若控制模块出现故障，如芯片损坏、固件错误或接口松动等，将直接导致系统瘫痪。一车主反映自动泊车系统突然失效，检查发现控制模块指示灯异常。通过测量控制模块的供电电压（通常为12V左右）和通信信号（如CAN总线信号），发现模块内部短路。更换新模块后，系统恢复正常。另一案例中，控制模块因固件损坏导致功能异常，通过编程器重新烧录固件并校准参数后，问题得到解决。

（10）执行机构故障　自动泊车系统依赖于车辆的方向盘、制动、油门等执行机构来实现精确的泊车动作。若这些机构出现故障或响应不灵敏，将直接影响泊车效果。一车主在自动泊车过程中发现车辆方向盘转动不顺畅，导致泊车轨迹偏离。检查发现方向盘电机控制单

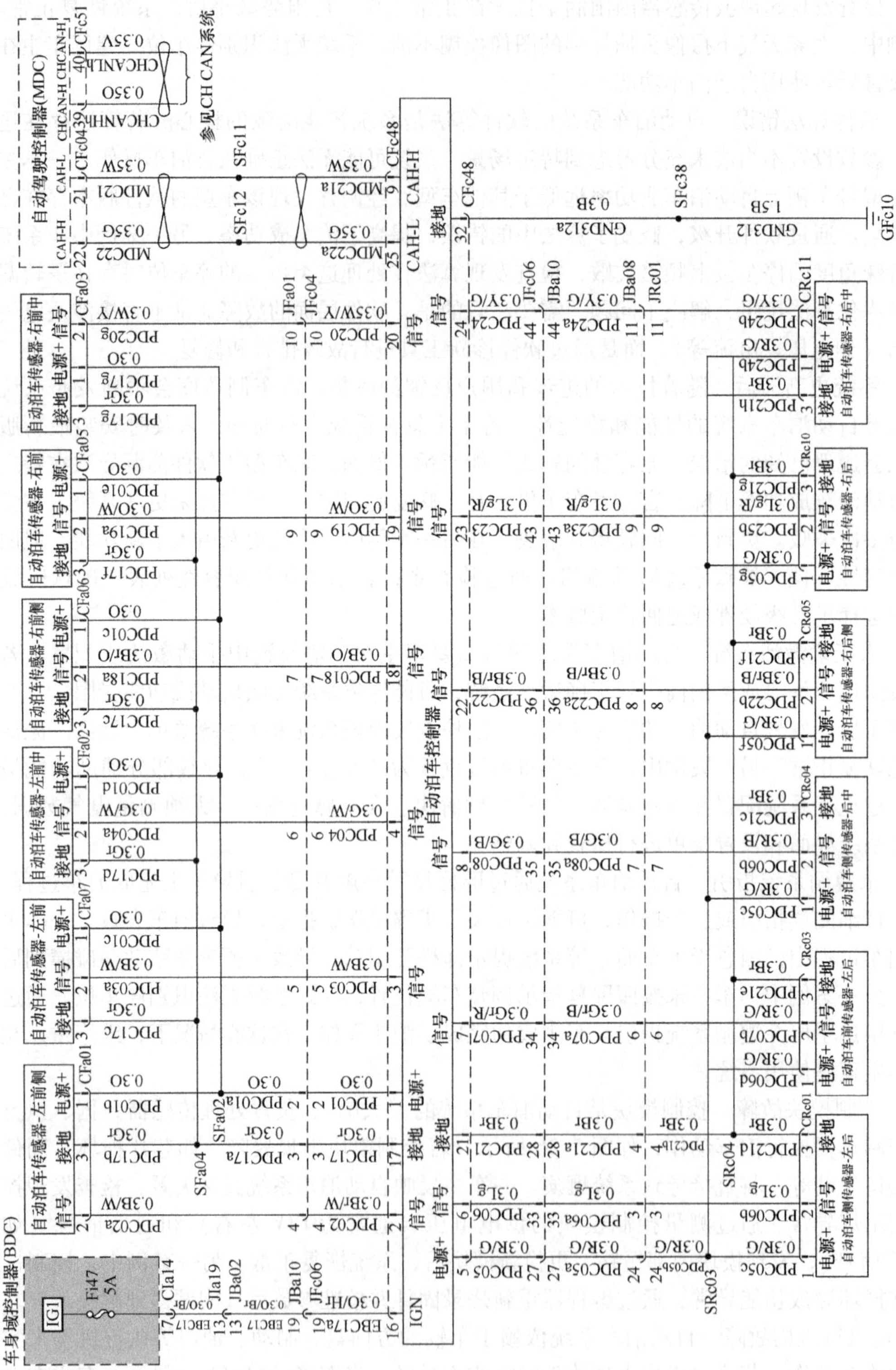

图 5-26　某车自动泊车系统控制电路

元故障，通过测量电机驱动电路的电压和电流（正常值应符合厂家规格），确认电机损坏并更换新电机后，问题解决。另一案例中，制动系统响应迟缓导致车辆在泊车过程中未能及时停住。检查制动片和制动盘磨损情况、制动油液面及制动泵工作状态后，发现制动泵内部密封件老化导致泄漏。更换新制动泵并重新加注制动油后，制动性能恢复正常。

解决方法：

1）检查传感器，确保传感器表面清洁无遮挡，并检查传感器是否工作正常。

2）改善停车环境，尽量在标线清晰、空间充足的停车位进行泊车操作，避免恶劣天气条件。

3）更新系统，定期检查并更新自动泊车系统软件以获取最新功能和修复已知问题。

4）遵循系统指引，在使用自动泊车系统时遵循系统指引和提示进行操作。

请注意，以上信息仅供参考。在实际使用过程中可能会遇到其他未知的故障和问题，需要根据具体情况进行分析和解决。

5.2.4 紧急制动辅助系统

1. 紧急制动辅助系统原理

如图5-27所示，紧急制动辅助（Emergency Brake Assist，EBA）系统能够在检测到可能发生碰撞的情况下，自动增加制动力度，以便尽可能地避免或减轻碰撞的影响。该系统主要基于车载的雷达或摄像头信息来进行操作，当系统预见到碰撞风险后，会快速提升制动压力，实现紧急制动。

图5-27 紧急制动辅助系统应用场景

EBA的核心作用是在紧急状况下提供最大的制动效果，它能够自动识别驾驶员是否正在执行紧急制动，并在此情况下增加制动力度。

EBA系统的基础工作原理：EBA通过雷达、摄像机等传感器实时监测前方道路状况，包括车速、路况和前方障碍物等数据，收集障碍物的位置、速度等信息，并将数据传输至控制模块。控制模块接收到数据后，通过先进的算法进行分析，判断是否存在碰撞危险。若判断为危险情况且驾驶员未采取相应措施，控制模块将发送信号至执行器（如制动模块），自动介入并控制制动系统，迅速调整制动力度以减缓车速或避免碰撞。在驾驶员已开始踩制动但力度不足的情况下，EBA系统会自动增强制动力度，以确保车辆能够及时停下。此外，一些高级 EBA 系统还具备预警功能，当判断驾驶员可能未意识到前方危险或尚未采取制动措施时，系统将自动进行制动操作，并通过声光信号向驾驶员发出警告，以提高行车安全。

紧急制动辅助系统的电气控制原理主要涉及传感器、控制模块（ECU）和执行器之间的协同工作。这种电气控制原理确保了紧急制动辅助系统在关键时刻的及时响应和有效干预，提高了行车安全性。总体而言，EBA 系统并非完全取代驾驶者对汽车的控制，而是在驾驶者已经开始制动，或者系统判断前方存在碰撞风险时，帮助驾驶者实现最大程度的制动效果，以避免或减轻可能的碰撞事故。

2. 紧急制动辅助系统常见故障检修

智能网联汽车紧急制动辅助系统常见的故障主要包括制动油（制动液）不足，制动液液位过低，制动系统中有空气，制动踏板自由行程或制动间隙过大，制动蹄摩擦片接触不良、磨损严重或有油污，制动片磨损严重，制动盘磨损不均，制动片传感线问题，制动系统管路堵塞和车轮速度传感器故障等几个方面。

（1）制动液不足　制动液作为液压制动系统中的传动介质，其充足性直接关系到制动力的传递效率。当制动液不足时，制动主缸内的液压下降，导致作用在制动轮缸上的压力减小，进而造成制动力明显不足，甚至完全丧失。维修时，应首先检查制动液罐的液位，确保其处于规定的刻度线之间。若不足，需使用与原厂相同型号的制动液进行补充，并检查有无泄漏点。例如：一车辆在高速行驶中突然感觉制动力减弱，检查发现制动液罐几乎为空，补充制动液并修复漏油点后，制动恢复正常。另一案例中，制动液因长期使用而变质，不仅液量减少，且性能下降，更换新制动液后，制动效果显著提升。

（2）制动液液位过低　制动液液位过低是制动液不足的另一种表现，其影响与制动液不足相同，都会导致制动系统性能下降。区别在于，液位过低可能由于漏液、蒸发或长期未检查维护所致。在维修过程中，除了补充制动液至规定液位外，还需仔细排查并修复可能的泄漏点。例如：一车辆在制动时发出异响，检查发现制动液液位低于最低刻度线，且制动轮缸处存在油渍。更换密封圈并补充制动液后，异响消失，制动性能恢复。另一案例中，车辆制动踏板感觉软绵绵的，检查制动系统未发现明显泄漏，但制动液液位偏低，经补充后问题得以解决。

（3）制动系统中有空气　制动系统中混入空气会导致制动液压缩性增大，从而降低制动系统的响应速度和制动力。空气的存在还会使制动液产生气泡，进一步影响制动效果。维修时，需准备与原厂相同型号的制动液，并按照规定的放气程序进行操作，直至从放气螺钉处流出的制动液中无气泡为止。例如：一车辆在制动时感觉制动踏板软绵绵的，且制动距离变长，检查发现制动系统中有空气。经过多次放气操作并补充制动液后，制动恢复正常。另一案例中，制动系统因维修后未正确排气而导致制动性能下降，重新排气后问题解决。

（4）制动踏板自由行程或制动间隙过大　制动踏板自由行程是指踩下制动踏板至开始产生制动力之前，踏板所经过的无制动力作用的距离。制动间隙则是指制动蹄与制动鼓（或制动盘）之间的间隙。当自由行程或制动间隙过大时，会延长制动响应时间，增加制动距离。维修时，需调整制动踏板的自由行程和制动间隙至规定范围。例如：一车辆在制动时感觉制动踏板行程过长，且制动效果不佳。检查发现制动踏板自由行程过大，调整自由行程后，制动响应速度和制动力均得到提升。另一案例中，制动间隙过大导致制动时车辆出现轻微晃动现象，调整间隙后问题解决。

（5）制动蹄摩擦片接触不良、磨损严重或有油污　制动蹄摩擦片是制动系统中的关键部件，其状态直接影响制动效果。当摩擦片接触不良、磨损严重或有油污时，会导致制动距离增加、噪声大甚至损坏制动盘。维修时，需检查摩擦片的磨损情况和清洁度，必要时进行更换或清洗。例如：一车辆在制动时发出刺耳的金属摩擦声，且制动距离变长。检查发现制动蹄摩擦片严重磨损且表面有油污。使用汽油清洗油污后，更换了新的摩擦片，并调整设备锁紧螺母。测试结果显示制动性能恢复正常且无噪声。另一案例中，制动蹄摩擦片因安装不当导致接触不良，重新装配并调整间隙后问题解决。在维修过程中，由于不涉及电气元件的更换或测试，因此无须测量电压值、电阻值或电流等电气参数。

（6）制动片磨损严重　制动片是车辆制动系统的核心部件，直接与制动盘接触产生摩擦力来减速或停车。当制动片磨损严重时，其有效摩擦面积减小，导致制动力下降，延长制动距离，增加安全隐患。维修时需检查制动片的厚度，一般低于制造商规定的最小厚度时即需更换。例如：一车辆在常规保养时，测量制动片厚度发现仅剩2mm（制造商规定的最小厚度为3mm），随即建议并更换了制动片。更换后，制动测试显示制动力显著提升。另一案例中，车主反映制动无力，检查制动片发现已几乎磨平，表面材料已脱落，更换新制动片后，制动性能恢复如初。

（7）制动盘磨损不均　制动盘作为制动片的配对部件，其表面平整度对制动效果至关重要。磨损不均会导致制动时产生异响，且制动力分布不均，影响驾驶稳定性和安全性。维修时需检查制动盘的磨损情况，必要时进行表面修复或更换。例如：一车辆在制动时发出刺耳的金属摩擦声，并伴有轻微震动。检查发现制动盘表面磨损不均，有明显沟槽。测量磨损深度超过0.5mm（建议更换标准为1mm），因此决定更换新制动盘。更换后，异响消失，制动平稳。另一案例中，制动盘因长期使用和高温导致热变形，同样通过更换解决了问题。

（8）制动片传感线问题　现代车辆中，许多制动片配备了传感线以监测其磨损状态。当制动片磨损到预设极限时，传感线会触发警告系统，提示车主更换制动片。如果传感线出现故障或磨损到极限未及时更换，会影响制动系统的正常监控和报警功能。维修时需检查传感线的连接和完整性，必要时更换。例如：一车辆在行驶中突然亮起制动片磨损警告灯，但制动片实际并未达到更换标准。检查发现传感线断裂，更换新传感线后警告灯熄灭，系统恢复正常。另一案例中，传感线因腐蚀导致信号不稳定，更换并清理接口后解决了问题。

（9）制动系统管路堵塞　制动系统管路负责将制动液从主缸传输到各个轮缸，其畅通性对制动效果至关重要。管路堵塞会导致制动液无法顺畅流动，进而影响制动系统的响应速度和制动力。维修时需检查管路是否畅通，必要时进行清洗或更换。例如：一车辆在制动时感觉制动力不足，且制动踏板有轻微回弹感。检查发现制动系统管路内存在异物堵塞，清洗管路并更换受损部件后，制动恢复正常。另一案例中，管路因老化变形导致内部流通面积减小，更换新管路后问题得以解决。在检查过程中，虽然不直接测量电压、电阻或电流等电气参数，但可能使用压力表检测制动系统的油压变化，以评估管路的畅通性。

（10）车轮速度传感器故障　车轮速度传感器（ABS传感器）是紧急制动辅助系统（如ABS、ESP等）的重要组成部分，用于实时监测车轮的转速和加速度，为系统提供关键数据以优化制动性能。传感器故障会导致系统无法准确判断车速和车轮状态，进而影响制动效果和车辆稳定性。维修时需检查传感器的信号输出和安装位置，必要时进行校准或更换。例如：一车辆在湿滑路面上制动时感觉车辆失控，ABS系统未正常介入。检查发现左前轮速度传感器信号异常，更换新传感器并重新校准后，ABS 系统恢复正常工作，制动性能得到改善。另一案例中，传感器因撞击导致内部损坏，更换后解决了制动不稳定的问题。在维修过程中，可能会使用故障诊断仪读取传感器信号，并与其他车轮的传感器信号进行比较，以确定故障位置和性质。

综上所述，智能网联汽车紧急制动辅助系统的故障涉及多个方面，包括制动液、制动系统内部问题、制动元件磨损或污染、系统管路故障以及传感器故障等。为了确保行车安全，车主应定期检查和维护紧急制动辅助系统，并在发现故障时及时联系专业维修机构进行处理。

5.3 ADAS 通信系统常见故障检修

5.3.1 ADAS 通信故障

智能网联汽车 ADAS（高级驾驶辅助系统）通信系统集成了多种高精度传感器，如雷达、摄像头、激光雷达（LiDAR）等，以及先进的通信接口，用于实时感知车辆周围环境及与其他车辆、基础设施的通信。

在通信链路层面，ADAS 系统持续监测各个通信通道的状态，包括但不限于车载网络（如 CAN、LIN、Ethernet 等）、无线通信（如 V2X、蜂窝网络）以及车内传感器与控制器之间的数据传输。这些监测机制能够及时发现通信延迟、数据丢失或信号干扰等潜在问题。

一旦发现通信故障，ADAS 系统立即启动应急响应机制。首先，系统会尝试切换到备用通信方案，如利用冗余的通信路径或增强信号处理能力来恢复数据传输。若备用方案无法解决问题，系统将进一步采取安全控制策略，如降低驾驶辅助功能的级别、发出警报提醒驾驶员接管车辆控制，或在极端情况下实施紧急制动等措施，以确保车辆及乘客的安全。

整个过程中，ADAS 系统展现出了高度的自适应性和实时性。通过快速响应和灵活调整控制逻辑，系统能够最大限度地降低通信故障对驾驶辅助功能的影响，保障智能网联汽车在复杂多变的道路环境中的安全运行。同时，这也为车辆制造商和研发机构提供了宝贵的数据支持，用于持续优化和升级 ADAS 系统的性能和可靠性。

智能网联汽车的 ADAS 通信故障涉及多个方面，这些故障可能会影响到 ADAS 系统的正常运行和车辆的安全性。ADAS 通信故障类型主要包括传感器与 ECU 之间的通信故障、ECU 之间的通信故障、无线通信故障、软件故障、电源与供电故障、硬件老化与磨损、人为因素、环境适应性和备份与冗余设计等。

1. 传感器与 ECU（电子控制单元）之间的通信故障

传感器（如雷达、摄像头、激光雷达等）与 ECU 之间的通信链路可能出现中断，导致 ECU 无法接收到传感器发送的数据。可能包括通信线路损坏、连接器松动、电磁干扰等。ADAS 系统依赖于多种传感器（如摄像头、雷达、激光雷达等）来收集车辆周围环境的信息。这些传感器也可能会因为外部环境（如污垢、雨水、雪覆盖等）、内部故障（如电路损坏、镜头破损等）或制造缺陷而失效。故障表现为系统可能无法识别或误识别障碍物，导致 ADAS 功能（如自适应巡航控制、自动紧急制动等）无法正常工作或误触发。

传感器发送的数据可能出现错误，如数据包丢失、数据格式错误等，导致 ECU 无法正确解析和处理这些数据。这些错误可能是由于传感器故障、数据传输过程中的错误或 ECU 处理能力的限制等。

案例 1：雷达传感器与 ECU 通信中断。

一辆配备自适应巡航控制系统的车辆，在高速公路上行驶时，自适应巡航功能突然失效，车辆无法根据前车速度调整自身速度。

在初步检查时，使用专用故障诊断仪连接车辆 OBD 接口，读取故障码，显示为雷达传感器通信故障。断开雷达传感器与 ECU 之间的通信线路连接器，使用万用表检查线路是否开路或短路。测量发现一根信号线电阻无穷大，表明该线路存在断路。经分析可能是由于通信线路断路，导致 ECU 无法接收到雷达传感器发送的数据，从而引发自适应巡航功能失效，断电后使用万用表测量，断路线路电阻值为无穷大。修复断裂的线路，重新连接后，使用绝缘胶带包扎好。再次上路测试，自适应巡航功能恢复正常，确认故障已排除。

案例 2：摄像头传感器数据错误。

某车辆配备的车道保持辅助系统频繁误报车道偏离，即使车辆正常行驶在车道线内。

连接故障诊断仪，读取到关于摄像头传感器的故障码，提示数据解析错误。清洁摄像头镜头，确保无污垢遮挡。检查摄像头内部电路，未发现明显损坏。使用数据抓包工具，捕获摄像头与 ECU 之间的通信数据，发现数据包中存在异常格式的数据段。分析可能是摄像头传感器发送的数据包中存在异常格式的数据段，导致 ECU 无法正确解析，从而引发车道保持辅助系统误报。怀疑是 ECU 处理软件问题，对 ECU 进行软件更新。更新后，重新测试车道保持辅助功能，系统恢复正常，不再误报。

2. ECU 之间的通信故障

在智能网联汽车中，多个 ECU 之间需要进行协同工作，以实现 ADAS 系统的各项功能。如果 ECU 之间的通信出现故障，将影响到整个 ADAS 系统的正常运行。

CAN 总线是智能网联汽车中常用的通信方式。如果 CAN 总线出现故障，将导致多个 ECU 之间的通信中断或异常。可能包括 CAN 总线线路损坏、ECU 节点故障、CAN 总线负载过高等。

案例 1：CAN 总线线路损坏。

某智能网联汽车在行驶中，ADAS 系统多个功能（如自适应巡航、车道保持等）同时失效。使用故障诊断仪连接车辆 OBD 接口，读取到多个与 CAN 总线相关的故障码。怀疑是 CAN 总线线路损坏导致多个 ECU 之间通信中断，从而影响 ADAS 系统正常运行。断开 CAN 总线连接器，使用万用表测量各段线路的电阻值，发现一段线路电阻异常高，表明存在断路。断电后使用万用表测量断路线路电阻值约为无穷大，定位断路位置，剥开线束，重新连接并焊接好断线处，用绝缘胶带包扎好。修复后测量电阻值 $<1\Omega$，恢复正常范围，清除故障码并重新测试 ADAS 系统功能，确认恢复正常。

案例 2：ECU 节点故障。

车辆在启动后，仪表盘上多个故障灯亮起，ADAS 系统无法正常工作。

通过故障诊断仪读取到与特定 ECU（如 ABS 控制单元）相关的故障码。ECU 节点故障导致无法与其他 ECU 正常通信，从而影响 ADAS 系统。断开该 ECU 的电源和通信线路，使用万用表测量其供电电压和 CAN 总线通信电压（具体数值根据车型和 ECU 型号而异，通常应接近电源电压的一半，但有明显波动或不稳定），发现供电电压正常（12V），但 CAN 通信电压异常。怀疑ECU内部故障，尝试替换同型号的ECU。替换后，清除故障码并重新测试ADAS系统功能，确认恢复正常。

案例3：CAN总线负载过高。

车辆在行驶中，ADAS系统偶尔出现功能延迟或失效，但故障码不明显。

使用高级故障诊断仪或网络分析仪监测CAN总线的负载情况，发现负载率偶尔超过正常范围。怀疑是CAN总线负载过高导致数据传输延迟或丢失，从而影响ADAS系统性能。逐一断开CAN总线上的各个ECU节点，观察负载率变化，定位到引起负载过高的节点。检查结果为CAN总线负载率超过正常范围（具体数值根据车型和网络设计而异，通常应保持在一定百分比以下）。如果是软件问题导致的负载过高，尝试对相关ECU进行软件升级或优化设置。如果是硬件问题（如ECU内部短路、外部设备接入过多等），则进行相应的硬件检查和修复。修复后重新测试ADAS系统功能及CAN总线负载情况，确保恢复正常。

注意：不同厂家或不同型号的ECU可能采用不同的网络协议，如果协议不匹配，将导致ECU之间无法正常通信。主要是系统设计或生产过程中的兼容性问题。

3. 无线通信故障

智能网联汽车还依赖于无线通信技术（如蜂窝网络、WiFi、蓝牙等）与外部设备进行数据交换。如果无线通信出现故障，将影响到ADAS系统的远程更新、远程监控等功能。

在行驶过程中，由于信号覆盖不足、建筑物遮挡等原因，可能导致无线通信信号弱或中断。外部环境因素或通信设备本身的性能限制。例如，通信模块故障：ADAS系统中的各个传感器和控制器之间通过通信模块（如CAN总线、以太网等）进行数据交换，如果通信模块出现故障，将导致数据无法正确传输或丢失。故障表现为系统可能出现故障码、警告灯点亮，或者ADAS功能间歇性失效。

为了保障通信安全，智能网联汽车通常会对无线通信进行安全认证。如果安全认证失败，将导致通信无法建立或数据传输过程中被阻断。可能包括密钥丢失、认证算法错误或通信双方的安全策略不一致等。

案例1：无线通信信号弱导致ADAS功能受限。

首先，使用信号强度测试仪在车辆周围不同位置测量蜂窝网络和WiFi的信号强度，发现信号普遍较弱。检查车顶及车辆四周的无线通信天线是否完好，无物理损坏或松动。使用万用表测量天线与通信模块的电阻，确保连接正常（电阻值应接近0Ω）。拆下通信模块，检查其外观是否有烧焦或水渍痕迹。使用示波器分析模块输出的信号波形，发现信号不稳定，有间断现象。通过测量和观察，确定故障原因为通信模块内部故障导致信号输出不稳定。在确认模块故障后，更换新的通信模块，并重新连接天线。更换新的通信模块后，ADAS功能恢复正常，信号强度显著提升。

案例2：安全认证失败导致通信中断。

车辆启动时，ADAS系统无法正常工作，且仪表盘上出现安全认证失败的警告。进入车辆的安全系统设置，检查是否存在密钥丢失或损坏的情况。使用专用软件读取系统日志，发现多次认证失败的记录，怀疑是ADAS系统的安全认证模块存在软件缺陷。尝试通过OTA（空中下载技术）更新ADAS系统的安全软件，以修复可能的认证算法错误。通过OTA升级修复了认证算法错误，并重新配置安全策略后，通信恢复正常，ADAS功能得以恢复。注意：如果软件更新无效，则可能需要重新配置车辆与外部通信设备的安全策略，确保双方一致。

4. 软件故障

ADAS 系统的正常运行还依赖于软件的稳定性和可靠性。如果软件出现故障，将影响到 ADAS 系统的各项功能。ADAS 系统的软件可能因为设计缺陷、算法错误或与其他车载系统的兼容性问题而导致故障。故障表现为系统可能出现性能下降、功能异常或完全失效。如果在软件开发过程中存在缺陷或漏洞，可能导致 ADAS 系统无法正常工作或出现异常情况。

不同版本的软件之间可能存在兼容性问题，如果车辆上安装的 ADAS 系统软件版本不兼容，将导致系统无法正常工作。

案例 1：软件设计缺陷导致 ADAS 功能异常。

车主报告 ADAS 车道保持功能误报频繁，初步判断为软件问题。利用诊断工具深入系统，发现错误代码指向车道识别算法，分析结论是软件缺陷致故障，锁定问题源头。及时下载并安装最新 ADAS 软件，确保系统性能优化。升级后上路实测，车道保持功能恢复稳定，误报现象消失。

案例 2：软件兼容性问题导致系统崩溃。

车辆启动后 ADAS 系统无响应，仪表盘显示系统错误，怀疑是系统崩溃由软件版本不兼容引起，通过诊断工具检查 ADAS 软件版本，发现与其他车载系统存在版本不兼容情况。根据制造商的指导，选择适合的版本进行降级或升级操作。完成版本更新后，重启车辆并验证 ADAS 系统是否恢复正常。

案例 3：软件漏洞导致安全系统误触发。

在特定驾驶条件下，ADAS 系统的紧急制动功能频繁误触发。怀疑是软件漏洞导致安全系统误触发，收集系统日志，与制造商共享并确认存在软件漏洞。等待制造商发布补丁，并使用专用工具安装到车辆中。安装补丁后，进行多次道路测试，确保紧急制动功能不再误触发，通过及时安装补丁成功修复了问题。

5. 电源与供电故障

ADAS 系统的传感器和 ECU 等部件需要稳定的电源供电才能正常工作。如果电源或供电系统出现故障，将直接影响到 ADAS 系统的通信和整体性能。电源或供电系统故障可能包括电池电量不足、电源线路故障、熔丝熔断等。定期检查电池电量和电源线路，确保供电稳定可靠。同时，在车辆设计中应考虑到电源冗余和故障切换机制，以提高系统的可靠性。

案例 1：电池电量不足导致 ADAS 失效。

由于电池电量不足影响 ADAS 系统供电，首先检查车辆电池电压为 11.5V，发现低于标准值。随后使用充电器为电池充电至满电状态，充电后达到 12.6V。充电后恢复正常，确认电池老化需定期更换。

案例 2：电源线路短路影响 ADAS 传感器工作。

电源线路短路导致传感器供电异常，利用万用表检测 ADAS 传感器电源线路，发现一处短路（使用万用表测量短路处电阻几乎为零）。断开短路点，重新连接并绝缘处理，修复后电阻恢复正常值。

案例 3：熔丝熔断引起 ADAS 功能中断。

分析结论是熔丝熔断是过载保护的结果，检查并排除过载原因，确保系统稳定运行。根据电路图定位 ADAS 系统熔丝，发现已熔断。更换同规格熔丝，并检查导致熔断的原因（如过载）。更换前熔丝无电流通过，更换后系统恢复正常，电流值在正常范围内。

6. 硬件老化与磨损

随着使用时间的增加，ADAS系统的硬件部件（如传感器、ECU、通信线路等）可能会出现老化、磨损或性能下降的情况，从而导致通信故障。这是长期使用导致的自然磨损和老化。

应定期进行硬件检查和更换，特别是在达到设计寿命或使用条件恶劣的情况下。此外，采用高质量的硬件部件和先进的制造工艺也可以延缓硬件老化的速度。

案例1：传感器老化导致检测精度下降。

检查传感器外观，发现表面有磨损痕迹。使用校准设备重新标定传感器，但精度仍不达标。最终决定更换新传感器，并重新校准。更换后，系统恢复正常工作。

案例2：ECU性能下降影响系统响应。

通过诊断软件检测ECU性能，发现处理速度减慢。对ECU进行深度清理和优化，但效果不佳。最终选择升级ECU固件。

案例3：通信线路老化导致信号传输不稳定。

检查通信线路，发现部分线路外皮破损，内部铜丝氧化。清理并重新包裹线路，但问题依旧。最终决定更换整段通信线路，更换后信号稳定传输。

7. 人为因素

人为因素也是导致ADAS通信故障的一个重要原因。例如，驾驶员可能误操作ADAS系统的相关按钮或开关，或者对系统进行非法改装和升级。

加强驾驶员对ADAS系统的培训和教育，提高其对系统的认识和操作技能。同时，严格限制对ADAS系统的非法改装和升级行为，确保系统的完整性和安全性。

8. 环境适应性

智能网联汽车需要适应各种复杂的环境条件，包括极端温度、湿度、尘土等。如果ADAS系统的硬件和软件不具备足够的环境适应性，就可能导致通信故障。

原因：环境条件对硬件和软件的影响。

解决措施：在设计和生产过程中充分考虑环境因素的影响，采用具有耐高温、抗潮湿、防尘等特性的硬件部件和防护措施。同时，对软件进行环境适应性测试和调优，确保系统在各种环境下都能正常工作。

9. 备份与冗余设计

为了提高ADAS系统的可靠性和容错能力，可以采用备份与冗余设计。例如，在通信系统中设置冗余通信线路和备用ECU节点；在传感器系统中配置多个传感器以实现数据交叉验证；在软件系统中实现故障检测和恢复机制等。这些措施可以在系统出现故障时迅速切换到备份或冗余部件上继续工作，从而保证ADAS系统的连续性和稳定性。

针对ADAS通信故障，可以采取以下措施进行预防和解决：

1）定期检查和维护。定期对智能网联汽车的ADAS系统进行检查和维护，确保传感器、ECU、通信线路等部件的正常工作。

2）及时对ADAS系统的软件进行升级，以修复已知的缺陷和漏洞，提高系统的稳定性和可靠性。

3）采用加密技术、安全认证等措施，保障无线通信的安全性，防止数据泄露和非法攻击。

4）对驾驶员进行 ADAS 系统的培训和教育，提高其对 ADAS 系统的认识和使用技能，避免因人为操作不当而导致的通信故障。

综上所述，智能网联汽车的 ADAS 通信故障涉及多个方面和层次的问题。为了预防和解决这些故障问题，需要从硬件、软件、电源、环境适应性以及人为因素等多个方面进行综合考量和设计优化。同时，加强系统的检查和维护以及驾驶员的培训和教育也是非常重要的措施之一。

5.3.2 ADAS 与整车控制系统之间的通信故障

智能网联汽车整车控制器作为车辆的核心大脑，集成了多种高精度传感器，如车速传感器、加速度传感器、陀螺仪、摄像头、雷达等，这些传感器如同车辆的感官，能够实时捕捉驾驶员的操作意图（如节气门、制动、方向盘转动等）、车辆当前的运动状态（速度、加速度、方向等）以及周围环境的信息（如车辆、行人、障碍物等）。获取到这些信息后，整车控制器内部的计算单元会立即启动，运用预先编程的复杂算法对数据进行深度处理与分析。这些算法不仅包含了基本的车辆动力学模型，还融入了先进的控制理论、人工智能及机器学习技术，以确保在各种复杂工况下都能做出最优的决策。

智能网联汽车整车控制器需要进行标定，标定原理如图 5-28 所示，标定是整车控制器开发过程中的关键步骤，通过调整控制器内部参数，使其适应不同工况下的车辆性能需求。标定的合理性和准确性直接影响到智能网联汽车的性能、运行效率和驾驶体验。标定过程包括数据采集、模型建立、参数初值设定以及优化验证等环节，旨在确保整车控制器在各种工况下都能稳定运行，达到设计要求。

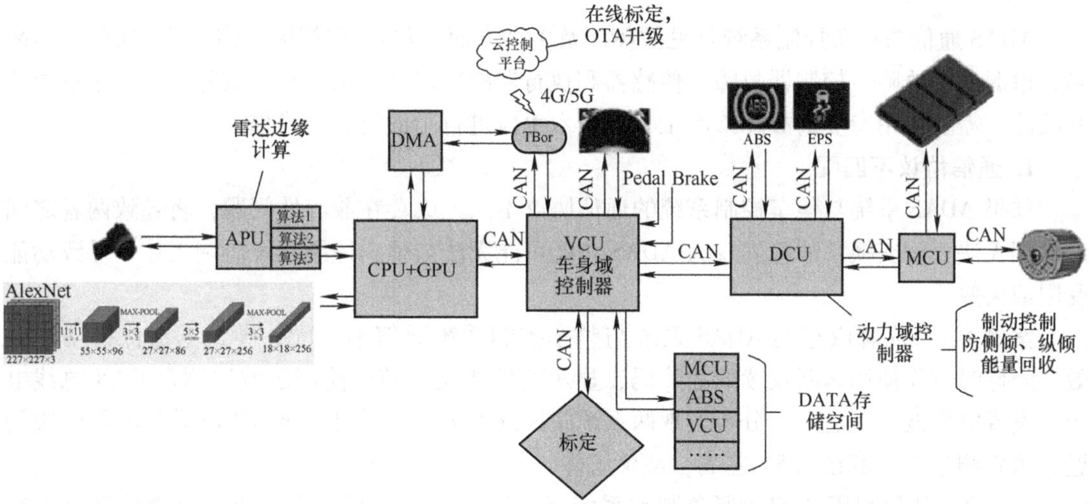

图 5-28 智能网联汽车整车控制器的标定原理

如图 5-29 所示，随后，整车控制器会将这些决策转化为具体的控制指令，并通过 CAN 总线等高效、可靠的通信协议，与发动机控制单元（ECU）、电动机控制单元、变速器控制单元、制动系统控制单元、电池管理系统（BMS）等各个子系统进行实时交互。这种交互确保了车辆各系统之间的紧密配合与协调，从而实现了对车辆性能的精准控制，包括动力输出、换档逻辑、制动响应、能源管理等各个方面。最终，通过智能网联汽车整车控制器的综合调控，车辆不仅能够在保证安全的前提下提供更为舒适、便捷的驾乘体验，还能够有效提升能源利用效率，减少环境污染，推动汽车产业向更加绿色、智能的方向发展。

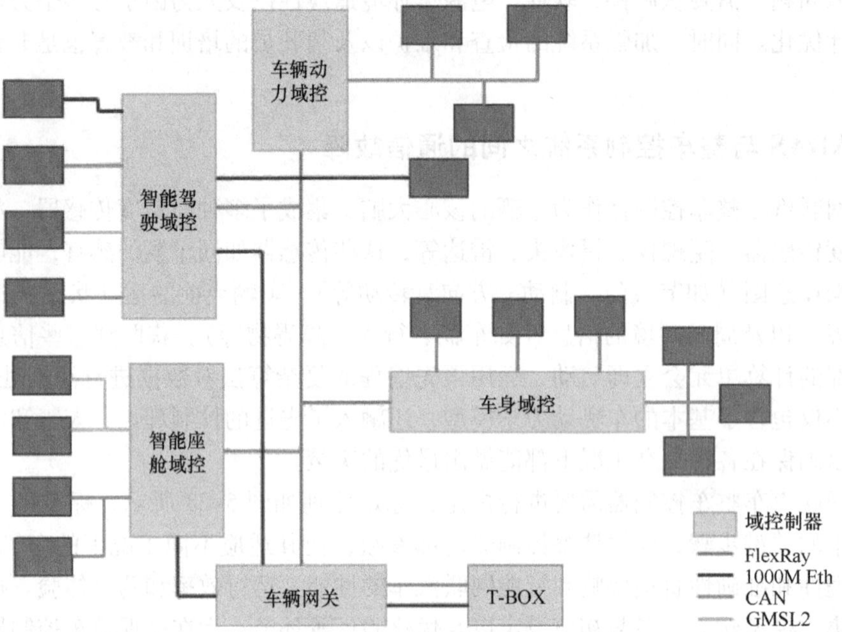

图 5-29　整车控制器与其他控制域的连接

ADAS 通信与整车控制系统常见故障涉及多个方面，包括通信协议不匹配、通信线路故障、电源系统故障、控制器故障、传感器和执行器故障以及线束及接口故障等。为了解决这些故障，需要采用专业的故障诊断工具和技术手段进行全面检查和维修。

1. 通信协议不匹配

如果 ADAS 系统与整车控制系统的通信协议不匹配或存在兼容性问题，将导致两者之间的数据无法正确交换。故障表现为 ADAS 功能可能无法与整车控制系统协调工作，导致功能受限或失效。

案例 1：某品牌汽车的 ADAS 系统与整车控制系统通信不匹配，导致车道保持功能失效。维修时首先使用诊断仪读取故障码，显示通信错误。随后使用示波器测量 CAN 总线电压，发现电压波动不稳定。分析发现两系统间协议不兼容。通过升级 ADAS 系统软件解决问题，重新测量电压值在 2.5V 左右，故障解除。

案例 2：某款 SUV 的自动紧急制动系统（AEB）无法正常工作。使用故障诊断仪进行初步检测，发现整车控制系统无法接收 ADAS 系统信号。用万用表测量信号线电阻，发现电阻异常高，达到 150Ω。更换通信线束后，重新测量电阻值为 60Ω，系统恢复正常工作。

案例 3：一辆豪华轿车的自适应巡航系统（ACC）出现功能失效。使用专业的诊断工具读取数据，发现 ACC 模块与整车控制模块之间的通信中断。测量 CAN 总线电压为 0V，怀疑总线短路。检查后发现 CAN 总线连接器松动，重新连接后测量电压恢复到 2.5V 左右，系统功能恢复正常。

2. 通信线路故障

ADAS 系统与整车控制系统之间的通信线路可能因为老化、损坏或接触不良等原因而出现故障。故障表现为系统可能出现通信故障、数据丢失或功能异常等问题。

案例 1：某车型的 ADAS 系统频繁报错，故障灯亮起。使用诊断仪读取故障码，显示通信错误。使用万用表测量 CAN 总线电压，发现电压在 0 ~ 5V 间波动。检查发现一根通信线老化破损。更换新线束后，测量电压稳定在 2.5V 左右，问题解决。

案例 2：一辆中型轿车的盲点监测系统（BSD）偶尔失灵。使用诊断仪进行检测，显示通信中断。使用红外测温仪检测线路温度，发现某段线路温度异常高，达 70℃。拆开发现线路接触不良，重新固定后测温恢复正常，故障解除。

案例 3：某 SUV 的车道偏离预警系统（LDW）失效。使用示波器测量通信信号波形，发现信号失真。进一步检查线路发现某连接器氧化严重。清理氧化物并更换连接器后，重新测量信号波形正常，系统功能恢复。

3. 电源系统故障

整车控制系统的电源供应不稳定或中断，可能是由于蓄电池亏电、发电机故障或电源线路故障等原因造成的。故障表现为整车控制系统可能无法上电或突然断电，导致车辆无法启动或行驶中突然失去控制。

案例 1：一辆智能网联汽车在行驶过程中突然断电。使用万用表测量蓄电池电压，发现电压仅为 10.8V。进一步使用示波器测量发电机输出电压，发现电压不稳定，波动在 11.5 ~ 13.0V 之间。更换发电机后，测量输出电压稳定在 14.2V，蓄电池电压恢复到 12.6V。结论是发电机故障，问题解决。

案例 2：某智能网联 SUV 无法起动。使用万用表测量蓄电池电压，发现电压为 12.4V，但启动电流不足。使用电流钳测量启动电流，发现电流仅为 60A。检查蓄电池连接线，发现接线柱有松动和氧化现象。清理接线柱并紧固后，起动电流恢复到 180A，车辆正常启动。结论是接线柱松动和氧化导致电流不足。

案例 3：一辆智能网联货车在行驶中突然失去动力。使用示波器测量整车电源线路信号，发现电压瞬间跌至 0V。检查电源线路，发现一处线路短路并导致熔丝烧毁。更换损坏的线路和熔丝后，测量电压恢复到 13.8V，车辆恢复正常行驶。结论是电源线路短路引起熔丝烧毁，导致断电。

4. 控制器故障

整车控制器（如 VCU、BMS 等）是整车控制系统的核心部件，负责协调各个子系统的工作。如果控制器出现故障，将影响整个系统的正常运行。故障表现为系统可能出现故障码、警告灯点亮，或者整车性能下降、功能异常等。

案例 1：一辆智能网联汽车的 BMS（电池管理系统）报警，导致充电功能无法正常工作。首先使用诊断仪读取故障码，显示为“电池单体电压不均”。然后使用电池测试仪检测每个单体电池的电压，发现有两个电池单体电压低于标准值。更换这两个电池单体后，重新校正 BMS，测试整车充电系统，确保所有参数正常。最终，故障码清除，充电功能恢复正常。

案例 2：一辆智能网联 SUV 的 VCU（车辆控制单元）屡次自动重启，影响驾驶稳定性。首先通过 OBD 接口连接车辆，使用专业软件读取详细故障记录，并监测 VCU 供电电压。发现在某些情况下电压会突然下降至8V，远低于正常的12V。检查电源管理系统，找到一处松动的接地线并修复。之后对VCU进行固件更新。经过多次路试，确认问题已解决，VCU不再出现自动重启。

案例3：一个智能网联轿车的仪表盘警告灯频繁亮起，指示TCS（牵引力控制系统）故障。使用诊断工具连接至车辆的CAN总线，读取故障码为“传感器信号异常”。检查相关传感器和线路，发现ABS轮速传感器线路有轻微损伤。更换损坏的线路并重新校准传感器。清除故障码后进行路试，确保所有控制系统正常运行，故障灯未再次亮起。

5. 传感器和执行器故障

整车控制系统中的传感器和执行器负责监测车辆状态和执行控制命令。如果这些部件出现故障，将导致系统无法准确获取车辆状态或执行正确的控制命令。故障表现为系统可能出现误报警、误操作或无法执行特定功能。

案例1：一辆智能网联汽车的空气质量流量（MAF）传感器故障，导致发动机无法起动。首先用诊断工具读取故障码P0101，表明MAF信号范围/性能问题。通过多功能数字万用表检测MAF传感器的电压输出，发现在发动机怠速时电压只有0.8V，正常应为1～1.5V。更换新的MAF传感器后，清除故障码，并进行道路测试确认发动机恢复正常运行。

案例2：一辆智能网联轿车的制动系统执行器（制动器）反应迟缓。使用专业车辆诊断系统进行全面检查，发现制动压力传感器数据不稳定。通过检查制动系统的线路连接和压力传感器的电阻值（正常值应为1200Ω，测量值为850Ω），确认传感器损坏。更换该传感器并进行ABS系统校准。完成后进行试车，确认制动系统响应及时，恢复标准制动性能。

案例3：一辆智能网联SUV的冷却液温度传感器反馈错误数据，导致发动机过热报警。首先检查故障码P0118，表示冷却液温度传感器电路高输入。使用示波器检测传感器输出信号，发现信号波动异常，应呈稳定电压曲线（正常冷却液温度时约0.5V）。更换冷却液温度传感器，并检查冷却系统是否存在其他潜在问题如渗漏或堵塞。安装新传感器后，重新检测系统，确认故障解除，温度显示正常。

6. 线束及接口故障

线束老化、接触不良或损坏等问题可能导致整车控制系统中的信号传输异常。故障表现为系统可能出现通信故障、信号丢失或功能失效等问题。

案例1：一辆智能网联汽车的发动机控制单元（ECU）偶尔失去与车内网络的通信。首先使用诊断工具读取故障码U0100，表明ECU通信丢失。使用数字万用表测量ECU到车内网络的CAN总线电阻值，发现电阻值为50Ω，正常应为60Ω。检查线束后发现一处连接器松动。重新插紧连接器并固定线束后，清除故障码，再次测试，确认ECU通信恢复正常。

案例2：一辆智能网联汽车的车身控制模块（BCM）部分功能失效，如车窗无法正常升降。使用诊断设备读取故障码B210A，显示为网络通信丢失。通过示波器检测BCM接口的电压信号，发现电压不稳定，正常应为5V稳定信号。进一步检查发现BCM连接线束中有断裂。更换损坏的线束后，重新连接并测试BCM功能，确认车窗功能恢复正常，所有功能均正常工作。

案例3：一辆智能网联汽车的ABS系统间歇性失效，仪表盘显示ABS警告灯。使用诊断工具读取故障码C0035，显示左前轮速度传感器信号丢失。使用万用表测量传感器到ABS控制单元的线束电阻值，发现某段线束的电阻值为200Ω，远高于正常值0～2Ω。通过仔细检查线束发现一处磨损导致部分线芯泄漏并短路。修复线束磨损处并重新包裹防护材料，清除故障码后，进行道路测试，确认 ABS 系统恢复正常，警告灯熄灭。

5.3.3 基于车联网 CAN 总线常见故障

在搭载 ADAS（高级驾驶辅助）系统的车联网中，CAN 总线常见故障主要分为网络通信延迟、传感器数据错误、ECU 故障、控制策略冲突、网络安全问题等几类。

1. 网络通信延迟

由于各个系统和模块之间的复杂数据交互，可能会导致 CAN 总线上的通信延迟问题，影响到 ADAS 和车联网功能的实时性。

首先，需要使用专业的车载诊断设备，连接汽车的 OBD 接口，读取故障码，查看是否存在与 CAN 总线通信有关的故障信息。此外，还可以通过实时监测 CAN 总线上的数据交换情况，看是否出现了明显的延迟现象。同时，对 ADAS 及其他相关系统进行检查，看是否有异常表现。

确认 CAN 总线通信存在延迟之后，接下来就是找出造成延迟的具体原因。原因可能包括网络负载过大、数据格式错误、部分模块响应慢等。例如，如果是因为网络负载过大，会看到在数据流量高峰期（如车辆起动时），延迟问题尤为严重。如果猜测问题可能出在某个特定模块，可以尝试在该模块处于空闲状态时观察 CAN 总线是否仍存在延迟。

根据故障原因的不同，解决方法也会有所区别。如果是网络负载过大，可能需要优化数据的发送策略，比如采用不同的数据帧优先级，或者调整某个模块的工作方式，以减少其对 CAN 总线的占用。如果是某个模块响应慢，可能需要对该模块进行深入的排查，查看其是否存在硬件故障或软件问题。在问题被解决之后，需要再次通过诊断设备实时监测 CAN 总线上的通信情况，验证其是否已经恢复正常。同时，也要观察 ADAS 和车联网系统的表现，确认其功能是否全部恢复正常。

以上就是解决 CAN 总线上网络通信延迟问题的大致方法和流程，当然，具体情况还需要根据车辆类型、故障状况等因素进行适当的调整。

2. 传感器数据错误

传感器是 ADAS 的重要组成部分，但如果传感器获取的数据出现错误，或者传感器本身故障，都可能会通过 CAN 总线传输错误的信息，影响 ADAS 系统的决策。

使用专业的汽车诊断设备连接到汽车的 OBD 接口，读取故障码，确认是否存在传感器故障或数据错误的问题。同时，还可以通过实时监测传感器的输出数据，查看其是否存在异常情况。知道了传感器数据存在错误之后，就需要确定是软件问题还是硬件问题。例如，如果传感器的电源电压正常，信号线无短路、断路现象，那么可能是传感器本身发生故障。如果是软件问题，可能需要进行系统升级或进行传感器校准等操作。

针对不同的问题有不同的处理方法。如果是硬件问题，可能需要更换新的传感器；如果是软件问题，比如传感器失准，需要重新进行校准。如果是系统软件问题，可能需要进行系统升级。在更换或者修复传感器之后，需要再次使用诊断设备检测，看其是否恢复正常运作。同时，还需要再次监测 CAN 总线上的通信情况，以及 ADAS 系统的工作状态，确保所有问题都得到了解决。

以上就是解决 ADAS 系统传感器数据错误问题的一般流程。具体情况需要根据车辆类型、故障状况等因素适当调整。

3. ECU 故障

ECU（电子控制单元）是车辆各种控制系统的核心，如果 ECU 发生故障，可能导致 CAN 总线无法正常工作，影响到整车的各种功能。

首先，通过专用的汽车诊断设备连接到车辆的 OBD 接口，采用故障诊断软件来读取和识别 ECU 上的故障码。这些信息可以帮助我们确定是哪一部分或哪一个系统的 ECU 出现了问题。

根据故障码，技术人员可以定位到具体的问题所在。例如，有时候故障码可能会指示燃油喷射系统、点火系统、排放系统或者其他与 ECU 相关的系统存在问题。此外，故障码也可能指示 ECU 本身存在硬件或软件问题。解决 ECU 故障的方法取决于问题的具体原因。对于硬件故障，可能需要替换 ECU 或相关组件；对于软件问题，则可能需要升级 ECU 的相关软件或进行重新配置。在修复 ECU 后，我们需要再次进行故障扫描，确保没有未解决的问题。同时，通过实车测试来确认车辆功能正常，没有新的故障出现。

以上就是维修 ECU 故障的一般流程和方法，具体情况可能需要根据车辆品牌、型号以及故障详细状况进行相应调整。

4. 控制策略冲突

当车载 ADAS 和车联网环境中存在多个智能控制系统同时工作时，可能出现控制策略的冲突，导致 CAN 总线通信数据不一致。解决这类问题的维修方法和流程主要分为以下几步。

首先，需要使用专业的车辆诊断设备进行故障读取和识别。通过连接 OBD 接口，可以从故障诊断软件获取 CAN 总线上的通信信息和故障码。根据故障诊断的结果，确定具体是哪种控制策略产生了冲突。例如，防抱死制动系统（ABS）和制动辅助（BA）之间可能产生冲突，或者是车道保持辅助（LKA）与自适应巡航控制（ACC）间引发的冲突。

在明确了冲突的来源之后，可能需要对相关的控制系统进行重新编程或者更新内部固定软件，以消除冲突。在某些情况下，也可能需要对硬件进行更换或修复。完成了问题修复后，需要重新进行故障扫描和数据读取，确认没有新的故障出现。再进行试车测试，验证车辆的控制系统是否能够正常协同工作，确保车辆各项功能正常。

需要注意的是，以上的维修流程和方法可能会根据车辆的品牌、型号以及具体问题状况有所不同，实际操作中还需遵循汽车制造商的指示进行。

5. 网络安全问题

车载网络复杂，网络安全问题日益严重，黑客可能通过攻击汽车 CAN 总线获取汽车控制权，使车辆处于危险状态。另外，CAN 总线在 ADAS 和车联网中可能会遇到的其他故障还包括以下几个方面。

（1）网络电磁干扰　汽车是一个充满电磁波的环境，无线通信、电机、高压系统等都可能产生电磁干扰，对 CAN 总线造成影响，导致数据传输的不稳定性。

一般来说，当遇到数据传输不稳定性问题，特别是在高频率或重要的数据通信链路上时，第一步是使用专业的诊断工具或多用途万用表在 CAN 总线两端进行电压检测，查看是否存在明显的电压波动或噪声。如果在初步诊断中发现问题，那么下一步就是尽量确定干扰源的可能位置。这通常可以通过关闭可能的干扰源（比如无线通信设备、电机等），并观察是否减少了电磁干扰来实现。确定了干扰源后，解决的办法可能是更换设备、改变设备的位置或增加电磁干扰屏蔽设施。在某些情况下，可能需要考虑改进汽车的接地设计，或者使用更具有抗干扰能力的硬件。

解决问题后，重复之前的诊断测试，以验证问题是否得到了解决。此外，在实际行驶过程中对汽车进行测试也是必要的，以确认在各种不同的工作条件下，CAN 总线数据传输都是稳定的。

（2）网络连接故障　由于车辆振动、环境湿度、腐蚀等原因，可能导致 CAN 总线的物理连接出现故障，如插接件接触不良、线路断裂、线路短路或开路等，从而影响总线的正常工作。

首先，必须使用适当的诊断工具（如故障码读取器）来确定系统是否存在 CAN 总线故障。在收到 CAN 总线故障相关的故障码后，可以进一步对故障进行定位。检查 CAN 总线的接口和线路，看是否有明显的物理损坏，如插接件接触不良、断线、短路等现象。这可能需要在汽车的各个部分对 CAN 总线进行全面检查。如果没有找到明显的物理问题，下一步可能需要使用万用表或其他工具对 CAN 总线的电阻进行检查。正常情况下，CAN 总线两端应该有一个 60Ω 的电阻，如果电阻大于或小于这个值，则可能是由于线路短路或开路造成的。

找到问题后，解决方案可能包括更换损坏的接头或线路，修复接触不良的插头，或者对线路进行清洁和去腐蚀处理。这样做可以帮助消除物理连接问题，恢复 CAN 总线的正常工作。修复后，再次进行电阻检测和故障码扫描，以确认问题是否已经解决。在一切正常后，还需要进行实车测试，以确保在实际行驶中不会出现问题。

（3）总线负载过大　如果网络上的设备太多，或者数据交换频率太高，有可能导致 CAN 总线的负载过大，影响数据的传输速率和实时性。

首先，使用专门的诊断工具，比如 CAN 分析器，来检查网络负载和数据传输速度。如果发现总线利用率过高，或者数据传输中经常出现错误帧，那么可能就是总线过载了。检查网络拓扑结构，确保 CAN 总线连接正确，没有形成环路。同时，检查网络上所有设备的 CAN 接口设置，包括波特率、滤波器设置等，确保它们都在合理范围内。分析 CAN 总线上的数据报文，看是否存在不必要的数据交换，或者有些设备发送数据的频率过高。对于这种情况可以调整数据发送的频率，或者删除不必要的数据报文。

如果在优化了数据流量之后仍然无法解决问题，可能需要增加一个 CAN 路由器，将原来的网络划分为几个子网络。这样可以有效降低每个子网络上的负载，并提高数据传输的实时性。完成上述步骤后，再次使用 CAN 分析器查看数据传输的情况，确认问题是否已经解决。同时也需要进行实车测试，确保车辆在实际运行中不会出现问题。

（4）设备兼容性问题　不同供应商的 ECU 或传感器，可能存在兼容性问题，导致通过 CAN 总线的信息交流出现困难。

首先，需要确认是兼容性问题还是其他问题。可以通过使用 CAN 分析器来收集和分析数据，如果发现某些设备不能正常接收或发送数据，或者误报率较高，那么可能就是设备兼容性问题。检查问题设备的参数设置，包括波特率、报文格式等，与网络上其他设备进行对比，看是否存在不一致的地方。

为了进一步确定是设备兼容性问题，可以尝试将有问题的 ECU 或传感器连接到另一台已知工作正常的车辆上，如果在新的环境下设备工作正常，那么问题就可能是原车辆的 CAN 总线网络或其他设备存在问题；反之，如果在新车辆上也存在问题，那么设备本身可能存在兼容性问题。如果确认是设备兼容性问题，那么可以尝试联系设备供应商，他们可能会提供软件更新，或者专门的配置工具解决这个问题。如果无法从供应商那里得到解决方案，那么可能需要考虑替换设备，选择与CAN总线网络兼容的设备。

完成上述步骤后，需要再次使用CAN分析器查看设备通信状态，以确保问题已经解决。同时，也需要进行实车测试，以确保车辆在实际运行中不会出现问题。

以上是一些较为常见的故障情况。针对这些问题，需要研发人员进行系统设计时就做好完善的规避策略，同时设备使用过程中也要做好定期维护和检查。

思考题

本章的学习目标你已经达成了吗？请通过思考以下问题的答案进行结果检验。

序号	思考题	自检结果
1	请简述前碰撞警告系统原理与常见故障的处理方法。	
2	请简述行人检测系统原理与常见故障的处理方法。	
3	请简述盲点检测系统原理与常见故障的处理方法。	
4	请简述驾驶员疲劳检测系统原理与常见故障的处理方法。	
5	请简述夜间视野增强系统原理与常见故障的处理方法。	
6	请简述交通标志识别系统原理与常见故障的处理方法。	
7	请简述自适应巡航控制系统原理与常见故障的处理方法。	
8	请简述车道保持辅助系统原理与常见故障的处理方法。	
9	请简述自动泊车系统原理与常见故障的处理方法。	
10	请简述紧急制动辅助系统原理与常见故障的处理方法。	
11	请简述ADAS通信故障有哪些？应如何处理？	
12	请简述ADAS与整车控制系统之间的通信故障有哪些？应如何处理？	
13	请简述基于车联网CAN总线常见故障有哪些？应如何处理？	

第6章 智能网联汽车常见硬件故障检修

6.1 故障诊断方法

智能网联汽车故障诊断方法是一种结合了车辆传感器数据、网络通信技术和智能分析算法的综合性方法。它通过实时获取车辆的行驶状态、油耗、速度、加速踏板和制动踏板等信息，利用数据分析与机器学习技术，对车辆故障进行预测和诊断。同时，结合 OBD 和 UDS 等车辆诊断技术，对车辆进行在线诊断和离线诊断，以确保行车安全。此外，智能网联汽车故障诊断方法还利用专家系统和远程综合诊断系统，结合故障码、数据流和故障征兆，对车辆进行全面、准确的故障排查，为车主和维修人员提供及时的维修建议，提高车辆使用的方便性和安全性。

6.1.1 传统故障诊断技术

在智能网联汽车故障诊断工作中，一些传统故障诊断技术仍会应用，主要包括观察法、替换法和仪器检测法。

1. 观察法

观察法是指研究者根据一定的研究目的、研究提纲或观察表，用自己的感官和辅助工具去直接观察被研究对象，从而获得资料的一种方法。在智能网联汽车的故障诊断中，观察法被广泛应用于检查车辆出现的异常现象和潜在故障。这种方法具有直观性、及时性和真实性的特点，能够捕捉到正在发生的现象，并搜集到一些无法用言语直接表达的材料。

使用观察法检查智能网联汽车的故障时，首先需要明确观察的具体目的，即确定要检查哪些方面的故障，如动力系统、控制系统、网络通信等。然后根据观察目的，制订详细的观察计划，包括观察的时间、地点及观察对象的具体特征等。在检查时，由于人的感官具有一定的局限性，因此需要准备各种现代化的仪器和手段来辅助观察，如故障诊断仪、万用表、示波器、摄像头等。检查过程中，需要按照观察计划，利用感官和辅助工具对智能网联汽车进行全面、细致的观察。注意观察车辆在不同工况下的表现，如起动、加速、制动、转弯等。将观察到的现象和数据进行详细记录，并进行深入分析。通过对比正常状态和故障状态的数据差异，可以初步判断故障的原因和位置。

案例 1：一辆奥迪 A4L 轿车停放几天后，发动机无法起动。首先初步检查蓄电池，发现亏电，充电后发动机仍无法起动。进一步检查发电机，发电机正常且未发现漏电现象。随后更换蓄电池，但几天后问题重现。用电流钳检测放电电流，发现电流异常增加。通过摇动相关导线，发现发动机控制模块插头端子接触不良。修复损坏的线束后，发动机正常起动，故障排除。

案例2：波罗1.4L车辆在行驶中发动机抖动，特别是在等待红绿灯停车与起步时容易熄火。使用VAG1552诊断仪检测到CAN系统通信故障。在车辆怠速运转工况下，模拟车辆在制动与起步时发动机转矩变化，观察发动机反应。发现发动机在前后倾斜时容易熄火。通过拆下发动机检查线束，发现自动变速器下部线束损坏，导致CAN数据总线虚接。修复线束后，发动机抖动和熄火问题得到解决。

案例3：速腾2.0车发动机无法起动，且仪表板上多个警告灯点亮。首先使用VAS5052诊断仪检测，发现CAN驱动总线上的电控单元无法通信。逐一断开与CAN驱动总线相连的电控单元连接器并试车，发现断开安全气囊电控单元连接器时发动机能起动。进一步检查发现点火开关相关继电器J329有时不能闭合，导致发动机电控单元无法识别自动变速器档位。更换继电器J329后，故障排除。

以上案例说明了观察法在智能网联汽车故障诊断中的应用。通过观察车辆的具体表现和使用辅助工具进行深入检查，可以准确地找到故障原因并采取相应的解决措施。

2. 替换法

替换法是一种在故障诊断中广泛应用的方法，其基本原理是用已知的、性能良好的部件或元器件去替换怀疑有故障的部件或元器件，通过观察故障现象是否消失，来判断被替换部件是否存在故障。这种方法具有操作简单、直接有效的特点，特别适用于复杂系统，如配智能网联系统汽车的故障诊断。

使用替换法检查智能网联汽车的故障时应按照以下步骤进行。

1）首先，需要明确智能网联汽车出现的具体故障现象，如无法起动、行驶中突然熄火、传感器数据异常等。这些故障现象是后续进行替换操作的基础。

2）根据故障现象，结合智能网联汽车的工作原理和系统结构，分析可能导致该故障的原因。例如，如果车辆无法起动，可能的原因包括蓄电池电量不足、点火系统故障、发动机控制单元（ECU）故障等。

3）在分析了可能的故障原因后，根据故障发生的概率和维修经验，确定最有可能出现故障的部件。这些部件将成为替换操作的目标。

4）确保准备好的替换部件是已知的、性能良好的，并且与故障车辆上的部件兼容。在智能网联汽车中，替换部件可能需要具有特定的型号、规格和接口。

5）按照智能网联汽车的维修手册或相关操作规范，执行替换操作。在替换过程中，需要注意安全事项，如断开电源、释放压力等，以避免发生意外。

6）替换完部件后，重新起动智能网联汽车，观察之前的故障现象是否消失。如果故障现象消失，则说明被替换的部件确实存在故障；如果故障现象仍然存在，则需要重新分析故障原因，并考虑是否有其他部件也存在问题。

7）在整个替换过程中，需要详细记录维修步骤、替换的部件信息，以及故障现象的变化情况。这些记录对于后续的维修工作具有重要的参考价值。

案例1：一辆智能网联汽车无法起动，仪表盘上发动机故障灯点亮。根据经验，无法起动的原因可能包括蓄电池电量不足、点火系统故障、发动机控制单元（ECU）故障等。首先检查蓄电池电量，发现电量充足，排除蓄电池故障。接着尝试更换点火线圈，但故障依旧。最后考虑替换ECU。将故障车辆的ECU替换为性能良好的新ECU，替换后，车辆成功起动，故障现象消失。说明原ECU存在故障。

案例2：一辆智能网联汽车在行驶过程中，车速传感器数据异常，导致导航系统和自适应巡航系统无法正常工作。首先，怀疑到车速传感器可能因损坏或线路故障导致数据异常。检查车速传感器的线路连接情况，发现线路正常。接着尝试替换车速传感器。将故障车辆的车速传感器替换为同型号的新传感器。替换后，车速传感器数据恢复正常，导航系统和自适应巡航系统也能正常工作。说明原车速传感器存在故障。

通过以上案例可以看出，替换法在智能网联汽车的故障诊断中具有重要作用。通过替换可能故障的部件，可以快速定位并解决问题，提高维修效率。

3. 仪器检测法

仪器检测法是一种通过使用各种精密仪器对物质或系统进行测量和检测的方法。它以现代科技为基础，利用精密仪器对目标对象的物理、化学、电气或生物等特性进行测量和评估，从而实现对目标对象性质和状态的准确判断。在智能网联汽车领域，仪器检测法对于故障诊断和维修尤为重要。

智能网联汽车是集成了先进的传感器、控制器、执行器以及车联网技术的复杂系统。当车辆出现故障时，通常需要借助精密的检测仪器来定位并解决问题。

（1）万用表　万用表用于测量电压、电流、电阻等电学参数，是汽车故障诊断中的基础工具。例如，当智能网联汽车的某个电器部件（如车灯、刮水器电机）不工作时，首先可以使用万用表测量相关电路的电压和电阻，以确定是否存在断路或短路。例如，如果发现某个电器部件的供电电压为零，而电源本身正常，则可以判断该部件的供电线路存在断路。

（2）示波器　示波器用于观察和分析电信号随时间变化的波形，如电压、电流、频率等，对于诊断复杂的电气系统故障非常有用。例如，在智能网联汽车的CAN总线系统中，如果出现通信故障，可以使用示波器来检测CAN总线上的信号波形。通过比较正常情况下的波形与故障情况下的波形，可以判断是否存在信号干扰、信号衰减或信号中断等问题。例如，如果示波器显示CAN总线上的信号波形异常，且与其他正常车辆的波形有明显差异，则可能是总线链路存在故障。

（3）故障诊断仪　故障诊断仪是专门用于智能网联汽车故障诊断的仪器，能够读取车辆ECU中的故障码和数据流，为故障诊断提供重要信息。例如，一辆速腾2.0轿车发动机无法起动，连接VAS5052诊断仪后，发现CAN驱动总线上的电控单元无法到达。进一步检查发现，某个电控单元的连接器存在问题，导致CAN总线通信中断。通过更换连接器并清除故障码后，故障得到解决。这个案例展示了故障诊断仪在智能网联汽车故障诊断中的重要作用。

（4）电流钳　电流钳用于非接触式测量电路中的电流，特别适用于检测大电流或难以接触到的电路。例如，在一辆奥迪A4L轿车无法起动的案例中，使用电流钳检测车辆的放电电流，发现存在异常。通过逐步排查，最终定位到继电器J217的线路存在间歇搭铁问题，导致蓄电池漏电。修复线束后，故障得到解决。

（5）车载网络分析仪　车载网络分析仪是专门用于分析智能网联汽车通信网络的工具。它能够实时监测并解析车辆CAN总线、LIN总线等通信网络上的数据流量和通信状态，帮助技术人员快速定位并解决通信故障。

仪器检测法在智能网联汽车故障诊断中发挥着不可替代的作用。通过使用各种精密仪器和技术手段，技术人员能够准确快速地定位并解决车辆故障，保障智能网联汽车的安全可靠运行。随着智能网联汽车技术的不断发展，仪器检测法也将不断创新和完善，为汽车维修和保养提供更加高效、便捷的服务。

6.1.2 新型故障诊断技术

在智能网联汽车故障诊断工作中，新型故障诊断技术主要包括基于大数据的故障诊断、基于人工智能的故障诊断和远程诊断与OTA升级等方法。

1. 基于大数据的故障诊断

基于大数据的故障诊断方法是一种利用大数据技术来识别、分析和预测系统故障的技术手段。这种方法通过收集和分析大量、多样的数据，利用机器学习、数据挖掘和统计分析等先进技术，建立预测模型和故障诊断系统，以实现故障的快速定位、预测和预防。在智能网联汽车领域，基于大数据的故障诊断方法尤为重要，因为智能网联汽车涉及复杂的子系统、多样的传感器和大量的实时数据。

使用基于大数据的故障诊断方法来检查智能网联汽车的故障，是一个系统而精细的过程，它融合了数据分析、机器学习以及实时监控系统等多方面的技术。

(1) 实时数据收集　在智能网联汽车中，大量传感器、控制器和执行器不断地产生实时数据。这些数据涵盖了车辆运行的各个方面，包括但不限于以下各项。

1) 车速：反映车辆当前的行驶速度。

2) 发动机转速：显示发动机的工作状态及负载情况。

3) 制动系统状态：监测制动片磨损、制动液压力等关键指标。

4) 蓄电池电量：对于电动汽车尤为重要，需实时监控动力电池组的剩余电量、充电状态及健康情况。

5) 车辆位置：通过GPS获取车辆实时位置，有助于分析行驶环境对车辆状态的影响。

6) 环境数据：如温度、湿度、气压等，这些因素可能影响车辆性能。

(2) 历史数据收集　除了实时数据，历史数据也是构建故障诊断模型不可或缺的一部分。历史数据包括：

1) 故障记录：过去发生的故障及其修复记录，提供了故障模式及解决方案的直接信息。

2) 维修记录：详细的维修日志，记录了车辆历次维修的原因、过程及结果。

3) 用户反馈：车主在使用过程中遇到的问题和反馈，有助于识别潜在的故障点。

4) 车辆制造信息：如生产日期、配置参数等，为故障诊断提供背景信息。

(3) 数据预处理

1) 数据清洗：由于数据源多样且复杂，收集到的数据往往存在缺失、异常或重复等问题。数据清洗旨在解决这些问题，确保数据的完整性和一致性。

2) 数据去噪：去除噪声数据，即那些由于传感器误差、传输干扰等原因产生的异常值，以提高数据的准确性和可靠性。

3) 数据标准化：将不同量纲、不同范围的数据转换为统一格式，便于后续的数据分析和模型训练。

4) 特征提取：从原始数据中提取出对故障诊断有用的关键特征和指标，如统计计量、趋势线、频率成分等。

（4）模型建立

1）机器学习模型：利用历史故障数据和正常数据，结合适当的机器学习算法（如神经网络、支持向量机、决策树、随机森林等），训练出能够预测和识别车辆故障的模型。这些模型通过分析数据的内在规律，学习故障的特征表现，从而实现故障诊断的自动化。

2）规则库建立：基于专家经验和领域知识，建立故障诊断规则库。这些规则可以是基于特定故障模式的条件判断语句，也可以是基于案例推理的相似度比较算法。规则库可以作为机器学习模型的补充，提供额外的诊断支持和验证。

（5）实时监控与诊断　通过部署在智能网联汽车上的实时监控系统，持续监测车辆的运行状态和传感器数据。当发现数据异常或符合预设的故障模式时，系统会触发故障自诊断流程。结合建立的预测模型和规则库，对车辆进行快速、准确的故障诊断和预测。一旦发现潜在故障或异常状态，系统会立即发出警报，并向用户或维修人员提供详细的诊断结果和维修建议。

（6）反馈与优化　根据诊断结果和维修反馈，不断对预测模型和规则库进行优化和调整。这包括更新模型的训练数据、调整模型的参数和结构、优化规则库的规则集等。通过持续的反馈和迭代，不断提高故障诊断的准确性和效率，确保智能网联汽车的安全、可靠运行。

案例1：某智能网联汽车客户反映，在使用智能互联系统时，可以听到对方声音但对方听不到自己说话。通过连接诊断仪进行快速测试，在Audio20控制单元中发现故障码，显示两个话筒都存在功能故障。然而，根据故障码进行引导性检测并未解决问题。最终，通过详细检查线路发现，客户加装的倒车影像使用了额外的转接线，导致原车线束出现问题。换上原车线束后，问题得到解决。

在这个案例中，虽然最终的解决方案并非完全依赖于大数据，但大数据技术可以在此类问题的预防和诊断中发挥作用。例如，通过收集和分析车辆使用过程中的实时数据（如话筒的输入输出信号、线路的电压和电流等），可以建立故障预测模型，提前发现潜在的故障风险，并通过远程更新软件或发送维修提醒等方式降低故障发生的概率。

案例2：车辆健康状态监测。通过远程诊断系统实时获取车辆运行数据，并应用大数据技术对这些数据进行分析和处理。当车辆健康状态监测系统检测到异常数据时（如发动机温度异常升高、动力电池电量急剧下降等），会自动触发故障诊断流程，并给出具体的诊断结果和维修建议。这种基于大数据的故障诊断方法，可以大大提高车辆健康状态监测的准确性和及时性，降低故障对车辆运行的影响。

在智能网联汽车领域，基于大数据的故障诊断方法已成为一种重要的技术手段。它不仅可以帮助车辆制造商提高产品质量和售后服务水平，还可以为车主提供更加安全、可靠的驾驶体验。

2. 基于人工智能的故障诊断

基于人工智能的故障诊断方法是通过应用人工智能技术，如机器学习、深度学习、神经网络、模糊逻辑、专家系统等，来检测和诊断系统或设备中的故障。这些方法利用算法自动分析大量数据，从中学习正常和异常模式的区别，从而实现对故障的快速识别和准确定位。与传统的依赖于专家经验和规则的方法相比，基于人工智能的故障诊断方法具有更高的准确性和效率。

智能网联汽车集成了大量的传感器、控制器和通信系统，能够实时收集和处理大量数据。基于人工智能的故障诊断方法，可以通过以下步骤来检查智能网联汽车的故障。

（1）数据采集　智能网联汽车通过集成高精度、多类型的车载传感器（如发动机转速传感器、速度传感器、加速度计、温度传感器及压力传感器等），以及稳定可靠的通信系统，全方位、实时地收集车辆运行中的各项关键数据。这些数据不仅覆盖了车辆的基本运行状态，还涉及环境感知、驾驶行为等多维度信息，这些都为后续的故障诊断提供了丰富且详尽的信息基础。

（2）数据预处理　收集到的原始数据往往包含噪声、缺失值及异常值等问题，影响数据分析的准确性和效率。因此，需采用数据清洗、过滤及标准化处理等技术手段，对数据进行深度处理，以剔除干扰因素，确保数据质量。这一步骤对于后续的特征提取和模型训练至关重要，是构建高效故障诊断系统的基石。

（3）特征提取　在数据预处理的基础上，利用先进的特征提取算法，从海量数据中挖掘出能够准确反映车辆运行状态及潜在故障的关键特征。这些特征不仅涵盖了车辆的机械性能、电气系统等方面，还可能涉及驾驶行为模式、环境适应性等更广泛的因素。通过特征提取，可以大大降低数据维度，提高模型的训练效率和诊断准确性。

（4）模型训练　利用机器学习或深度学习等先进技术，对经过预处理和特征提取的大量历史数据进行深入训练。通过不断优化模型参数和结构，使模型能够精准学习车辆正常与异常运行的特征模式，从而具备强大的故障识别能力。在训练过程中，还需采用交叉验证、过拟合检测等方法，确保模型的泛化能力和稳定性。

（5）实时诊断　将实时采集的车辆数据输入已训练好的故障诊断模型中，模型将迅速对数据进行分析处理，并自动输出诊断结果。诊断结果不仅包括故障类型、具体位置等基本信息，还可能涉及故障严重程度、发展趋势等高级信息，为故障的即时发现与定位提供了有力支持。

（6）维修指导　基于诊断结果，系统将进一步提供针对性的维修建议与详细操作指导。这些建议和指导不仅覆盖了故障的具体修复步骤和方法，还可能涉及维修工具的选择、安全注意事项等方面。通过提供全面的维修指导，系统可以帮助维修人员快速准确地定位并修复故障，提高维修效率和服务质量。同时，系统还可能记录维修过程和结果，为后续的故障分析和优化提供宝贵的数据支持。

案例1：某智能网联汽车在行驶过程中，发动机出现异常振动。系统通过车载传感器收集发动机振动数据，并输入基于深度学习的故障诊断模型中。模型分析振动数据的频谱特征，发现与特定故障模式匹配，诊断为点火系统故障。根据诊断结果，检查并更换了点火线圈，解决了问题。

案例2：另一辆智能网联汽车在制动时感觉制动效果不如以前。系统通过车载传感器收集制动压力、制动盘温度等数据，并输入基于神经网络的故障诊断模型中。模型通过分析数据间的关联性，发现制动压力不足，诊断为制动系统漏液。根据诊断结果检查制动管路与接头，发现漏液点并进行了修复。

案例3：一辆智能网联汽车的智能互联系统出现故障，用户无法正常使用语音控制和导航功能。技术人员连接诊断仪，读取系统日志和故障码，并将相关信息输入基于专家系统的故障诊断工具中。工具根据故障码和日志信息，结合专家知识库中的规则，诊断出系统控制单元存在软件故障。通过在线升级控制单元软件，成功恢复了系统功能。

3. 远程诊断与 OTA 升级

如图 6-1 所示，远程诊断是指在不需要车辆返回 4S 店或维修站的情况下，通过车辆具备的移动通信能力（如 WiFi、4G/5G 等）实现主机厂后台（或手机端 App），对车辆进行远程控制及诊断操作的一种技术。这种技术能够在线采集车辆数据，进行实时分析，从而快速定位并解决故障问题。在智能网联汽车中，远程诊断技术的应用极大地提高了故障处理的效率和准确性。通过远程监控和诊断，技术人员可以实时获取车辆的运行状态信息，及时发现并处理潜在故障，避免故障进一步恶化导致更严重的后果。

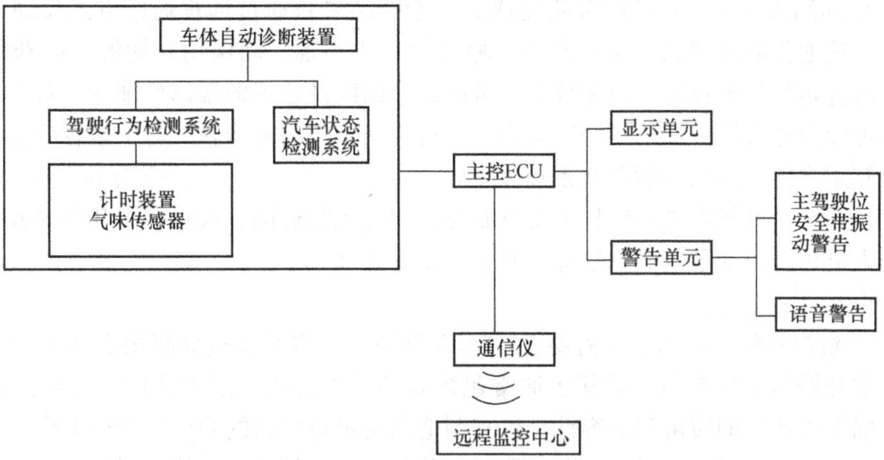

图 6-1 远程诊断系统原理

OTA（Over-the-Air）即空中下载技术，是一种通过移动通信网络（如 2G/3G/4G/5G 或 WiFi）对智能网联汽车上的软件、数据及应用进行远程更新和升级的技术。OTA 升级不仅可以修复软件漏洞和缺陷，还可以为车辆增加新功能，提升用户体验。在汽车领域，OTA 升级已经成为智能网联汽车的重要特性之一。通过 OTA 升级，汽车制造商可以实时推送更新包到车辆上，实现软件的无缝更新。这种方式不仅节省了用户的时间和精力，还降低了汽车制造商的召回成本和维护成本。

使用远程诊断方法维修智能网联汽车故障流程如下：

（1）数据采集　在智能网联汽车的远程诊断流程中，数据采集是首要且关键的步骤。车辆内部集成了大量的传感器，如发动机传感器、车身传感器、底盘传感器等，这些传感器能够实时监测车辆的各种运行参数，如车速、发动机转速、蓄电池电量、制动压力等。同时，车辆的通信系统（如 CAN 总线、车载以太网等），负责将传感器收集到的数据传输至中央控制单元（ECU）或网关设备。为了确保数据的准确性和实时性，数据采集过程通常需要考虑数据的采样率、同步性以及数据的完整性校验。一旦数据被成功采集，它们将通过车载的移动通信模块（如 4G/5G 模块或车载 WiFi）加密后，传输至主机厂后台或云端服务器进行进一步处理。

（2）数据传输　在数据传输阶段，智能网联汽车需要与外部网络建立稳定可靠的连接。这通常通过车辆的移动通信模块实现，模块会自动选择合适的网络通道（如 4G/5G 网络），将采集到的数据传输至指定的服务器地址。为了保障数据传输的安全性，通常采用加密传输协议（如 TLS/SSL）对数据进行加密处理，以防止数据在传输过程中被截获或篡改。此外，系统还会对数据传输过程进行监控，以确保数据传输的完整性和及时性。

(3) 故障分析　在主机厂后台或云端服务器接收到车辆运行数据后，将利用大数据分析和故障诊断算法对数据进行深度挖掘和分析。这些算法通常基于机器学习、深度学习等先进技术，能够自动识别数据中的异常模式，并快速定位故障源。故障分析过程包括数据预处理、特征提取、模型训练和故障预测等步骤。通过对大量历史数据的训练和学习，算法能够不断优化和提升故障诊断的准确性和效率。一旦诊断出故障，系统将自动生成故障报告和维修建议，并准备相应的 OTA 升级包（如果需要）。

(4) 诊断结果反馈　在故障分析完成后，诊断结果将通过远程通信方式反馈给用户或维修人员。这通常通过短信、App 推送、邮件等方式实现，确保用户能够及时获得故障信息。反馈内容包括故障描述、故障等级、可能的原因以及建议的维修措施等。对于非紧急故障，系统可能会建议用户预约维修服务或自行进行简单的故障排除；对于紧急故障，系统则会立即通知用户停止使用车辆并联系救援服务。

此外，系统还可能提供远程技术支持服务，通过视频通话、远程桌面共享等方式帮助用户或维修人员更直观地了解故障情况，并进行指导处理。

OTA 升级流程如下。

(1) 更新包制作　在确定了需要进行 OTA 升级后，汽车制造商将根据故障分析结果或新功能需求开始制作更新包。更新包通常包含新的软件代码、配置文件和必要的升级指令等。为了确保更新包的质量和兼容性，汽车制造商会进行严格的测试和验证工作。这包括单元测试、集成测试、系统测试以及回归测试等阶段，以确保更新包能够正确运行并满足预期的功能需求。

(2) 更新包推送　一旦更新包制作完成并通过测试验证，汽车制造商将通过移动通信网络将更新包推送至智能网联汽车的车载终端。推送过程通常采用差分更新技术，即只推送与当前版本不同的部分，以减少数据传输量并加快更新速度。为了确保推送过程的顺利进行，汽车制造商会选择合适的推送时机（如车辆处于静止状态且网络状况良好时），并提前通知用户做好准备。

(3) 自动下载与安装　车载终端在接收到更新包推送通知后，将自动下载更新包并存储在本地存储设备中。下载过程中会进行校验和验证以确保数据的完整性和准确性。下载完成后，车载终端将自动进入安装模式并开始更新软件的安装过程。这通常包括解压更新包、替换旧文件、更新配置文件以及执行必要的初始化操作等步骤。安装过程中会保持与主机厂后台的通信状态以便及时反馈安装进度和结果。

(4) 升级验证　安装完成后，车载终端将自动重启并进入新的软件版本。此时需要对升级后的车辆进行功能验证和性能测试，以确保升级成功并无新的问题出现。验证过程包括检查新功能的实现情况、验证旧功能的兼容性以及评估车辆的整体性能表现等。如果发现问题或异常情况，将及时通知用户并采取相应的补救措施。如果验证通过则表明升级成功，并结束整个 OTA 升级流程。

案例 1：某品牌智能网联汽车在行驶过程中出现制动不灵敏的问题。通过远程监控系统采集制动系统的运行数据，发现制动片磨损严重且制动液液位过低。向用户发送预警信息并建议其尽快前往维修站更换制动片和添加制动液。同时，汽车制造商通过 OTA 升级优化制动系统的控制逻辑，提升制动响应速度。

案例2：某款纯电动汽车在充电过程中频繁出现充电中断的问题。通过远程监控系统采集电池管理系统的运行数据，发现充电控制算法存在缺陷导致充电中断。通过OTA升级修复充电控制算法的缺陷，并优化充电策略以提高充电效率和稳定性。同时，向用户发送升级通知并指导其完成升级操作。

以上案例说明了远程诊断与OTA升级在智能网联汽车故障诊断和维修中的重要作用。通过这两种技术的结合应用，可以实现对智能网联汽车的远程监控、故障预警和快速维修服务，提升用户体验和车辆安全性。

6.2 智能网联汽车保养与维护

智能网联汽车代表了汽车行业发展的前沿，融合了传统机械技术与现代智能科技。为了确保智能网联汽车的性能稳定和安全可靠，保养与维护显得尤为重要。通过系统化、科学化的保养与维护，可以充分发挥智能网联汽车的优势，为用户提供更加安全、可靠和愉悦的出行体验。

6.2.1 季节性维护与特殊环境下的保养措施

无人驾驶汽车与传统汽车在季节性维护和特殊环境下的保养措施上有许多相似之处。本节给出了一些需要注意的维护和保养措施。

1. 季节性维护

季节性维护内容见表6-1。

表6-1 季节性维护内容

序号	维护季节	详细说明
1	冬季	寒冷的天气可能会对汽车电池产生影响，冬季应给电池提供额外的保护。另外，雪和冰可能会对无人驾驶汽车的传感器造成覆盖或干扰，所以要确保这些设备始终清洁。此外，应该检查制动系统和防冻液水平
2	夏季	高温可能会使电池过热，要确保电池冷却系统正常运行，且电池不会过热。此外，夏季易出现雷暴，要确保车辆的雷电保护系统工作正常，以防止突然的电荷冲击

2. 特殊环境下的保养

特殊环境下的保养内容见表6-2。

表6-2 特殊环境保养内容

序号	保养环境	详细说明
1	湿润环境	湿度可能会对无人驾驶汽车的电子设备产生影响。定期检查汽车的密封性，确保湿气不会进入电子设备。同时，也要保证摄像头和其他传感器在湿润环境下也能正常工作
2	灰尘和沙漠环境	在这种环境下，灰尘和沙子可能会覆盖传感器或蓄电池，影响其性能。应定期清理这些部件，并在必要时采用额外的保护措施
3	坡道和山路	这种环境可能会对电池和制动系统造成额外压力。定期检查制动系统，并确保电池有足够的电量来应对这种环境

总的来说，在任何季节或特殊环境下，都需要确保无人驾驶汽车的各项系统能够正常工作。同时，对于季节变化和环境条件的快速反应，也是保持汽车性能的关键。

6.2.2 常规保养

智能网联汽车的保养与维护不仅是保持车辆性能和安全性的基本要求，更是延长车辆寿命、优化驾驶体验、降低运营成本和保护环境的重要保障。例如，搭载了传统燃油发动机的智能网联汽车，通过定期更换机油、检查制动系统和轮胎管理，可以避免机械部件的过度磨损，减少故障的发生频率，延长车辆的整体寿命。并要求保持系统软件的最新版本，确保车辆的智能化功能始终处于最佳状态，避免因软件问题导致的功能失效，从而延长系统寿命。

智能网联汽车的安全性直接关系到驾乘人员的生命安全。通过有效的保养与维护，可以大幅提升车辆的安全性。因此，需要及时更新和检查智能座舱系统，智能驾驶辅助系统、自动制动系统等依赖于传感器和软件的系统的运行状态，通过定期检查和更新，保持车辆硬件的良好状态，确保制动系统、轮胎和其他关键硬件部件的正常运作，减少因硬件故障引发的交通事故。

智能网联汽车虽然在智能化程度上有极大的提升，但是智能网联汽车技术的主体源自传统燃油汽车或电动汽车，因此，发动机与底盘系统保养与维护技术要求与传统汽车或电动汽车的操作大致相同。发动机与底盘系统保养与维护技术要求见表6-3。

表6-3 发动机与底盘系统保养与维护技术要求

<table>
<tr><th>序号</th><th>检查维护项目</th><th>详细说明</th><th>维护方法</th></tr>
<tr><td>1</td><td>定期检查并更换机油和机滤</td><td>每行驶5000～10000km或者半年时间进行一次，具体频率取决于汽车的品牌、型号和使用情况。发动机油是发动机正常工作的关键，必须保持适当的清洁度和黏度，油滤则负责过滤掉油中的杂质</td><td rowspan="5">1）定期送至授权维修站进行专业检查与维护
2）使用符合车辆制造商规定的机油和配件
3）对易磨损部件进行定期检查和更换</td></tr>
<tr><td>2</td><td>检查制动系统</td><td>每半年或者每行驶10000km进行一次全面检查。主要包含制动片、制动盘的磨损程度，以及制动液的残余量</td></tr>
<tr><td>3</td><td>轮胎管理</td><td>每行驶5000～10000km需进行轮胎磨损情况的检查，以确保安全行驶。如果轮胎磨损过度，务必及时更换。此外，注意每2个月检查一次轮胎气压，气压过高或过低都会影响行车安全和燃油效率</td></tr>
<tr><td>4</td><td>电池检查</td><td>对于配有启停系统的车辆，电池的使用寿命较短，需要定期检查电池状态</td></tr>
<tr><td>5</td><td>空调系统检查</td><td>每年一次，尤其在进入夏季之前，需要对汽车的空调系统进行检查与维护，包括冷媒的添加和滤清器的更换等</td></tr>
</table>

以上粗略性地介绍了发动机与底盘系统保养与维护技术要求，对于更为详细的要求应参考各个厂家关于车辆保养与维修的详细说明，这里不再赘述。

6.2.3 智能网联汽车的智能系统维护

智能网联汽车的各个智能系统的维护，是保障它们核心功能正常运行的关键。智能网联汽车依赖于复杂的软件和硬件系统，包括传感器、控制单元、通信模块以及车载计算机等。这些系统不仅仅是提供驾驶辅助和自动驾驶功能，还涉及车辆的安全性、数据安全以及用户体验的方方面面。

智能系统的维护内容见表6-4。

表6-4 智能系统的维护内容

<table>
<tr><th>序号</th><th>检查维护项目</th><th>详细说明</th><th>维护方法</th></tr>
<tr><td>1</td><td>软件更新和优化</td><td>智能系统需要定期进行软件更新，以修复漏洞、改进算法，甚至增加新功能。无人驾驶汽车的软件系统，包括自动驾驶算法，需要定期进行更新。这不仅可以获得新的功能和性能优化，还可以修复可能存在的BUG。建议在有更新时立即进行</td><td rowspan="7">1）在接到制造商软件更新通知后，通过WiFi或前往服务中心进行更新
2）定期前往授权服务中心进行硬件检查和必要的调校
3）使用复杂密码并定期更换，使用制造商推荐的数据保护方案</td></tr>
<tr><td>2</td><td>传感器检查</td><td>无人驾驶汽车依赖于一系列的传感器，包括雷达、激光雷达（LiDAR）、摄像头等，来感知周围环境。这些传感器需要定期清洁和校准，以保证其精确度和可靠性。建议每月检查一次</td></tr>
<tr><td>3</td><td>控制系统检查</td><td>无人驾驶汽车的控制系统，如自动驾驶电脑和控制算法，需要定期进行测试和验证，以确保其正常运行。建议每季度检查一次</td></tr>
<tr><td>4</td><td>通信设备检查</td><td>无人驾驶汽车通常会使用4G/5G/6G网络，GPS等通信技术进行数据传输和定位。这些设备的正常运行对于无人驾驶汽车的安全至关重要。建议每月检查一次</td></tr>
<tr><td>5</td><td>安全设备检查</td><td>无人驾驶汽车的安全设备，如应急制动系统，需要定期检查以确保其可靠性。建议每季度检查一次</td></tr>
<tr><td>6</td><td>数据管理和安全性</td><td>智能网联汽车通过大量的传感器收集数据，这些数据对驾驶决策至关重要。系统需要具备高效的数据管理能力，保证数据的准确性、完整性和安全性，定期更改密码，防止数据被非法访问、数据泄露和恶意攻击等</td></tr>
<tr><td>7</td><td>用户支持和服务</td><td>提供及时的技术支持和维修服务，确保用户在使用过程中遇到问题能够及时解决，提升用户的满意度和信任度</td></tr>
</table>

其中，对于智能网联汽车而言，软件更新就如同血液一样重要。每当有新的软件更新发布时，用户应及时进行更新以获取最新的功能和优化效果，并保持车辆系统正常运行。一般来说，车辆制造商会定期推送软件更新，包括系统升级、地图更新、新功能开放等，用户可以通过车载系统或者手机App进行操作。智能网联汽车的智能系统维护不仅仅是简单的技术维护，更是关乎整个车辆运行安全和用户体验的重要保障。通过科学有效的维护措施，可以最大限度地确保智能网联汽车在各种复杂环境下的稳定运行和优良表现。

以上只是基本的维护与保养步骤，实际的保养项目可能会因为车辆品牌、型号、使用环境和驾驶习惯等因素有所不同。同时，根据汽车的使用情况，一些配件可能需要提前更换。因此，强烈建议车主按照车辆说明书中的指示做好保养，并定期到专业的汽车服务中心进行检测维护。

6.2.4 易损件更换标准与操作流程

智能网联汽车的易损件和传统汽车相比，除了具有一般性的部分（如制动片、轮胎等）外，还包括一些特殊的部件，如各种传感器（雷达、激光雷达LiDAR、摄像头等）、通信设备、控制系统等。易损件更换标准见表6-5。

表 6-5　易损件更换标准

序号	更换元件	相关技术说明
1	传感器	如果传感器的清洁和校准不能解决问题，或者传感器在检查中发现有物理损伤，应更换新的传感器
2	控制系统	控制系统并不容易损坏，但是如果在诊断测试中发现问题，可能需要更换
3	通信设备	通信设备如 4G/5G 模块和 GPS 模块，如果不能正常工作（如无法连接到网络或者定位不准确），则需要更换
4	制动片、轮胎等一般性易损件	根据厂家的推荐或者使用情况进行更换。通常，当制动片磨损到最后 2～3mm 时应更换，而轮胎在花纹深度低于 1.6mm 时应更换

易损件更换操作流程如下。

（1）诊断和确认　通过专用的诊断设备检查汽车的各个系统，确认需要更换的部件。

（2）订购零件　向制造商或者授权供应商订购所需的零件。

（3）更换和调试　在获得新零件后，由专业技术人员进行更换，然后进行必要的调试和测试，确认新零件能够正常工作。

（4）维修记录　在更换了任何零件之后，都应该在维修记录中详细记载，包括更换的部件、更换的时间以及更换的原因等。

以上只是一般的操作流程，实际操作可能会因为车辆品牌、型号、故障原因以及维修设备等因素有所不同。所有的操作都应该遵守汽车制造商的建议与指导，在更换相关零部件之前，应确认自己熟悉这些元器件的更换流程与方法。

正确的保养无人驾驶汽车可以大大提高其使用寿命和性能，以下是一些保养注意事项与技巧。

1）由于无人驾驶汽车非常依赖各种传感器和电子设备，因此这些设备的状态对汽车的安全和功能至关重要。建议定期进行检查，以确保传感器清洁、准确，且所有电子设备正常运行。

2）摄像头、LiDAR 和其他传感器应保持干净清洁，以防止灰尘和污垢影响其性能。此外，保护好这些易受损害的部件，避免在极端天气条件下使用车辆。

3）无人驾驶汽车的许多功能都取决于软件，定期检查并下载厂商提供的更新可以提高汽车的性能和安全性。

4）如果无人驾驶汽车是电动车，那么定期检查动力电池状况非常重要。需要保证动力电池电量充足，而且定期进行充电和放电，以延长动力电池寿命。

5）汽车制造商会提供维护计划，包括何时需要更换油液、制动片和轮胎等。按照这些推荐的计划进行，可以帮助保持汽车的最佳性能。

总的来说，对于无人驾驶汽车的保养，关键在于对车辆的各项系统进行定期检查，并及时进行必要的维护和更换。同时，也需要把车辆保持在最新的技术状态，及时更新软件，并且避免在不适合的环境中使用车辆。

6.3 智能网联汽车硬件系统常见故障维修

当智能网联汽车出现故障时，控制系统会记录故障码。维修人员需要使用专业诊断设备读取并清除这些故障码，但在此之前，必须对故障原因进行深入分析，并彻底解决问题，以避免故障复发。

智能网联汽车故障诊断方法如下。

（1）故障码诊断　当汽车的某个系统或部件发生故障时，车载计算机会记录下相关的故障码。通过 OBD（On-Board Diagnostics，车载诊断系统）的接口，可以用专用的扫描工具读取到这些故障码。读取到的故障码告诉我们哪个系统或哪个部件出现了问题。例如，P0300 表示发动机有随机/多个缸失火的问题。每个故障码都与具体的故障类型对应，可以帮助技术人员快速定位故障源头。

（2）数据流分析　数据流分析主要用于实时监测和分析车辆的关键性能数据，如燃油压力、进气歧管绝对压力、发动机转速等。利用专业的诊断工具，可以读取和监视这些数据流信息。如果车辆存在故障，数据流信息通常会显现出异常的数值。通过比较正常情况和故障情况下的数据差异，可以进一步确定故障的原因。以电动汽车为例，电动汽车的智能感知故障一般是通过车载的数据流分析设备进行监测和判断的。假如动力电池状态异常，以下是常用的诊断和维修流程。

1）首先，车辆的电池管理系统（BMS）会对动力电池进行实时监测，收集关于充电状态、电池温度、电压、电流等关键性能数据。

2）如果在数据流中发现某些指标异常，比如动力电池的某一电芯温度突然升高，或者电压出现异常波动，BMS 会立刻发出警报，提示车主动力电池存在可能的故障。

3）使用专用诊断工具读取具体的故障码，了解故障的具体信息。比如，通过故障码，可以知道是哪一电芯的温度过高，或者电压异常的具体情况。

4）根据故障码和实际的数据流分析结果，技术人员可以进一步确定故障的原因和可能的解决方案。比如，如果是某一电芯故障，可能需要对该电芯进行更换；如果是电路问题，可能需要重新连接动力电池的电路。

5）执行维修方案，解决故障问题。完成维修工作后，使用诊断工具重置故障码，并再次监测数据流，确认车辆是否恢复正常。

以上就是一个基于数据流分析的电动汽车智能感知故障的诊断和维修流程。请注意，这只是一个参考流程，实际的维修流程可能根据不同的车型和故障情况有所不同。

（3）波形分析　波形分析主要是通过示波器捕捉和分析电子设备的信号波形。这种方法在诊断一些复杂的车辆电子系统故障，如发动机控制单元（ECU）、传感器和执行器等方面的故障特别有效。通过检查电子系统信号的幅度、频率、相位等参数，可以检测出系统是否正常工作。以电动汽车智能感知器件（如传感器）故障为例，我们可以通过以下流程来进行故障的检测和修复。

1）首先，使用专业的车辆诊断工具连接到车辆的 OBD 接口，获取车载计算机中存储的故障码。比如，假设我们读取到的是 P0500，这个故障码代表速度传感器的问题。

2）然后，能够通过诊断工具读取到该传感器的数据流信息。这时如果我们发现速度传感器的数据显示车辆静止，但是实际上车辆正在运动，那么就确定了速度传感器存在问题。

3）接下来，我们可以通过波形分析进一步检查速度传感器的问题。将示波器的探头连接到速度传感器的信号线，然后起动车辆，观察示波器上的波形。如果传感器正常，我们会看到一个周期性的波形，反映了车轮的旋转速度。但是如果看到的波形是平坦或者混乱的，那么就可确定速度传感器存在故障。

4）在确定了速度传感器是故障源之后，维修人员就可以进行更换或者修复工作。完成后再次起动车辆，并通过示波器检查新的波形是否恢复正常。如果波形显示正常，就说明传感器已经成功修复。

5）最后，再次用诊断工具读取故障码并清除之前的故障码，确认车辆恢复正常。

以上就是电动汽车智能感知器件故障的修复流程，旨在通过专业的诊断方法，快速准确地定位并解决问题。这三种方法常常结合使用，能够更准确、全面地诊断汽车的故障，尤其是对于智能网联汽车来说，这些方法更是必不可少。例如，以发动机性能异常为例，智能网联汽车的软件维修需要执行以下步骤。

1）先使用诊断仪连接汽车的 OBD 诊断接口，通过汽车的信息系统读取发动机控制单元（ECU）里的故障码。假设我们读到的故障码指向了点火系统，这可能是由于火花塞的问题，或者是燃油喷射系统的问题。

2）然后对相关系统进行仔细检查，如点火系统、燃油喷射系统等，还会检查是否有与故障相关的任何物理损坏。

3）确认问题后，如果是硬件故障，比如火花塞的问题，就需要更换火花塞；如果是软件参数问题，可能需要根据厂商提供的标准值调整相关参数，例如，调整燃油喷射量和点火时间。

4）完成更换或调整后，清除故障码，并再次起动汽车，观察是否还有故障灯亮起。

5）对汽车进行路试，检查发动机性能是否恢复正常。同时，通过 OBD 接口，可实时监测发动机参数，确保其在一切工况下都能达到预期性能。

6）如果一切正常，则表示维修成功。最后，将所有维修记录保存在汽车的维修历史数据库中，并保护好用户的所有数据。

以上就是一个智能网联汽车软件维修的过程，具体的故障分析和处理方案需要根据车辆的品牌、型号、年份以及具体确定的问题来制定。

再以自动驾驶系统的传感器故障为例，智能网联汽车的自动驾驶系统维修可能会经历以下步骤。

1）首先，通过车内信息系统读取相关的故障码。假设我们读到了与雷达传感器相关的故障码，这可能是由于传感器的性能降低，或者是数据处理问题。

2）然后，技术人员需要进行具体检查，可能会对车辆进行静态和动态的测试，例如，在静态环境中检测传感器是否可以准确地侦测到周围的物体；在动态环境下，验证传感器是否可以准确地追踪运动的物体等。

3）如果发现是传感器硬件问题，如由于污染或损伤导致性能降低，那么可能需要更换新的传感器。如果是软件问题，如传感器的数据处理算法异常，那么就需要对该算法进行调整或者更新。

4）完成上述工作后，清除故障码，并再次起动车辆，检测是否还有故障码产生。

5）此时需要对车辆进行实地测试，确定其自动驾驶功能是否恢复正常。测试过程中，需要密切监测自动驾驶系统的各项参数，确保其性能满足预期。

6）如果一切正常，那么说明问题已经得到解决，最后将所有维修记录加入车辆维修历史数据库，并保护好用户的数据。

以上就是一个智能网联汽车故障维修的过程。实际操作中，需要根据具体的故障情况制定详细的维修方案，而且考虑到自动驾驶系统的复杂性，可能还需要厂商的支持。

智能网联汽车硬件的维修相比传统汽车更加复杂，主要涉及对电子控制单元（ECU）、传感器和执行机构等部件的检查、维修和更换。

（1）电子控制单元（ECU） ECU是汽车电子系统的“大脑”，负责接收各种传感器的信号，通过内部程序算法进行处理后，控制各种执行机构工作。如果ECU出现问题，可能会导致车辆无法正常工作。维修人员需要使用专门的设备读取并分析故障码，然后根据故障码提示进行检查和维修。如果检查的结果认为需要更换ECU，注意新的ECU要进行适配和编程，以保证其与车辆其他系统的兼容性。

（2）传感器 智能网联汽车通常装备了大量的传感器，如雷达、摄像头、超声波传感器等，用于感知车辆周围环境。当传感器出现故障时，可能会影响到车辆的自动驾驶、安全辅助等功能。检修人员需要根据故障码和实际表现，确认是哪个传感器出现了问题，然后分析问题的原因，可能是传感器自身的故障，或者是外部因素（如污染）。根据分析的结果决定是清洁传感器，还是更换新的传感器。

（3）执行机构 执行机构是ECU发出指令后，用来完成具体操作的部件，包括电机、伺服阀、继电器等。执行机构的故障可能会导致ECU无法控制汽车的各个系统。维修人员需要根据故障码和系统的反应情况，确定是哪个执行机构出现了问题，然后对该执行机构进行检查，测试其响应是否延迟，是否可以完全按照ECU的指令进行工作。如果发现执行机构已经无法完成其职能，那么就需要更换新的执行机构。

智能网联汽车的硬件维修是一项技术含量高的工作，不仅需要细致的观察和分析，还需要专业的设备和技能。尤其是在更换部件后，还需要进行系统的适配和测试，确保新部件能够完美地融入车辆中，不会影响到其他系统的正常工作。假设一辆智能网联汽车在自动驾驶模式下突然无法正确识别前方道路，ECU显示前方摄像头传感器有问题，维修的步骤如下：

1）首先通过车载诊断系统读取故障码，确认故障是否由前方摄像头传感器引起。ECU显示“前方视觉传感器信号丢失”，根据故障码，确认了这是由于前方摄像头传感器出现问题造成的。

2）接下来检查前方摄像头，首先查看摄像头表面是否有污染物，结果发现没有任何异样；接着使用诊断工具测试摄像头信号，测试结果显示摄像头无法正常工作。考虑到摄像头是一种精密的电子设备，其内部结构复杂，维修困难，所以决定更换新的摄像头。

3）检查执行机构，执行机构主要包括用于控制车辆行驶的电机和转向系统。由于故障码仅显示了摄像头问题，并未显示任何执行机构的问题，所以我们可以初步判断执行机构部分没有问题。

4）更换新的前方摄像头，并通过诊断工具进行必要的初始化和自适应设置，然后在安全情况下进行行驶测试，确认车辆的自动驾驶功能是否恢复正常。

注意：每辆智能网联汽车的具体情况可能会有所不同，上述案例仅供参考。在实际操作时，建议根据车辆厂商提供的维修手册进行操作，并确保所有操作均符合相关安全规定。

案例：假设一辆智能网联电动汽车在自动驾驶模式下突然无法正确响应加速指令，VCU显示电机控制器存在故障。具体维修操作流程如下。

1）首先使用诊断仪连接车辆，通过车载诊断系统对故障码进行读取，确认故障是否由电机控制器引起。故障码显示“电机控制器通信失败”，根据此故障码，可以确认问题出在电机控制器。

2）接下来检查与电机控制器相关的电流和电压传感器，使用诊断工具测试传感器信号，结果发现电流传感器数据异常。考虑到传感器一般较难进行维修，于是决定更换新的电流传感器。

3）进行执行机构检查，执行机构主要是指接受电机控制器指令的电机。由于电机控制器与电机的通信存在问题，我们再次检查电机线路和连接，做出更深入的测试以确认电机是否还能正常工作。测试结果表明电机可以正常工作。

4）更换了新的电流传感器，并通过诊断工具进行必要的参数设置和系统匹配，然后在安全环境下进行行驶测试，结果发现自动驾驶功能恢复正常，加速指令也可以正常执行。

注意：上述案例是基于一般情况的模拟情景，实际操作中应根据原始厂商提供的维修手册进行，并且所有操作应确保符合相关安全规定。

6.3.1 毫米波雷达常见故障维修

毫米波雷达在智能网联汽车中是十分关键的设备，它能帮助汽车检测周围环境，执行各种自动化驾驶和辅助驾驶功能，如自动停车、自动紧急制动、行人检测等。然而，在实际使用中，毫米波雷达可能会遇到一些故障，影响其正常工作。以下列出了一些常见的故障以及可能的原因和解决策略。

（1）雷达信号损失　当雷达无法接收到回波信号，或者回波信号强度过低时，就会出现信号损失的问题。可能的原因如下。

1）雷达本身的性能故障，如发送/接收模块故障、天线故障等。

2）外部环境因素，如天气恶劣（下雨、雪、雾等）、物体反射性差（如玻璃、水面等）等。

3）雷达安装位置不佳或被遮挡。

（2）雷达性能下降　毫米波雷达的性能可能因为各种原因而下降，表现为探测距离减小、分辨率降低、误检增多等问题。可能的原因如下。

1）雷达硬件老化或损坏，如天线性能下降、器件性能衰退等。

2）雷达软件参数设置不当，如阈值设置过高或过低、滤波参数设置不当等。

（3）雷达干扰　在实际环境中，毫米波雷达可能会受到各种干扰，引起误报或漏报。可能的原因如下。

1）外部电磁干扰，如来自其他设备的信号干扰、电源噪声等。

2）自身设备的电磁兼容性差，对自身系统产生干扰。

（4）雷达定位不准　毫米波雷达的定位精度直接影响车辆的自动驾驶性能。如果发现雷达定位不准，需要及时排查和处理。可能的原因如下。

1）雷达标定准确性差。

2）定位算法问题，如卡尔曼滤波参数设置不当、多目标处理算法有误等。

这些只是一些常见的毫米波雷达故障，实际上可能会遇到更多复杂的问题，需要根据具体情况进行分析和处理。一般来说，对于任何电子设备，包括毫米波雷达，在设计、安装、使用和维护的各个阶段都需要考虑其可靠性，以确保它们可以在各种环境条件下稳定工作。同时，也需要有完善的故障诊断和处理机制，只有这样才能确保智能网联汽车的安全性和实用性。

在智能网联汽车中，毫米波雷达是一种重要的感知设备，主要用于测量物体与汽车的距离，探测汽车周围的环境。在智能网联汽车上，如果毫米波雷达出现问题，可按照表6-6给出现象进行分析。

表6-6　毫米波雷达常见故障说明

序号	故障现象	分析说明
1	开机失败	如果毫米波雷达无法正常启动，首先应检查电源线路是否通畅、电源插头是否牢固。然后进行电压和电阻测量，确认电源电路无误。若以上步骤都未找到问题，可能是雷达内部硬件或软件故障
2	测距失准	测距失准可能是由于发射器、接收器或算法问题。首先，检查毫米波雷达是否正常工作，如其功率是否足够、发射的频率是否正确。然后检查接收器是否能正常运作，如接收敏感度是否适当、是否能正确地解调接收到的信号。最后，检查处理算法是否有误，如时间测量、相位测量及距离计算等是否准确
3	视场角过窄	视场角过窄可能是由于安装位置不佳或者扫描机构存在问题。首先，调整雷达的安装位置和角度，使其能够覆盖更大的视场范围。然后，检查扫描机构是否正常工作，如扫描的速度和范围是否符合规定
4	数据处理慢	数据处理慢可能是由于数据传输线路存在问题或者数据处理硬件和软件性能不足。首先，检查数据传输线路是否通畅，如是否存在信号干扰、连接是否稳固。然后，检查数据处理硬件和软件是否能满足需求，如处理器速度是否足够、处理算法是否高效
5	易受干扰	如果雷达易受外界干扰，可能是环境因素影响，或者雷达的抗干扰能力较弱。应该首先确定干扰源，如其他的毫米波设备、建筑物反射等。然后尝试调整雷达的工作参数，如工作频率，以避开干扰源。如果方法可行，可以考虑使用软件算法进行干扰消除，如使用滤波器等

毫米波雷达的故障检测主要包括电压与电阻测量和故障分析两个部分。虽然这些方法看似简单，但是却需要严谨的执行和理论基础知识的支撑。对于任何一种故障，我们都需要根据实际情况，进行详细的检查和分析，找出真正的原因，从而采取正确的修复措施。

以某型车毫米波雷达控制系统故障为例，常见故障包括传感器故障、数据融合问题、环境适应性差等，该车型毫米波雷达控制电路如图6-2、图6-3所示。案例：该纯电动汽车在行驶过程中，驾驶员发现毫米波雷达ACC系统无法正常工作，导致自动紧急制动（AEB）、车道保持辅助（LKA）等高级驾驶辅助功能失效。具体表现为雷达无声音、不显示且无法检测前方障碍物。

为了确定故障点，维修技师首先进行了初步检查，包括但不限于：

1）电源检查：确认雷达电源线是否牢固连接于车载电池，并检查电源线是否有松动或损坏。使用万用表测量电源线两端的电压，正常应接近车载电池电压。测量电源线两端电

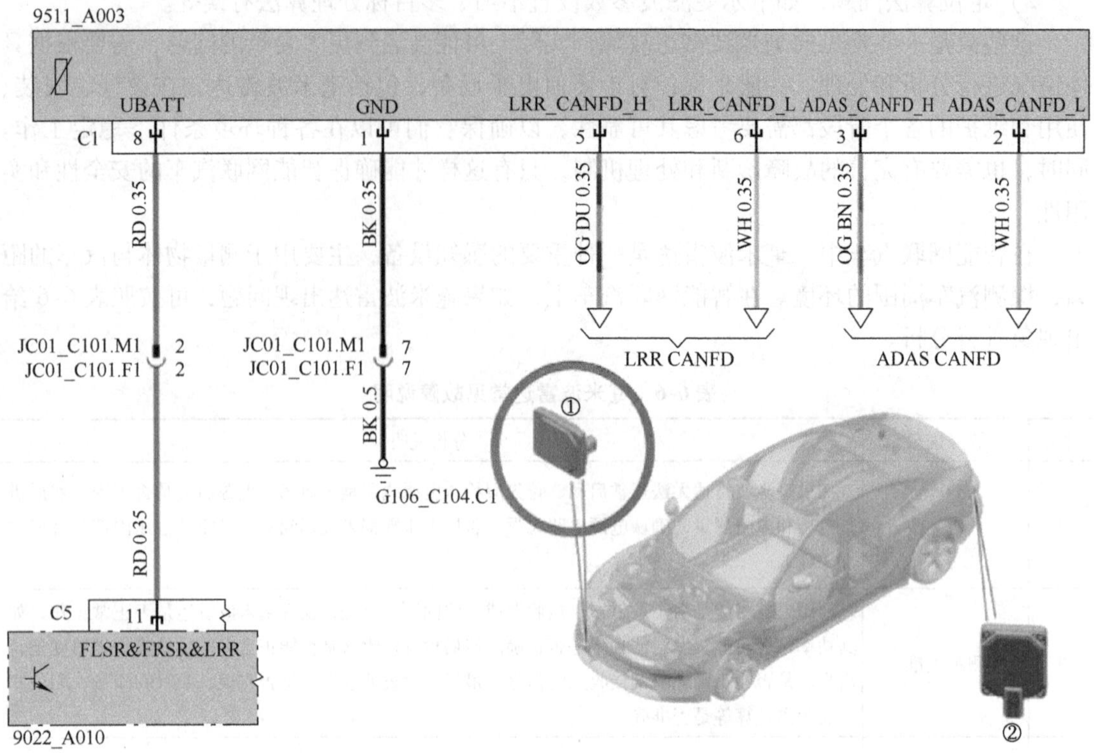

图6-2　某车型前毫米波雷达控制电路

压，发现电压偏低，仅为10V。

2）电阻测量：利用万用表测量雷达系统内部关键电路点的电阻值，以判断是否存在短路或断路现象。特别是雷达传感器和控制模块之间的连接线路，需确保电阻值在正常范围内。检查发现电源线在连接处存在轻微腐蚀，导致电阻增大。清理腐蚀部位，重新连接电源线，并再次测量电压，确认恢复至12V正常范围内。

3）温度检查：使用红外测温仪检查雷达传感器和控制模块的表面温度，以判断是否存在过热现象。正常工作时，这些部件的温度应在一定范围内波动，不会异常升高。

使用诊断工具检查雷达传感器，发现无信号输出。拆卸雷达传感器，进行电阻测量，发现某一引脚电阻值异常高，怀疑为内部元件损坏。更换新的雷达传感器，重新连接并测试，确认传感器恢复正常工作。

使用诊断设备检测雷达控制模块，发现存在通信故障。进一步检查控制模块的输入输出信号，发现某一通道信号异常。尝试对控制模块进行软件重置和重新编程，但问题依旧存在。最终决定更换雷达控制模块，更换后测试各项功能恢复正常。

完成硬件更换后，对雷达系统进行重新校准。在空旷且无障碍物的场地上，按照厂家提供的校准流程进行操作。校准完成后，进行道路测试，确认雷达系统能够准确检测前方障碍物并触发相应的驾驶辅助功能。

故障总结：本次故障主要是由于雷达电源线连接不良和雷达传感器损坏导致的。通过细致的检查和测量，维修技师成功定位了故障点，并采取了有效的修复措施。同时，对雷达系

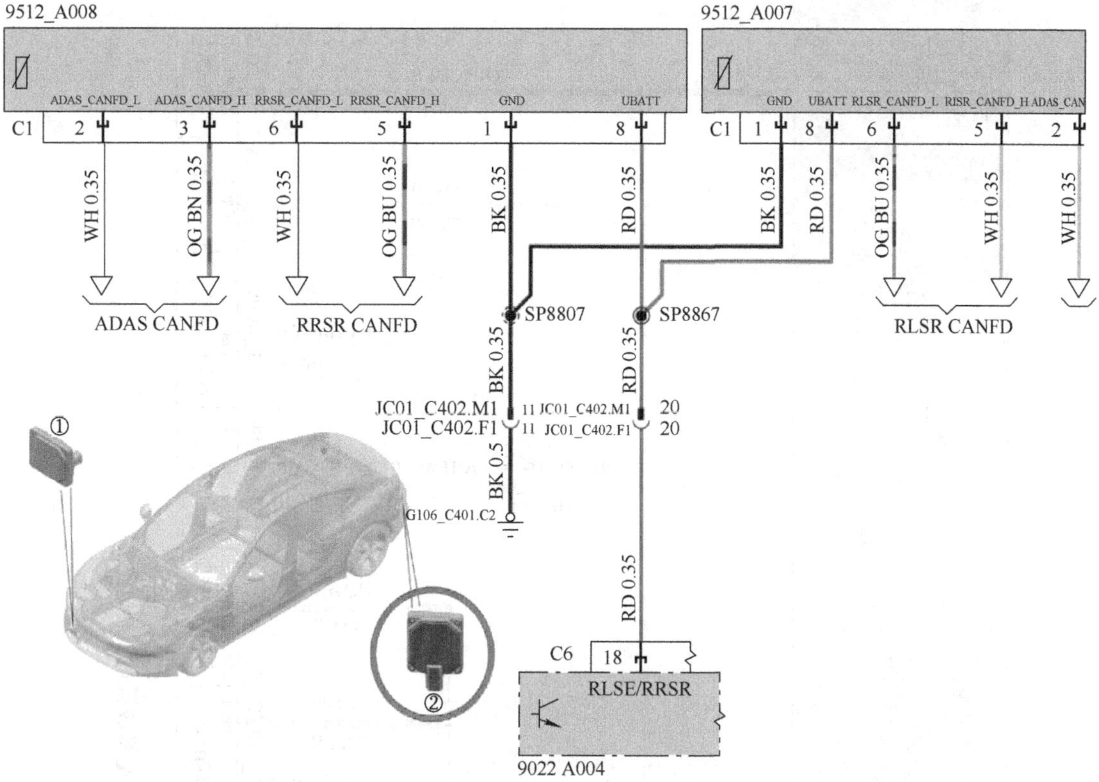

图6-3　某车型后毫米波雷达控制电路

统进行了重新校准和道路测试，确保了故障得到彻底解决。

在维修时应注意以下问题。

1）在进行车辆维修时，务必遵循厂家提供的维修手册和操作规程。

2）应使用专业的检测设备和工具进行故障排查和维修。

3）对于涉及电气系统的维修操作，务必确保电源已切断并采取必要的防护措施。

4）维修完成后进行全面的功能测试，确保车辆各系统正常工作。

维修案例显示，当毫米波雷达出现故障时，可能需要进行硬件更换或软件升级。例如，有车主反映前毫米波雷达故障导致智能驾驶功能受限，最终通过更换一整套毫米波硬件解决了问题。此外，针对传感器数据融合问题，可能需要优化算法以提高系统稳定性和准确性。在复杂环境条件下，还需考虑增强雷达的环境适应性，确保在各种天气和路况下都能正常工作。

以某车型为例，其毫米波雷达控制系统常见故障包括虚警信号、探测不准确等。维修案例显示，这些问题可能由雷达安装位置不当、车辆材质干扰或软件算法缺陷导致，该车型毫米波雷达控制电路见图6-4，解决方法包括调整雷达安装位置、更换干扰材质、优化软件算法等。

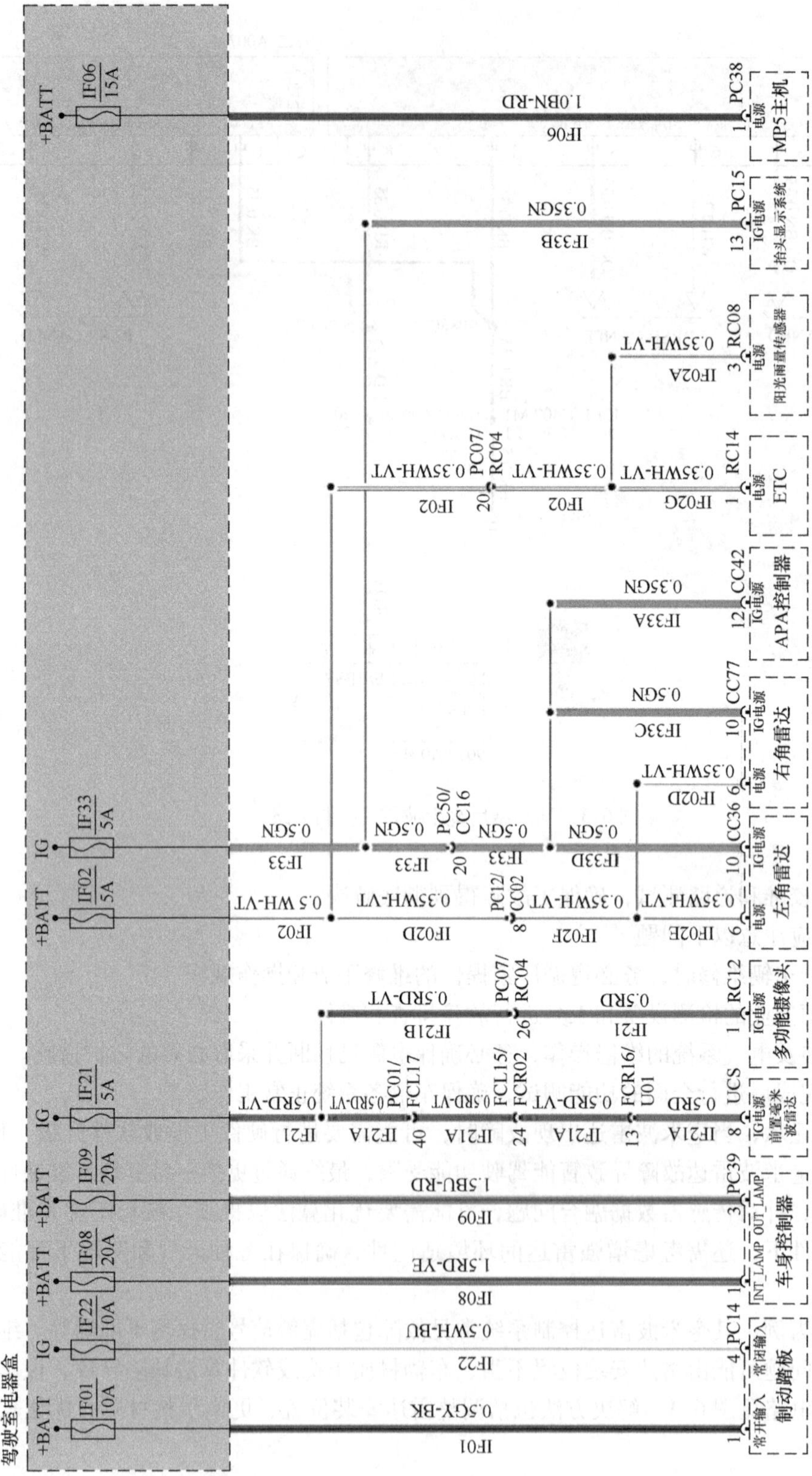

图6-4　某车型毫米波雷达控制电路

（1）探测距离不准确或失效　可能是雷达硬件故障，如传感器损坏或老化；也可能是软件问题，如算法错误或系统配置不当。案例：车主反映车辆在某些情况下无法准确探测前方障碍物，导致碰撞预警功能异常。

（2）误报警　雷达表面脏污、异物遮挡或安装位置不当；也可能是环境因素，如强雷达干扰或多路径干扰。案例：车辆在空旷道路上行驶时，雷达系统误报前方有障碍物。

（3）系统无响应或反应迟钝　系统控制器连接松动、接触不良或电源故障；也可能是系统软件问题。案例：车主开启智驾功能后，雷达系统未能及时响应，导致智能辅助驾驶功能受限。

（4）系统显示故障码　系统故障被检测到后，系统会通过显示屏提示故障码，帮助用户或维修人员定位问题。案例：中控屏幕显示“摄像头、雷达、XPILOT智能辅助系统可能存在故障，导致智能辅助功能无法启动”。

当车辆频繁出现前碰撞预警功能异常、XPILOT智能辅助驾驶异常等故障码时，应当检查雷达表面是否脏污或遮挡，清理后测试；检查系统控制器连接是否松动或接触不良，重新连接后测试；检查系统软件是否有更新，尝试更新软件后测试。

经检查，若硬件故障，如雷达传感器损坏，需更换新的雷达传感器。若软件问题，如算法错误或系统配置不当，需更新软件或重新配置系统。若控制器连接问题，需紧固连接器或更换控制器。

维修完成后，应当进行功能测试，确保雷达系统恢复正常工作。

如果是软件故障，可以尝试重启车辆以恢复系统正常工作。若问题依旧存在，则须进行专业检测和维修，并及时更新系统以获取更好的性能和稳定性。

以特斯拉为例，特斯拉毫米波雷达控制系统常见故障包括主动安全功能失效、无法激活巡航功能、主动制动等安全功能失效，以及系统提示前雷达能见度降低。这些故障可能会影响驾驶体验和车辆安全。具体的维修案例显示，有车主在遇到此类故障后前往特斯拉服务中心检查，但雷达并未发现问题。服务中心随后勘察故障触发地点附近环境，发现附近有通信基站，怀疑是基站信号干扰车辆前雷达导致故障发生。因此，服务中心认为这并非车辆质量问题，并表示暂无解决方案。这显示出特斯拉毫米波雷达控制系统在某些特定环境下可能存在抗干扰能力较弱的问题。

（1）间歇性故障　车主可能报告在特定路段或条件下，毫米波雷达出现间歇性工作异常，如无法激活巡航功能、主动制动失效等。这种情况可能持续几分钟到十几分钟不等，然后自动恢复。可能的原因包括电磁辐射干扰（如附近通信基站）、环境温度超出工作范围、雷达传感器或控制模块单元故障等。

例如：电磁辐射干扰导致的间歇性故障。某特斯拉车主反映在每天上班时，在相同路段大概率会遇到毫米波雷达间歇性故障，无法激活巡航功能和主动制动等安全功能。检查摄像头及前雷达确认无遮挡。特斯拉服务中心在故障触发地点附近勘察环境，发现附近有通信基站，怀疑是基站信号干扰车辆前雷达导致故障。鉴于通信基站发射信号符合国家标准，且特斯拉前雷达抗干扰能力较弱，此问题暂无直接解决方案。建议车主在行驶至该路段时暂时关闭自动驾驶辅助功能，或选择其他路线行驶。

（2）探测不准确或失效　毫米波雷达无法准确探测前方障碍物，或完全失效。可能是雷达传感器被遮挡、损坏或老化，也可能是软件算法问题导致的数据处理错误。

例如：雷达传感器损坏导致的探测失效。车辆在正常行驶中，毫米波雷达突然失效，无法探测前方障碍物。使用故障检测仪读取控制单元模块的数据信息，发现雷达传感器存在故障信号。更换新的毫米波雷达传感器，并进行系统校准和测试，确保雷达系统恢复正常工作。

（3）系统无响应或反应迟钝　车主开启自动驾驶辅助功能时，毫米波雷达系统未能及时响应或反应迟钝。可能是系统控制器连接问题、电源故障或软件 bug 等。

针对此类问题，应确保雷达表面干净无遮挡，并检查传感器插头连接是否牢固；尽量避免在强电磁辐射源附近行驶，如通信基站、高压线等；关注特斯拉官方发布的软件更新信息，及时更新车辆软件以获取更好的性能和稳定性。如遇到复杂故障或无法自行解决的问题，应进行专业维修。

6.3.2　激光雷达常见故障维修

智能网联汽车的激光雷达（LiDAR）是一种使用激光脉冲测量物体距离的传感器，是实现汽车自动驾驶功能的关键技术之一。然而，由于其工作原理、构造复杂及成本高昂等原因，激光雷达在使用过程中经常出现各种故障和问题。

1. 精度问题

激光雷达最常见的故障是精度问题。激光雷达在进行距离测量时，可能会受到外部环境影响，如天气条件、照明条件、目标物质的反射率等。这些都可能影响到激光雷达的测量结果，进而影响到智能汽车的导航和控制系统。解决这个问题的方法通常是对激光雷达进行校准，或者使用算法进行噪声滤波。激光雷达的精度问题可能会导致智能网联汽车无法正确识别周围的物体和环境，严重影响其自动驾驶功能。为了解决这个问题，一种可能的解决方案是使用多种传感器进行数据融合，以提高测量结果的准确性。例如，激光雷达、毫米波雷达和摄像头等多种传感器可以联合使用，以获取更全面、更准确的环境信息。

相应维修流程如下。

1）检查激光雷达的硬件，包括激光发射器和接收器，确认其是否工作正常。如果发现硬件故障，需要进行更换或修复。

2）检查激光束质量，包括其发散角、能量等参数。如果激光束质量下降，可能需要调整激光发射器的参数或更换激光源。

3）如果上述方式不能解决问题，可能需要通过软件算法进行校正。例如，可以根据已知的环境参数，对激光雷达的测量数据进行校正，以提高测距精度。

2. 探测角度问题

激光雷达另一种常见的故障是探测角度问题。激光雷达的探测角度取决于其内部扫描器的旋转角度和速度，如果扫描器的运动出现问题，就可能导致探测角度减小，影响到激光雷达的探测范围。针对这个问题，可以通过调整激光雷达的配置参数或者更换扫描器来解决。

若激光雷达的探测角度缩小，可能会使得智能网联汽车无法完全探测到周围的环境，对此，除了通过硬件调整外，也可以采用更先进的算法，如 SLAM（Simultaneous Localization and Mapping，同时定位与地图构建）技术，以提升激光雷达的性能。

相应维修流程如下。

1）检查激光雷达的安装位置和角度，确认其是否能够覆盖到所需的区域。如果发现安装问题，需要对雷达进行调整。

2）如果视场范围仍然无法满足需求，可能需要更换具有更大视场范围的雷达。

3）也可以通过添加雷达或其他感知设备，扩大汽车的总体感知范围。

3. 数据处理速度问题

激光雷达产生的数据量通常非常大，如果数据处理速度不够快，可能导致汽车无法实时响应环境变化。影响数据处理速度的因素包括激光雷达接口的带宽、数据处理硬件的性能、数据处理算法的效率等。

相应维修流程如下。

1）确认激光雷达接口的带宽是否足够。如果带宽不足，可能需要升级雷达接口或采用数据压缩技术减小数据量。

2）检查数据处理硬件，如 CPU 和 GPU，确认其性能是否足够高。如果发现硬件问题，可能需要进行硬件升级。

3）如果上述方式不能解决问题，可能需要优化数据处理算法，提高其运行效率。例如，可以采用更为高效的数据结构和算法，或者使用并行计算技术，提高数据处理速度。

4. 工作温度问题

激光雷达的工作温度也是一个常见的故障点。激光雷达在工作过程中会产生大量热量，如果不进行有效的散热，可能会导致激光雷达的温度升高，影响到其性能和稳定性。因此，激光雷达设计有良好的散热系统，并应定期进行维护和清理。

如果激光雷达的工作温度过高，可能会导致其内部电路老化，降低其使用寿命。因此，除了设定良好的散热系统外，还可以采用更好的材料和设计，以提高激光雷达的耐热性能。

5. 其他问题

以某车型为例，该车型前激光雷达控制电路如图 6-5 所示，激光雷达的故障也有可能是供电电压不稳、数据通信异常、硬件损坏等问题。针对这些问题，可以通过定期的维护和检查，及时发现并解决。

（1）供电电压和数据通信问题　不稳定的供电电压可能会导致激光雷达工作不稳定，而数据通信异常则可能会导致传感器数据无法正确传输至处理单元，这两者都可能严重影响激光雷达的正常工作。对于这两个问题，应选择稳定的电源系统，采用可靠的数据通信协议，并定期进行系统检查和维护。

（2）硬件损坏问题　激光雷达的硬件损坏可能会导致无法正常工作。针对该问题，可以定期进行硬件检查，并在必要时进行更换。同时，智能汽车在设计时应考虑到易于维修和更换，以提高激光雷达的使用效率。

（3）抗干扰能力问题　激光雷达可能受到各种干扰，包括天气条件、其他雷达或传感器的干扰、反射和折射等。这些干扰可能导致雷达的测量数据出现误差，甚至无法正常工作。

维修流程如下。

1）根据干扰的类型和特点，尝试调整激光雷达的参数，以提高其抗干扰能力。例如，可以调整激光雷达的工作频率，避开其他设备的干扰；或者调整激光源的波长，以适应不同的天气条件。

2）如果上述方式不能解决问题，可能需要通过软件算法进行干扰消除。例如，可以使

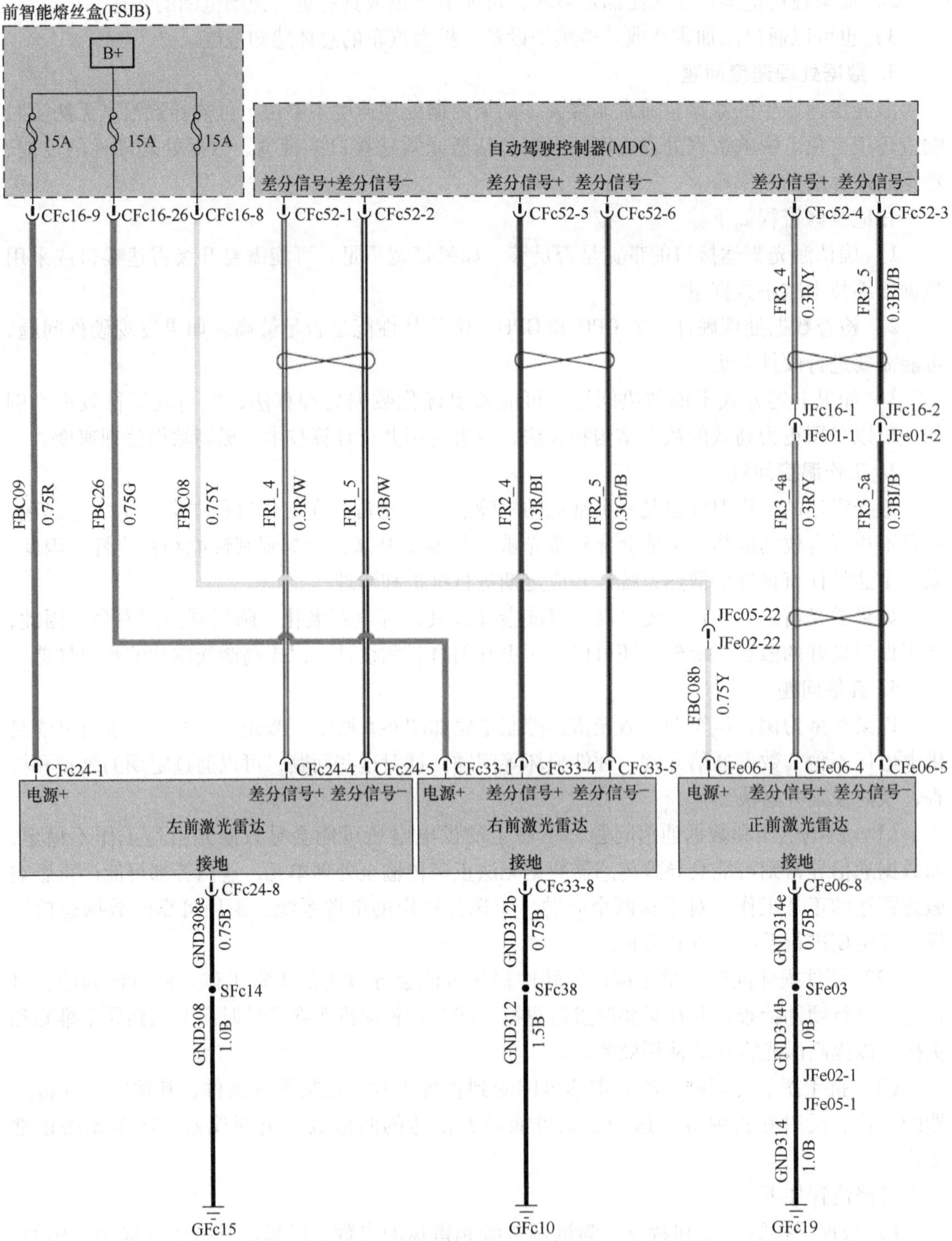

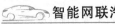

图 6-5　某车型前激光雷达控制电路

用信号处理技术，如滤波和噪声抑制，减小干扰的影响。

3）也可以考虑添加其他感知设备，与激光雷达形成传感器融合系统，以提高整体的抗干扰能力。

（4）耐用性问题　激光雷达可能由于使用时间过长、环境条件恶劣等原因，出现性能下降或故障。这些问题可能导致雷达无法正常工作，影响汽车的感知能力。

维修流程如下。

1）首先，定期对激光雷达进行检查和维护，包括清洁雷达、检查硬件损坏、更换易损部件等。

2）其次，如果发现性能下降或故障，应及时更换或修复相应的部件。

3）最后，也可以通过改进雷达的设计和制造工艺，提高其耐用性。例如，可以使用更为耐用的材料，或者使用更加精确的制造工艺，以提高雷达的性能和使用寿命。

在智能网联汽车中，激光雷达是一个重要的感知设备，它通过发射和接收激光束，测量物体与汽车的距离，为构建三维环境模型提供数据。如果激光雷达出现问题，可按照表6-7给出的故障现象进行分析。

表6-7　激光雷达常见故障说明

序号	故障现象	分析说明
1	无法启动	如果激光雷达无法启动，首先应检查电源线路是否正常，如检查电源是否接通、电源插头是否松动。然后，进行电压和电阻测量，确认电源电路是否正常。如果上述都正常，可能是内部硬件或软件出现问题，需要进一步检查
2	测距不准	如果发现测距不准，可能是激光发射器、激光接收器或测距算法出现问题。应检查激光发射器是否正常工作，如激光功率是否足够、发射角度是否正确。然后，检查激光接收器是否正常工作，如接收灵敏度是否足够、接收角度是否正确。最后，检查测距算法是否正确，如时间测量是否准确、距离计算公式是否正确
3	视场范围过小	如果发现视场范围过小，可能是激光雷达的安装位置不合适，或机械扫描部件出现问题。应调整激光雷达的安装位置和角度，使其能覆盖更大范围。然后，检查机械扫描部件是否正常工作，如转速是否稳定、转动范围是否正确
4	数据处理速度慢	如果发现数据处理速度慢，可能是数据传输线路出现问题，或数据处理硬件和软件性能不足。应检查数据传输线路是否正常，如是否存在信号干扰、连接是否松动。然后，检查数据处理硬件和软件是否正常，如CPU和GPU是否足够强大、数据处理算法是否优化
5	容易受到干扰	如果发现激光雷达容易受到干扰，可能是环境因素影响，或抗干扰能力不足。应首先确定干扰的来源，如其他激光雷达、太阳光等。然后，尝试调整激光雷达的工作参数，如工作频率，以避开干扰。最后，如果无法避开干扰，可以尝试通过软件算法进行干扰消除，如使用滤波器

以某车型为例，其激光雷达控制电路见图6-6，常见故障包括AEB未能奏效、环境因素影响传感器判断、路面条件导致制动距离不足等。

激光雷达的故障检测，主要包括电压与电阻测量和故障分析两个部分。电压与电阻测量是故障检测的基础，只有掌握了这些基础知识，才能进行有效的故障分析。此外，对于每种故障，都需要结合具体情况，进行详细的分析和处理，才能找到真正的原因，并采取合适的措施进行修复。再以奥迪A8为例，激光雷达控制系统常见故障可能包括激光雷达故障、控制系统故障等。

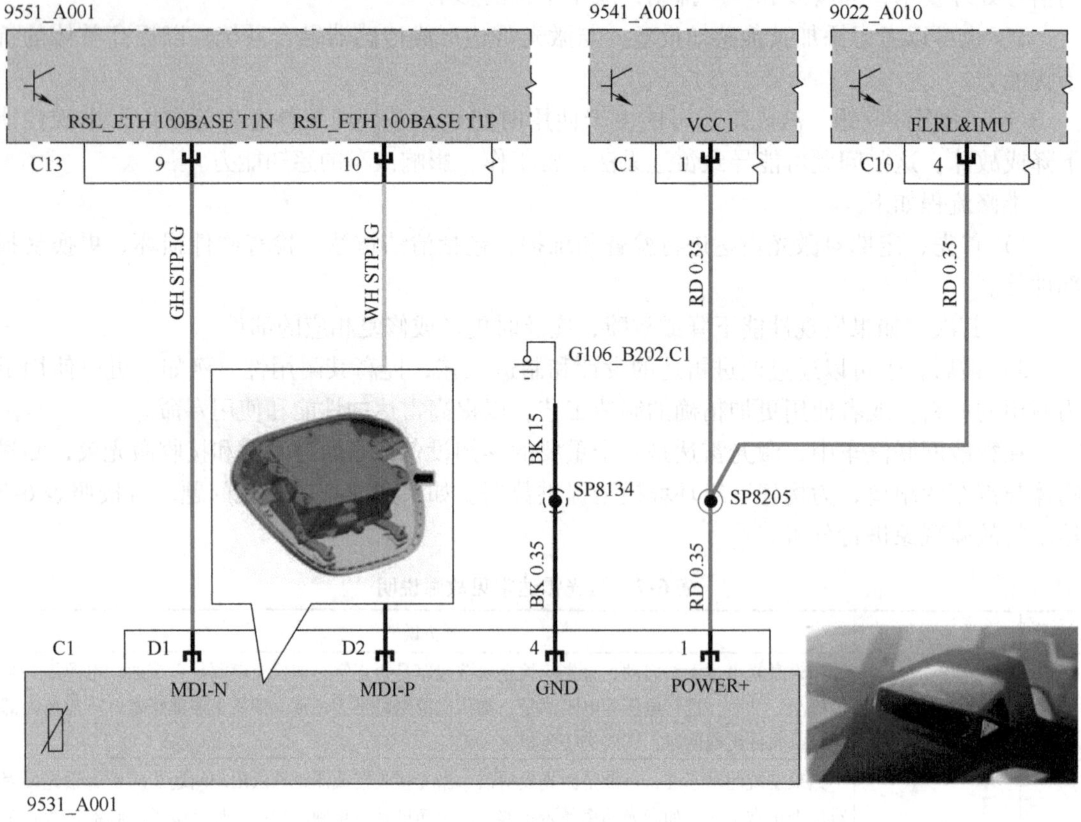

图 6-6　某车型激光雷达控制电路

1）激光雷达故障：如无法正常工作或探测距离不准确等，可能由于激光二极管、旋转镜或接收单元等部件损坏导致。

2）控制系统故障：如无法正确解读激光脉冲的反射情况，计算出前方物体的详细轮廓，可能由于软件错误或硬件故障引起。

对于激光雷达故障，可能需要更换损坏的部件，如激光二极管、旋转镜或接收单元等。对于控制系统故障，可能需要进行软件升级或修复，甚至更换整个控制系统。在维修过程中，还需要注意对激光雷达进行校准，以确保其准确和稳定运行。

在维修过程中，可能会涉及对激光雷达系统的标定和校准，以确保其正常工作。同时，车主也应注意避免异物遮挡激光雷达，保持其清洁和正常工作状态。

6.3.3　摄像头常见故障维修

1. 摄像头故障

在智能网联汽车中，摄像头作为一种重要的环境感知设备，承担着辨识道路、车辆、行人和其他物体的任务。然而，由于各种原因，摄像头可能会出现一些常见的故障或问题。

（1）图像质量问题　智能网联汽车摄像头的图像质量问题是最常见的故障之一。影响图像质量的因素有很多，包括但不限于环境光照条件、天气条件、摄像头硬件性能、镜头污染等。例如，摄像头在低光照或强照明条件下可能无法获取清晰图像；摄像头镜头上的尘土、水滴或雪花也会大幅度降低图像质量。

以某车型为例，其前视觉传感器的电路控制如图 6-7 所示。

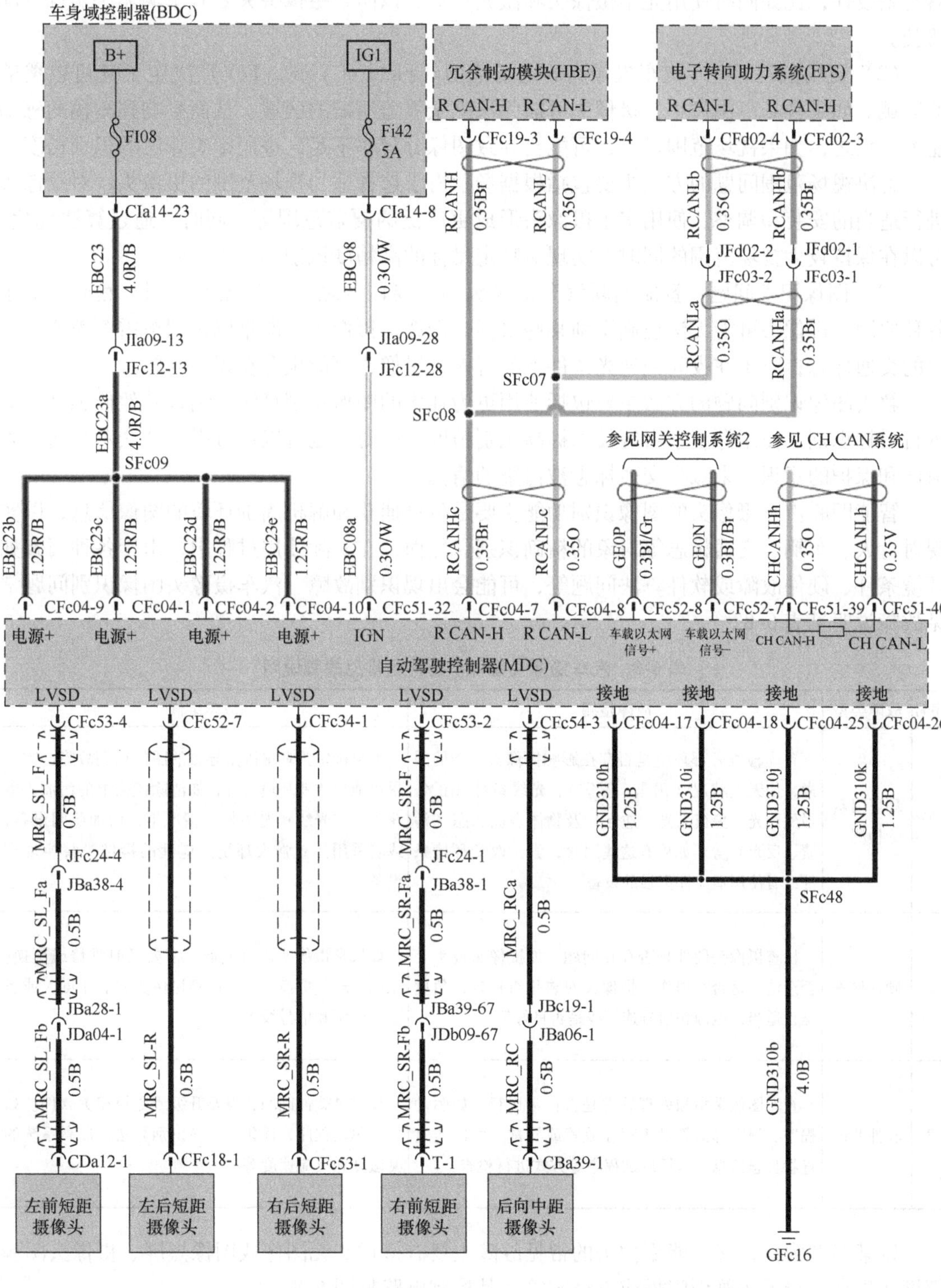

图 6-7 某车型前视觉传感器电路控制

解决图像质量问题的策略主要包括采用适于各种光照条件的高动态范围（HDR）摄像头、定期清洁镜头、使用图像处理算法消除图像噪声等。同时，汽车厂商还应考虑添加传感器冗余设计，比如同时使用光学摄像头和激光雷达，以防止摄像头失效时车辆无法实现自动驾驶。

（2）视场范围问题　汽车摄像头的视场范围（Field of View，FoV）决定了其可以覆盖的区域。如果视场范围过小，摄像头可能无法完全覆盖所需的区域，从而影响到车辆的感知能力。反之，如果视场范围过大，可能会导致图像分辨率不足，进而影响算法的识别精度。

解决视场范围问题的方法主要包括根据场景需求选择适当视场范围的摄像头、对摄像头进行适当的安装和调整、使用多个摄像头形成更广泛的覆盖范围等。同时，通过算法优化，可以在保持较大视场范围的同时，实现对特定目标的高精度识别。

（3）图像识别问题　智能网联汽车摄像头的主要任务之一就是图像识别。然而，由于各种原因，摄像头可能无法正确识别某些目标。例如，摄像头可能难以识别被雪覆盖或有污渍的交通标志；对于在夜间或逆光条件下的行人，摄像头可能也存在识别问题。

解决图像识别问题的方法主要包括使用更为强大的图像识别算法、结合其他传感器数据进行目标识别、使用深度学习等技术提高识别精度。同时，也可以通过提升公众对交通标志清洁和保护的意识，来减少交通标志被污染的情况。

智能网联汽车摄像头的图像识别功能主要是负责捕获和解析周围环境的图像信息，以实现对行人、车辆、交通标志等对象的精确识别。然而，在实际使用过程中，由于各种因素如环境条件、硬件故障或软件算法问题等，可能会出现识别故障。汽车摄像头图像识别问题常见故障说明见表6-8。

表6-8　汽车摄像头图像识别问题常见故障说明

序号	故障类型	故障检测	故障维修
1	环境因素检测	首先检查外部环境是否存在影响摄像头性能的因素，如天气状况（雨雪、雾霾）、光线条件（正午强烈阳光、黑夜无光、逆光）及物体表面状态（污渍、反光）等。如果有这些因素，尝试改变环境条件或者使用适应性更强的设备	如果确定为环境因素导致的图像识别故障，需要尽可能地改变环境条件，如清除镜头上的污渍、雪花等；在光线状况不好的情况下，增加照明设备；或者采用具有强大环境适应性的摄像头替换现有设备
2	硬件检查	检查摄像头硬件是否存在问题，如摄像头镜头是否清洁、是否有损伤；摄像头安装是否稳定，角度是否适当；电源和信号连接线是否良好等	如果是摄像头硬件问题，需要及时维修或更换。比如清理或更换镜头，调整摄像头安装角度，或者更换电源和信号线等
3	软件调试	查看图像采集和处理软件是否正常运行，如驱动程序、识别算法等是否存在故障或异常。可以通过查看日志信息、运行测试程序等方式进行检查	如果是软件问题，需要升级或更换相关软件。如更新驱动程序，优化或更换识别算法，提高系统的灵敏度和反应速度等

以某车型为例，多功能摄像头的常见故障主要有摄像头无图像或图像黑屏、摄像头图像模糊或失真、摄像头画面闪烁或不稳定等，其控制电路见图6-8。

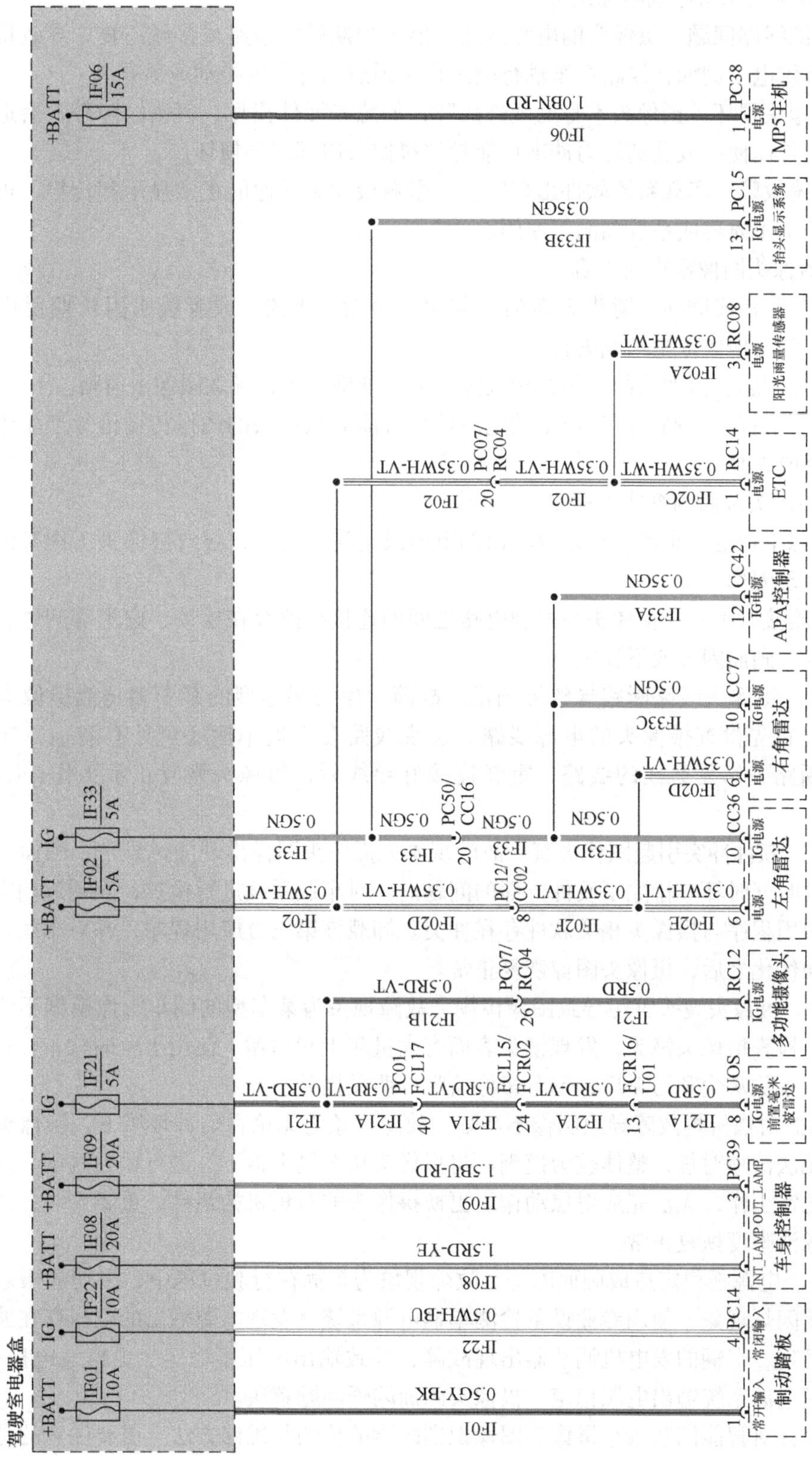

图 6-8 某车型多功能摄像头控制电路

（1）摄像头无图像或图像黑屏

1）电源线路问题。摄像头的电源线路可能出现断路、短路或接触不良，导致摄像头无法获得正常供电。例如，线路在车辆行驶过程中因震动等原因松动或断开。

2）摄像头损坏。摄像头本身的硬件故障，如感光元件损坏、镜头故障等，会造成无图像或黑屏。长期使用或受到外力冲击可能导致摄像头内部部件损坏。

3）系统故障。车载系统软件出现问题，影响摄像头图像的正常显示和传输，可能是软件冲突、版本不兼容或系统漏洞等原因。

（2）摄像头图像模糊或失真

1）镜头脏污或磨损。镜头表面沾有灰尘、污垢、水渍，或者镜头因长期使用出现磨损、划痕，都会使成像模糊或失真。

2）对焦问题。摄像头的对焦机构故障，无法准确对焦，导致图像不清晰。

3）信号干扰。车辆周围环境中的电磁信号可能对摄像头的图像传输信号产生干扰，造成图像模糊或失真。

（3）摄像头画面闪烁或不稳定

1）电源不稳定。车辆电源系统输出的电压或电流不稳定，导致摄像头工作时供电不稳定，画面出现闪烁。

2）线路接触不良。摄像头与控制电路之间的连接线路存在松动、虚焊等问题，使信号传输不稳定，画面闪烁或不稳定。

案例1。摄像头线路断路导致无图像。故障现象为某车型的某个多功能摄像头突然无图像显示。首先检查摄像头的电源线路，发现线路在靠近车辆底盘处有磨损，导致其中一根导线断路。修复磨损的线路，重新连接好导线后，摄像头恢复正常工作，图像显示也正常。

案例2。软件冲突引起图像失真。故障现象为摄像头图像出现颜色异常、画面扭曲等失真现象，且时好时坏。排除了硬件方面的问题后，对车载系统进行检查，发现近期安装的某个第三方应用程序与摄像头相关软件存在冲突。卸载该第三方应用程序，并对车载系统软件进行更新和优化之后，摄像头图像恢复正常。

案例3。摄像头镜头脏污导致图像模糊。故障现象为某车型的倒车影像模糊不清，影响倒车安全。检查摄像头镜头，发现镜头表面有大量灰尘和污垢。使用干净的软布轻轻擦拭摄像头镜头，去除灰尘和污垢后，倒车影像清晰度明显提升。

案例4。对焦机构故障导致图像不清晰。故障现象为无论在何种环境下，摄像头拍摄的图像始终无法清晰对焦，整体较为模糊。将摄像头从车辆上拆下，进行单独测试，发现对焦机构无法正常工作，无法完成对焦动作。更换摄像头的对焦机构组件，重新安装并调试摄像头后，图像清晰度恢复正常。

案例5。电源不稳定造成画面闪烁。故障现象为车辆在行驶过程中，多功能摄像头的画面出现频繁闪烁现象。使用专业设备检测车辆电源系统，发现电源输出的电压存在波动。进一步检查发现，车辆的发电机调节器出现故障，导致输出电压不稳定。更换发电机调节器，修复后车辆电源系统输出电压稳定，摄像头画面闪烁问题解决。

以上是针对智能网联汽车摄像头图像识别故障的检测与维修方法。需要注意的是，这些都是常见而基础的检测维修思路，针对具体的故障情况，可能还需要采取更专业的措施进行处理。同时，定期进行摄像头的维护和检查也是非常重要的，这样能够有效避免故障的发生。

汽车摄像头在极端天气条件下可能会出现工作异常的情况。例如，高温可能会导致摄像头内部电路发热过度，影响其稳定性和使用寿命；低温则可能使镜头产生冷凝，影响图像质量。汽车摄像头在极端天气条件下的工作异常是一个常见问题，常见故障说明见表6-9。

表6-9 汽车摄像头极端天气条件下常见故障说明

<table>
<tr><th>序号</th><th>故障类型</th><th>故障检测</th><th>故障维修</th></tr>
<tr><td>1</td><td>温度检测</td><td>如果汽车摄像头在高温或低温环境中工作，需要定期检测摄像头内部和外部的温度。如果温度超过了摄像头的正常工作范围，那么可能会影响摄像头的性能</td><td rowspan="2">如果是因为温度问题导致的摄像头故障，可以尝试调整车内外环境的温度。例如，在高温条件下，可以起动车辆的空调系统，使得摄像头的工作环境降温；在低温条件下，可以使用暖风系统，使得镜头表面不易产生冷凝。
如果确定是摄像头硬件的问题，比如镜头有冷凝，可以更换镜头，或者使用一些专门的防冷凝设备，避免镜头冷凝的发生。
在一些情况下，可能需要更新摄像头的固件版本，或者调整图像处理算法，以适应极端天气条件下的工作</td></tr>
<tr><td>2</td><td>图像质量检查</td><td>在极端天气条件下，可以通过查看摄像头采集的图像来判断其是否正常工作。如果图像模糊，或者有其他质量问题，说明摄像头可能出现问题</td></tr>
</table>

以上就是对于汽车摄像头在极端天气条件下可能出现的故障检测和维修的方法。然而，需要强调的是，“预防”总是优于“治疗”，所以在使用汽车摄像头时，我们应尽量避免在极端天气条件下使用，以减少可能出现的故障。解决耐寒耐热问题的策略主要包括使用耐高温和耐低温材料制作摄像头、在摄像头中添加散热或加热设备、设计合理的摄像头保护罩等。此外，也可以通过软件手段预测并管理摄像头的工作温度。

2. 电源问题

汽车摄像头需要稳定的电源供应才能正常工作。如果电源不稳定或电压过高过低，都可能会导致摄像头无法正常工作。此外，电源故障也可能会导致摄像头无法正常启动或关闭。

检查汽车摄像头的电源线是否接触良好，有无断裂、松动等情况。此外，通过万用表检测电源线的电压是否在正常范围内。如果发现电源线接触不良、断裂或松动，应立即进行更换或修复。对电源线进行全面的视觉检查，寻找任何明显的损伤，如破裂、裂缝或严重的磨损。此外，检查插头和插接件是否松动，插针是否有烧蚀或断裂。使用万用表设置为电阻档，黑红表笔分别接触电源线两端，如果万用表显示无穷大，则电源线内部断裂。如若电源线存在断裂或严重磨损，则须进行更换。购买相同型号和规格的电线，注意颜色需要和旧电源线的颜色相匹配，以便正确连接。

如果是因为电压过高或过低导致的问题，可能需要对车辆的电源系统进行调整或者更换电源模块。首先，通过智能网联汽车的诊断系统，确认新设备的电压是否过高或过低。使用电压表检测前视摄像头的供电电压。一般来说，大多数汽车电源系统的工作电压在12V，如果测量的电压值与此相差较大，则可能需要调整。如果诊断结果显示电源模块有问题，建议更换新的电源模块。更换电源模块前，应先关闭汽车电源，然后拔下旧的电源模块，安装新的电源模块。完成后，确保所有连接线都插好，并且无松动现象。

如果确定是工作电压问题，可以尝试调整汽车电源系统的工作电压。具体调整方式根据汽车型号和电源系统的不同可能会有所不同，需要参考汽车制造商提供的手册来操作。安装或调整完毕后，再次使用电压表测试当前摄像头的供电电压是否正常。更换或调整后，起动汽车，如果系统诊断显示一切正常，那么即完成了电源模块的更换或电源系统的调整。

有时软件故障也会导致摄像头电源异常，可以尝试执行系统复位或者更新摄像头的固件。首先，通过智能网联汽车的诊断系统，确认是否存在软件故障导致的摄像头电源异常。检查摄像头的软件版本，看是否有新的更新可用。如果有，那说明可能需要更新软件来解决问题。

在汽车的信息娱乐系统中找到复位选项进行系统复位。通常，这将重新启动系统，以清除可能导致问题的临时软件错误。如果系统复位不能解决问题，你可能需要更新摄像头的固件。根据汽车制造商的说明手册，选择合适的更新方法。大多数情况下，会有线连接车辆与计算机，通过专用的更新工具完成固件的下载与升级。完成更新后，重新起动汽车，并通过智能网联汽车的诊断系统检查更新是否成功，看是否已经解决了摄像头电源异常的问题。

注意事项：更新过程中要保持电源稳定，避免出现断电或者电源不稳导致的更新失败或设备损坏。如果没有把握，建议由专业人员进行操作。另外，不同的汽车型号和制造商可能有不同的软件更新方式，具体操作前请详细阅读和遵守制造商提供的指南。

以上是对汽车摄像头电源问题可能出现的故障检测和维修的方法。但需注意的是，非专业人员不建议私自维修，以免造成更大的损害。如遇到类似问题，建议及时送到专业的汽车维修站点进行检测和维修。

3. 硬件损坏问题

智能网联汽车摄像头的硬件损坏可能来自多种原因，包括车辆碰撞、使用不当、材料老化、设计缺陷等。这些因素都可能对摄像头的正常工作产生影响。以下是一些针对硬件损坏的故障检测和维修方法。

首先，要注意汽车摄像头的外壳是否有破裂、裂纹或变形，观察是否有缺陷或破损，如裂缝、划痕或凹陷等。确认镜头、连接线、安装支架等各部分是否牢固完整，没有松动、断裂现象。同时，检查所有的螺钉是否都已经锁紧。

仔细查看摄像头的表面，看是否有明显的撞击痕迹或刮伤。查看摄像头的镜头表面是否干净，没有灰尘、污渍，以确保不会影响图像的清晰度。如果有必要，可以使用专用的清洁工具进行清洁。如果摄像头是通过线缆连接的，需要检查连接端口是否完好，接口是否有磨损、锈蚀，插针是否弯曲或断裂。对于以上的检查步骤，做好详细记录，如有破损、撞击痕迹，应详细记录位置、大小等信息，并拍照留存。在进行外观检查时，应保持细心和耐心，避免遗漏任何细微的异常。

通过开启车辆及摄像头，检查摄像头是否能正常启动，注意是否有花屏、断屏、颜色失真、画面卡顿等现象。同时也需要注意图像的清晰度，特别是边缘和角落的清晰度。如果图像质量不佳，可以尝试调整摄像头的设置，如亮度、对比度等，查看是否可以改善图像质量。

注意事项：功能测试是一个反复迭代的过程，可能需要多次调整并重新开始测试。另外，检验摄像头的清晰度和画面质量时，应避免直接看向强光源，以防损伤视力。

对于一些内部的硬件故障可能需要借助专业的设备进行检测，如通过主板测试仪来检查摄像头的主板是否正常。在进行硬件检测之前，请确保先断开汽车和摄像头的电源，以防止测试时发生电路短路。将摄像头从智能网联汽车中拆卸下来，检查摄像头与主机的连接是否正常，摄像头的接口是否有松动、断裂等现象。同时，视觉检查摄像头是否存在物理损伤。根据设备手册，正确连接主板测试仪和摄像头主板。打开主板测试仪，根据设备指示运行测试程序。马上将收到测试信息，包括主板是否有损坏，电流、电压是否正常等。如果显示有问题，这可能意味着你的主板需要维修或更换。如果一切看起来正常，那就可能是其他方面的问题。

以某车型为例，常见故障主要包括摄像头无图像或图像黑屏、摄像头图像模糊或失真、摄像头画面闪烁或不稳定等。

（1）摄像头无图像或图像黑屏

1）电源供应问题：可能是摄像头的电源线路断路、短路，或者电源适配器故障，导致摄像头无法获得正常工作所需的电力。

2）软件故障：车载系统或摄像头相关的软件出现错误、冲突或版本不兼容，影响摄像头图像的正常显示。

3）硬件故障：摄像头本身的感光元件、镜头等部件损坏，或者连接线路接触不良。

（2）摄像头图像模糊或失真

1）镜头问题：镜头表面有污垢、划痕或雾化，影响成像质量；镜头的对焦机构出现故障，导致无法准确对焦。

2）信号干扰：周围环境中的电磁信号干扰摄像头的图像传输信号，导致图像出现模糊或失真现象。

（3）摄像头画面闪烁或不稳定

1）电源不稳定：电源输出的电压或电流波动较大，使摄像头工作不稳定。

2）线路接触不良：摄像头与控制电路之间的连接线路存在松动、虚焊等问题，导致信号传输时断时续。

案例1：电源线路故障导致摄像头无图像。故障现象为某车型的某个摄像头无图像显示。该车型智能驾驶摄像头的控制电路如图6-9所示，维修人员首先检查了摄像头的电源线路，发现线路中有一处断路。对断路的线路进行修复，重新连接好后，摄像头恢复正常工作，图像显示正常。

案例2：软件问题引起的图像失真。故障现象为摄像头图像出现严重的失真现象，颜色异常且画面扭曲。排除了硬件方面的问题后，维修人员对车载系统软件进行检查，发现存在软件冲突。通过更新车载系统软件，解决了软件冲突问题，摄像头图像恢复正常。

案例3：摄像头镜头损坏导致图像模糊。故障现象为摄像头拍摄的图像整体模糊不清，无法清晰识别物体。仔细检查摄像头镜头，发现镜头表面有严重的划痕。更换新的摄像头镜头，重新安装后，图像清晰度恢复正常。

如果遇到智能驾驶摄像头的控制电路故障，建议先尝试重启车辆电子系统、检查相关线路连接是否正常及镜头表面是否清洁等简单操作。若问题仍未解决，再进行更深入的检测和维修。

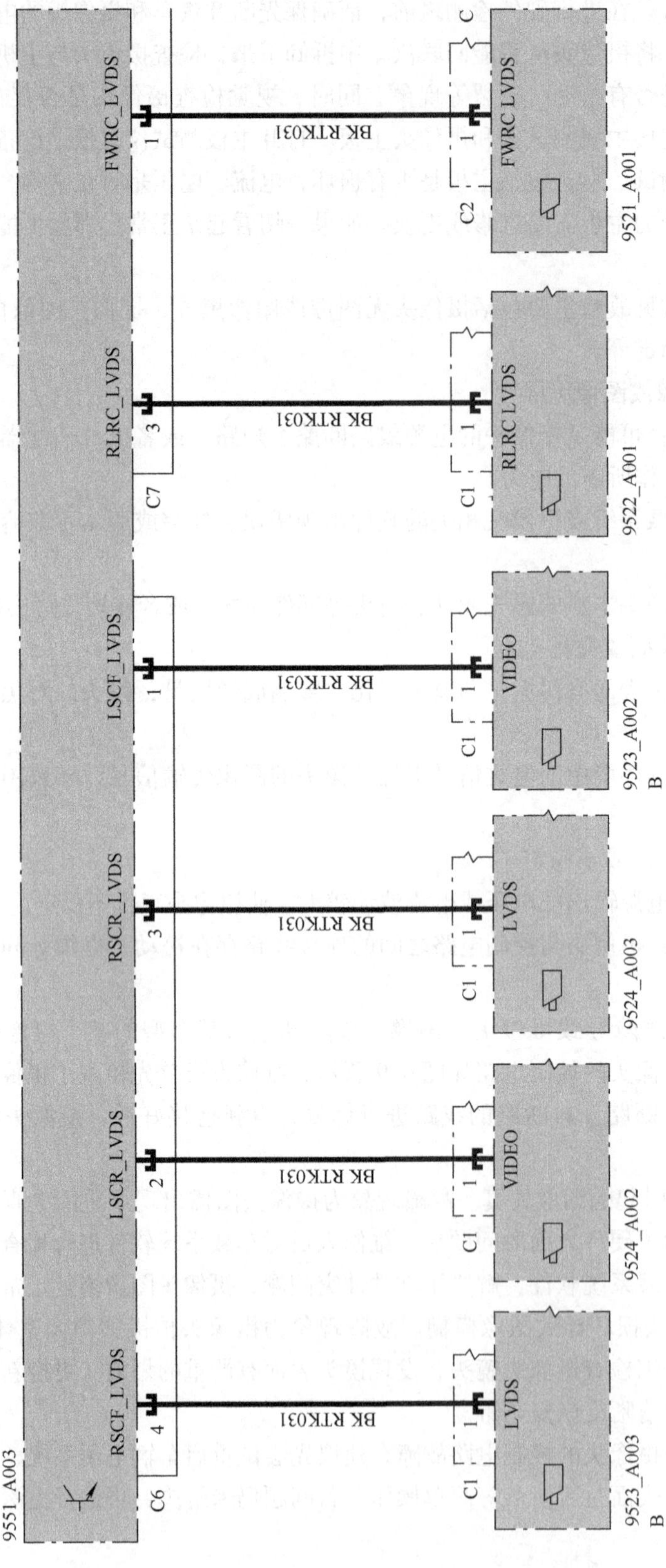

图 6-9　某车型智能驾驶摄像头的控制电路

对于一些小的硬件问题，如镜头破碎，可能只需要更换镜头即可解决。而对于严重的如主板损坏等问题，可能需要更换整个摄像头。在车祸中，内部布线可能会松动或断裂，需要重新接线或者更换线材。有时候硬件问题可能是由于固件不同步引起的，在更换硬件之后可能需要更新固件来保证硬件的正常工作。针对硬件损坏问题，应该及时更换损坏的硬件部分。此外，汽车厂商也可以通过提高硬件的耐用性和设计更易于维修的部件，来减少这类问题的发生。

注意事项：由于汽车内部的电气设备具有一定的危险性，所以请保证在安全的环境下进行操作。在进行硬件检测和维修时，建议由经过专业训练的技术人员进行。

6.3.4 智能网联汽车整车电气控制系统常见故障检修

1. 传感器故障

智能网联汽车的各类传感器如雷达、激光雷达（LiDAR）、摄像头和超声波传感器等，都起着至关重要的作用。它们相当于车辆的“眼睛”，为车辆提供周围环境的详细信息，使车辆能够识别并理解其运行的环境，其故障类型主要有物理损伤、污染、软件错误等。

（1）物理损伤　物理损伤是指传感器因外力撞击或刮擦造成的结构性损坏。像在驾驶过程中遭遇小石子、飞溅的水泥等硬物撞击，或在停车过程中遭受刮擦等，都可能对传感器造成物理损伤。处理此类问题需要定期检查车辆的传感器，一旦发现裂缝或其他形式的物理损伤，需要及时更换。

（2）污染　传感器表面的污渍、尘土、雨水、雪花等都可能干扰传感器的正常工作，造成数据异常。例如，雷达在遇到雨雪天气时，水滴、雪花的附着可能导致雷达信号反射，影响数据的准确性。这需要车主定期清洁传感器，保持其清洁。

（3）软件错误　软件错误是指传感器的数据处理程序存在的问题。包括但不限于算法错误、数据接口不匹配、程序运行错误等，通常会通过升级和优化软件版本来解决。用户需要定期关注厂商的软件更新信息，及时进行更新操作。

传感器故障检测维修方法主要包括定期检查物理完整性、清洁传感器表面、软件升级以及进行专业校准。在检测过程中，对于不同类型的传感器，会测量其特定的参数值来判断是否处于正常状态，如雷达传感器的供电线路可能需测量12V或24V的电压，而信号线路则可能需要检测阻抗值，应在数百至数千欧之间；激光雷达的接收模块和发射模块可能会分别测量其特定的电阻或电容值，通常在数百至数千欧（法）范围内；摄像头模块则可能通过检测其电路中的特定电阻值来判断电路连接是否良好，具体阻值依设计而异；超声波传感器也会测量其内部振荡电路的电阻或电容值，以判断其工作状态，这些阻值同样会根据具体设计和型号有所不同。

注意，定期的维护和校准对于保障传感器的正常运作至关重要。只有数据准确，才能保证安全驾驶。另外，车辆传感器的维护和清洁也应该交由专业人员来完成，以避免在这个过程中对传感器造成二次损伤。

2. 通信系统故障

通信系统故障可能会导致车辆无法接收或发送数据，从而影响其网联功能。这可能是由于硬件故障、信号干扰或网络问题引起的。通常需要专业的诊断工具和技术人员来检查和修复。

智能网联汽车需要通过通信系统来接收和发送数据，实现车辆控制、远程诊断、地图更新、信息娱乐等功能。当通信系统发生故障时，可能会导致一系列的问题。通信系统的硬件包括但不限于天线、卫星定位设备、无线通信设备等。这些设备可能由于年久失修、恶劣环境影响、意外碰撞等原因出现故障，影响汽车的通信功能。如果汽车的通信硬件出现故障，可能需要专业的检测，并根据具体情况进行修复或更换。

以某车型为例，该车型智能驾驶中车载网络通信系统常见故障如下。

（1）CAN 通信系统常见故障

1）通信故障。现象为：车辆仪表板显示异常，如故障灯亮起，或车辆无法起动、起动后无法熄灭，以及车辆动力性能下降、某些电控系统功能失效等。原因可能是 CAN 总线上的数据传输失败，可能是由于线路短路、断路、节点故障或终端电阻不匹配等原因引起的。

2）电压异常。现象为：CAN 总线唤醒后，CAN-H 和 CAN-L 的对地电压不在正常范围内（通常为 CAN-H 对地电压约为 2.656V，CAN-L 对地电压约为 2.319V，两者相加为 4.975V）。

原因可能是 CAN 线之间短路、对电源短路、对地短路或相互接反等。

3）物理损坏。现象为：线束磨损、断裂或插接件松动、腐蚀等。长期使用、车辆振动、环境侵蚀等因素可能导致线束和插接件的物理损坏。

案例 1：CAN 通信故障导致车辆无法起动。某车辆在起动时出现无法起动的故障，仪表板上显示多个故障灯，经检查发现为 CAN 通信故障。使用诊断仪读取故障码，确认故障与 CAN 通信相关。检查 CAN 总线上的各个节点（如发动机 ECU、变速器控制单元、ABS 控制单元等）是否正常工作。检查 CAN 总线的线束和插接件，确认是否有开路、短路或接触不良等现象。该车的网络通信控制电路见图 6-10。

通过逐一断开 CAN 总线上的控制模块（节点），使用万用表测量 CAN-H 和 CAN-L 的对地电压及电阻，最终定位到某个控制模块故障。更换故障的控制模块，并重新连接 CAN 总线。清除故障码，并起动车辆进行测试，确认故障已排除。

案例 2：CAN 总线电压异常。某车辆在行驶过程中突然失去动力，仪表板上显示多个故障灯，经检查发现 CAN 总线电压异常。使用万用表测量 CAN-H 和 CAN-L 的对地电压，发现电压值不在正常范围内。检查 CAN 总线的线束和插接件，确认是否有短路、断路或接触不良等现象。逐一断开 CAN 总线上的控制模块（节点），检查终端电阻是否匹配。通过排查发现某个控制模块的输出电压异常，导致 CAN 总线电压不稳定。更换故障的控制模块，并重新调整终端电阻。清除故障码，并启动车辆进行测试，确认电压已恢复正常，故障已排除。

（2）其他车载网络通信系统

除了 CAN 通信系统外，智能驾驶还涉及其他车载网络通信系统（如 LIN、FlexRay 等），这些系统也可能出现类似的故障现象和维修过程。在实际维修中，需要根据具体的故障现象和车辆配置选择合适的诊断工具和维修方法。

以某车型为例，该车型的抬头显示（HUD）拥有 56in 的超大显示尺寸，能够将导航地图、当前时速、预估续航等重要信息直接投射到驾驶员的视线范围内，无须驾驶员低头查看仪表盘，从而大大提升了驾驶的安全性和便利性。抬头显示系统的控制电路如图 6-11 所示，其通信故障主要涉及前风窗玻璃镀银层导致的信号干扰问题。部分车主反馈，在使用导航过

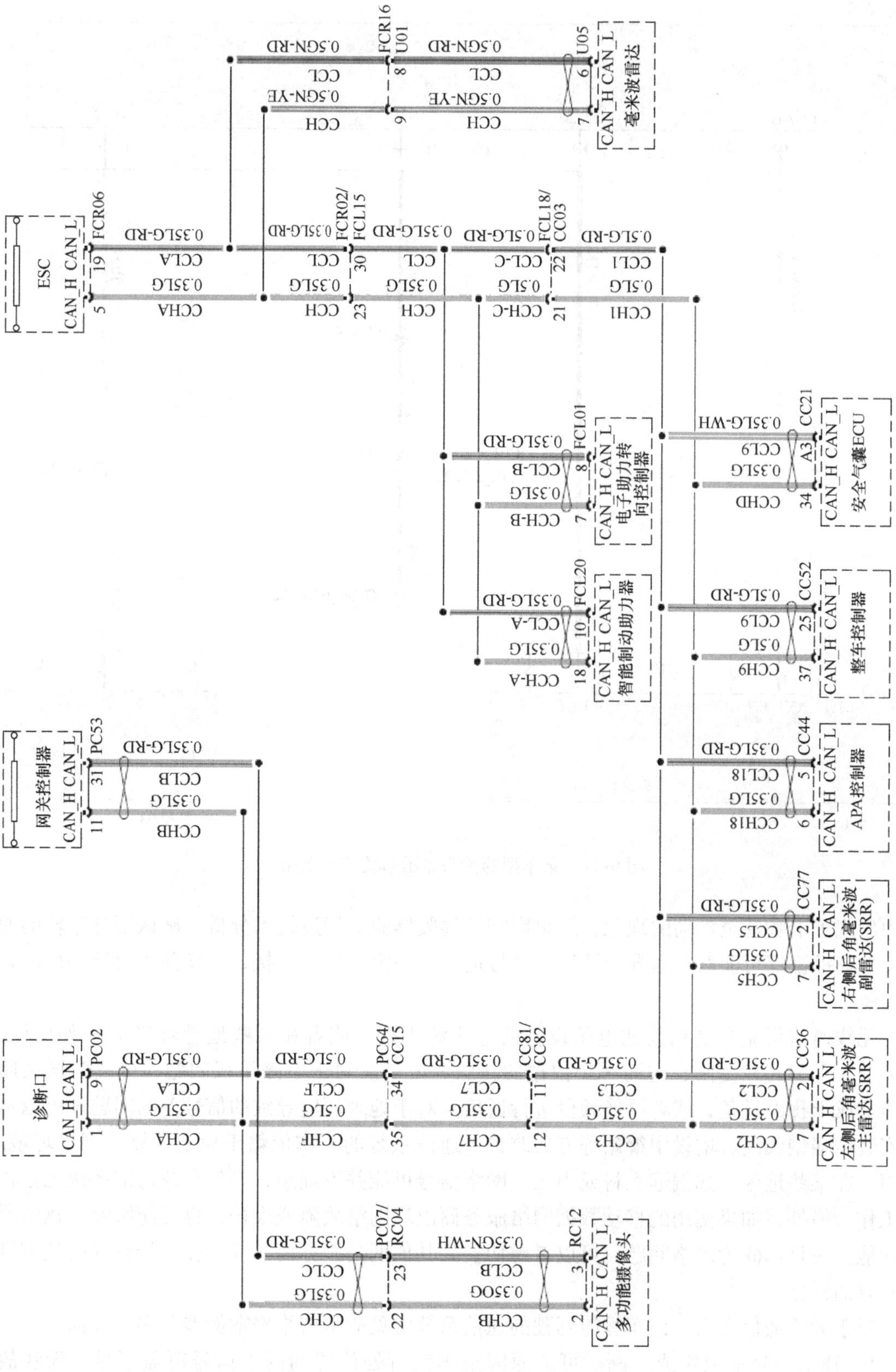

图6-10 某车型的网络通信控制电路

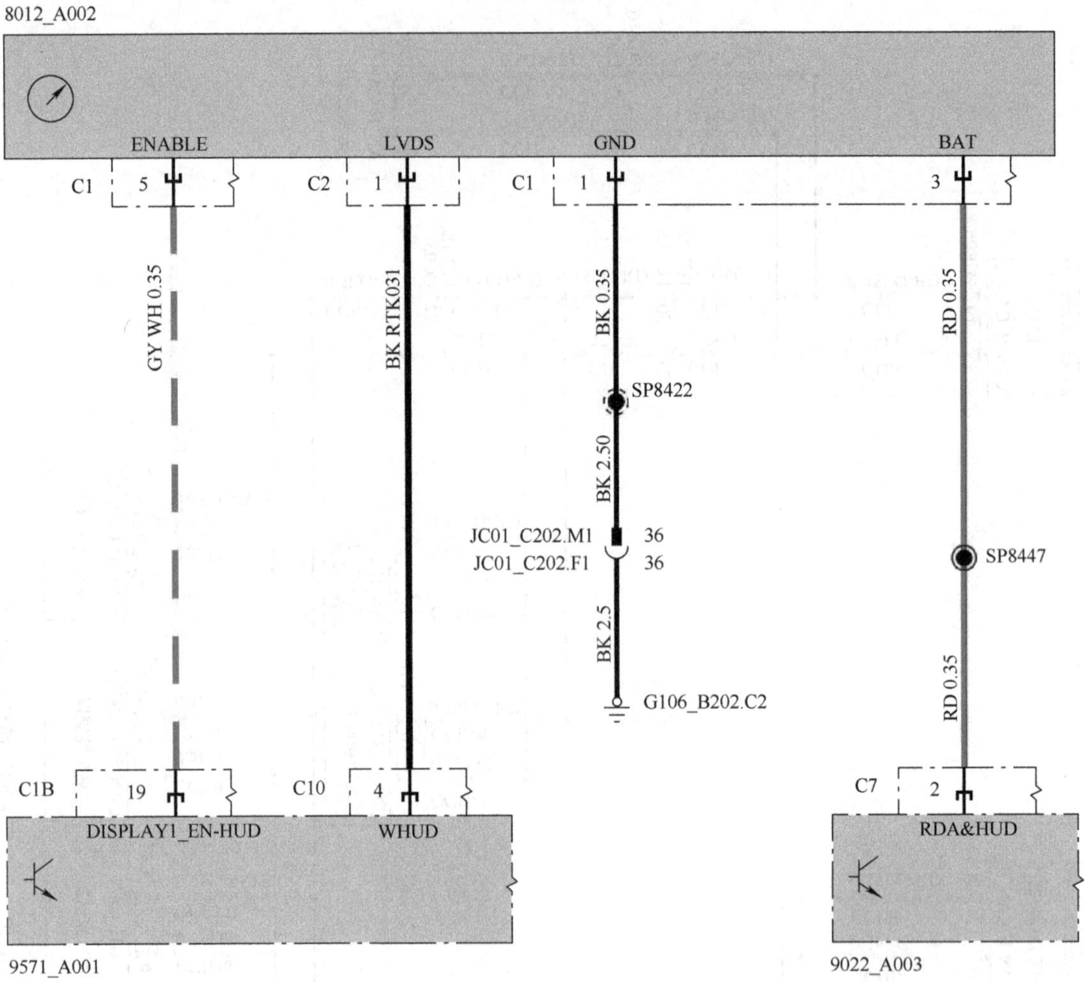

图 6-11　某车型的抬头显示系统控制电路

程中出现了卡顿甚至不动的现象，严重影响了驾驶体验。经过技术分析，确认部分车辆的前风窗玻璃镀银层可能对车内导航及通信信号造成了一定程度的干扰，更换前风窗玻璃后问题得到解决。

无线通信可能会受到其他电子设备的电磁波干扰，或者在某些地理环境下（如山区、隧道等）信号传输受阻，进而影响数据的接收和发送。对于电磁干扰问题，可以尝试关闭可能造成干扰的设备，或者更换频段进行通信。对于地理环境导致的信号差的问题，可以考虑安装增强型天线、增设中继站等方式改善。通信系统的工作依赖于稳定可靠的网络环境。然而，在某些地区，如偏远农村或山区，网络信号可能并不理想，导致车载通信系统无法正常工作。另外，如果使用的移动数据网络服务商出现网络故障或维护，也可能影响车辆的通信功能。一旦诊断为网络问题，可以考虑切换到其他网络服务商，或者在信号较好的地方进行必要的操作。

对于无线通信层面，该车智能驾驶的通信系统常见故障与维修案例涉及多个方面。

1）通信信号不稳定或中断。可能原因是车辆所处位置的网络信号覆盖不足、天线故障、通信模块故障或软件问题。在维修时应首先检查车辆所在位置的信号强度，确认是否为信号覆盖问题；然后检查天线和通信模块的连接情况，如有松动或损坏需及时修复；最后，考虑软件升级或重置通信模块以解决问题。

2）数据传输延迟或错误。这可能与通信系统的带宽限制、数据传输协议问题、车辆内部网络拥堵或外部干扰有关。在维修时应优化数据传输协议，提高数据传输效率；检查并升级车辆内部网络硬件，减少网络拥堵；排除外部干扰源，确保通信环境良好。

3）V2X 通信故障。V2X 通信技术涉及车辆与周边车辆、道路基础设施、行人等的信息交互，故障可能由传感器失效、决策算法出错、通信模块故障或系统配置不当引起。在维修时应使用故障清除器读取故障码，定位具体故障位置；检查传感器、通信模块及相关线束的完好性；更新系统软件和算法，确保 V2X 系统正常运行。

案例 1：某车型增程器通信故障。车辆在高速行驶时，仪表偶尔提示增程器故障，故障码为 P3CBF00，指示位置信号检测回路故障。使用诊断仪读取发电机控制器 GCU 的故障码，确认为 P3CBF00。检查发电机旋变信号线束及插头，发现插头缺少密封圈，且插孔有腐蚀现象。处理插头腐蚀，安装新的密封圈，确保连接防水防尘。试车后故障未再出现，确认故障排除。本案例中的故障由发电机旋变信号插头腐蚀和缺少密封圈引起，导致信号不稳定从而触发故障码。维修时关注细节，正确处理和更换损坏部件是排除故障的关键。

案例 2：某车型 V2X 通信故障导致避撞预警失效。在复杂交通环境中，车辆未能通过 V2X 技术提前感知到右侧盲区内的车辆并发出预警，导致潜在碰撞风险。使用专业设备检测 V2X 通信系统各组件的工作状态。发现传感器信号异常或通信模块故障，导致信息传输中断。更换或修复故障传感器和通信模块，重新校准和配置 V2X 系统，确保各组件协同工作正常。进行路试验证，确认避撞预警功能恢复正常。

3. 车载计算平台故障

车载计算平台是智能汽车的核心部分，它承载了车载系统的大部分计算任务，并管理着车辆的各种功能。一旦车载计算平台出现问题，可能会导致车辆无法正常运行。

汽车的计算平台由多个硬件设备组成，包括处理器、内存、磁盘等。如果这些设备出现故障，可能会导致系统运行不稳定，甚至无法启动。首先，需要使用专业的诊断工具检查硬件设备的状态，如电压、温度、运行频率等。如果发现硬件设备存在问题，可以考虑修复或更换。

以某车型为例，该车低算力自动驾驶域控制器的电源通过前区域控制器供电，而数据线则主要通过 CAN 总线进行通信，与整车中央域控制器和座舱控制器相连。此外，与激光雷达等高精度传感器的连接则采用高速以太网（如 1000M 以太网）。接地设计则遵循汽车电子系统的标准，确保电磁兼容性和系统稳定性。该车型低算力自动驾驶域控制器的电路系统供电见图 6-12。

该车型自动驾驶域控制系统惯性测量单元、前向毫米波雷达的控制电路如图 6-13 所示。目前，该车型低算力自动驾驶域控制器仍存在智能驾驶失灵故障、制动系统故障。例如，一位车主在泊车时出现疑似制动失灵的状况，具体表现为制动踏板疑似失灵，车内发出警报声，车机屏幕出现“制动性能受限、制动系统故障、自动驻车故障和上坡辅助功能异常”四项异常信息。

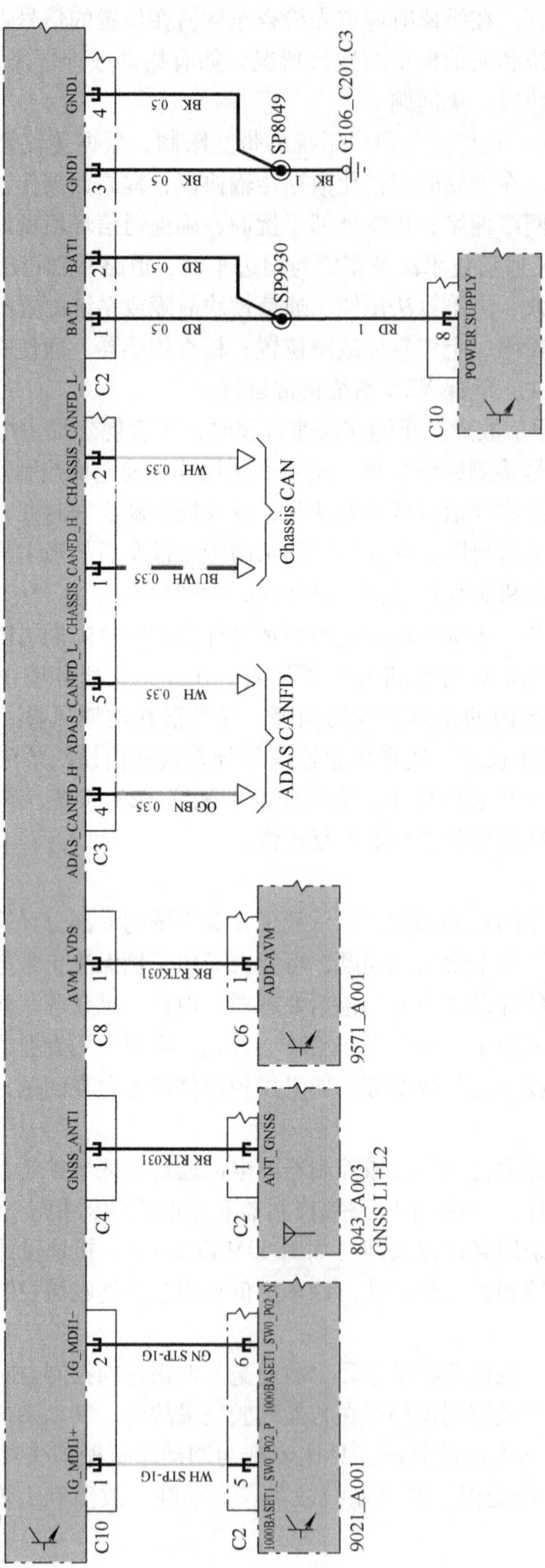

图 6-12　某车型自动驾驶域控制系统电源电路

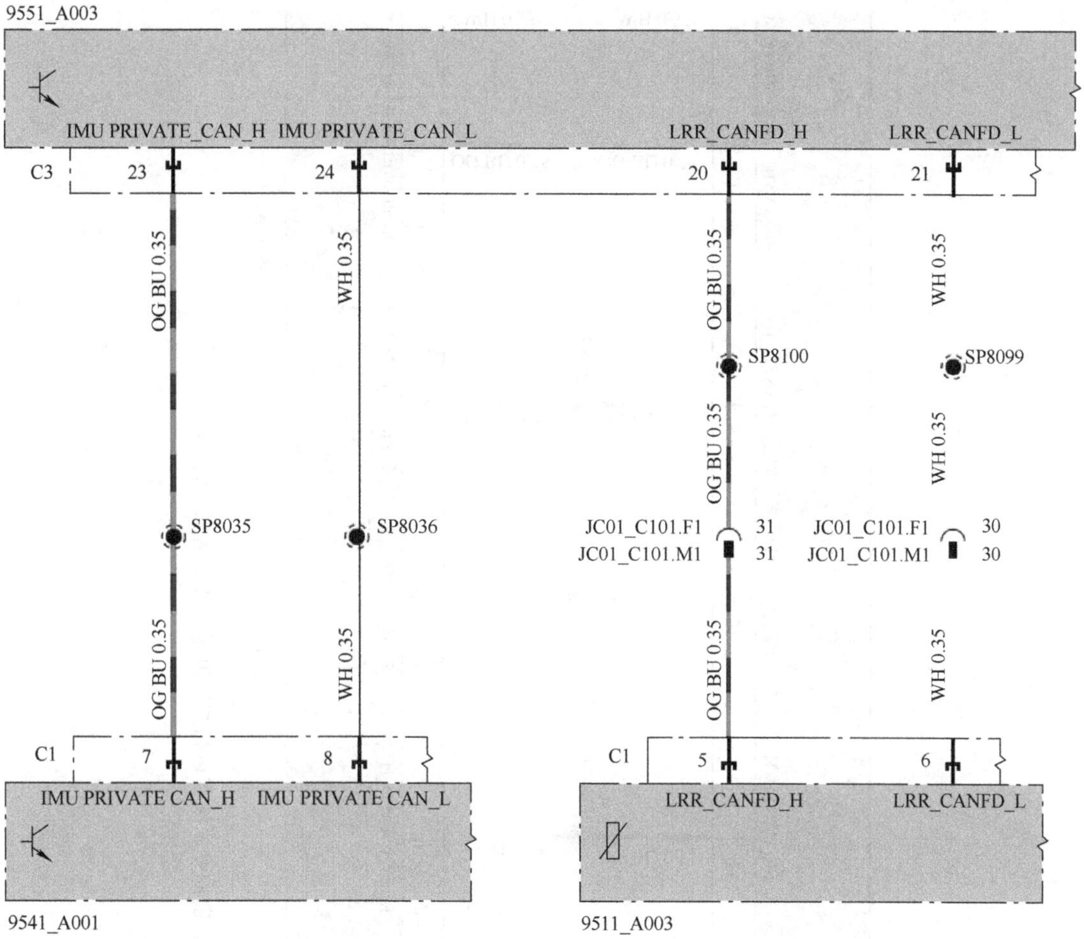

图6-13 某车型自动驾驶域控制系统惯性测量单元、前向毫米波雷达的控制电路

检查的最后结果是软件的误识别故障，车辆采用了 DPB + ESP 双备份机制设计，制动主控制器系统误识别降级触发备用策略后，由 ESP/BCS 直接响应制动需求，为车辆提供制动减速，过程中会导致驾驶员踩制动踏板脚感力不足，但车辆并未完全失控。关于惯性测量单元、前向毫米波雷达、左后角毫米波雷达总成和右后角毫米波雷达总成的控制见图 6-14。

车载计算平台的软件系统包括操作系统、驱动程序和应用程序等。软件错误可能源于编程错误、系统资源分配不合理或者兼容性问题等。对于软件错误，一般可以通过升级软件、重新安装系统或更换兼容的硬件来解决。车载计算平台在运行过程中会产生大量热量，如果散热设备（如风扇、散热片）工作不良，或者车内环境温度过高，都可能导致计算平台过热。过热问题可能会导致硬件设备损坏，或者触发过热保护机制，使系统降低运行性能或直接关机。对于过热问题，可以通过清洁散热设备、提高通风条件或降低环境温度来解决。

通过系统产生的故障日志，技术人员可以追踪到计算平台在出现故障前的运行情况，从而找到可能的故障原因。维修时可以利用这些信息，结合实际的系统状态，诊断并解决故障。车载计算平台的故障可能会由多种原因引起，需要根据具体的故障现象和原因，采取相应的措施进行修复。同时，对计算平台的定期维护与检查也是非常必要的，可以预防许多潜在的问题，确保汽车的正常运行。

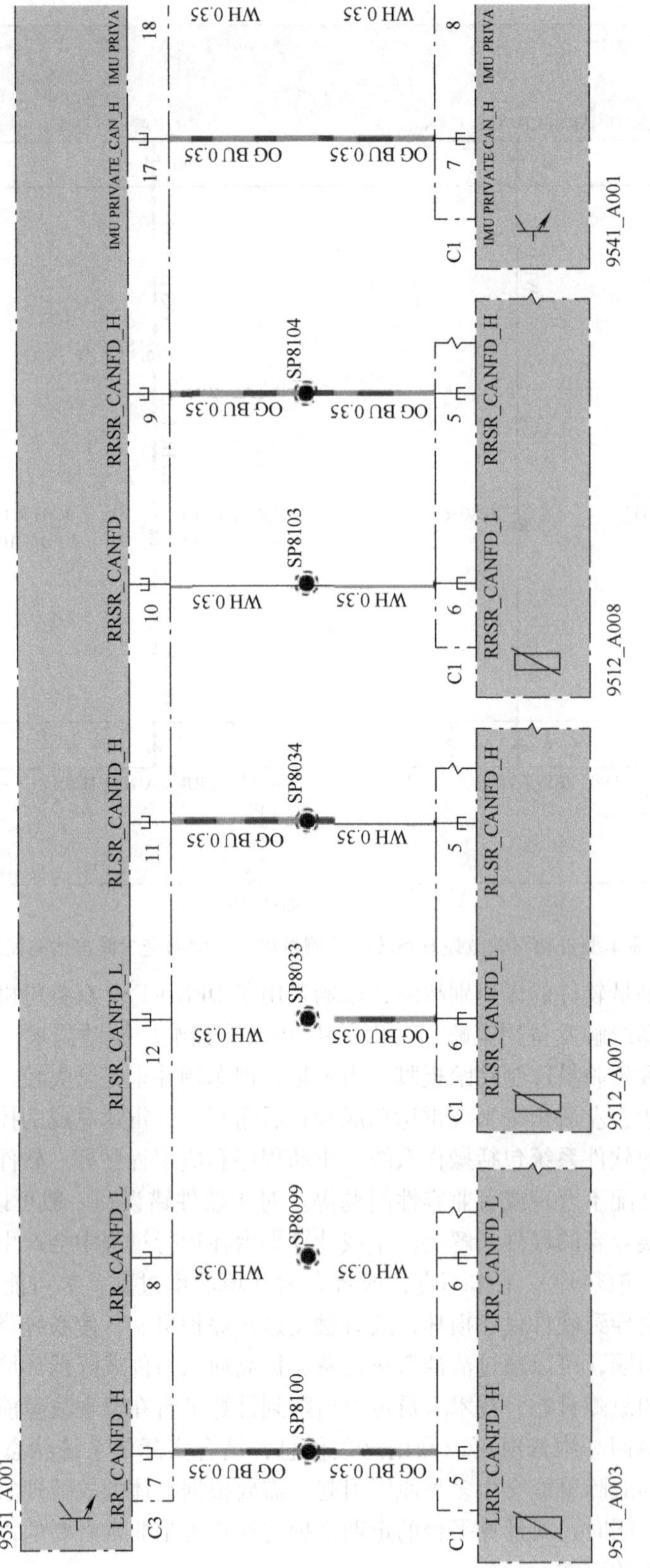

图 6-14 惯性测量单元、前向毫米波雷达和左后角毫米波雷达总成的控制

4. 控制系统故障

控制系统故障可能导致车辆无法按照计算平台的指令执行动作，如转向、加速或减速。这可能是由于执行机构、电机或电气系统的问题引起的。对这类故障的诊断和修复通常需要专业的设备和技术人员。

汽车的控制系统是车辆操作的核心，它将计算平台的指令转变为实际的机械运动，比如转向、加速或减速。一旦控制系统出现故障，可能会导致汽车无法正常驾驶。

（1）执行机构问题　执行机构是连接计算平台和车辆各部分的桥梁，包括电子阀门、电子节气门、电力助力转向等。如果这些设备出现故障，可能会阻碍计算平台的指令传达给汽车的各个部分。诊断这类问题通常需要专业的设备和技术人员。通过阅读系统的故障码，我们可以找到具体出现问题的执行机构，然后对其进行检查、修复或更换。

（2）电机问题　汽车中的电机是实现各种动作的关键设备，如发动机节气门电机、转向助力电机等。如果电机出现故障，可能会导致车辆无法正常运行。对于电机问题，首先要通过专业的检测设备进行测试，查看其性能是否达标。如果发现问题，可以考虑维修或更换损坏的电机。

（3）电气系统问题　汽车的电子控制系统中，很多操作都是通过电气系统来实现的。如果电气系统出现问题，可能会导致控制信号传递不畅，影响汽车的正常运行。诊断电气系统问题通常需要使用专业的电路测试仪器，如万用表、示波器等。技术人员可以通过查看电路的电压、电流和阻抗等参数，找到故障所在，然后进行修理或更换。

（4）故障诊断与修复　在控制系统出现故障时，首先要通过读取车载计算平台的故障码，获取故障的相关信息。然后，可以使用相关的专业设备进行深入的检测分析。最后，根据故障原因，执行相应的维修操作，如更换损坏的部件或调整系统参数。

5. 电池管理系统故障

电池管理系统（BMS）是电动车中的一个重要组成部分，它负责协调和管理整个动力电池系统的运行。如果BMS系统出现故障可能会导致动力电池性能下降或其他严重问题。这可能是由于动力电池自身、控制单元或冷却系统的问题引起的。

（1）动力电池自身问题　电池老化、电池内部损坏或者电池设计缺陷都可能导致BMS出现问题。例如，电池老化可能导致容量衰减、内阻增大，使得BMS无法准确地评估电池的状态和性能。

（2）控制单元问题　控制单元是BMS的核心部分，负责处理所有的数据和指令。如果控制单元的软件或硬件出现问题，如算法错误、传感器失效等，都可能导致BMS的工作出现故障。

（3）冷却系统问题　动力电池在充电和放电过程中都会产生热量，如果冷却系统无法有效地带走这些热量，就可能导致电池温度过高，从而影响到BMS的正常运作。

对于这类问题的诊断和修复，需要专业的电池测试设备和技术人员。首先，应使用动力电池测试设备对电池的状态进行全面检测，包括电池的电压、电流、温度等参数。通过这些参数，可以了解动力电池的工作状况和性能，从而判断出可能存在的问题。

其次，如果检测到有问题，应进一步进行故障分析，找出问题的根源。例如，如果BMS的控制单元出现问题，技术人员可能会通过软件调试或者硬件检测来定位问题。

最后，依据故障分析的结果进行修复。这可能涉及软件升级、硬件替换、系统重置等多种操作。

6. 用户界面故障

用户界面（UI）是人与机器之间交互的一个重要桥梁，如果用户界面出现故障，可能会影响到乘客和车辆的交互。这可能是由于硬件故障、软件错误或网络问题引起的。通常可以通过系统重置、软件升级或部件更换等方法解决这类问题。这类问题常常可以分为硬件故障、软件错误或网络问题三种类型。

（1）硬件故障　这可能涉及显示器、触摸屏、按键等物理部件的损坏。解决方法通常是更换出现故障的部件。在更换硬件时，应确保新硬件与系统其他部分的兼容性，防止出现新的问题。

（2）软件错误　软件错误可能包括系统崩溃、应用程序错误、操作系统错误等。解决软件错误可能需要更新或重装软件，甚至可能需要编程修复特定的错误。在处理软件错误时，应先备份重要数据，以防数据丢失。

（3）网络问题　网络问题可能会导致无法接收或发送信息，影响 UI 的正常运行。解决网络问题可能需要检查网络连接、重置路由器等。在处理网络问题时，应考虑网络安全，防止网络攻击或信息泄露。

7. 维修步骤与注意事项

在智能网联汽车的维修过程中，有几个关键步骤需要注意，其中包括问题识别、故障诊断、确定维修策略、进行维修操作以及对维修结果进行验证和测试。同时，由于智能网联汽车的特殊性，维修期间还需要注意到如用户数据保护、系统安全等多个方面的问题。

（1）问题识别　问题识别是智能网联汽车维修的第一步，包括用户对问题的描述，以及维修人员对问题的初步识别。操作者需从客户那里获取尽可能详细的故障描述，包括故障出现的频率、具体情况、是否与某些特定条件（如天气、路况、车速等）相关。有时，也需要将车辆带到与故障描述相符合的环境中进行测试驾驶，以直观地理解和确认故障现象。此外，需要将车辆连接到专业的诊断设备上，读取并记录车辆的故障码，这对于后续的故障诊断非常有帮助。

用户对故障的描述通常包含很多有用信息，如故障发生的具体时间、频率和条件等。这些信息可以帮助我们初步判断故障可能的原因和位置。例如，如果用户表示每次下雨天汽车电子系统就会出现问题，那么我们就可以推测故障可能与防水系统有关。

此外，维修人员会根据填写的故障单进行详细的检查和测试。例如，他们可能会模拟用户所述的特定条件进行测试驾驶，以直观地理解和确认故障现象。

同时，使用专业的诊断设备对车辆进行检测是非常重要的一个步骤。这些设备可以读取和记录车辆的故障码，这些故障码可以帮助我们更准确地定位故障。例如，如果读取到的故障码表明发动机系统有问题，那么工作重点就应该集中在发动机系统的检查和维修上。

（2）故障诊断　根据问题识别的结果，维修人员需要进行深入的故障诊断。在这一步骤中，可能需要查询汽车制造商提供的技术资料，了解错误故障码的具体含义，以及可能的原因和解决方案。同时，通过运用诸如示波器、万用表等电子测量工具，对可疑部件的电压、电流、电阻等参数进行测量，以便做出更准确的判断。在必要时，还可以通过模拟信号激活特定部件，检查其是否正常工作。

1）通过查询汽车制造商提供的技术资料，可以进一步理解故障码的具体含义，以及可能的原因和解决方案。这些资料通常包括车辆的各个系统和部件的详细信息，是最准确也是最权威的参考来源。

2）使用电子测量工具如示波器、万用表等，来对可疑部件的电压、电流、电阻等参数进行精确的测量，是对故障进行定量分析的重要手段。例如，如果发现某一电路的电压低于正常范围，那么可能就是该电路存在问题。

3）通过模拟信号激活特定部件，可以检查其是否正常工作。这种方式可以直观地验证某个部件是否故障，是配合电子测量工具的另一有效手段。

4）维修人员还需要依据故障诊断结果，选择最适合的方法进行维修。这可能包括更换故障部件、修复电路、调整系统参数等多种方式。在整个过程中，也需要不断地进行验证和测试，以确保问题得到真正解决。

（3）确定维修策略　故障诊断的结果将指导维修策略的确定。这可能包括部件更换、系统重置或者软件更新等。例如，如果故障源自某个硬件部件的损坏，可能需要将其更换；如果故障源自系统设置的问题，可能需要重置相关的系统参数；如果故障源自车载软件的bug或者版本过旧，可能需要进行软件更新。此外，根据故障的性质和复杂程度，有时也需要联系汽车制造商获取技术支持。

面对车辆故障码时，首要步骤是深入查阅汽车制造商提供的详尽技术资料，以便准确理解故障码背后的具体含义、潜在原因及推荐的初步处理方案。这一步骤至关重要，它如同导航灯塔，为后续的故障诊断指明了方向。

紧接着，维修技术人员会运用先进的电子测量工具，如示波器、万用表等精密仪器，对车辆上可能出现问题的部件进行逐一排查。这些工具能够精准地测量电压、电流、电阻等关键电气参数，帮助技术人员捕捉到难以察觉的细微变化，从而为故障定位提供科学依据。

为了进一步验证故障部件的状态，技术人员还会采用模拟信号激活测试的方法。通过模拟车辆行驶中的实际工作场景，对可疑部件进行激活测试，观察其反应是否正常，从而直观地判断部件是否存在故障。

在明确了故障原因后，应根据诊断结果，迅速采取相应的维修措施。这可能包括更换已经损坏的部件、修复受损的电路、调整系统参数等以恢复其正常功能。在整个维修过程中，技术人员会保持高度的专注和耐心，确保每一步操作都准确无误。

最后，为了验证维修效果，还应进行一系列的测试和验证工作。他们会模拟各种可能的驾驶场景，对车辆进行全方位的检测，确保所有问题都得到彻底解决。只有在确认车辆已经恢复到最佳状态后，才可以放心地将车辆交还给车主。

（4）维修操作　在确定了维修策略后，就可以进行实际的维修操作了。在这一步骤中，需要严格按照汽车制造商的工作指导手册进行操作，确保所有的操作都符合其标准，并遵守相关的法规要求。例如，在更换部件时，需要使用原厂配件，以保证其与车辆其他部分的兼容性；在系统重置或者软件更新时，需要使用正确的工具和方法，避免对其他系统产生影响。

在进行汽车维修时，工作的每一步都应该根据汽车制造商的指导手册进行，以确保所有的工作流程和系统都符合制造商的要求。这一点对于保护车辆的性能和安全性至关重要，也是符合法规的要求。

当我们谈到更换部件时，使用原厂配件就显得尤为重要。原厂配件不仅可以确保与车辆其他部分的完美兼容性，而且它们经过了制造商的严格测试，并能满足其高标准。使用非原厂配件可能会导致各种问题，包括性能下降、安全风险增加，甚至可能影响车辆的保修政策。

另外，在进行系统重置或软件更新时，必须使用正确的工具和方法。这些操作通常涉及复杂的编程和电子系统设置，如果操作不当，可能会对车辆的其他系统产生影响，导致无法预知的问题。因此，进行这些操作的技术人员需要接受专业的培训，以获得相关的操作经验和技能。

（5）验证和测试　维修操作的最终环节，即效果验证与测试，是确保车辆恢复最佳状态的关键。此阶段，我们不仅聚焦于故障的直接解决，更需全面审视车辆的整体性能。

首先应通过模拟用户实际驾驶场景，进行详尽的定向测试，确保用户报告的具体问题已不复存在。例如，针对发动机过热问题，应起动发动机并持续观察其运行状况，通过直观感受和专业设备监测，双重确认故障是否根除。其次，利用诊断设备深度扫描车辆系统，确认所有故障码已被清除，特别是关注那些可能需要时间积累的硬性故障码，确保车辆“健康”无虞。随后，进行全面的系统功能验收，覆盖制动、转向、排放、气囊等核心系统，甚至延伸至维修周边可能受影响的部件，确保每一环节均恢复正常运作。紧接着，通过道路测试，对车辆的行驶性能进行多维度评估，包括但不限于加速响应、制动稳定性及操控灵活性，以恢复并超越用户的驾驶期望。

在整个维修周期中，我们应当始终将用户数据安全与系统安全放在首位，严格遵守数据保护法规，确保在维修过程中不泄露用户隐私，同时加强车载通信模块的安全防护，抵御潜在的网络威胁。

思　考　题

本章的学习目标你已经达成了吗？请通过思考以下问题的答案进行结果检验。

序号	思考题	自检结果
1	请简述无人驾驶汽车季节性维护内容有哪些。	
2	请简述发动机与底盘系统保养与维护技术要求有哪些。	
3	请简述智能网联汽车的智能系统包括哪几个方面。	
4	请简述智能网联汽车的易损件更换标准有哪些。	
5	毫米波雷达常见故障有哪些？应如何处理？	
6	激光雷达常见故障有哪些？应如何处理？	
7	摄像头常见故障有哪些？应如何处理？	
8	智能网联汽车整车控制系统常见故障有哪些？应如何处理？	

第7章 智能网联汽车软件系统原理与检修

7.1 RTOS、Linux、QNX 等软件结构原理与维修

智能网联汽车软件维修相较于传统汽车维修更为复杂，系统软件的更新是必不可少的。随着技术的不断进步，汽车系统软件需要定期升级，以修复漏洞、增加新功能、提高系统稳定性和安全性。软件参数调整涉及汽车的性能、舒适度和安全性等多个方面。例如，调整发动机控制单元（ECU）的参数可以优化动力性能，而悬架系统的参数调整则可以提升驾驶体验。技术人员会根据车辆的实际情况，对这些参数进行精准调整。

7.1.1 RTOS

1. RTOS 系统原理

RTOS（Real-Time Operating System，实时操作系统）是设计用于实时应用的操作系统，可以在特定的时间内提供有规律、正确的结果。它的主要特点是快速响应和高实时性，能在微秒级别对事件做出响应，满足实时系统严格的时间要求。RTOS 的架构以任务调度为核心，通过任务之间的优先级决定执行顺序。具有高优先级的任务可以打断正在执行的低优先级任务，以确保关键任务的顺利进行。RTOS 常用于嵌入式系统中，如汽车的 ECU 电子控制单元等。RTOS 主要由四部分组成：任务管理器、时间管理器、资源管理器和中断处理器，各部分协同工作，共同确保了 RTOS 的高效和实时性，这四部分的功能以及工作原理如下：

（1）任务管理器　任务管理器负责创建、删除、同步和调度任务。如图 7-1 所示，在 RTOS 中，任务是最基本的运行单位，可以理解为一个程序或者是一个函数。每一个任务都有其特定的优先级，当多个任务同时请求 CPU 资源时，任务管理器会根据任务的优先级调度任务。在自动驾驶系统中，可能有多个任务同时运行，如监控环境感知系统、控制方向盘和制动等。每个任务都有其优先级，比如，在紧急情况下，制动任务的优先级将会高于其他任务。当多个任务同时请求 CPU 资源时，任务管理器会根据每个任务的优先级进行调度。如果出现紧急情况，制动任务将获得优先处理权。

（2）时间管理器　时间管理器用来进行精确到微秒级别的计时和延时操作，如图 7-2 所示。它记录了所有任务的开始和结束时间，并且能够提供定时器服务，为一些需要计时或延时的任务提供时间基准。自动驾驶系统中的时间管理非常关键，毫秒级别的延误可能会导致严重后果。时间管理器确保每个任务都能在预定的时间内开始和结束，如环境感知系统每隔 50ms 就需要更新一次数据。

（3）资源管理器　资源管理器负责管理系统的各种资源，包括内存、文件系统、设备

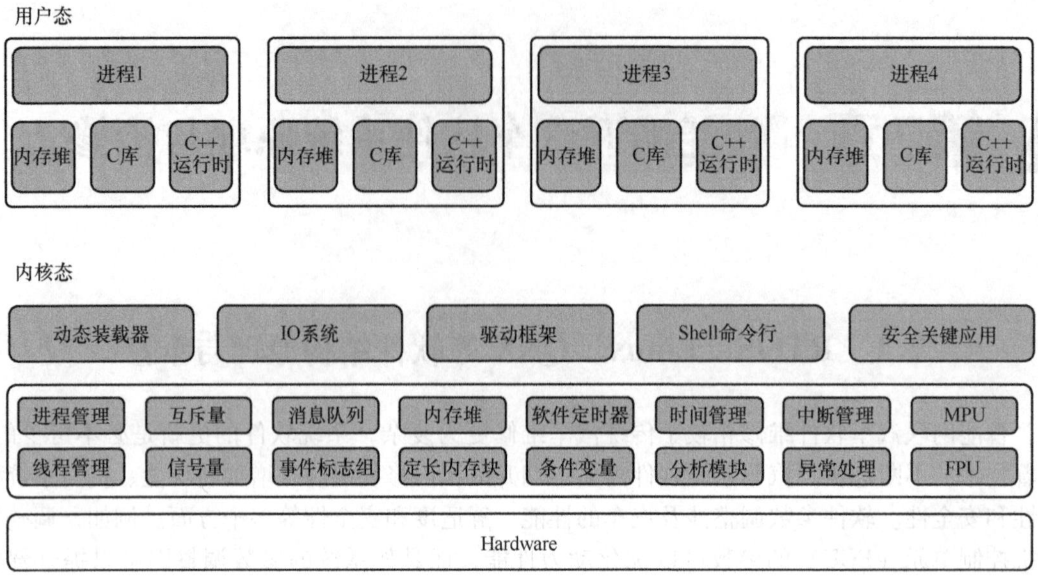

图 7-1　任务管理器

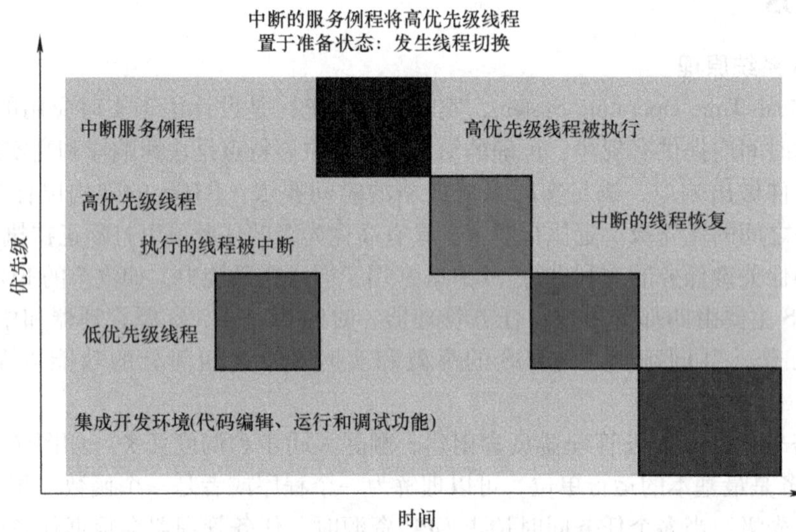

图 7-2　时间管理器

驱动等。如图 7-3 所示，资源管理器可以分配和回收资源，然后通过信号量、互斥锁等机制解决任务间的资源竞争问题。在自动驾驶系统中，资源管理器负责管理各种资源，如视频流、传感器数据等。资源管理器分配和回收这些资源，并通过信号量和互斥锁等机制解决任务之间的资源竞争问题，如确保同一时间只有一个任务可以访问某个特定的传感器。

（4）中断处理器　中断处理器主要负责处理各种中断请求，如硬件中断、软件中断等。如图 7-4 所示，当中断发生时，RTOS 能够快速保存当前任务的状态，然后切换到对应的中断服务程序进行处理，处理完毕后再恢复原任务的执行。比如，当检测到行人突然穿过马路时，系统会触发紧急制动的中断请求，之前正在执行的任务会立即被暂停，系统会切换到紧急制动程序，待处理完毕后再恢复原任务的执行。

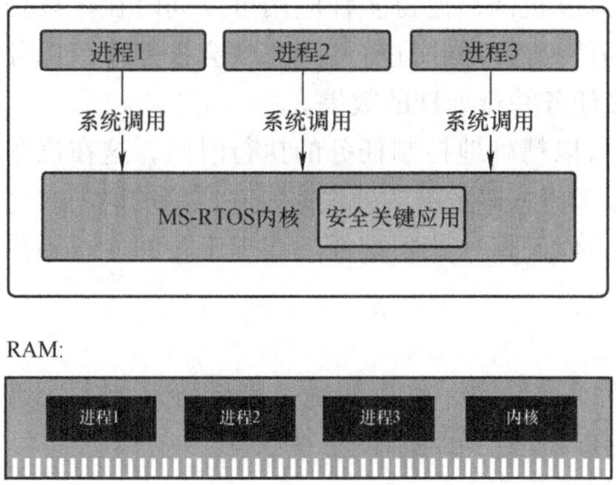

图7-3　资源管理器

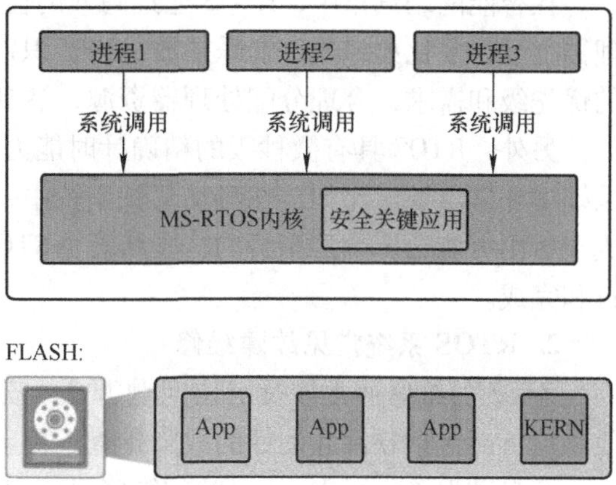

图7-4　中断处理器

RTOS在自动驾驶控制系统应用中的优势，主要体现在对汽车各项功能的准确控制、高效调度和快速响应上，它可以进行精确的任务调度、时间管理、资源管理及中断处理。RTOS的工作原理主要就是通过这四部分的组合工作，对任务进行创建、调度和管理，对时间进行精确控制，对资源进行有效管理，以及对中断进行及时处理，保证了自动驾驶系统的实时性和稳定性。其中任何一环节的延误或错误，都可能影响到整个生产流程，所以RTOS必须确保所有的这些操作都能在规定的时间内准确完成，以满足实时应用的需求。

智能网联汽车中有许多系统需要即时地、准确无误地响应各种指令，如制动系统、转向系统、加速系统等。这些都离不开RTOS的支持。如图7-5所示，在RTOS中，各个任务按照优先级被安排和管理，当高优先级的任务出现时，比如紧急制动指令，RTOS会将其优先级提高，打断其他正在执行的低优先级任务，立即执行紧急制动任务，以此保证了汽车的安全行驶。

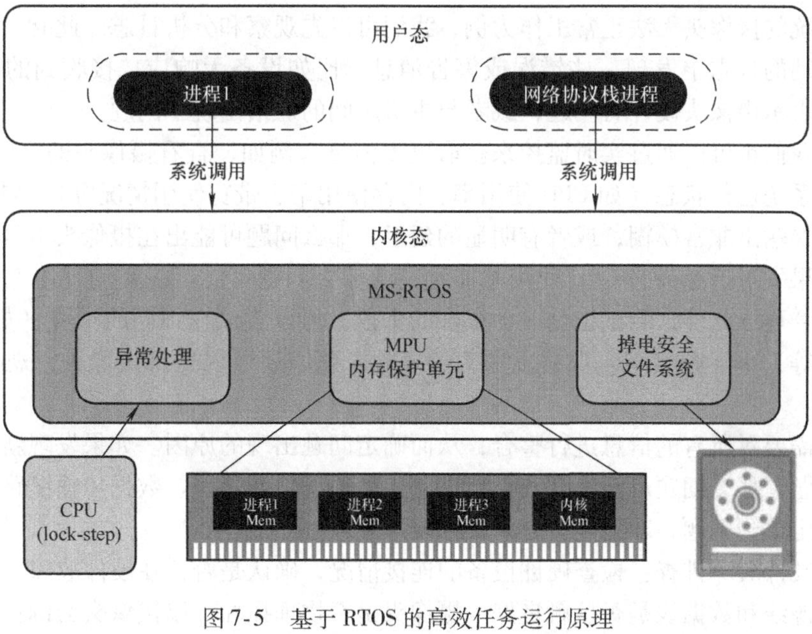

图7-5　基于RTOS的高效任务运行原理

在智能网联汽车中，RTOS 通过高效的任务调度机制，使得多种应用可以同时在车载处理器上运行。比如导航、音乐播放、语音识别等任务可以同时进行。RTOS 会根据每个任务的优先级和需求，合理分配处理器资源，达到多任务并行处理的效果。

另外，RTOS 具有微秒级的精确计时能力，可以精确地控制任务的执行时间，这在汽车系统中非常重要。比如，在自动驾驶系统中，对于传感器数据的处理必须在固定的时间内完成，否则可能会影响到车辆的行驶状态。RTOS 可以确保这些关键任务在规定时间内得到执行和完成。

2. RTOS 系统常见故障维修

RTOS 的维修通常涉及定位问题源头、分析问题原因、解决问题、测试解决方案等阶段。这可能包括软件和硬件的故障排查，更新固件，甚至可能需要更换硬件。

在自动驾驶汽车中，RTOS 的维修可能包括以下步骤。

步骤 1 故障诊断：对系统进行全面的检查，包括硬件设备（如传感器、执行器等）和软件程序。例如，如果系统突然出现无法识别路标的问题，可能是环境感知系统出了问题。故障诊断是 RTOS 维修的第一步，我们需要对整个系统进行全面的检查。以环境感知系统无法识别路标为例，首先需要确定问题的症状。比如，汽车是否完全忽视了所有道路标志，还是只有在特定情况下无法识别；问题是否突然出现，或者是逐渐变化的；什么条件下问题会复现等。接下来，需要检查硬件设备。在这个例子中，这意味着对汽车上安装的各类传感器（如摄像头、毫米波雷达、激光雷达）进行状态检查。检查它们的电源是否正常、接口是否接触良好、数据输出是否正常等。同时，也需要查看软件日志。这包括操作系统日志、驱动程序日志、环境感知算法的日志等。从中，可能会发现一些错误信息或者警告，这将为我们提供宝贵的诊断线索。此外，我们还可能需要进行一些测试，以获取更多关于问题的信息。我们可以运行一些诊断程序，或者在平台上模拟出错场景，以便观察和记录问题的详细表现。

步骤 2 定位问题源头：通过日志分析、实时监控、测试等手段对问题进行定位。定位问题源头在 RTOS 维修中是关键的一步，它需要依赖先前的故障诊断步骤中收集到的信息。以环境感知系统的摄像头无法正常工作为例，我们可以先观察和分析日志。此时，我们可能会在摄像头驱动的日志中发现一些错误或警告消息，比如设备无响应、接收到的数据不完整等。这可能表示摄像头硬件有问题，或者与主机之间的通信出现了问题。

同时，我们也可以通过实时监控来获取更多信息。例如，查看摄像头的实时图像输出，以及同时的系统运行状态（如 CPU 使用率、内存使用率、带宽使用情况等）。如果我们发现摄像头的图像输出非常模糊，或者有明显的延迟，那么问题可能出在摄像头本身，或者输出链路上。如果发现摄像头的 CPU 使用率非常高，那么问题可能出在驱动程序上，或者系统资源分配不合理。此外，测试也是一个很好的手段，可以尝试在不同的环境（如光照条件、背景复杂度等）下运行汽车，观察摄像头的表现。我们还可以更换摄像头，观察问题是否依然存在。

最后，需要对所有的信息进行整合，从而确定问题出现的原因。如果发现新换的摄像头依然存在问题，那么问题可能出在其他地方，比如环境感知算法、数据传输链路等。只有当我们准确地定位到问题，才能进行有效的修复。

步骤 3 硬件故障排查：检查硬件设备的连接情况，确认是否存在硬件故障。例如，检查摄像头的电源线和数据线是否接触良好，摄像头是否物理损坏。以摄像头为例：

1）先检查摄像头的电源线和数据线是否接触良好。这通常需要拔下并重新插入电源线和数据线，以确保它们在物理上被正确地接入。也可以使用万用表来检验电源线是否有正常的电压输出。数据线则可以使用专门的设备来测试是否有数据信号通过。

2）确认摄像头的工作状态，查看其指示灯或在其用户界面中查看摄像头状态。如若摄像头状态为关闭或者异常，那么就需要进一步检查这个问题的原因。

3）通过运行自诊断程序来判断摄像头是否存在硬件故障。大部分的摄像头设备都内置了自我诊断程序，可以通过运行这个程序来判断设备是否运行正常。

4）在对接口和设备状态进行了初步的检查之后，如果还无法确定问题，可能需要更深入的检查。例如，可能需要拆解摄像头检查是否有内部物理损坏，或者配备中是否有零部件烧损、断裂等现象。

所有的这些工作都需要有相应的技术知识和操作技能，并需要严格遵守安全操作规程。硬件故障的排查是一项系统性的工作，需要对设备、计算机硬件及其工作原理有深入的了解，并且在操作中需要谨慎，以防止对设备或人员造成额外的损害。如果判断为硬件故障，那么可能需要更换硬件部分或者进行维修。

步骤4 软件故障排查：如果硬件没有问题，那么就需要检查软件。这可能包括检查驱动程序、操作系统、中间件、应用程序等。例如，可能需要检查摄像头的驱动程序是否正常，是否有最新的固件更新，应用程序是否有未解决的 BUG。以摄像头为例，我们可能需要执行以下步骤。

1）驱动程序检查：驱动程序是硬件和操作系统之间的桥梁，它负责控制并管理硬件设备。检查驱动程序，需要确认驱动程序是否已经正确安装，是否与硬件设备兼容。比如，针对摄像头，可能需要在设备管理器中查看驱动程序的状态，如果出现黄色警告标志，可能就意味着驱动存在问题。此时，需要重新安装或更新驱动程序。

2）操作系统检查：操作系统的问题也可能导致设备工作不正常。我们可以检查系统的错误报告和日志文件，查看是否有关于设备的错误信息。此外，还可以使用系统的恢复功能，恢复到设备正常工作的时间点，看看是否能解决问题。

3）中间件检查：当驱动程序和操作系统都没有问题，我们还需要检查运行在设备上的中间件是否正常。中间件一般用来管理和协调应用程序与设备之间的交互，比如数据转换、通信等。我们可以检查中间件的日志，看是否有异常信息；也可以尝试升级或重装中间件，看看是否能解决问题。

4）应用程序检查：最后，我们需要查看运行在设备上的应用程序是否正常。可能需要检查应用程序的错误报告，看是否有对设备的错误访问；也可能需要查看应用程序的设置，看是否有不正确的参数配置；有时，甚至需要检查应用程序的代码，看是否有逻辑错误或未处理的 BUG。

步骤5 问题解决：找到问题的原因后，就需要解决问题。如果是硬件故障，可能需要更换新的硬件设备；如果是软件问题，可能需要更新或者修复软件。以摄像头为例，如果硬件没有问题，那么可能需要更新驱动程序或者固件。

步骤6 测试解决方案：解决问题后，需要进行全面的测试，以确保问题已经被正确地解决，并且不会影响到其他功能。例如，更换或修复摄像头后，需要进行道路测试，确保摄像头能够正常工作，环境感知系统能够正确识别路标。

以下是一些测试方式，这些测试应该在控制环境下进行，并记录测试结果。如果出现问题，应详细记录并分析，然后修改解决方案，再次进行测试，直到问题完全解决。

1）对摄像头进行功能测试，比如确认摄像头是否能开启，是否能够捕获到图像，光照条件变化下是否能稳定工作等。

2）检查摄像头与其他系统（如导航系统、路标识别系统等）的交互是否正常。通过模拟环境检查在各种驾驶状态下摄像头是否能与其他系统协同工作。

3）进行整车系统的功能和性能测试。例如，实地驾驶测试，在各种道路环境和天气条件下，测试摄像头的稳定性和识别效果。

4）对于软件修改或更新后，需要再次进行已有功能测试，防止新的变动对原有功能造成影响。例如，如果更换了摄像头的驱动程序，就需要重复进行以上所有的测试，确保新的驱动程序不会引入新的问题。

7.1.2 Linux

1. Linux 系统原理

Linux 是一个自由开源的类 UNIX 操作系统。其内核对各类型硬件设备有着良好的支持，具有强大的网络功能，以及强大的安全机制。Linux 通过设备驱动程序管理和控制自动驾驶汽车的各种硬件设备，从而使得自动驾驶系统能够顺利地运行。如图 7-6 所示，系统的体系结构主要由硬件、Linux 内核、Shell 脚本语言三部分组成。其中，硬件层提供硬件资源；Linux 内核层管理硬件资源并且提供系统服务；Shell 脚本语言负责人机交互。

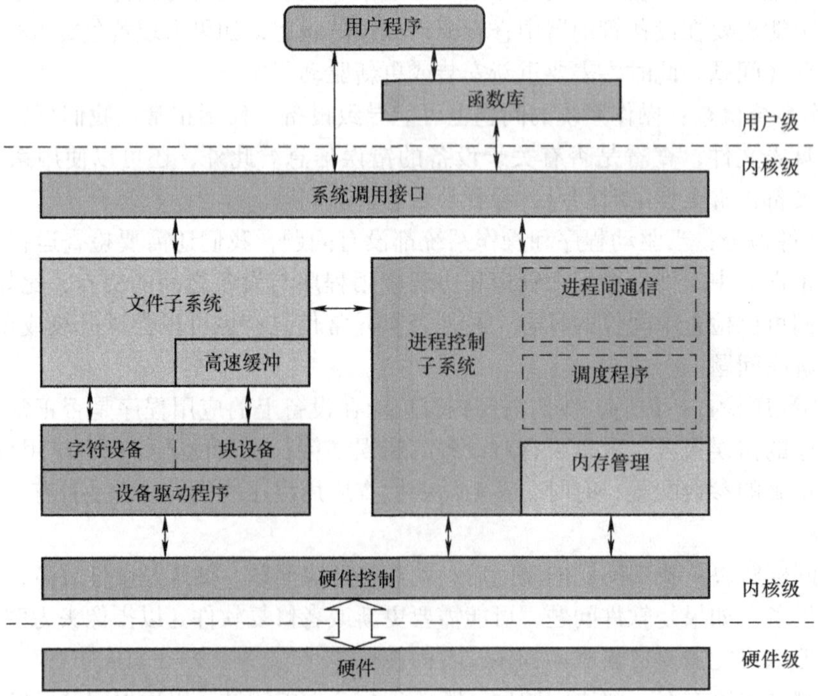

图 7-6　Linux 操作系统

（1）硬件 硬件是计算机的物理部分，主要包括处理器（CPU）、内存（RAM）、硬盘，以及各种外围设备如键盘、鼠标、显示器等。Linux 操作系统能够支持多种硬件设备，并且可以通过设备驱动程序来管理和控制这些硬件设备。以自动驾驶汽车来说，硬件部分包括了各种传感器（如毫米波雷达、激光雷达、摄像头等）、执行器（如转向机、节气门、制动系统等）、车载计算机等主要组件。在这些硬件上，Linux 操作系统发挥着重要作用（见表7-1）。

表7-1 Linux 操作系统的作用

序号	部件名称	作用说明
1	传感器	在自动驾驶汽车中，传感器的任务是收集周围环境的信息，这些信息对于车辆的导航和安全至关重要。这些传感器产生的数据会被 Linux 操作系统读取和管理。例如，Linux 可以通过设备驱动程序读取雷达或摄像头获取到的数据，然后将这些数据传递给需要的应用程序
2	执行器	执行器是用于控制汽车的设备，如转向机、油门和制动。这些执行器根据计算机的指令来改变汽车的行驶状态。Linux 操作系统负责把应用程序产生的控制指令发送给这些执行器，例如，当自动驾驶系统确定需要左转时，Linux 就会通过设备驱动程序将这个指令发送给转向机
3	车载电脑	自动驾驶汽车通常会配备一个强大的车载电脑，用来处理大量的传感器数据、运行复杂的算法、做出驾驶决策。这个电脑上运行的就是 Linux 操作系统，因为 Linux 对硬件设备有优秀的支持能力，能够充分利用车载电脑的硬件性能

（2）Linux 内核 内核是操作系统的核心，如图7-7所示，它负责管理系统的硬件资源，比如 CPU 的调度、内存的管理、设备的输入输出等。除此之外，内核还提供一套系统调用接口，应用程序可以通过这个接口请求内核提供的服务。内核也负责维护文件系统，保证数据的正确存储和检索。因此，Linux 内核在自动驾驶汽车中管理和控制着各种硬件设备，提供了系统调用接口，维护了文件系统，保证了整个自动驾驶系统的正常运行。

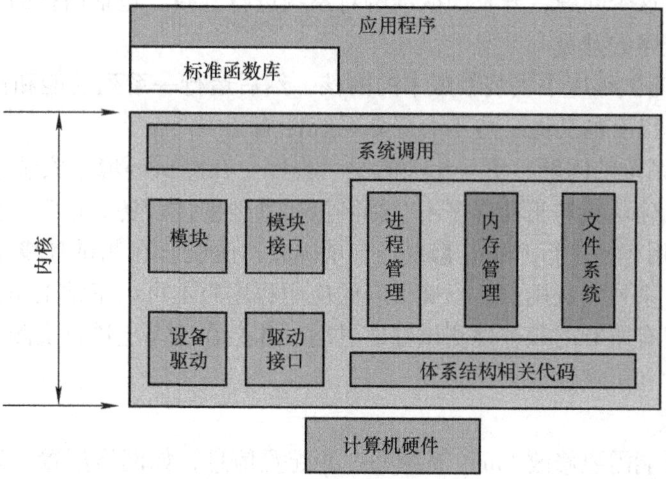

图7-7 Linux 内核

Linux 内核作为自动驾驶汽车操作系统的核心，主要负责硬件资源管理、提供系统调用接口及维护文件系统。

1）硬件资源管理。内核高效调度毫米波雷达、激光雷达、摄像头等传感器及执行器资源，确保紧急任务如紧急制动的优先处理，并公平分配CPU资源。

2）提供系统调用接口。自动驾驶系统的软件模块如路径规划、目标检测通过此接口请求服务，如路径规划后向执行器发送指令，内核接口促成高效通信。

3）维护文件系统。内核管理文件系统，确保车辆运行数据、传感器数据及日志信息的正确存储与检索，同时执行安全检查和权限验证，保障数据安全。

（3）Shell脚本语言　Shell脚本语言在Linux系统中广泛使用，尤其在自动驾驶汽车的自动化任务、系统管理、测试调试及数据处理方面发挥重要作用。它自动化日常任务如系统检查、数据备份、软件更新等，通过丰富的命令集提升系统管理效率。在开发和测试阶段，Shell脚本助力启动/关闭服务、执行测试并收集结果。同时，Shell脚本处理自动驾驶汽车产生的大量数据，如整合、预处理及提取特定数据。

Linux系统调用是程序与内核交互的桥梁，确保程序合法请求如文件操作得以执行。在自动驾驶汽车中，系统调用用于读取处理如雷达数据等硬件信息。自动驾驶程序通过系统调用如open（）和read（）访问雷达设备文件，将数据读取至内存缓冲区供后续算法处理。这一过程展示了系统调用在自动驾驶汽车实现功能中的核心地位。

2. Linux系统常见故障维护

Linux系统的维修通常涉及软件升级、配置修改、应用程序的安装和卸载、故障排查以及系统恢复等工作。

（1）软件升级

智能网联汽车的Linux系统会定期进行软件升级以修复已知的问题、提高系统性能以及添加新的功能。这通常涉及内核的升级、驱动程序的更新、应用程序的升级等。升级过程中，需要检查新版本软件的兼容性，防止升级过程中出现意外。

案例：假设有一款智能网联汽车当前的Linux系统版本存在已知问题，如定位系统偶尔会失效。为了解决这个问题，开发团队准备对系统进行升级，包括内核的升级、驱动程序的更新及定位应用程序的升级。

1）首先，在测试环境中安装新版本的内核，然后运行一系列功能和性能测试，以确保新的内核不会破坏已有的功能，也不会降低系统性能。

2）针对定位系统的问题，更新相关的驱动程序。在测试环境中安装新的驱动程序，并进行兼容性测试，确认新的驱动程序不会影响汽车其他硬件设备的正常工作。

3）对定位应用程序进行升级，修复已知的Bug。他们会在测试环境中安装新的应用程序版本，并运行一系列测试用例，以确保新的应用程序版本可以正常工作，不会影响其他应用的正常运行。只有所有的兼容性测试都通过后，才会在实车上进行实测，从而提高了智能网联汽车的安全性和可靠性。

（2）配置修改

根据需求，可能需要修改Linux系统的一些配置信息，如网络配置、设备配置、系统参数等。在修改配置时，需要非常熟悉Linux系统，否则可能会导致系统工作不正常。

案例：假设智能网联汽车中的车载信息娱乐系统（In-Vehicle Infotainment，IVI）出现网络连接问题。这可能是由于无线网络连接配置设置不正确所导致。

首先，对问题进行深入研究以确定原因，然后运行诊断测试，检查相关日志文件，以及手动测试无线网络连接，以确定是否确实存在问题。确定问题后，在 Linux 系统级别上修改无线网络配置。这可能包括修改网络接口配置文件，修改 DNS 设置，或者修改 WiFi 安全设置等。修改配置后，需要在测试环境中对修改后的配置进行验证。重新启动 IVI 系统，然后检查无线网络连接是否正常。

如果新的配置可以解决问题，那么一旦测试完成，修改的配置将会被实施到所有的智能网联汽车上。这个过程需要对 Linux 系统有非常深入的理解，并且需要对 Linux 网络配置细节有很好的了解。任何小小的错误都可能导致无线网络连接工作不正常。因此，必须要非常谨慎地修改配置，并且需要充分地进行测试，以确保没有引入新的问题。

(3) 应用程序的安装和卸载

系统可能需要安装一些新的应用程序来满足新的需求，或者卸载一些不再需要的应用程序。在安装或卸载程序时，需要确保操作的正确性，以及对系统其他部分的影响最小。

案例：假设智能网联汽车的车载信息娱乐系统需要安装一个新的导航应用程序，并卸载旧的导航程序。

首先，应从软件供应商处获取新的导航应用程序包。选取的应用程序需要符合汽车的硬件要求，并且其界面和操作方式应当适合驾驶员使用。在安装新程序前，应在测试环境中进行安装和功能测试，确保新程序的稳定性和正确性，避免直接在实际汽车中安装时发生意外问题。在测试环境中测试无误后，在 IVI 系统中安装新的导航应用程序。根据 Linux 系统，可能使用如 apt-get、yum 等命令行工具进行安装。

在新的程序安装成功并运行正常后，可以卸载旧的导航程序。正如安装新应用程序一样，卸载也需要使用命令行工具，如 apt-get remove 或 yum remove。

在安装新程序和卸载旧程序后，应对整个系统进行一次全面检查，确认除了预期的变更外没有其他异常的变动。确认无误后，将此流程应用到所有的相关汽车上，完成整个操作。在整个过程中，为保证操作的正确性，需要熟悉 Linux 系统的应用程序管理，同时也需要了解汽车的硬件和软件环境，以顺利地完成应用程序的安装和卸载操作。

(4) 故障排查

当系统发生故障时，需要对系统进行排查以找出问题的原因。这可能涉及查看系统日志、运行测试程序、监视系统运行状况等。找到问题的原因后，还需要修复问题，这可能是修改配置、更新软件或更换硬件等。

当智能网联汽车系统发生故障时，如 IVI 系统无法正常启动，排查和修复步骤如下。

1) 系统日志分析：首先查看 IVI 系统的日志信息。Linux 系统中可以通过 dmesg、journalctl 等命令来查看系统的启动日志。此步骤中，找到错误提示或异常信息，这些信息将有助于确定问题的可能原因。

2) 运行测试程序：如果系统日志未能提供足够的信息，需要运行一些专门设计的测试程序以收集更多信息。例如，运行硬件诊断程序检查是否有硬件故障。

3) 在开启 IVI 系统的过程中，实时监控 CPU、内存、磁盘使用率等系统资源的变化情况，以此进一步确定故障的潜在原因。

4) 故障原因定位好后，尝试修复该问题。如果是应用程序的问题，可能就需要更新或重装软件；如果是配置错误，需要调整或重置相关配置；如果是硬件故障，那么可能需要更换相应的硬件部件。

以IVI无法启动为例，可能的故障和解决方式如下。

1）如果发现日志中有应用程序错误，那么可能是某个应用程序导致系统崩溃，这种情况下可以尝试更新或者重装该应用程序。

2）如果在监视系统运行状况时，发现内存在启动过程中被大量占用导致系统无法启动，可能需要优化内存的使用，或者升级硬件增加内存容量。

3）如果硬件检查发现硬盘存在问题，那么可能需要更换硬盘，并对新硬盘进行格式化和操作系统及应用程序的安装。

（5）系统恢复

在系统严重故障或受到病毒攻击时，可能需要对系统进行恢复。这通常涉及从备份中恢复数据，或者重新安装系统等。在智能网联汽车系统方面，如导航系统受到病毒攻击并无法正常运行时，以下是常用的恢复步骤。

1）首先，技术团队需要确定是否有最近的数据备份。如果有，则可以从备份中恢复数据。这一步非常重要，因为它能避免很多由于数据丢失引起的问题。

2）如果存在最近的备份，可以使用专业的数据恢复工具或者操作系统自带的恢复功能来从备份中恢复数据。

3）如果备份不存在或者数据恢复失败，可能需要重新安装导航系统。这通常需要使用原厂提供的系统镜像或者安装盘，以确保系统的稳定和安全性。

4）在完成系统恢复后，必须进行系统的全面测试和验证，以确保系统能够正常运行，所有功能都可以正常使用。

以导航系统为例，常用的恢复步骤如下。

1）首先，检查最近的数据备份，确认是否包括所有必要的应用程序数据和用户设置。

2）如果存在有效的备份，那么就可以使用导航系统的恢复功能，从备份文件恢复数据。

3）如果找不到有效的备份，或者恢复过程出现问题，那么可能需要重新安装导航系统。此时，需要使用到汽车制造商提供的系统镜像或安装盘，按照指定的步骤进行安装。

4）在完成系统恢复后，需要对导航系统进行全面的测试，包括启动测试、功能测试、性能测试等，以确保系统能够正常使用。

系统恢复是一个复杂且需要细心对待的过程，因为任何一步的错误都可能导致恢复失败或者数据丢失。因此，在进行系统恢复时，务必由专业的技术团队来操作，并且做好每一步的验证工作，确保恢复的成功和数据的安全。

7.1.3 QNX

QNX是一种商业实时操作系统，以微内核为基础，具有模块化、稳定性好、实时性强等特点，可以保证智能网联汽车在面临各种复杂情况时都能稳定运行，有效地提高了车辆的智能性和安全性，因此广泛应用于汽车信息娱乐系统和驾驶辅助系统等领域。真正实现了微内核架构的设计理念，既保证了系统的稳定性，又提供了高度的可扩展性。

（1）微内核　QNX的微内核包括进程调度、中断处理、进程间通信（IPC），以及定时器和同步机制等基本功能。微内核只负责这些最基本的功能，其他所有功能，包括设备驱动，都作为用户模式下的服务器运行。这种设计使得QNX具有很强的稳定性，因为即使某个设备驱动程序出错，也不会影响到整个系统的运行，只需要重新启动出错的设备驱动程序即可。

QNX 操控系统可以在 GPS 导航系统出现问题时，快速地进行错误隔离并尝试恢复，以确保汽车的其他功能可以正常运行，提供了非常高的系统可用性和稳定性。

案例：假设一个情况，汽车在行驶过程中，GPS 导航系统突然出现了故障，无法正常工作。在这种情况下，QNX 操控系统的工作原理就开始发挥作用。

1）当 GPS 导航系统出现问题时，首先微内核会接收到这个问题的信息。这是因为在 QNX 系统中，所有的设备驱动程序，包括 GPS 设备驱动，都作为用户模式下的服务器运行。这样设计的好处是，任何程序出错都不会影响整个系统的稳定性。

2）在 QNX 中，设备驱动程序是作为一个独立的进程运行，也就是说，GPS 导航系统的驱动程序出问题，并不会影响到其他设备驱动程序的运行。比如，汽车的音响系统、空调系统等其他系统仍然可以正常运行。

3）微内核会将 GPS 导航系统的问题记录下来，然后将相应的资源释放，停止错误的设备驱动程序。接着，由于 QNX 具有强大的进程调度能力，系统可以很快重新启动 GPS 导航系统的设备驱动程序，尝试解决问题。

4）在进行 GPS 导航系统的重启过程中，如果需要从网络下载最新的固件进行更新，那么 QNX 的完整网络协议栈就派上了用场。此外，QNX 的文件系统也可以提供稳定的文件读写能力，保证固件的更新过程顺利进行。

（2）设备驱动　QNX 中设备驱动以用户模式运行，每个设备驱动都是一个独立的进程。当硬件发生中断时，微内核会将中断发送到相应的设备驱动进程处理。设备驱动间的隔离提供了高度的系统稳定性。

例如，自动驾驶系统的雷达传感器突然停止工作。在 QNX 系统中，每个设备驱动都是以用户模式运行，各个设备驱动之间是独立并隔离的。对于这个现象，我们会首先针对雷达传感器的设备驱动进行检查和维修。

当雷达传感器发生故障时，该设备会通过中断的形式通知微内核。微内核在接收到这个中断后，会将其发送到相应的设备驱动进程进行处理。在这个案例中，微内核会把中断发送给雷达传感器的设备驱动。如果设备驱动能够处理这个中断，并成功地修复或者重启雷达传感器，那么问题就可以被解决。

但是，如果设备驱动无法处理这个中断，或者雷达传感器的硬件故障导致设备驱动不能正常工作，那么我们可能需要对雷达传感器进行更深入的硬件维修或者更换。在这个过程中，其他的设备驱动，比如用于控制汽车制动、转向、加速等功能的驱动程序，都可以继续合法运行，不会受到雷达传感器故障的影响。这就是设备驱动间隔离带来的优势。

总的来说，汽车的维修人员在遇到类似问题时，可以根据 QNX 系统的这种架构，有针对性地对出现故障的设备驱动进行维修，而无须影响到整个系统的运行。

（3）文件系统　在智能网联汽车中，文件系统在数据存储和管理方面扮演着重要的角色。QNX 系统提供多种文件系统类型的支持，使得它在智能网联汽车中能够灵活应对各种不同的数据存储和管理需求，确保系统的高效运行和数据的安全。例如，QNX4 文件系统、Power-Safe 文件系统等，以满足不同的需求。并且由于 QNX 的模块化设计，用户可以根据需求加载不同类型的文件系统。

在智能网联汽车的实际维修中，QNX 文件系统的应用与运作十分重要。无论是通过日志功能保证数据完整性，还是通过模块化设计提高维修效率，都使得 QNX 成为理想的车载操作系统。在下面这个案例中，我们假设自动驾驶汽车的传感器数据写入出现了问题，需要进行维修。

首先，我们采用的是 Power-Safe 文件系统，一种支持日志功能的文件系统。在车辆行驶过程中，所有的传感器数据都会被实时记录并写入系统内。如果在写入过程中突发断电或其他意外，在恢复电源后，Power-Safe 文件系统能通过读取日志来还原断电前的数据状态，防止数据丢失或被损坏。

在维修过程中，首先会检查 Power-Safe 文件系统的日志文件，看是否能从中找出导致数据写入异常的原因。比如，日志文件可能会显示在断电时正在写入哪些数据，或是显示文件系统在尝试执行何种操作时出错。同时，由于 QNX 系统的模块化设计，维修人员可以选择只加载必要的文件系统，而无须加载整个系统。这样既可以减少启动和运行时间，也方便对特定部分进行针对性的检测和维修。

例如，为了修复这个问题，可能只需要加载与传感器数据写入相关的文件系统模块，如传感器数据处理模块、存储管理模块等，然后对这些模块进行检查和修复。同时，如果修复过程中需要替换某个硬件设备，如闪存设备，QNX 的文件系统也会支持该硬件设备的快速无缝切换，仅需要将新硬件与 QNX 系统进行连接，然后再通过重新装载文件系统来使其正常工作。

（4）网络协议栈　QNX 提供了完整的网络协议栈支持，包括 TCP/IP、UDP、ICMP、ARP 等。网络协议栈也是以服务的形式运行在用户模式下。在智能网联汽车中，QNX 的网络协议栈起着至关重要的作用，包括 TCP/IP、UDP、ICMP、ARP 等不同类型的网络协议。

假设我们遇到的是一个关于车载通信模块的问题，如车载信息娱乐系统（IVI）不能成功连接到互联网。首先，QNX 操作系统提供的 TCP/IP、UDP、ICMP、ARP 等协议栈都可能在解决此问题时起到关键作用。例如，TCP/IP 协议栈负责处理车载信息娱乐系统与互联网之间的数据传输问题，UDP 可能被用于进行音视频流的传输，而 ICMP 和 ARP 则参与网络设备之间的通信和定位。

在维修过程中，首先需要通过诸如 ping 或 traceroute 这样的网络诊断工具来检查和定位问题。例如，技术人员可能会使用 ICMP 协议来测试车载信息娱乐系统是否可以到达目标服务器，或者使用 ARP 协议来查看本地网络的情况。

如果确定了问题发生在 TCP/IP 协议栈，那么可能需要进一步检查其状态和配置。例如，可能需要检查网络地址转换（NAT）设置，或者查看有无网络防火墙导致的连接问题。

由于 QNX 操作系统的网络协议栈以服务的形式运行在用户模式下，可以在不影响其他服务的情况下，合法地启动、停止或重启网络服务。这意味着，在对问题进行诊断和解决的过程中，车辆的其他功能，如自动驾驶，不会受到影响。

此外，基于 QNX 操作系统的模块化设计，如果问题出现在特定的网络协议上（如 TCP），则可以只针对该协议进行调试或修复，而不影响整个网络协议栈的运作。

（5）用户进程　用户进程可以利用由微内核提供的接口进行进程间通信、资源申请等操作。由于所有用户进程都运行在用户模式下，所以它们之间是互相隔离的，一个用户进程的崩溃不会影响到其他进程，保证了系统的稳定性。

QNX 以其微内核架构和模块化设计，提供了一个稳定、可靠和可扩展的平台，特别适合用于汽车信息娱乐系统和驾驶辅助系统等对实时性和稳定性要求非常高的场合。注意，操作 QNX 系统需要具备一定的专业知识，并且严禁非专业人员随意修改智能网联汽车的相关参数，任何误操作都可能导致汽车无法正常运行，甚至发生危险。QNX 作为嵌入式操作系统，主要通过自身的开发工具和诊断工具来进行维护和修复工作。这包括系统的升级、对设备驱动的调试，以及问题的诊断和修复等。

7.2 ROS、AUTOSAR 等软件结构原理与维修

7.2.1 ROS

1. ROS 系统原理

ROS（Robot Operating System，机器人操作系统）为机器人软件开发提供了一套框架和工具。ROS 提供硬件抽象、设备驱动、库函数、可视化器、消息传递、包管理等功能。维修主要涉及软件的更新、错误的排查和解决。在 ROS 的软件架构中，每个功能都被精心设计并分配在不同的层次，以实现高效、模块化的机器人软件开发。以下是基于三个层次对 ROS 软件架构中各功能的简要概述。

（1）硬件抽象层　这一层主要负责与机器人硬件的直接交互，包括传感器、执行器等。它为上层提供了统一的接口，使得上层软件无须关心具体硬件的实现细节，从而实现了硬件的抽象化。功能包括硬件设备的初始化、配置、读取数据、发送指令等。

（2）操作系统级别的服务　这一层提供了操作系统级别的功能，如硬件驱动、文件系统、进程间通信等。硬件驱动负责与具体的硬件设备通信，确保数据的正确传输。文件系统用于存储和访问机器人的数据，如配置文件、日志等。进程间通信机制允许不同的软件组件或节点进行高效的数据交换和通信。

（3）各种工具和库函数　这一层提供了丰富的工具和库函数，用于支持机器人的应用开发。工具包括可视化工具、调试工具、仿真工具等，用于帮助开发人员更好地理解和调试机器人系统。库函数则提供了各种常用的功能，如数学计算、图像处理、路径规划等，使得开发人员可以更加专注于机器人的核心逻辑开发。

ROS 的软件架构通过分层设计，如图 7-8 所示，将不同的功能清晰地划分在不同的层次中，既保证了系统的模块化，又提高了开发效率。这种设计使得 ROS 能够广泛应用于各种不同类型的机器人系统中。

ROS 分布式网络结构在智能网联汽车中的应用具有以下关键特点和优势。

（1）节点　节点是执行计算任务的进程，如读取传感器数据、处理算法、发送控制命令等。在智能网联汽车中，每个节点可能负责不同的功能，如激光雷达数据处理、自动驾驶决策等。这些节点可以用不同编程语言编写，并分布式运行于不同主机。激光雷达数据处理节点实时读取点云数据，识别障碍物；自动驾驶决策节点则基于多源信息计算最优行驶路径和控制指令。

（2）节点管理器　作为中介，节点管理器提供命名、注册服务，跟踪话题/服务通信，并维护一个参数服务器。在智能网联汽车系统中，它帮助节点相互发现，支持参数的动态调

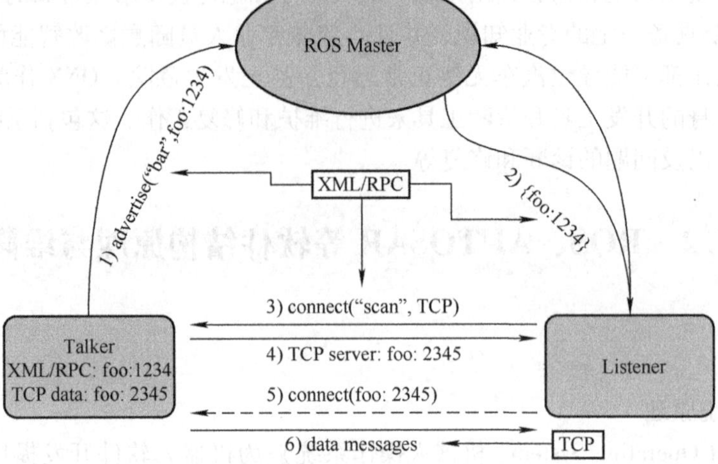

话题通信的建立过程
(前五个步骤：RPC，最后两个步骤：TCP)

图 7-8　ROS 分布式网络结构

整（如最大速度、避障距离），并在故障时记录节点状态以辅助诊断。例如，通过参数服务器，管理员可远程调整车辆参数以适应环境变化；节点管理器记录故障节点状态，促进快速维修。

（3）消息　消息是节点间交换信息的基本单位，具有类型和数据结构，包括 ROS 标准类型和用户自定义类型。在智能网联汽车中，它们确保了节点间信息的准确高效传递。

（4）话题　话题通信基于发布/订阅模型，实现异步数据交换。例如，激光雷达节点发布障碍物信息到“/obstacles”话题，自动驾驶决策节点订阅以获取数据。交通标志识别中，摄像头节点发布识别结果到“/traffic_signs”，决策节点据此调整行驶。

（5）服务　服务通信为同步机制，基于客户端/服务器模型，用于即时响应任务。如自动驾驶决策节点通过服务请求从 GPS 节点获取当前位置信息。紧急制动时，决策节点向制动控制节点发送服务请求，后者立即执行紧急制动。

（6）动作　在智能网联汽车的复杂场景中，动作（Action）通信机制提供了比话题（Topic）和服务（Service）更为丰富和灵活的交互方式。动作机制基于 ROS（Robot Operating System）的消息机制，实现了客户端与服务器之间的问答式通信，特别适用于那些需要长时间运行、中间过程需要反馈且可能随时被中断的任务。

（7）消息记录包　在智能网联汽车研发中，Bag 记录 ROS 消息、主题、服务等，支持数据回放，便于问题追溯与算法验证。支持裁剪与共享，为分析、调试提供宝贵资源。

（8）参数服务器　保存全局共享参数，如车辆尺寸、传感器参数，采用 RPC 通信，适合静态、非二进制配置，简化系统配置，提高数据一致性和可访问性。

（9）功能包　ROS 软件基本单元，封装节点源码、配置文件、数据定义，模块化软件架构，提高可维护性、可扩展性和复用性，简化系统集成。

（10）功能包清单　在智能网联汽车的软件开发过程中，功能包清单（Package Manifest）作为功能包（Package）的一个重要组成部分，扮演着记录和管理功能包基本信息的关键角色。它详细列出了功能包的作者信息、许可协议、依赖项、编译选项等关键信息，为开发者提供了全面的参考和指导，促进了智能网联汽车软件生态系统的健康发展。

（11）元功能包　在智能网联汽车的软件开发架构中，元功能包（Meta Package）作为一种特殊的功能包形式，扮演着整合与组织多重功能包的重要角色。元功能包本身不直接包含可执行代码或库文件，而是通过一个特定的清单文件（通常是“package. xml”，但在这里特指为“元功能包清单文件”）来定义和关联一系列具有共同目标或功能特性的功能包。这些功能包在逻辑上被整合为一个更大的单元，便于管理、部署和版本控制，类似于一个功能包的集合或套件。

针对智能网联汽车（Intelligent Connected Vehicle，ICV）的维修，需要注意以下几点。

1）硬件的正常运行是保证ICV正常工作的前提，因此首先要检查硬件设备有无故障，如传感器、执行机构等。

2）如果硬件设备正常，但是ICV不能正常工作，那么可能是软件出现问题。需要进行软件诊断，查看是否有错误信息输出。

3）对于复杂问题，可能需要通过源代码进行调试。可以利用ROS提供的rosrun、roslaunch命令，进行单步调试或多步调试。

4）维护时还可以利用rqt_graph工具查看数据流的情况，以及用rviz进行可视化分析。

5）如果遇到无法解决的问题，可以到ROS社区搜索相似的问题，或者提问以求得解答。

2. ROS系统常见故障维修

针对ROS系统在智能网联汽车中的维修，我们可以从软件和硬件两个方面来考虑可能出现的故障及其维修方法。

（1）软件故障

维修首先需要熟悉ROS环境和命令行操作，能够使用roscore、rosrun、roslaunch等命令启动和运行ROS节点。当发现ROS节点出现问题时，可以使用ROS的诊断工具，如rqt_graph（可视化节点和主题关系）、rosbag（记录和回放数据）等进行排查。对于复杂问题，有可能需要对源代码进行调试。可以使用gdb或IDebug进行断点调试，以查找错误的根源。ROS还有一个在线社区ROS Answers，如果遇到问题无法解决，可以查阅社区内的相关问题或提出新问题求助。

1）ROS节点故障。如果某个ROS节点不工作，我们可以使用“rostopic”或“rosnode”命令检查节点的状态。如果节点崩溃，我们可以查看ROS日志找出崩溃的原因，并尝试解决它。

案例：某款运行ROS系统的智能网联汽车突然在行驶过程中失去了导航功能，无法正常运行。经过维修人员的初步观察和判断，怀疑可能是ROS系统中负责导航的节点出现了故障。

①使用“rosnode list”命令列出所有正在运行的ROS节点，结果显示导航节点并未在运行中。接着，通过查看该节点对应的ROS日志文件，发现该节点在运行时遇到了未知错误而崩溃。根据ROS日志中的错误信息，定位到导航节点源代码中的某个特定区域。进一步审查代码后发现，由于编程失误，导致节点在处理某种特殊情况的位置和速度信息时会出

错并崩溃。

② 使用“rostopic list”命令查看导航节点所依赖的话题是否正常。结果显示导航节点所需的位置和速度信息的话题发布正常，GPS节点和速度计节点工作良好。在确定了具体的故障原因后，修改了对应的代码，增加了必要的异常处理程序来避免相同的错误再次发生。之后，重新编译并运行了导航节点，汽车的导航功能恢复正常，完成了此次维修。

2）通信故障。如果节点之间无法正常通信，可以使用“roswtf”命令来检查网络连接和主题发布订阅的状态。在确定问题后，我们需要重新配置网络或者修复相关代码。

案例：某款运行ROS系统的智能网联汽车在自动驾驶过程中行为异常，比如速度波动大、转向不稳等。维修人员怀疑可能是ROS节点之间的通信出现了问题。

首先，使用“roswtf”命令来检查ROS系统的状态。通过这个命令，发现导航节点和速度控制节点之间的消息传递存在延迟。

然后，使用“rostopic hz”命令确认这两个节点之间的消息发布频率，结果显示频率确实低于正常值。这意味着，尽管导航节点正常生成了导航指令，但传递到速度控制节点的时间过长，导致汽车无法及时响应。

确定了故障的原因之后，首先检查了车辆的网络连接情况，一切正常。之后，研究了导航节点与速度控制节点相关的代码，发现在数据传输部分的代码存在问题，导致信息传输速度降低。在解决此问题后，维修人员对相关代码进行了修改和优化，提高了数据传输的效率。然后重新编译并启动了这两个节点。修复完成后，通过再次执行“rostopic hz”命令，显示消息发布频率已恢复正常。同时，汽车的行驶行为也恢复正常，说明故障已经解决。

3）数据问题。比如传感器数据异常，可以通过rviz验证传感器输出的数据是否正常。如果存在问题，可能需要校准传感器或者重新配置传感器参数。

案例：某款运行ROS系统的智能网联汽车在自动驾驶过程中发生了误差较大的定位偏移。维修人员怀疑可能是雷达或GPS传感器出现问题。

首先，维修人员通过rviz工具查看雷达和GPS传感器输出的数据。发现GPS传感器的数据在静止状态下有较大波动，这是不正常的。然后，维修人员使用“rostopic echo”命令直接查看GPS传感器的输出，确认存在不稳定性。

确定了故障的原因之后，维修人员首先尝试重新启动GPS传感器，但问题依旧。之后，他们决定对GPS传感器进行校准，并重新配置其参数。这需要使用到专门的设备和软件来完成。完成校准和参数配置之后，再次使用rviz工具查看GPS传感器的输出，发现数据已经恢复稳定，该问题得到解决。最后，通过实地测试，智能网联汽车的定位功能也恢复正常，证明故障已经修复。

（2）硬件故障

在智能网联汽车实际维修过程中，对于硬件故障的检查，我们首先需要识别问题的类型，然后根据问题的性质采取相应的解决措施。同时，维修人员需要具备一定的ROS知识和硬件操作技能，以便高效地解决问题。

1）传感器故障。传感器（如激光雷达、摄像头、IMU等）出现故障时，首先要检查其物理连接，然后检查设备驱动是否正确安装和运行。

案例：某款运行ROS系统的智能网联汽车在自动驾驶过程中，前方避障性能明显下降。维修人员怀疑可能是激光雷达的问题。

首先，通过 rviz 工具查看前方激光雷达的数据输出，发现其扫射范围明显变窄，出现了“盲区”。

查看前方激光雷达的数据输出。

① 在 ROS 系统中打开终端，运行“rosrun rviz rviz”命令启动 rviz 工具。

② 在 rviz 的 Display 面板中，添加“LaserScan”或者“PointCloud”类型的视图（视激光雷达型号和参数确定）。

③ 设置正确的固定坐标系（通常为“laser”或“base_link”），可以在“TF”视图中确认这个设置。

④ 在“Topics”下拉列表中选择与激光雷达相关的主题（如“/scan”或者“/points”等）。

⑤ 如果雷达的扫描范围变窄、出现“盲区”或显示异常，那么可能存在问题。

⑥ 然后，检查了激光雷达的物理连接，确认无硬件损坏或者线缆松动等明显问题。

检查激光雷达的物理连接。

① 关闭汽车电源，开启维修模式。

② 观察激光雷达接口是否有异常，如端口损伤、锈蚀等。

③ 确认激光雷达的电缆连接是否紧固，若有疑虑应该重新插拔确认。

④ 检查激光雷达装置是否稳固，没有松动的情况。

⑤ 通过对比设备手册，确认激光雷达安装位置、角度以及高度是否与规定相符合。

接着，检查了激光雷达的设备驱动，确认其安装正确，运行正常。

检查激光雷达的设备驱动。

① 在 ROS 系统中打开终端，运行“rostopic list”命令查看当前所有活跃的 ROS 主题。

② 检查是否有与激光雷达相关的主题，如“/scan”或者“/points”等。

③ 若没有，说明 ROS 没有收到激光雷达数据，可能是设备驱动没有正确安装或运行，需要检查设备驱动的状态。

④ 可以用如“lsmod”“modinfo”等指令检查设备驱动的加载情况。

⑤ 确认操作系统识别到了雷达设备，可通过“lsusb”或“lspci”等命令查看。

⑥ 通过对比设备手册，验证设备驱动的版本和配置是否与规定相符合。

确定了故障的原因后，首先尝试重新启动激光雷达，但问题依旧。

① 重新启动激光雷达。

a. 在 ROS 系统中打开终端，使用“rostopic pub/reset std_msgs/Empty”命令向激光雷达发送重启指令。

b. 等待设备重启完成后，再次使用 rviz 工具查看数据输出，看是否有改善。如果问题依旧，那么可能需要进行更深入的维护。

② 对激光雷达进行专门的清洁和维护工作。这包括对散镜和接收镜的清洁，以及对机械部件的润滑。清洁和维护激光雷达方法如下：

a. 关闭汽车电源，在确定激光雷达已经冷却后开始清理工作。

b. 使用专用的光学清洁纸和无水乙醇清洁激光雷达的散镜和接收镜，操作时需轻轻擦拭，避免刮伤。

c. 如果激光雷达内部有可移动的机械部件，使用合适的润滑油进行润滑。请根据设备手册的指示进行，避免使用不适当的润滑油导致损害。

d. 清洁和维护完成后，重新连接并开启激光雷达。

③ 完成清洁和维护后，他们再次使用 rviz 工具查看激光雷达的数据输出，发现其扫描范围已经恢复正常。重新查看数据输出方法：使用 rviz 工具再次查看激光雷达的数据输出，检查扫描范围是否已恢复正常。

④ 通过实地测试，智能网联汽车的前方避障功能也恢复正常，证明故障已经修复。实地测试前方避障功能方法如下。

a. 设定一个测试路线，包含必要的避障场景。

b. 在一个安全的环境下，启动智能网联汽车，并让其自动驾驶。

c. 观察汽车是否能够正常进行前方避障，如能正常避障则说明故障已修复。

以上就是针对该故障进行修复的详细步骤。如果自动驾驶方面问题依旧存在，可能需要更专业的设备检测工具进行诊断，或者考虑将车辆送到专业的服务中心进行维修。此案例告诉我们，当传感器故障时，除了检查其物理连接和设备驱动外，还需考虑对传感器进行专门的清洁和维护工作。

2）控制设备故障。如电机、转向设备等，我们需要检查其物理状态以及控制接口。如果发现设备损坏，可能需要更换新设备；如果是驱动问题，我们需要重新安装或更新驱动。在智能网联汽车的 ROS（机器人操作系统）系统中，当控制设备（如电机或转向设备）出现故障时，我们将按以下步骤进行操作：

① 检查电机和转向设备的物理状态，包括但不限于设备外观、声音和振动。如果在检查中发现设备损坏，如深度划痕、破裂、异响或异常振动，那么可能就需要更换新设备。

② ROS 系统提供了便利的工具进行系统调试和故障诊断，如 rosbag、rostopic、rviz 等。我们可以通过这些工具分析系统运行数据，观察是否存在异常。例如，我们可以使用 rostopic 工具检查电机或转向设备的控制信息是否正常；使用 rviz 工具看是否正确响应这些控制信息。如果发现在发送控制信息后电机或转向设备无法正确响应，那么可能是控制接口或驱动出现问题。

③ 检查电机和转向设备的控制接口，如连接线是否完好、接口是否有腐蚀等。在驱动方面，我们首先会尝试重启 ROS 系统看问题是否可以解决。如果问题仍然存在，我们需要确认驱动版本并检查是否需要更新。如果更新后问题仍未解决，可能需要重新安装驱动。

案例：首先，客户反馈汽车在自动驾驶模式下，车辆行驶方向并未按照设定路线前进，疑似电机控制出现问题。

首先进行了电机的物理状态检查，包括电机外观、声音和振动。物理检查结果显示电机外观完好、无异响、振动正常，初步排除了电机硬件损坏的可能。利用 ROS 的 rostopic 查看了电机的控制信息，发现控制命令发送正常，但电机无正常响应。此时，我们怀疑可能是控制接口或驱动出现问题。检查了电机控制接口的连接线，发现其中一根线松动。连接线被重新插入后，再次测试，车辆运行正常。

7.2.2 AUTOSAR

1. AUTOSAR 原理

AUTOSAR（AUTomotive Open System ARchitecture，汽车开放系统架构）是一种开放的，并且可以应用于汽车电子控制单元的软件体系结构，如图 7-9 所示。它支持汽车电子控制单元（ECU）级别的系统集成，提供一套完整的标准接口和规范，并且可以运行在各种硬件和网络环境上。它的目标是构建一个开放的、模块化的软件体系结构，从而使得 OEM 厂商和 Tier1 供应商可以在软件层面进行竞争。

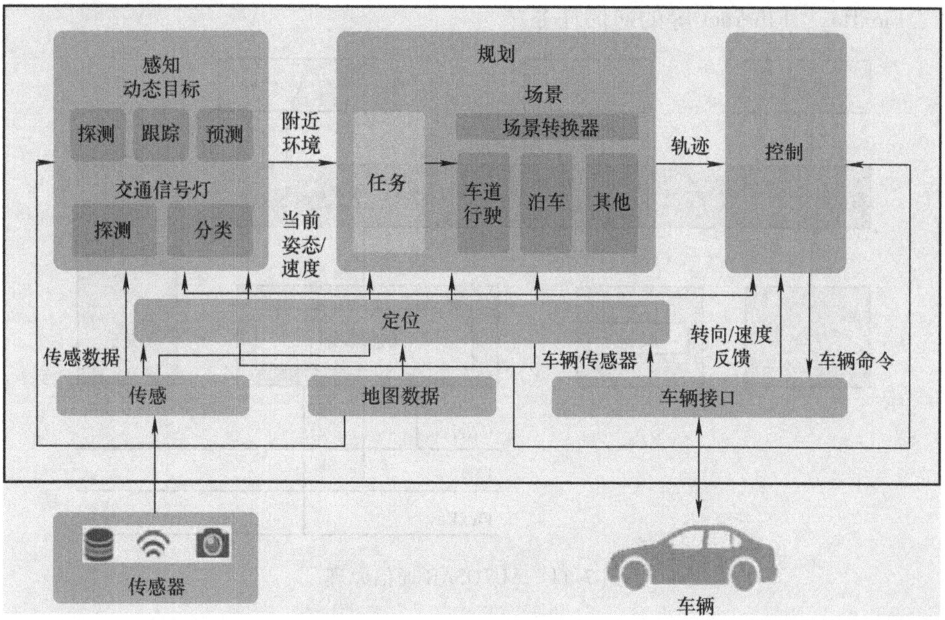

图 7-9　AUTOSAR 工作原理

AUTOSAR 的主要目标是实现软件的复用和可移植性，尤其是对于 OEM 厂商和 Tier1 供应商来说。通过使用 AUTOSAR 的标准接口，企业可以开发出能够互相兼容、可替换的软件组件，极大地提高了软件开发的效率和质量。

具体来说，AUTOSAR 体系结构主要包括以下几个部分。

（1）基础软件　为上层应用软件提供底层的驱动和服务，比如操作系统、通信、内存管理等。基础软件是 AUTOSAR 架构的基础，如图 7-10 所示。它包含了微控制器抽象、操

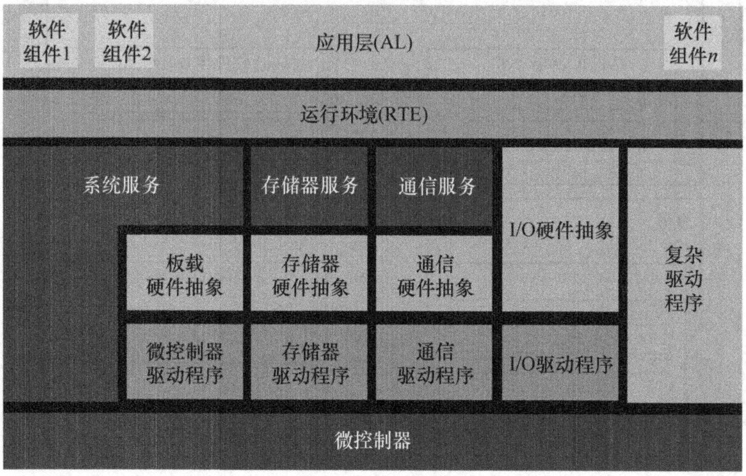

图 7-10　AUTOSAR 体系结构

作系统、网络管理、诊断服务、内存管理和通信管理等底层驱动和服务。例如，在智能网联汽车中，基础软件能够管理硬件资源，如 CPU、内存等，提供对应的硬件抽象层，使得上层应用程序可以独立于硬件来开发；同时，如图 7-11 所示，它也负责处理与车辆通信总线如 CAN、FlexRay、Ethernet 等的通信任务。

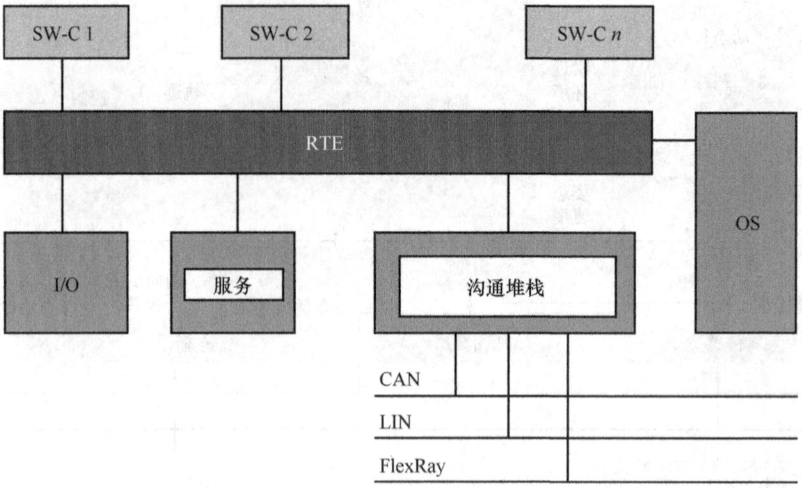

图 7-11　AUTOSAR 通信原理

（2）运行时环境（RTE）　作为下位机基础软件和上位机应用软件之间的接口，RTE 负责数据交换，为开发人员提供了一个通用的、抽象的软件平台。如图 7-12 所示，RTE 在基础软件和应用软件之间起到桥梁的作用，也就是说它连接并管理所有的软件组件。在智能网联汽车中，RTE 将输入/输出的硬件抽象化，为应用软件提供一致的接口，实现数据交换，如车速信息、转向信息等。

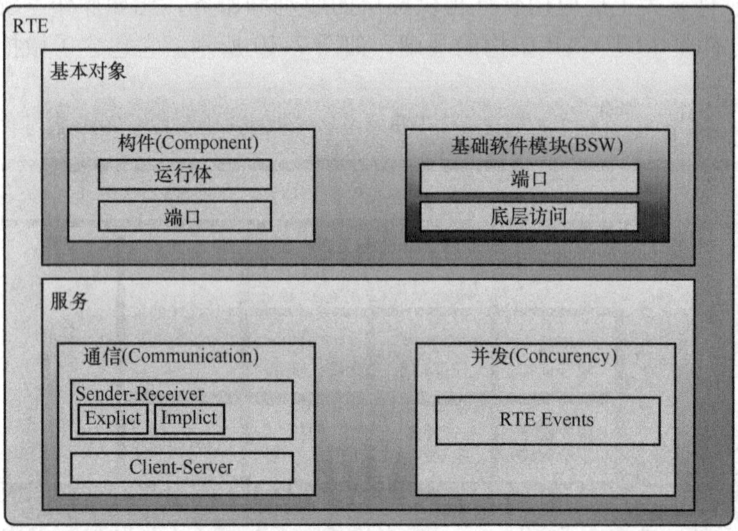

图 7-12　运行时环境（RTE）

(3) 应用软件　它进行具体的控制算法和策略的实现，比如电机控制、能源管理等。在智能网联汽车中，应用软件主要执行车辆的各种控制算法和策略，如驾驶辅助系统（ADAS）的计算模块、能源管理模块等。它们通过 RTE 从底层硬件获取必要的信息（如转向角度、车速、制动压力等），进行处理后，再通过 RTE 将处理结果返回给相应的硬件模块，去执行相应的指令。

(4) 系统　系统用于描述 ECU 的构成和 ECU 间的网络通信，是由基础软件、RTE 和应用软件共同组成的。系统在智能网联汽车中，是由基础软件、RTE 和应用软件共同组成的一套完整的 ECU 解决方案，其工作原理如图 7-13 所示。它描述了汽车中的各个 ECU 的功能和 ECU 之间的通信机制，确保了整车系统的协同工作，如图 7-14 所示。例如，通过车载网络连接不同的 ECU（如发动机控制模块、制动控制模块等），实现其间数据的高效准确交互，从而控制和协调汽车的各项功能。

汽车中的各个 ECU 的功能和 ECU 之间的通信如图 7-14 所示。

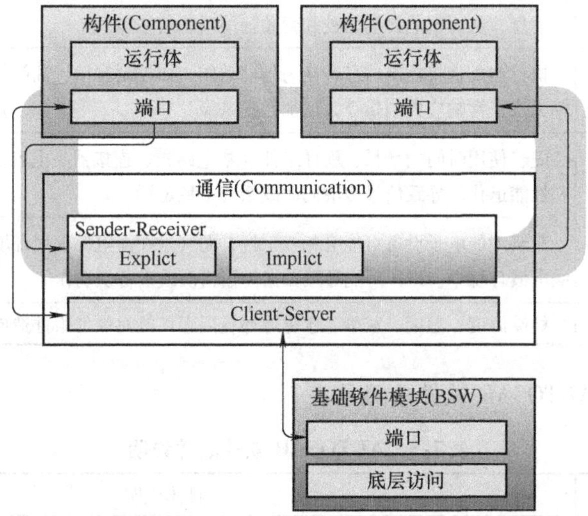

图 7-13　系统工作原理

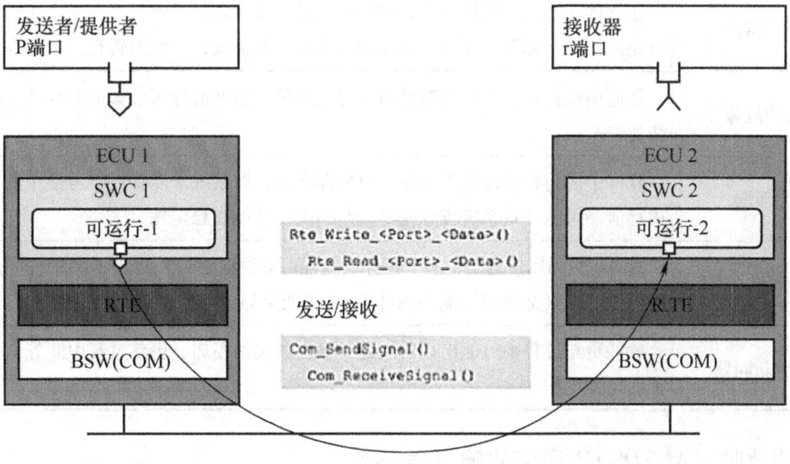

图 7-14　汽车中的各个 ECU 的功能和 ECU 之间的通信

通过以上的配合，智能网联汽车可以实现众多复杂功能，如自动驾驶、远程诊断、车载娱乐等。综合以上，AUTOSAR 为汽车行业提供了一种共享、开放的软件开发平台，使得汽车电子控制系统的开发更加灵活和通用，有利于推动汽车行业的科技进步。

2. AUTOSAR 常见故障维修

智能网联汽车中基于 AUTOSAR 架构的系统可能遇到的常见故障涉及多个层面，包括但不限于硬件故障、软件故障以及通信故障等。

（1）硬件故障　AUTOSAR 硬件故障见表 7-2。

表 7-2　AUTOSAR 硬件故障说明

序号	故障类型	具体说明
1	电气故障	电气过载、退化、老化或由于环境压力（如湿度、温度、振动等）引起的电气元件失效。这些故障可能导致系统性能下降或完全失效
2	传感器故障	传感器是智能网联汽车感知外界环境的重要元件，其故障可能导致车辆无法准确获取外界信息，从而影响自动驾驶和驾驶辅助系统的性能
3	执行器故障	执行器负责将控制信号转换为物理动作，如控制制动、油门等。执行器故障可能导致车辆无法正常响应控制指令，增加行驶风险
4	硬件组件老化	随着使用时间的增长，硬件组件（如电路板、连接器、电容器等）可能会经历物理磨损和性能退化，导致信号传输问题或系统不稳定
5	电磁干扰（EMI）	车辆中的电子设备可能会相互干扰，尤其是在高电磁辐射环境中，如高压线附近或强无线电波环境中。EMI 可能导致数据传输错误或设备误动作
6	环境因素	极端温度、湿度、灰尘、水雾等环境因素可能对硬件组件造成损害，影响其正常工作

（2）软件故障　AUTOSAR 软件故障见表 7-3。

表 7-3　AUTOSAR 软件故障说明

序号	故障类型	具体说明
1	软件错误	这包括错误的软件设计、编码错误或配置错误等。例如，给入错误 API 参数、未初始化数据或系统配置不当都可能导致软件运行异常
2	运行时错误	在软件正确执行的过程中，可能隐藏了一些异常，这些异常在量产代码中可能无法完全避免。例如，部署的硬件可能受到辐射和电磁干扰，导致短暂且偶尔的故障
3	通信栈故障	像通信栈模块、RTE 等软件可能存在故障，这些故障可能影响数据的正确传输和系统的功能安全
4	内存泄漏	软件中的内存管理错误可能导致内存泄漏，即系统未能释放不再使用的内存空间。长期内存泄漏可能导致系统资源耗尽，影响系统性能和稳定性
5	多线程同步问题	在 AUTOSAR 架构中，多个任务或线程可能同时运行以处理不同的任务。如果线程之间的同步不当（如死锁、竞态条件等），可能会导致系统性能下降或死机
6	软件更新问题	软件更新过程中可能出现的问题，如更新文件损坏、更新过程中断等，都可能导致系统无法正常工作

（3）通信故障　AUTOSAR 通信故障见表 7-4。

表7-4 AUTOSAR通信故障说明

序号	故障类型	具体说明
1	CAN总线故障	CAN总线是智能网联汽车中常用的通信方式之一，其故障可能导致节点间通信中断或数据错误。常见的CAN总线故障包括接线问题、收发器故障、控制器电压不匹配以及波特率配置错误等
2	E2E通信保护协议失效	E2E（端到端）通信保护协议旨在保证ECU之间以及ECU内部不同核之间数据的安全通信。然而，由于软硬件故障，E2E保护机制可能失效，导致数据丢失、重复或篡改
3	网络拥塞	在复杂的网络环境中，尤其是在高负载情况下，CAN总线或以太网等通信介质可能会出现拥塞现象，导致数据传输延迟或丢失
4	协议不兼容	不同供应商或不同版本的ECU可能使用不同的通信协议或协议版本，这可能导致通信不兼容或通信故障
5	安全漏洞	通信协议或系统中的安全漏洞可能被恶意攻击者利用，导致数据泄露、篡改或系统被远程控制

（4）其他常见故障　AUTOSAR其他常见故障见表7-5。

表7-5 AUTOSAR其他常见故障说明

序号	故障类型	具体说明
1	系统错误	如CAN接收缓存溢出、消息接收超时等系统级错误，这些错误可能由多种因素引起，包括硬件性能不足、软件设计缺陷或运行环境变化等
2	开发错误	在软件开发阶段引入的错误，这些错误通常可以通过严格的代码审查和测试来发现和修复。然而，在量产阶段，这些错误可能由于配置不当或宏定义错误等原因被重新引入
3	电源故障	电源供应不稳定或电源系统故障可能导致ECU或其他电子设备无法正常工作
4	外部设备故障	与车辆连接的外部设备（如智能手机、车载充电器等）的故障可能通过CAN总线或蓝牙等接口影响车辆系统
5	固件问题	ECU中的固件（即嵌入式系统中的软件）可能存在错误或缺陷，导致系统性能问题或安全漏洞

为了应对这些常见故障，智能网联汽车系统通常采用多种故障诊断和处理机制，如错误监测、错误报告、错误处理以及冗余设计等。这些机制能够及时发现并隔离故障源，减少故障对系统性能的影响，提高系统的可靠性和安全性。同时，定期的系统维护和升级也是减少故障发生的重要措施之一。

在智能网联汽车中，对于AUTOSAR故障，首先需要准确理解AUTOSAR四层软件架构：MCAL（微控制器抽象层）、ECU Abstraction Layer（ECU抽象层）、RTE（运行时环境层）和Application Layer（应用层）。这样才能定位到问题出在哪一层。对于MCAL层的问题，通常需要硬件厂商提供支持，因为它涉及底层硬件的驱动。对于ECU抽象层、RTE层和应用层的问题，则需要用到AUTOSAR的开发工具进行诊断和修复，如矢量亚科特的DaVinci系列工具。另外，一些问题可能源于不同软件组件间的信号映射和通信，需要检查AUTOSAR摘要文件或软件描述文件，验证信号的正确性。

以智能网联汽车无法正常启动故障为例。首先，需要连接到车辆的诊断接口（通常是OBD-Ⅱ接口），读取故障码。如果故障码显示为“发动机控制单元（ECU）通信故障”，那就可能是 AUTOSAR 的问题。在读取故障码后，我们需要根据 AUTOSAR 四层架构来定位问题。例如，我们可以使用 AUTOSAR 开发工具，如矢量亚科特的 DaVinci 系列工具，检查发动机 ECU 的软件描述文件（SWC），看是否存在配置错误或者信号映射错误。

如果故障定位到 MCAL 层，通常需要联系硬件供应商获取新的驱动固件或者硬件更换。如果定位到 ECU 抽象层、RTE 层或应用层，则可能需要更新或修改对应的 AUTOSAR 配置。比如，如果某个信号映射错误，就需要在 AUTOSAR 配置工具中修正映射关系，并生成新的代码烧写到 ECU 中。在修正了故障之后，还需要进行一系列的测试，包括单元测试、集成测试和系统测试，确保修复效果。

在智能网联电动汽车中，假设出现了充电故障，无法正常充电。首先，我们需要通过车辆的诊断接口（如 OBD-Ⅱ接口）读取故障码。如果故障码显示为“充电控制单元（CCU）通信故障”，那么可以猜测问题可能出在 AUTOSAR 上。在这种情况下，可以使用 AUTOSAR 的开发工具，如矢量亚科特的 DaVinci 系列工具，来检查充电控制单元的软件组件（SWC）配置以及信号映射是否正确。

如果经过初步诊断，故障定位在 MCAL 层，需要联系硬件供应商，为我们提供新的固件或者进行硬件更换。而如果故障定位在 ECU 抽象层、RTE 层或应用层，就需要调整或更新相应的 AUTOSAR 配置。例如，如果信号映射存在错误，应该在 AUTOSAR 的配置工具中纠正这个错误，并生成新的代码烧写到 ECU 中。在修复后，还需要执行一系列测试，包括单元测试、集成测试和系统测试，以确保问题得到了有效的解决。

以上是 AUTOSAR 常见故障和一些相关的故障维修案例，为了更准确地诊断和解决这些故障，建议参考 AUTOSAR 官方网站、汽车工程学会（SAE）、国际标准化组织（ISO）等相关机构发布的最新标准和最佳实践指南。此外，汽车制造商和供应商通常会提供详细的故障诊断手册和技术支持服务，这也是解决智能网联汽车中基于 AUTOSAR 架构的系统故障的重要资源。

思 考 题

本章的学习目标你已经达成了吗？请通过思考以下问题的答案进行结果检验。

序号	思考题	自检结果
1	RTOS 系统主要由哪几个部分组成？并请详细说明。	
2	RTOS 系统原理是什么？	
3	RTOS 系统常见故障有哪些？应如何处理？	
4	Linux 系统的体系结构主要由哪些部分组成？并详细说明。	
5	Linux 系统工作原理是什么？	
6	QNX 系统工作原理是什么？	
7	ROS 的软件架构主要有哪些？请详细说明。	
8	ROS 系统常见故障有哪些？应如何处理？	
9	AUTOSAR 体系结构主要有哪几个部分？请详细说明。	
10	AUTOSAR 系统常见故障有哪些？应如何处理？	

参考文献

[1] 佐默. 车辆网联技术 [M]. 胡红星，译. 北京：机械工业出版社，2017.

[2] 拉瓦特. 智能网联汽车信息物理系统-自适应网络连接和安全防护 [M]. 罗璎珞，译. 北京：机械工业出版社，2018.

[3] 朱升高. 车联网技术与应用 [M]. 北京：机械工业出版社，2021.

[4] 朱升高. 汽车智能技术与应用 [M]. 北京：机械工业出版社，2022.

[5] 王云鹏，田大新，沃天宇. 车辆联网感知与控制 [M]. 北京：科学出版社，2018.

[6] 工业和信息化部人才交流中心. AUTOSAR MCAL 的原理与实践 [M]. 北京：电子工业出版社，2018.

[7] 伊斯坎达里安. 智能车辆手册（卷Ⅰ）[M]. 李克强，译. 北京：机械工业出版社，2017.

[8] 伊斯坎达里安. 智能网联汽车辆手册（卷Ⅱ）[M]. 李克强，译. 北京：机械工业出版社，2017.

[9] 李克强. 电动汽车工程手册：第六卷. 智能网联 [M]. 北京：机械工业出版社，2019.

[10] 李俨. 5G 与车联网：基于移动通信的车联网技术与智能网联汽车 [M]. 北京：电子工业出版社，2019.